SOMMAIRE

LES AUTEURS

JEAN-FRANÇOIS BAILLON est maître de conférences à l'université de Bordeaux III. Il a publié plusieurs articles sur le cinéma, la peinture et l'histoire des idées en Angleterre. Il a traduit l'ouvrage de John Dunn : *La pensée politique de John Locke* (PUF, 1991) et *La politique révolutionnaire* de Richard Aschcraft (PUF, 1993).

BERNARD COTTRET occupe la chaire de civilisation des îles britanniques et de l'Amérique coloniale à l'Institut Universitaire de France. Il a créé le département des Humanités à l'université de Versailles-Saint-Quentin où il enseigne depuis 1992. Il est l'auteur de nombreux ouvrages dont *La Glorieuse Révolution d'Angleterre, 1688* (Gallimard, 1988), *The Huguenots in England* (Cambridge University Press, 1991), *Cromwell* (Fayard, 1992), *Histoire d'Angleterre, XVIe-XVIIIe siècles* (PUF, « Nouvelle Clio », 1996), *The Conservative Enlightenment. Bolingbroke's Political Writings* (Macmillan, 1997), *1598 : l'édit de Nantes* (Perrin, 1997), *Henri VIII* (Payot, 1999), *La Renaissance, civilisation et barbarie* (Éditions de Paris, 2000), *Histoire de la Réforme protestante* (Perrin, 2001)... Il a publié chez Bréal avec Michael Hearn et Antoine Mioche le *Manuel de Civilisation Britannique*.

MICHAEL HEARN est maître de conférences à l'université d'Artois. Il est membre du Centre de Recherche sur les Cultures et Intertextualités (CERACI), de l'Atelier Septentrional d'Études et de Recherches en Civilisation Britannique (ASERCIB) et du Centre de Recherches et d'Études sur la Civilisation Britannique (CRECIB). Auteur de nombreux articles sur la Grande-bretagne et la politique internationale, il a publié, avec Bernard Cottret et Antoine Mioche, le *Manuel de Civilisation Britannique* (Bréal), avec Annie Allain et Maryline Dupont *Les Fédéralismes* (Presses universitaires du Septentrion, 1996), et avec Raymond Ledru, *Révérence et Rébellion dans la culture anglo-américaine* (Artois Presses Université, 2000).

MICHEL LEMOSSE est professeur de civilisation britannique à l'université de Nice-Sophia-Antipolis. Il est depuis 1998 président du Centre de Recherches en Civilisation Britannique (CRECIB) et directeur de publication de la *Revue Française de Civilisation Britannique*. Il a publié des ouvrages sur le système d'éducation anglais : *Education in England and Wales from 1870 to the present day* (Paris, Longman France, 1992) et *Le système éducatif anglais depuis 1944* (Paris, Presses Universitaires de France, 2000). Il est également co-auteur, avec H. Judge, L. Paine et M. Sedlak, de *The University and Teachers - France, the United States, England* (Oxford, Triangle Books, 1994).

Catherine MAIGNANT est professeur à l'université de Lille III et membre du groupe de recherche CNRS - Études Irlandaises. Elle a publié de nombreux articles sur l'histoire de l'Irlande et sur l'Irlande contemporaine, et l'ouvrage *Histoire et Civilisation de l'Irlande* (Nathan, 1996). Ses travaux portent sur la formation des idéologies en Irlande au XIXe et XXe siècles.

Marie-Madeleine MARTINET est professeur à l'université de Paris-Sorbonne (Paris IV) où elle dirige le Centre d'Histoire des Idées dans les Iles Britanniques. Elle a publié *Art et Nature en Grande-Bretagne au XVIIIe siècle* (Aubier, 1980), *Le miroir de l'esprit dans le théâtre élisabéthain* (Didier - Érudition, 1982), *Shakespeare de A à Z*, avec Michèle Grivelet et Dominique Goy-Blanquet (Aubier, 1988) et *Partis et factions dans l'Angleterre du premier XVIIIe siècle* (Réédition, PUPS, 1992), ainsi que de nombreux articles sur l'histoire de l'esthétique. Elle dirige un programme d'échanges Erasmus.

Antoine MIOCHE est maître de conférences à l'université de Versailles-Saint-Quentin en Yvelines, où il dirige la filière d'anglais. Ancien allocataire moniteur normalien à l'université Paris III - Sorbonne nouvelle, il a également enseigné à l'Ecole navale. Auteur d'une thèse sur le rôle de Hong Kong dans la politique chinoise de la Grande-Bretagne au XIXe siècle, publiée en 1998 sous une forme remaniée et augmentée aux Presses Universitaires de France (*Hong Kong. L'Empire des contresens*), il poursuit ses recherches sur les aspects constitutionnels de l'histoire coloniale et impériale du Royaume-Uni, sur laquelle il a également publié divers articles. Il a collaboré au *Manuel de Civilisation britannique* (2e éd. revue et augmentée, Bréal, 1998) et prépare actuellement un ouvrage sur les grandes dates de l'histoire britannique.

Michèle VIGNAUX est maître de conférences à l'université de Versailles-Saint-Quentin. Elle a publié *L'invention de la responsabilité : la deuxième tétralogie de Shakespeare* (Presses de l'École Normale Supérieure, 1995), *Shakespeare* (Hachette, « Les fondamentaux », 1998), ainsi que divers articles sur l'Angleterre élisabéthaine et a collaboré à la traduction de l'ouvrage de J. G. A. Pocock : *L'Ancienne Constitution et le droit féodal. Étude de la pensée historique dans l'Angleterre du XVIIe siècle* (PUF, 2000).

INTRODUCTION

Unité et diversité du Royaume-Uni. Histoire du Royaume-Uni ? Histoire de « quatre nations » [1]. Il eût été malaisé de prétendre cerner, dans tous leurs contours, les identités, plus contrastées que contradictoires, des Anglais, des Gallois, des Écossais et des Irlandais. Sans se substituer aux histoires d'Angleterre, du pays de Galles, de l'Écosse ou de l'Irlande, le présent ouvrage a pour but de souligner, à l'aide de textes choisis, les interactions entre ces histoires nationales, emportées par une communauté de destin qui trouve dans le Royaume-Uni son expression, peut-être provisoire. En tout cas, révisable, et périodiquement révisée. Le Royaume-Uni demeure une construction *politique*, incluant plusieurs pays distincts : Angleterre, pays de Galles, Écosse et Irlande, dans l'ordre de leur intégration. Cette entité s'étend sur deux grandes îles (la Grande-Bretagne et l'Irlande) et quatre nations [2].

Les Français ont souvent le plus grand mal à saisir le caractère contrasté des îles Britanniques. Sans doute faut-il rappeler, à des fins pédagogiques, que l'Angleterre n'est que la principale composante territoriale d'un archipel dont elle a réalisé l'unification, tout en diffusant sa langue et sa culture. Mais l'Écosse, au nord, tout comme l'Irlande, à l'ouest, ont été, sont et restent distincts de leur grand voisin.

Du XVIe au XXe siècles, les périodes dite moderne et contemporaine marquent l'émergence, l'apothéose et le déclin de la puissance britannique. L'Angleterre n'est encore, au tout début, qu'une puissance moyenne face à ses grands voisins la France, l'Espagne ou le Saint-Empire romain germanique. La fin de la guerre de Cent ans, mais plus encore la perte de Calais en 1558 ponctuent inexorablement la fin des grandes épopées continentales ; la soumission et la « plantation » de l'Irlande, la lente conquête de l'Amérique amorcent une expansion maritime qui permet à la Grande-Bretagne du siècle des Lumières d'échafauder un « premier » empire dont les Indes orientales, sous domination commerciale, forment l'un des plus beaux fleurons.

Ce premier âge impérial trouve son point d'orgue lorsque la France, vaincue, renonce au Canada en 1763... pour prendre sa revanche en aidant les *insurgents*

---

(1) H. Kearney, *The British Isles. A History of Four Nations*, Cambridge, Cambridge University Press, 1989.

(2) Encore l'adjectif « britannique » est-il ambigu. L'Angleterre n'a jamais été une île - comme on le dit trop communément -, mais la partie sud de l'île de la Grande-Bretagne qui inclut aussi le pays de Galles (à l'ouest) et l'Écosse (au nord). L'Irlande, par contre, correspond bien géographiquement à une île.

américains des « Treize colonies » à se constituer en États-Unis d'Amérique, indépendants de la métropole quelques années plus tard. Paru de 1776 à 1788, le *Déclin et la chute de l'empire romain* de l'historien Edward Gibbon peut être interprété comme un commentaire désabusé du présent... Nouvelle Rome, l'Angleterre ne renonce pas à ses ambitions extra-européennes qui la poussent à annexer le quart du monde connu.

L'on ne saurait cependant limiter à l'expérience outre-mer une expansion qui fut d'abord insulaire. Après avoir précocément intégré le pays de Galles sous Henri VIII, l'Angleterre mène une politique d'alliance et d'union qui semble conduire immanquablement à la formation d'un Royaume-Uni, incorporant successivement l'Écosse en 1707, puis l'Irlande en 1800. L'Acte d'Union avec l'Écosse crée un État, à « la fois unitaire et pluraliste » : un seul roi, un seul Parlement et une seule administration, mais deux Églises nationales (l'Église anglicane et l'Église presbytérienne d'Écosse) et deux systèmes juridiques (le droit écossais demeure distinct) (3). La Grande-Bretagne n'a jamais été un « État confessionnel » : l'Église établie est anglicane en Angleterre ; elle est presbytérienne et réformée en Écosse (4). En perdant leurs parlements respectifs à quatre-vingt-dix ans d'intervalle, l'Écosse et l'Irlande ne formaient plus qu'un seul royaume avec l'Angleterre. Le parlement de Westminster représentait désormais les trois pays qui n'en conservaient pas moins certains traits distinctifs, en matière scolaire, juridique ou religieuse. Un ressentiment tenace envers l'Angleterre n'en a pas moins poursuivi les Écossais et les Irlandais. C'est sans doute la conquête impériale des mondes lointains ou les guerres qui ont permis de cimenter un patriotisme britannique dont la vigueur en période de crise étonne toujours les continentaux. La Grande-Bretagne a partiellement réussi à imposer à ses élites une culture relativement unifiée, fondée sur le modèle du *gentleman*. L'humour, le sens du sport, la chasse au renard, la *public school* et le club ont longtemps été au centre d'une idéal patricien, encourageant la fusion du mérite et de la naissance, le sens spartiate du devoir et la désinvolture....

L'union des royaumes n'a jamais équivalu à une totale assimilation. Contrairement à la France, la centralisation politique n'a jamais correspondu à une intégration complète : Anglais, Écossais et Irlandais sont restés distincts. Ces trois peuples ont toujours tenu - et cela reste vrai de nos jours - à préserver leur identité. Ni fusion ni confusion, mais un sens aigu de l'intérêt commun. Contrairement à la France, donc, le Royaume-Uni n'a jamais été un « État-nation » (5).

---

(3) B. P. Levack, *The Formation of the British State*, Oxford, Clarendon Press, 1987, p. VI.

(4) L. Colley, *Britons. Forging the Nation*, Londres, Pimlico, 1984, p. 19.

(5) C'est d'autant plus frappant que l'Angleterre, pour sa part, a été très tôt un État-nation, et qu'elle réalise dès les XVe-XVIe siècle une concentration administrative naguère qualifiée de révolutionnaire. Mais ce qui est vrai de l'Angleterre ne s'applique pas au Royaume-Uni.

C'est que la construction de l'État a emprunté, en France et outre-Manche, des chemins contradictoires.

Le premier facteur d'unité a été la Couronne : Angleterre, Écosse et Irlande ont eu un roi commun avant d'être unifiés sur le plan parlementaire (6). D'où sans doute la réticente évidente à parler d'État britannique, et la préférence marquée pour le terme la « Couronne » - *the Crown* (7). De plus l'on chercherait en vain une référence persistante à une nation britannique durable. Le Royaume-Uni a toujours été une mosaïque, plus qu'un *melting pot*. Là se situe la différence avec la France. La révolution et la République n'ont eu de cesse de proclamer chez nous l'unité indivisible de la nation. Cette évolution était du reste déjà amorcée sous l'ancien régime (8). Elle trouve tout son sens dans la devise de la République française : liberté, égalité, fraternité (9). Comment fonder une nation sur l'universalité des valeurs, et non sur la particularité des appartenances ?

À l'origine, le terme de « nation » a un sens singulier ; il renvoie à la naissance. Il prend lentement un sens culturel et politique. L'on n'appartient plus à la nation française par ses origines ethniques mais par le droit du sol ou la naturalisation. L'examen de plusieurs éditions successives du dictionnaire de l'Académie française le fera mieux comprendre (*voir Doc. 1*).

Doc. 1 ***Les sens du mot nation***

En 1694, « nation » est un terme « collectif », servant à désigner « tous les habitants d'un même État, d'un même pays, qui vivent sous mêmes lois, et usent de même langage ». Mais en 1798, l'an VII de la République, l'on nous apprend que « nation se dit aussi des habitants d'un même pays, encore qu'ils ne vivent pas sous les mêmes lois, et qu'ils soient sujets de différents princes ». Enfin, en 1835, l'on parvient à une définition proche du sens actuel : « la totalité des personnes nées ou naturalisées dans un pays, et vivant sous un même gouvernement ». Mais pour préciser : « /nation/ se dit quelquefois des habitants d'un même pays, encore qu'ils ne vivent pas sous le même gouvernement. Ainsi, quoique l'Italie et l'Allemagne soient partagées en divers États et en divers gouvernements, on ne laisse pas de dire, la nation italienne, la nation allemande ».

L'on rapprochera utilement ces définitions de ce que dit le dictionnaire américain Webster à peu près au même moment :

---

(6) Henri VIII devient roi d'Irlande en 1541, en même temps que se précise l'intégration du pays de Galles. Jacques VI d'Écosse, pour sa part, devient roi d'Angleterre sous le nom de Jacques Ier en 1603. Désormais un *seul* roi règne sur trois royaumes différents.

(7) K. Dyson, "England, an aberrant case", *The State Tradition in Western Europe*, Oxford, M. Robertson, 1980, pp.36-44.

(8) Encore faut-il rappeler, par exemple, que le roi de France était comte en Provence.

(9) J.-P. Gross, *Égalitarisme jacobin et droits de l'homme*, Paris, Arcantères, 2000.

> *"A body of people inhabiting the same country, or united under the same sovereign or government; as the English nation; the French nation. It often happens that many nations are subject to one government; in which case, the word nation usually denotes a body of people speaking the same language, or a body that has formerly been under a distinct government, but has been conquered, or incorporated with a larger nation."* Quitte à rappeler : *"Nation, as its etymology imports, originally denoted a family or race of men descended from a common progenitor, like tribe, but by emigration, conquest and intermixture of men of different families, this distinction is in most countries lost."* (1828).

Le terme de nation peut prendre, au gré des circonstances, un sens multiculturel, voire communautariste, ou définir à l'inverse une volonté politique commune de se fondre dans un même creuset. La nation, écrivions-nous précédemment, n'est pas un pur donné ; elle se construit, elle s'élabore de façon active sur le mythe, le souvenir, la langue, l'expérience commune (10).

La nation, l'État et le territoire ne se recouvrent donc pas nécessairement.

Après avoir englobé une Irlande, qu'il ne parvient jamais à digérer (et encore moins à assimiler), le Royaume-Uni, se lance au XIXe siècle dans une nouvelle grande équipée coloniale. Le « deuxième » empire britannique inclut une partie de l'Océanie et de l'Afrique. Lorsque la reine Victoria devenait « impératrice des Indes », en 1876, la Grande-Bretagne pouvait apparaître comme la première puissance au monde. Cette position hégémonique était encore renforcée par un incontestable dynamisme industriel et financier...

La partition de l'Irlande au lendemain de la première guerre mondiale, la décolonisation qui succède à la seconde, la douloureuse intégration européenne, enfin, marquent pour le moins une reconversion de la puissance britannique (11).

---

(10) B. Cottret, « Le bonheur de naître anglais », *Le sentiment national à l'époque moderne*, Paris, Presses Universitaires de Paris-Sorbonne, 1991, p. 53 sq.

(11) L'un des indices les plus nets de cette évolution est la question de la nationalité britannique. Comment sans nation concevoir en effet une nationalité ? Pendant longtemps, l'on a parlé de citoyenneté britannique, plus que de nationalité. À la fin du XIXe siècle, le grand historien du droit F.W. Maitland soulignait avec fierté qu'il n'y avait, à proprement parler, ni nationalité anglaise, ni domiciliation britannique (*The Constitutional History of England*, Cambridge, Cambridge University Press, 1977, p. 341). Le terme nationalité est cependant utilisé en 1948 par le *British Nationality Act*, autorisant l'immigration au Royaume-Uni de tous les ressortissants britanniques du monde entier. On retrouve le même terme, mais en sens inverse, dans la loi de 1981 qui tente d'endiguer les flots migratoires en faisant de la domiciliation l'élément déterminant. Désormais, la citoyenneté se décompose en 1) *British citizenship*, 2) *citizenship of British dependent territories* et 3) *British overseas citizenship*. Seule la première de ces formes de citoyenneté permet de se fixer au Royaume-Uni - tout comme peuvent le faire du reste tous les ressortissants de la Communauté européenne. Voir B. Cottret, M. Hearn, A. Mioche, *Manuel de civilisation britannique*, Paris, Bréal, 1998, p. 22.

L'Angleterre y perd son caractère d'exception, tandis que son histoire devient comparable à celle de ses voisins (12).

Ces aspects internationaux ne sont du reste pas sans incidence sur la vie interne du Royaume-Uni. La Communauté européenne, loin de se cantonner à une association d'États, tente de plus en plus de promouvoir une régionalisation qui dépasse les frontières (13).

Doc. 2 Du marché commun à la Communauté européenne

1957	Traité de Rome instituant la Communauté économique européenne.
1963	Opposition française à l'entrée Royaume-Uni dans la CEE.
1973	Entrée de l'Irlande et du Royaume-Uni dans la CEE.
1979	Élection au suffrage universel du Parlement européen.
1987	Entrée en vigueur de l'acte unique européen.
1993	Entrée en vigueur du traité de Maastricht.
2002	Mise en circulation de l'Euro, le Royaume-Uni excepté.

Emportés par la construction européenne, les différents États renoncent ainsi à une partie de leur souveraineté, tant au profit de la Communauté qu'à celui d'entités plus étroites. L'on assiste ainsi à un double transfert, que chaque pays effectue selon des rythmes propres. Le Royaume-Uni garde par exemple sa monnaie distincte, la livre sterling, là où la France, l'Allemagne, l'Italie, le Bénélux et d'autres encore, ont opté pour l'Euro. Par contre, la fin du XXe siècle a vu une déconcentration politique sans précédent au sein même des îles Britanniques. Ce processus est connu en anglais sous le nom de *devolution*, que nous proposons de rendre en français par « dévolution », selon un usage qui tend à l'emporter.

La dévolution, entamée par le gouvernement travailliste de Tony Blair, est un processus. L'Écosse, le Pays de Galles et l'Irlande du Nord ont été les premiers concernés par un transfert de souveraineté dont les modalités restent variables. Le *Scotland Act* de 1998 institue un parlement d'Écosse et dote le pays d'un exécutif distinct, tout en leur garantissant des rentrées fiscales (14). Le pays de

(12) B. Cottret, *Histoire d'Angleterre, XVIe-XVIIe siècle*, Paris, PUF, « Nouvelle Clio », 1996, p. 313 *sq*.

(13) Le Comité des régions symbolise cette orientation. Cette nouvelle institution coexiste avec la Conférence intergouvernementale (CIG), le Parlement européen, le Conseil de l'Union européenne ou « Conseil de ministres », la Commission européenne, la Cour de justice, la Cour des comptes, la Banque européenne d'investissement (BEI) accorde des prêts à long terme pour financer des projets d'investissement, la Banque centrale européenne et le Comité économique et social.

(14) *An Act to provide for the establishment of a Scottish Parliament and Administration and other changes in the government of Scotland; to provide for changes in the constitution and*

Galles, pour sa part, a droit à une « assemblée » distincte (15). Chaque pays est ainsi pourvu d'un pouvoir législatif propre ; le gouvernement écossais a à sa tête un premier ministre, appelé ici *first minister* - pour le distinguer sans doute du *prime minister* qui dirige le gouvernement de l'ensemble du Royaume-Uni. Son homologue gallois a droit au titre plus modeste de premier secrétaire - *first secretary*.

L'Irlande du Nord est dotée pour sa part d'une assemblées, ainsi que d'un *first minister*. Promulguée l'année même de l'accord de paix entre protestants et catholiques, *Good Friday Agreement*, la loi prenait en Irlande une portée singulière (16). Elle reconnaît le droit à l'autodétermination de la population nord-irlandaise qui peut, si elle le désire, continuer à exister au sein du Royaume-Uni ou demander son rattachement à la République d'Irlande (17). Plusieurs territoires sous mandat britannique, proches ou lointains, sont également concernés par leur propre forme de dévolution, qu'il s'agisse de l'Isle of Man, des îles anglo-normandes... ou des Falklands.

L'on peut se demander si la dévolution n'est pas appelée à s'étendre à d'autres parties du Royaume-Uni. La reconstitution d'un conseil du Grand Londres, *Greater London Council*, paraît aller dans ce sens, tout comme l'élection du maire par les habitants au printemps 2000. L'on mentionne également la possibilité de distinguer huit régions au sein de l'Angleterre elle-même, en les dotant chacune de son assemblée. Mais que dire d'autres projets comme celui d'un parlement d'Angleterre, distinct du parlement du Royaume-Uni? « L'Angleterre est un pays, tout comme l'Écosse », commence-t-on à dire. « Et le peuple anglais devrait jouir des mêmes droits que le peuple écossais.»

Ce débat anglo-anglais dépasse du reste le cadre insulaire. Il rejoint un phénomène européen qui n'excepte pas la France. La révision constitutionnelle

---

functions of certain public authorities; to provide for the variation of the basic rate of income tax in relation to income of Scottish taxpayers in accordance with a resolution of the Scottish Parliament; to amend the law about parliamentary constituencies in Scotland; and for connected purposes, 1998, C.46.

(15) *An Act to establish and make provision about the National Assembly for Wales and the offices of Auditor General for Wales and Welsh Administration Ombudsman; to reform certain Welsh public bodies and abolish certain other Welsh public bodies; and for connected purposes*, 1998 C.38.

(16) *An Act to make new provision for the government of Northern Ireland for the purpose of implementing the agreement reached at multi-party talks on Northern Ireland*, 1998 C.47.

(17) *"It is hereby declared that Northern Ireland in its entirety remains part of the United Kingdom and shall not cease to be so without the consent of a majority of the people of Northern Ireland voting in a poll held for the purposes of this section in accordance with Schedule 1. 2. But if the wish expressed by a majority in such a poll is that Northern Ireland should cease to be part of the United Kingdom and form part of a united Ireland, the Secretary of State shall lay before Parliament such proposals to give effect to that wish as may be agreed between Her Majesty's Government in the United Kingdom and the Government of Ireland."*

annoncée pour 2004, l'octroi d'un « pouvoir d'adaptation des lois » à l'assemblée corse semblent battre en brêche plusieurs siècles de centralisation. Le débat n'est pas tant entre « Girondins » et « Jacobins», comme on tente de le faire accroire en faisant référence à la Révolution française, qu'entre deux conceptions contradictoires de l'Europe. S'agit-il de promouvoir demain une Europe des peuples, représentés par leurs États nationaux, ou bien d'opter pour une fédération des régions, reléguant au second plan les anciennes capitales ? Cette Europe des régions ne risque-t-elle pas à son tour d'être eurocentraliste, en ne renforçant les pouvoirs locaux que pour mieux contourner les nations héritées de l'histoire et transformées en agrégats de peuples désunis (18) ? Faut-il vraiment souhaiter qu'une Europe des régions remplace demain l'Europe des nations ?

Bernard Cottret

(18) Nous limitons ici la comparaison à la France et au Royaume-Uni, mais il faudrait pour être exhaustif mentionner aussi l'Allemagne, l'Italie et bien entendu l'Espagne où le statut d'autonomie est un droit, garanti par la constitution de 1978. Outre la Catalogne et le pays basque, souvent cités, l'on peut évoquer ici la Galice, les Canaries, les Baléares, l'Andalousie ou la région de Valence... C'est la fameuse formule du *café para todos*.

Le XVIe siècle : Réformation religieuse et affirmation politique

1

La Reine Élisabeth au Parlement.

Le XVIe siècle débute outre-Manche sur les champs de bataille. Lorsque Henri Tudor triomphe à Bosworth du « tyran » Richard III en 1485, il met un terme par la force à l'affrontement fratricide des maisons de Lancastre et de York qui toutes deux prétendent au trône. La guerre des Deux-Roses a marqué durablement les consciences. Les pièces historiques de Shakespeare remémorent encore inlassablement, à l'apogée de la période élisabéthaine, cet épisode de fer et de sang dont la dynastie des Tudor a définitivement libéré les Anglais.

Henri VII, son fils Henri VIII, qui lui succède en 1509, Édouard VI, le roi enfant, sa sœur Marie, son autre sœur Élisabeth Ire jouissent tous d'un prestige et d'un éclat, incompréhensibles sans le spectre de la guerre civile vaincue.

La réussite des Tudor, c'est d'abord la paix intérieure. Certes, des émeutes, des rébellions éclatent encore çà et là : « Pèlerinage de grâce » en 1536, révolte de l'*East Anglia* en 1549, *Northern Rising* de 1569. Sans oublier la conspiration d'Essex en 1601.

À l'extérieur les affrontements avec l'Écosse ou avec la France restent endémiques. Mais sans atteindre les sommets des siècles antérieurs : point de nouvelle guerre de Cent ans, donc, mais des expéditions continentales sans lendemain. L'épisode le plus tragique demeure une bataille qui n'a pas eu lieu. Ou presque. Dans le dernier quart du siècle, les Anglais redoutent plus que tout une invasion espagnole. Philippe II arme une flotte redoutable, mais son *Invincible Armada* est dispersée providentiellement par une tempête en 1588 alors qu'elle tente, maladroitement de contourner la Grande-Bretagne... Si Anglais et Espagnols échangent bien quelques salves d'artillerie, la terrible météorologie britannique a eu définitivement raison des Espagnols. Il ne restait plus aux poètes qu'à décrire cette épopée en lui donnant sa dimension cosmique :

> « La mer fort courroucée contre eux,
> N'a voulu retenir d'iceux
> Aucun dedans son centre,
> Les a vomis avec son flux,
> Comme on a vu par son reflux,
> Brisant leur dos et ventre »,

se souvient encore en 1639 le poète Lobeau. L'*Invincible Armada* appartient bien à la légende autant qu'à l'histoire [a].

Le XVIe siècle fut bien à ce titre le plus insulaire de toute l'histoire anglaise, entre la fin de la guerre de Cent ans et les débuts de l'expansion coloniale proprement dite. « Insulaire » ne signifie pas du reste introverti ou renfermé sur soi-même. Henri VIII et ses conseillers mettent au point une conception impériale du pouvoir qui a pour objectif avoué de confier au monarque une double suprématie sur l'Église et sur l'État. Le roi, premier dans son royaume, doit égale-

---

(a) M. Duchein, *Élisabeth Ire*, Fayard, 1992, p. 574.

ment être premier dans son Église, n'en déplaise à l'« évêque de Rome », ainsi que l'on commence à désigner dédaigneusement le pape pour le prier de rester à distance.

La notion d'*imperium*, calquée sur l'antiquité romaine, relayée par le Moyen Age français, s'entend d'abord et avant tout de la souveraineté du roi sur le pays. Mais il est permis de lui donner un sens dérivé, en soulignant l'incontestable expansionnisme de l'Angleterre au XVIe siècle. La conquête n'a point ici d'objectifs lointains ; mais à une époque où le Portugal et l'Espagne dépècent l'Amérique, les monarques anglais, plus modestement, se contentent d'asseoir leur domination sur leur royaume. Le Nord de l'Angleterre, longtemps féodal, longtemps rétif, est le premier visé par une centralisation qui écrase impitoyablement toute révolte populaire ou aristocratique. L'Est, l'Ouest également doivent se mettre au diapason. La Couronne n'est-elle pas le meilleur garant de ce bien commun, de ce *common weal* ou de cette *res publica* dont on oublie encore trop souvent qu'elle n'est pas nécessairement exclusive de la monarchie ? La république, entendue au sens large par les Tudor, n'est pas autre chose que le souci de la prospérité de tous les Anglais. Lorsqu'il rédige, en pleine période élisabéthaine son *De Republica Anglorum*, Sir Thomas Smith rappelle fièrement que le parlement anglais n'est pas autre chose qu'une extension de la cour du roi, chargée de conseiller le souverain, en permettant à chaque Anglais de participer par procuration au destin collectif de la nation.

La dynastie des Tudor a incontestablement réussi ; elle a imposé une image pacificatrice et gestionnaire qui trouve tout naturellement son débouché dans les flambées d'un premier patriotisme anglais, soucieux d'afficher son indépendance à la face du monde. La domination du pays de Galles et de l'Irlande renforce cette image unificatrice ; c'est dans leur propre histoire insulaire que les Anglais ont appris à être conquérants et assimilateurs.

Parmi ces singularités, l'indépendance religieuse envers Rome. Comment être catholique sans pape ? La question paraît insoluble à Thomas More, l'auteur inoubliable de l'*Utopie*, qui préfère encore avoir la tête tranchée que de renoncer à sa foi. D'autres n'ont pas ces délicatesses. Et maniée avec doigté, la hache se révèle un instrument de gouvernement aussi utile que la guillotine le sera sous notre Révolution pour clarifier les situations.

L'on a du reste longtemps parlé d'une « révolution » Tudor, pour magnifier la période. Cet usage paraît révolu. Tout comme l'étiologie sociale de la Réforme religieuse qui voyait dans les bouleversements politiques et idéologiques du temps l'ascendant d'une classe bourgeoise en gestation. Au début du XVIe siècle, l'Église détient entre 20 et 25 % du sol. De 1540 à 1558 s'opère un gigantesque transfert au profit de mains séculières. Si à la faveur de la réforme religieuse on rapine sans vergogne les biens du clergé, si l'on dissout les monastères avec un total cynisme, ce n'est pas pour en faire profiter une quelconque classe montante, mais simplement afin de permettre aux propriétaires terriens d'accroître leur patrimoine déjà existant.

L'on ne prête qu'aux riches. Et la métaphore de la grande roue de la fortune, fréquente dans le théâtre, traduit bien à ce climat de continuité et de changement que l'on pourrait qualifier de *business as usual*. La véritable force de l'Angleterre réside dans son dynamisme économique. Et dans son unité, exaltée par les souverains successifs. La thèse d'une « révolution industrielle » élisabéthaine est certes bien dépassée. François Crouzet, sans conteste le meilleur spécialiste français de l'histoire économique et sociale de la Grande-Bretagne, décrit avec réalisme la situation d'une puissance moyenne à l'aune du XVIe siècle. « Malgré les faits d'armes maritimes et l'éclat culturel du règne d'Élisabeth », écrit-il, l'Angleterre n'était qu'un « petit royaume peu peuplé d'une Europe du Nord encore marginale. » (b)

Or, ce « petit royaume peu peuplé » possède de remarquables atouts : son unité politique, son unanimisme, encore renforcés par la construction confessionnelle. L'Eglise anglicane mérite bien le qualificatif d'appareil idéologique d'État ; elle est la grande accoucheuse d'une identité nationale qui repose sur l'identification des deux règnes, celui de Jésus-Christ et celui du roi (ou de la reine) d'Angleterre.

Si le parlement a pris une telle importance politique, c'est qu'il a appuyé les revendications de Henri VIII face au Saint-Siège. La suprématie est d'abord l'effet d'une loi, votée par les deux chambres et ratifiée par la Couronne en 1534. C'est encore le parlement qui promeut l'« uniformité » religieuse du pays - Actes de 1549 et 1552. Ou qui assure le caractère protestant de la nouvelle Église. Si la reine Elisabeth est « gouverneur suprême » et non plus « chef suprême » de l'Église nationale, il reste encore à définir le contenu doctrinal de l'anglicanisme. En 1571, le parlement adoptera les *Trente-neuf articles*, nettement protestants d'inspiration et toujours en usage aujourd'hui. L'Angleterre se dote ainsi d'un fort sentiment identitaire, appelé à se renforcer par la suite.

Avec ses trois millions d'habitants au milieu du siècle, l'Angleterre a une population qui est moins du cinquième de celle de la France, sa voisine. À l'exception de Londres, elle ne compte aucune ville importante, et sa densité demeure médiocre. L'on pressent cependant à la fin du siècle que sa façade maritime est pour l'Angleterre le meilleur des atouts (c). La politique de « plantation » en Irlande - comprenez l'implantation de colonies de peuplement - n'est que le premier acte d'une vaste expansion atlantique...

L'Amérique, ce sera quelques années plus tard lorsque la compagnie maritime prendra définitivement la relève de la chevalerie des mers, et que John Smith (d)

(b) F. Crouzet, *De la supériorité de l'Angleterre sur la France*, Paris, Perrin, 1985, p.11.
(c) La *Muscovy Company* est créée en 1555, suivie par la *Levant Company* en 1581, la *Barbary Company* en 1585, l'*Eastland Company* en 1597 et enfin l'*East India Company* en 1600.
(d) Fondateur de Jamestown, Virginie.

se substituera à Sir Walter Raleigh. La gestion rationnelle des choses s'étend elle-même aux hommes, objets d'une première et parcimonieuse comptabilité. Les Tudor, conscients de la faiblesse numérique de leur population, ont toujours craint une baisse démographique qu'ils tentent d'endiguer par diverses lois. Il s'agit littéralement de fixer la population, d'empêcher une mobilité géographique perçue comme une menace pour la stabilité du pays...

La loi sur les pauvres de 1601 oppose les « bons » indigents, pauvres mais honnêtes, aux « vagabonds endurcis » - *sturdy beggars*. Il s'agit littéralement de prêcher une éthique du travail qui déconsidère l'oisiveté. L'Acte sur les artisans de 1563 - *Statute of Artificers* - proposait à ce effet la systématisation de l'apprentissage. La fonction d'assistance dévolue aux paroisses, la codification de l'emploi par les corporations urbaines ou par les juges de paix à la campagne ont pour but avoué de faciliter le développement économique. Ou encore, comme le déclarait un parlementaire en 1593 : "*Charity must be mixed with policy*". L'Angleterre y gagnait une réputation laborieuse et industrieuse qui perdure jusqu'au XIXe siècle victorien.

Quelques dates

1485	Bataille de Bosworth, mettant fin à la guerre des Deux-Roses. Accession au trône d'Henri VII Tudor.
1534	Acte de suprématie : Henri VIII placé à la tête de l'Église d'Angleterre.
1536-1540	Dissolution des monastères.
1547	Accession d'Édouard VI.
1549	Premier *Book of Common Prayer* (refondu en 1552).
1553	Accession de Marie Tudor. Retour du catholicisme.
1558	Accession d'Élisabeth Ire, fille d'Henri VIII et d'Anne Boleyn.
1570	Excommunication de la reine par Pie V.
1587	Exécution de Marie Stuart.
1588	Victoire de l'Angleterre sur l'*Invincible Armada* espagnole.

Les fondements du politique

1 – République et bien commun

Thomas Elyot (1490-1546) : issu de la seconde noblesse (*gentry*), il reçut une solide formation de juriste au Middle Temple (l'une des écoles de droit londoniennes) puis alla parfaire son éducation à l'université d'Oxford où il étudia la littérature et le droit romain. Grâce à Thomas More, il fréquenta les cercles humanistes, découvrit les études grecques et latines et rencontra, entre autres, Érasme et Hans Holbein le Jeune. Comme son père avant lui, il exerça les fonctions de juge de paix puis, grâce à la protection du Lord chancelier Thomas Wolsey, il accéda au poste de secrétaire principal au Conseil du roi. Entraîné dans la chute de son protecteur en 1530, il se retira dans son manoir de Carlton, près de Cambridge, où il composa le présent ouvrage qui parut l'année suivante. En 1531-1532, il fut nommé ambassadeur auprès de Charles Quint. *The Booke Named the Governor* est un traité à l'usage des « gouvernants », c'est-à-dire de tous ceux qui concourent à l'administration du royaume. Il porte la marque de cette petite noblesse rurale qui réussit à s'élever, par l'étude et par l'intelligence, aux plus hautes fonctions, et devint le relais naturel de l'autorité royale dans les provinces, au détriment des grands féodaux.

Le début de l'ouvrage, présenté ici, constitue l'une des expressions les plus parfaites des lieux communs de l'Angleterre Tudor en matière de réflexion politique. Ils forment ce que l'on appelle, du titre d'un ouvrage de E.M.W. Tillyard devenu classique, *The Elizabethan World Picture* (1943), et que l'on retrouve, exprimés toutefois avec une certaine distance critique, dans le théâtre de Shakespeare. Il s'agit notamment de la conception organique de la société (cf. *Coriolanus*, I, i, 95-154) et de l'idée d'un ordre social fortement hiérarchisé, placé sous l'autorité d'un monarque qui incarne la loi et la raison, avec son corollaire, la hantise du chaos, toujours menaçant (cf. *Troilus and Cressida*, I, iii, 75-137). Au spectre de l'indifférenciation, du monde renversé et de l'anarchie suscité par la chimère de l'égalitarisme, s'oppose l'idée d'équité, fondée sur la notion de proportion et respectant les degrés de la hiérarchie. Ajoutons que cet ordre social n'est pensable qu'en relation avec l'ordre cosmique qui se manifeste dans toute la Création, de la matière inanimée aux anges. D'où la possibilité d'établir des correspondances entre les différents règnes ainsi que la méthode du raisonnement par analogie.

Remarquons que, malgré l'argumentation minutieuse développée ici, Elyot ne parvint pas à imposer l'usage du mot *public weal* (pour désigner le gouvernement exercé en vue du bien commun) contre le mot plus ancien *common weal*, qui se maintint.

I - The signification of a public weal, and why it is called in Latin **Respublica**

[...] A PUBLIC WEAL IS A BODY LIVING, compact or made of sundry estates (1) and degrees of men, which is disposed by the order of equity (2) and governed by the rule and moderation of reason. In the Latin tongue it is called *Respublica*, of the which the word Res hath divers significations, and doth not only betoken that that is called a thing which is distinct from a person, but also signifieth estate, condition, substance, and profit. In our old vulgar (3), profit is called weal (4). And it is called a wealthy country wherein is all thing that is profitable. And he is a wealthy man that is rich in money and substance. Public (as Varro saith) is derived of people, which in Latin is called *Populus*; wherefore it seemeth that men have been long abused in calling *Rempublicam* a common weal. And they which do suppose it so to be called for that, that everything should be to all men in common, without discrepance of any estate or condition, be thereto moved more by sensuality than by any good reason or inclination to humanity. And that shall soon appear unto them that will be satisfied either with authority or with natural order and example.

First, the proper and true signification of the words public and common, which be borrowed of the Latin tongue for the insufficiency of our own language, shall sufficiently declare the blindness of them which have hitherto holden and maintained the said opinions. As I have said, public took his beginning of people, which in Latin is *populus*, in which word is contained all the inhabitants of a realm or city, of what estate or condition so ever they be.

Plebs in English is called the commonalty, which signifieth only the multitude, wherein be contained the base and vulgar inhabitants not advanced to any honor or dignity, which is also used in our daily communication. For in the city of London and other cities they that be none aldermen or sheriffs be called commoners; and in the country, at a sessions or other assembly, if no gentlemen be thereat, the saying is that there was none but the commonalty, which proveth in mine opinion that *Plebs* in Latin is in English commonalty, and *Plebeii* be commoners. And consequently there may appear like diversity to be in English between a public weal and a common weal, as should be in Latin between *Res publica* and *Res plebeia*. And after that signification, if there should be a common weal either the commoners only must be wealthy, and the gentle and noble men needy and miserable, or else, excluding gentility, all men must be of one degree and sort, and a new name provided. [...]

Now to return to the estate (4) of mankind, for whose use all the said creatures were ordained of God, and also excelleth them all by prerogative of knowledge and wisdom. It seemeth that in him should be no less providence of God declared than in the inferior creatures, but rather with a more perfect order and disposition. And therefore it appeareth that God giveth not to every man like gifts of grace, or of nature, but to some more, some less, as it liketh His Divine Majesty.

Ne they be not in common (as fantastical fools would have all things), nor one man hath not all virtues and good qualities. Notwithstanding for as much as understanding is the most excellent gift that man can receive in his creation, whereby he doth approach most nigh unto the similitude of God, which understanding is the principal part of the soul, it is therefore congruent and according that as one excelleth another in that influence, as thereby being next to the similitude of his maker, so should the estate of his person be advanced in degree or place where understanding may profit; which is also distributed into sundry uses, faculties, and offices, necessary for the living and governance of mankind. And like as the angels which be most fervent in contemplation be highest exalted in glory (after the opinion of holy doctors), and also the fire, which is the most pure of elements and also doth clarify the inferior elements, is deputed to the highest sphere or place, so in this world they which excel other in this influence of understanding, and do employ it to the detaining of other within the bounds of reason, and show them how to provide for their necessary living, such ought to be set in a more high place than the residue where they may see and also be seen, that by the beams of their excellent wit, showed through the glass of authority, other of inferior understanding may be directed to the way of virtue and commodious living. And unto men of such virtue by very equity appertaineth honour, as their just reward and duty, which by other men's labours must also be maintained according to their merits. For as much as the said persons, excelling in knowledge whereby other be governed, be ministers for the only profit and commodity of them which have not equal understanding; where they which do exercise artificial science or corporal labour do not travail for their superiors only, but also for their own necessity. So the husbandman (5) feedeth himself and the cloth maker; the cloth maker apparelleth himself and the husband; they both succour other artificers (6); other artificers them; they and other artificers them that be governors. But they that be governors (as I before said) nothing do acquire by the said influence of knowledge for their own necessities, but do employ all the powers of their wits and their diligence to the only preservation of other their inferiors; among which inferiors also behoveth to be a disposition and order according to reason, that is to say, that the slothful or idle person do not participate with him that is industrious and taketh pain, whereby the fruits of his labours should be diminished, wherein should be none equality, but thereof should proceed discourage, and finally dissolution for lack of provision. Wherefore it can none other wise stand with reason but that the estate of the person in pre-eminence of living should be esteemed with his understanding, labour, and policy; whereunto must be added an augmentation of honour and substance, which not only impresseth a reverence, whereof proceedeth due obedience among subjects, but also inflameth men naturally inclined to idleness or sensual appetite to covet like fortune, and for that cause to dispose them to study or occupation. Now to conclude my first assertion or argument: where all thing is common there lacketh order, and where order lacketh there all thing is odious and uncomely (7). [...] Wherefore, to conclude, it is only a public weal where, like as God hath disposed the said influence of understanding, is also appointed degrees and places according to the excellency thereof; and thereto also would be substance convenient and necessary for the ornament of the same, which also impresseth a reverence and due obedience to the vulgar people or commonalty; and without that, it can be no more said that there is a public weal than it may be affirmed that a house without his proper and necessary ornaments is well and sufficiently furnished.

II - That one sovereign governor ought to be in a public weal. And what damage hath happened where a multitude hath had equal authority without any sovereign.

[...] **Wherefore undoubtedly** the best and more sure governance is by one king or prince, which ruleth only for the weal of his people to him subject; and that manner of governance is best approved, and hath longest continued, and is most ancient. For who can deny but that all thing in heaven and earth is governed by one God, by one perpetual order, by one providence? One sun ruleth over the day, and one moon over the night; and to descend down to the earth, in a little beast, which of all other is most to be marvelled at, I mean the bee, is left to man by nature, as it seemeth, a perpetual figure of a just governance or rule: who hath among them one principal bee for their governor, who excelleth all other in greatness, yet hath he no prick or sting, but in him is more knowledge than in the residue. For if the day following shall be fair and dry, and that the bees may issue out of their stalls without peril of rain or vehement wind, in the morning early he calleth them, making a noise as it were the sound of a horn or a trumpet; and with that all the residue prepare them to labour, and flyeth abroad, gathering nothing but that shall be sweet and profitable, although they sit often times on herbs and other things that be venomous and stinking.

The captain himself laboureth not for his sustenance, but all the other for him; he only seeth that if any drone (8) or other unprofitable bee entereth into the hive, and consumeth the honey gathered by other, that he be immediately expelled from that company. And when there is another number of bees increased, they semblably have also a captain, which be not suffered to continue with the other. Wherefore this new company gathered into a swarm, having their captain among them, and environing him to preserve him from harm, they issue forth seeking a new habitation, which they find in some tree, except with some pleasant noise they be lured and conveyed unto another hive. I suppose who seriously beholdeth this example, and hath any commendable wit, shall thereof gather much matter to the forming of a public weal. But because I may not be long therein, considering my purpose, I would that if the reader hereof be learned, that he should repair to the *Georgics* of Virgil, or to Pliny, or Columella, where he shall find the example more ample and better declared.

Sir Thomas Elyot, *The Booke Named the Governor*, 1531.

(1) **estate**: degree, rank. The estate of mankind: fr. le règne humain.
(2) **equity**: what is fair and right.
(3) **vulgar** (tongue): the native language of the country. English as opposed to Ancient languages.
(4) **weal**: well-being.
(5) **husbandman**: farmer.
(6) **artificer**: craftsman.
(7) **uncomely**: unseemly, unbecoming.
(8) **drone**: a male bee, fig. a parasite.

2 – Vers l'union de l'Angleterre et du pays de Galles, 1536-1543

Henri VIII poursuivit, dans la première moitié du XVIe siècle, une politique expansionniste dans les franges celtiques de son royaume, où il ambitionnait d'asseoir le pouvoir de la Couronne. Ces zones étaient depuis longtemps l'objet des assiduités royales et ses prédécesseurs avaient imposé leur suzeraineté sur une large partie du territoire. Le pays de Galles ne faisait pas exception puisque les barons de Guillaume le Conquérant y avaient conquis des domaines et que leur présence avait eu pour effet de vassaliser une bonne partie du royaume. Édouard Ier devait prendre leur suite en s'engageant dans une œuvre de conquête très efficace au XVIIIe siècle.

À la fin du XVe siècle, la situation du pays de Galles demeurait identique : deux de ses trois grandes régions avaient le statut de propriété de la Couronne, tandis que la troisième, les Marches du pays de Galles, se divisait en cent quarante seigneuries, vassales du royaume d'Angleterre, mais autonomes en matière de gouvernement. La guerre des Deux-Roses ayant eu pour effet d'accroître les territoires contrôlés par le roi dans cette province, une première institution administrative, le Conseil des Marches, fut créée en 1471. Chargée au départ de l'ordre public, elle devait, sous Henri VIII, devenir l'instrument du pouvoir royal et permettre au monarque d'imposer une homogénéité de plus en plus grande entre l'Angleterre et le pays de Galles. Entre 1536 et 1543, une série de mesures allaient graduellement harmoniser leur mode d'administration jusqu'à ce que le pays se voie totalement annexé à la puissance dominatrice. Le texte qui suit, daté de 1536, s'inscrit dans cette ligne puisqu'il oblige les Gallois à respecter les lois anglaises et fait d'eux des citoyens à part entière du nouvel État.

An act for laws and justice to be ministered in Wales in like form as it is in this realm

Albeit the dominion principality and country of Wales justly and righteously is and ever hath been incorporated annexed united and subject to and under the Imperial Crown of this realm, as a very member and joint of the same, whereof the King's most royal majesty of mere droit, and very right, is very head king lord and ruler; yet notwithstanding, because that in the same country principality and dominion divers rights usages laws and customs be far discrepant from the laws and customs of this realm, and also because that the people of the same dominion have and do daily use a speech nothing like nor consonant to the natural mother tongue used within this realm, some rude and ignorant people have made distinction and diversity between the king's subjects of this realm and his subjects of the said dominion and principality of Wales, whereby great discord variance debate division murmur and sedition hath grown between his said subjects; His Highness therefore of a singular zeal love and favour that he beareth towards his subjects of his said dominion of Wales, minding and intending to reduce them to the perfect order notice and knowledge of his laws of this his realm, and utterly to extirp all and singular the sinister usages and customs differing from the same, and to bring the said subjects of this his realm and of his said dominion of Wales to an amicable concord and unity hath [...] enacted and established that his said country or dominion of Wales shall be, stand and continue for ever from henceforth incorporated united and annexed to and with this his realm of England; and that all and singular person and persons, born or to be born in the said principality country or dominion of Wales shall have enjoy and inherit all and singular freedoms liberties rights privileges and laws within this his realm, and other the king's dominions, as other the king's subjects naturally born within the same have, enjoy and inherit.

II. And that all and singular person and persons inheritable to any manor lands tenements rents reversions services or other hereditaments which shall descend after the Feast of All Saints next coming, within the said principality country or dominion of Wales, or within any particular lordship, part or parcel of the said country or dominion of Wales, shall for ever, from and after the said feast of All Saints, inherit and be inheritable to the same manors lands rents tenements reversions and hereditaments after the English tenure, without division or partition, and after the form of the laws of this realm of England, and not after any Welsh tenure, nor after the form of any Welsh laws or customs; and that the laws ordinances and statutes of this realm of England, for ever, and none other laws ordinances nor statutes from and after the said feast of All Saints next coming, shall be had used practised and executed in the said country or dominion of Wales, and every part thereof, in like manner form and order as they be and shall be had, used, practised and executed in this realm, and in such like manner and form as hereafter by this Act shall be further established and ordained; any Act statute usage custom precedent liberty privilege or other thing had made used granted or suffered to the contrary in any wise notwithstanding.

III. And forasmuch as there be many and divers Lordships Marchers within the said country or dominion of Wales, lying between the shires of England and the shires of the said country or dominion of Wales, and being no parcel of any other shires where the laws and due correction is used and had, by reason whereof hath ensued, and hath been practised perpetrated committed and done within and among the said lordships and countries to them adjoining, manifold and divers detestable murders burning of houses robberies thefts trespasses routs riots unlawful assemblies embraceries maintenances receiving of felons oppressions ruptures of the peace and manifold other malefacts contrary to all laws and justice; and the said offenders thereupon making their refuge from lordship to lordship, were and continued without punishment or correction; for due reformation whereof, and forasmuch as divers and many of the said Lordships Marchers be now in the hands and possession of our sovereign Lord the King and the smallest number of them in the possession of other lords, It is therefore enacted... that divers of the said Lordships Marchers shall be united annexed and joined to divers of the shires of England, and divers of the said Lordships Marchers shall be united annexed and joined to divers of the shires of the said country or dominion of Wales in manner and form hereinafter following; and that all the residue of the said Lordships Marchers within the said country or dominion of Wales shall be severed and divided into certain particular counties or shires, that is to say the county or shire of Monmouth, the county or shire of Brecknock, the county or shire of Radnor, the county or shire of Montgomery, the county or shire of Denbigh; and that the lordships townships parishes commotes and cantreds of

Monmouth, Chepstow, Matherne, Llanvihangel, Magour, Goldecliffe, Newport, Wenllonge, Llanwerne, Caerlion, Usk, Treleck, Tintern, Skynfreth, Grousmont, Witecastle, Reglan, Calicote, Biston, Abergevenny, Penrose, Greenfield, Maghen, and Hochnyslade in the country of Wales, and all and singular honours, lordships castles, manors, lands, tenements and hereditaments lying or being within the compass or precinct of the said lordships townships, hamlets, parishes, commotes, and cantreds, and every of them, in whose possession soever they be or shall be, and every part thereof, shall stand and be from and after the said Feast of All-Saints guildable, and shall be reputed accepted named and taken as parts and members of the said shire of Monmouth; and that the said town of Monmouth shall be named accepted reputed used had and taken head and shire town of the said county or shire of Monmouth; and that the sheriff's county or shire court of and for the said shire and county of Monmouth shall be holden and kept one time at the said town of Monmouth, and the next time at the town of Newport in the same county or shire, and so to be kept in the same two towns *alternis vicibus* and according to the laws of this realm of England for ever, and in none other places. [...]

Statutes of the Realm III, 563 f. : 27 *Henry VIII*, c. 26.

3 – Les rois d'Angleterre deviennent rois d'Irlande, 1541

Depuis le XIIe siècle, le roi d'Angleterre était suzerain d'Irlande sous le titre de *Lord of Ireland*. Mais la contrée était rebelle, les populations gaélique et anglo-irlandaise ne tardant pas à exercer de violentes pressions sur Londres pour obtenir, qui le recul des intrus, qui une administration plus cohérente du royaume vassal. Au XVe siècle, les grandes familles anglo-irlandaises obtiennent la direction des affaires d'Irlande, mais c'est en leur nom propre et pour servir les intérêts du Parlement de Dublin qu'elles décident d'agir. Dès la deuxième moitié du siècle, c'est la confrontation car la dynastie dirigeante des Fitzgerald, comtes de Kildare, manifeste trop ouvertement des ambitions hostiles à l'hégémonie anglaise. En 1494, Henri VII nomme un vice-roi anglais, Sir Edward Poynings, dont le nom restera attaché à une loi qui réduit l'autonomie du Parlement irlandais. Mais les Fitzgerald s'obstinent et, dès le début de son règne, Henri VIII caresse le projet d'une reprise en main catégorique des rênes du pouvoir. Son action déclenche, en 1534, une nouvelle rébellion, menée par Silken Thomas, Lord Offaly et sixième comte de Kildare. Plus déterminé que jamais à revoir le mode de gouvernement de l'Irlande, Henri VIII réprime brutalement la révolte et engage des mesures visant à annexer plus étroitement le royaume. En 1541, il prend le titre de roi d'Irlande et lance du même coup l'idée d'une politique de confiscation des terres qui, maintes fois reprise par ses successeurs, se révèlera d'une redoutable efficacité.

An act that the king and his successors be kings of Ireland

I. Forasmuch as the king our most gracious dread sovereign lord, and his grace's most noble progenitors, kings of England, have been lords of this land of Ireland, having all manner kingly jurisdiction, power, pre-eminence, and authority royal, belonging or appertaining to the royal estate and majesty of a king, by the name of lords of Ireland, where the king's majesty, and his most noble progenitors, justly and rightfully were, and of right ought to be kings of Ireland, and so to be reputed, taken, named and called, and for lack of naming the king's majesty and his noble progenitors kings of Ireland, according to their said true and just title, style and name therein, hath been great occasion that the Irish men and inhabitants within this realm of Ireland have not been so obedient to the king's highness and his most noble progenitors, and to their laws, as they of right, and according to their allegiance and bounden duties ought to have been. Wherefore, at the humble pursuit, petition, and request of the lords spiritual and temporal, and other the king's loving, faithful and obedient subjects of this his land of Ireland, and by their full assents, be it enacted, ordained, and established by authority of this present parliament, that the king's highness, his heirs and successors, kings of England, be always kings of this land of Ireland, and that his majesty, his heirs and successors, have the name, style, title, and honour of king of this land of Ireland, with all manner honours, pre-eminences, prerogatives, dignities, and other things whatsoever they be, to the estate and majesty of a king imperial appertaining or belonging; and that his majesty, his heirs and successors, be from henceforth named, called, accepted, reputed, and taken to be kings of this land of Ireland, to have, hold, and enjoy the said style, title, majesty, and honours of king of Ireland, with all manner pre-eminences, prerogatives, dignities and all other the premises, unto the king's highness, his heirs and successors for ever, as united and knit to the imperial crown of the realm of England.

II. And be it further enacted by authority aforesaid, that on this side the first day of July next coming, proclamation shall be made in all shires within this land of Ireland, of the tenor and sentences of this act. And if any person or persons, of what estate, dignity, or condition soever they or he be, subject or resident within this land of Ireland, after the said first day of July, by writing or imprinting, or by any exterior act or deed, maliciously procure or do, or cause to be procured or done, any thing or things to the peril of the king's majesty's most royal person, or maliciously give occasion by writing, deed, print, or act, whereby the king's majesty, his heirs or successors, or any of them might be disturbed or interrupted of the crown of this realm of Ireland, or of the name, style, or title thereof, or by writing , deed, print, or act, procure or do, or cause to be procured or done, any thing or things, to the prejudice, slander, disturbance, or derogation of the king's majesty, his heirs or successors, in, of or for the crown of this realm of Ireland, or in, of or for the name, title or style thereof, whereby his majesty, his heirs or successors, or any of them might be disturbed or interrupted in body, name, style, or title of inheritance, of, in or to the crown of this land of Ireland, or of the name, style, title, or dignity of the same, that then every such person and persons, of what estate, degree or condition they be, subject or residents within the said land of Ireland, and their aiders, counsellors, maintainers, and abettors therein, and every of them, for every such offence, shall be adjudged high traitors, and [...] shall suffer pains of death, as in cases of high treason; and also shall lose and forfeit unto the king's highness, and to his heirs, kings of this realm of Ireland, all such his manors, lands, tenements, rents, reversions, annuities, and hereditaments, which they had in possession as owner, and were sole seised in their own right, of, by, or in any title or means [...].

Ir. Stat., i. 176-7.

4 – *La monarchie anglaise : limitée et absolue*

Les deux textes qui suivent traitent de la nature de la monarchie anglaise. Le texte de Sir Thomas Smith, écrit en 1565, alors que l'auteur était ambassadeur en France [(a)], se situe dans le droit fil d'une tradition que l'on peut faire remonter au Moyen Âge. La monarchie anglaise se définit, en opposition à la monarchie française, comme étant « à la fois limitée et absolue » (Fortescue). Absolue en ce sens que le roi, chef suprême du royaume, est au-dessus des lois dans sa capacité exécutive, mais limitée du fait qu'il est soumis à la loi dans sa capacité législative. Le terme souveraineté renvoie en Angleterre, non au roi seul, mais à l'entité constituée par le roi-en-son-Parlement (*King-in-Parliament*). D'où le souci de Thomas Smith de fonder la distinction entre le roi, le tyran, et le roi absolu sur une taxinomie précise, faisant intervenir des critères touchant à la fois à la personne du roi et aux circonstances.

La définition de Cowell est centrée, quant à elle, sur la doctrine des deux corps du roi (titre de l'ouvrage capital d'E. Kantorowicz, 1957, trad. fr. 1989), remise à

(a) Pour des indications biographiques plus complètes, voir l'introduction au texte suivant.

l'honneur par les juristes élisabéthains. Bien qu'appartenant à la période élisabéthaine, Cowell (1554-1611), éminent juriste et universitaire, spécialiste de droit romain, donne dans cet ouvrage, paru en 1607 sous le règne de Jacques Ier, une définition du roi qui marque une étape vers une conception plus absolutiste de la monarchie, plus caractéristique de la conception des Stuarts. Cela valut à l'ouvrage d'être brûlé en 1610, à l'instigation de la Chambre des communes. On se doit toutefois de souligner qu'il fut jugé offensant, tant à l'égard de la monarchie que du Parlement.

En tout état de cause, il ne faudrait pas exagérer la distance entre le texte de Smith et celui de Cowell, différence d'accent plus que de fond. En effet, la nature gémellaire du monarque et le fait que l'équilibre entre les prérogatives du monarque et les privilèges du Parlement résultait du respect d'un certain nombre de règles tacites autorisaient une certaine latitude d'interprétation, dont les monarques Tudors avaient d'ailleurs usé.

The definition of a king and of a tyrant

Where one person beareth the rule they define a king, who by succession or election commeth with the good will of the people to that governement, and doth administer the common wealth by the lawes of the same and equitie (1), and doth seeke the profit of the people as much as his owne. A tyraunt they name him, who by force commeth to the Monarchy against the will of the people, breaketh lawes alreadie made at his pleasure, maketh other without the advise of the people, and regardeth not the wealth of his people but the advancement of him selfe, his faction, and kindred. These definitions do containe three differences: the obtaining of the authoritie, the maner of administration thereof, and the butte (2) or marke whereunto it doth tend and shoote. So as one may be a tyrant by the entrie and getting of the rule and a king in the administration thereof. As a man may thinke of *Octavius* and peradventure of *Sylla*. For they both comming by tyranny and violence to the rule did seeme to travaile verie much for the better orderinge of the common wealth, although each after a diverse maner. An other may be a king by the entrie, and a tyrant by the administration, as *Nero, Domitian,* and *Commodus*: for the empire came to them by succession, their administration was utterly tyrannicall, of *Nero* after five yeares, of *Domitian* and *Commodus* very shortly upon their new honour. Some both in their comming to their Empire, and in the butte which they shoote at, be kings, but the maner of their rule is tyrannicall: as all the good Emperors of Rome after *Caesar* and *Octavius* and the better Popes of Rome. The Emperours claime this tyrannicall power by pretence of that Rogation or *plebiscitum*, which *Caius Caesar* or *Octavius* obtained, by which all the people of Rome did conferre their power and authority unto *Caesar* wholly.

The Pope groundeth his from Christ (*cui omnis potestas data est in coelo et in terra*) whose successor he pretendeth to be: yet the generall Councels (3) make a strife with him, to make the Popes power either *Aristocratian* or at the least *legitimum regnum*, and would faine (4) bridle that *absolutam potestatem*. Some men doe judge the same of the kinges of Fraunce, and certaine Princes of Italie and other places, because that they make and abrogate lawes and edictes, lay on tributes and impositions of their own will, or by their private Counsell and advise of their friends and favourers onely, without the consent of the people. The people I do call that which the word *populus* doth signifie, the whole body and the three estates (5) of the common wealth: and they blame *Lewes* the xi. for bringing the administration royall of Fraunce, from the lawful and regulate raigne, to this absolute and tyrannicall power and governement. He himself was wont to glory and say, he had brought the crowne of Fraunce *hors de page*, as one would say out of Wardship.

Of the absolute king

OTHER DO CALL that kinde of administration which the Greekes do call *pambasileian*, not tyranny, but the absolute power of a King, which they would pretende that everie King hath, if he would use it. The other they call *basileian nomiken* or the Royall power regulate by lawes: of this I will not dispute at this time. But as such absolute administration in time of warre when all is in armes, and when lawes hold their peace because they cannot be heard, is most necessarie: so in time of peace, the same is verie daungerous, aswell to him that doth use it, and much more to the people upon whom it is used: whereof the cause is the frailtie of mans nature, which (as *Plato* saith) cannot abide or beare long that absolute and uncontrowled authoritie, without swelling into too much pride and insolencie. And therefore the Romanes did wisely, who woulde not suffer any man to keepe the *Dictatorship* above six monethes, because the *Dictators* (for that time) had this absolute power, which some Greekes named a lawfull tyrannie for a time.

Sir Thomas Smith, *De Republica Anglorum*, 1583.

(1) **equitie**: a system of law designed to make up for the inadequacies of common and statute law (see *Manuel de civilisation britannique*).
(2) **butte**: aim, target.
(3) **generall councels**: religious concils.
(4) **faine**: with pleasure, gladly.
(5) **the three estates of the common wealth**: an order or class regarded as part of the body politic, and as such participating in the government either directly or through its representatives.
The three estates in France:
1. Clergy; 2. Nobles 3; Third estate.
The three estates in England:
1. Lords Spiritual; 2. Lords Temporal; 3. Commons.

Absolute monarchy

King: [...] him that hath the highest power and absolute rule over our whole Land; and thereupon the King is in intendment of Lawe (1) cleared of those defects, that common persons be subject unto. For he is alwaies supposed to be of full age, though he be in yeares never so young. [...] he is taken as not subject to death, but is a Corporation (2) in himselfe that liveth ever. [...] Thirdly, he is above the Law by his absolute power. Bracton lib. pri cap. 8 (3) [...] and though for the beter and equall course in making Lawes he doe admitt the 3 estates, that is, Lords Spirituall, Lords Temporall, and the Commons, unto Councell: yet this, in divers learned mens opinions, is not of constreinte, but of his owne benignitie, or by reason of his promise made upon oath, at the time of his coronation. For otherwise were he a subject after a sort and subordinate, which may not bee thought without breach of duty and loyaltie. For then must we deny him to be above the lawe, and to have no power of dispensing with any positive lawe, or of graunting especiall priviledges and charters unto any, which is his onely and cleare right, as Sir Thomas Smith well expresse lib. 2. cap. 3. de Repub. Anglican. [...] For hee pardoneth life and limme to offendours against his crowne and dignitie, except such as he bindeth himself by oath not to forgive. [...] And though at his coronation he take an oath not to alter the lawes of the land: Yet this oath notwithstanding, hee may alter or suspend any particular lawe that seemeth hurtfull to the publicke estate. [...] Thus much in short, because I have heard some to be of opinion, that the lawes be above the king. [...] Fourthly, the kings only testimonie of any thing done in his presence, is of as high nature and credit as any Record. Whence it cometh that in all writs or precepts sent out for the dispatch of Justice, he useth none other witnesse but himselfe, alwaies using these words under it, Teste me ipso. Lastly, he hath in the right of his crowne many prerogatives above any common person, be he never so potent or honourable [...].

John Cowell, *The Interpreter: or booke containing the signification of words: Wherein is set foorth the true meaning of all [...] such words and termes as are mentioned in the Law-writers or Statutes [...] requiring any Exposition*, 1607.

(1) **in intendment of law**: the sense in which the law understands a thing; true meaning as fixed by the law.
(2) **corporation**: an artificial person created by royal charter, prescription, or act of legislature, and having authority to preserve certain rights in perpetual succession. A corporation may be either aggregate, comprising many individuals, as the mayor and burgesses of a town, etc., or sole, consisting of only one person and his successors, as a king, bishop, or parson of a parish.
(3) Bracton dit en réalité : "*The king himself must be, not under Man, but under God and the Law, because the Law makes the king. [...] For there is no king where arbitrary will dominates, and not the Law*".

5 – *Le Parlement et le royaume*

Doté d'une solide formation générale et juridique, Sir Thomas Smith (1513-1577) fut à la fois un grand érudit et un homme public. Il fut notamment membre du Parlement, juge de paix et conseiller du jeune Édouard VI (qui le fit chevalier) et du Lord protecteur Somerset. Sous le règne d'Élisabeth 1re, il fut ambassadeur à la cour de France puis membre du Conseil privé en 1571. Durant son séjour en France alors que, loin de son pays, il avait la nostalgie des institutions anglaises, il entreprit de rédiger ce traité (1562-1565). L'étude comparative des institutions des deux pays fait, selon l'auteur, éclater la supériorité de l'Angleterre. L'ouvrage resta cependant à l'état de manuscrit inachevé et ne fut publié qu'en 1583, six ans après la mort de l'homme d'État. Malgré son inachèvement, il constitue la description la plus exhaustive des institutions politiques et juridiques de l'Angleterre Tudor et contient des informations précieuses sur la structure de la société.

Les chapitres 1 et 2 du livre II, présentés ici, sont complémentaires. Le chapitre 1 est une définition théorique du rôle du Parlement tandis que le chapitre 2 donne à voir, de façon extrêmement vivante et concrète, le déroulement des débats et les procédures de vote. La première phrase du chapitre 1 devait connaître une importante fortune au siècle suivant, non d'ailleurs sans avoir subi quelque distorsion, dans les milieux partisans d'une interprétation constitutionnaliste de la monarchie anglaise en réaction à la dérive absolutiste. Mais rien n'est plus éloigné de l'esprit du texte de Smith qu'une telle interprétation. Dans un pays où le roi et le Parlement partageaient fondamentalement la même idéologie, les relations entre le roi et le Parlement sont envisagées moins en termes de conflit que de complémentarité. Ce chapitre très dense contient une autre formulation essentielle : celle qui établit la représentativité du Parlement. En dépit de son caractère partiellement fictif, cette conception constituait la justification essentielle de la condamnation de toute rébellion.

Le chapitre suivant, bien que très concret, n'est pas exempt d'une certaine idéalisation dans la description des séances parlementaires. On n'y trouve aucune référence à de possibles conflits ponctuels entre la Couronne et le Parlement, qui pourtant surgirent plusieurs fois au cours du règne d'Élisabeth, comme l'attestent les comptes-rendus, notamment au sujet de l'initiative des lois et de la liberté de discussion (*voir le discours de Peter Wentworth au Parlement de 1576, texte n° 7, p 42*). Le texte passe également sous silence le rôle du Conseil Privé du roi (*voir texte suivant*), notamment en matière d'initiative des lois.

Of the Parliament and the authoritie thereof

The most high and absolute power of the realme of Englande, is in the Parliament. For as in warre where the king himselfe in person, the nobilitie, the rest of the gentilitie, and the yeomanrie is, there is the force and power of Englande: so in peace and consultation where the Prince is to give life, and the last and highest commaundement, the Baronie for the nobilitie and lordes, the knightes, esquiers, gentlemen and commons for the lower part of the common wealth, the bishoppes for the clergie bee present to advertise, consult and shew what is good and necessarie for the common wealth, and to consult together, and upon mature deliberation everie bill or lawe being thrise reade and disputed uppon in either house, the other two partes first each a part, and after the Prince himselfe in presence of both the parties doeth consent unto and alloweth. That is the Princes and whole realmes deede: whereupon justlie no man can complaine, but must accommodate himselfe to finde it good and obey it.

That which is doone by this consent is called firme, stable, and *sanctum*, and is taken for lawe. The Parliament abrogateth olde lawes, maketh newe, giveth orders for thinges past, and for thinges hereafter to be followed, changeth rightes, and possessions of private men, legittimateth bastards, establisheth formes of religion, altereth weightes and measures, giveth formes of succession to the crowne, defineth of doubtfull rightes, whereof is no lawe alreadie made, appointeth subsidies, tailes, taxes, and impositions, giveth most free pardons and absolutions, restoreth in bloud and name as the highest court, condemneth or absolveth them whom the Prince will put to that triall: And to be short, all that ever the people of Rome might do either in *Centuriatis comitijs* or *tributis*, the same may be doone by the parliament of Englande, which representeth and hath the power of the whole realme both the head and the bodie. For everie Englishman is entended to bee there present, either in person or by procuration and attornies, of what preheminence, state, dignitie, or qualitie soever he be, from the Prince (be he King or Queene) to the lowest person of Englande. And the consent of the Parliament is taken to be everie mans consent.

The forme of holding the Parliament

The Prince sendeth foorth his rescripts or writtes to every duke, marques, baron, and every other Lorde temporall or spirituall who hath voice in the parliament, to be at his great counsell of Parliament such a day, (the space from the date of the writ is commonly at the least fortie dayes): he sendeth also writtes to the Sherifes of every shyre to admonish the whole shire to choose two knightes of the parliament in the name of the shyre, to heare and reason, and to give their advise and consent in the name of the shire, and to be present at that day: likewise to every citie and towne which of ancientie hath bin wont to finde burgesses (1) of the parliament, so to make election that they might be present there at the first day of the parliament. The knightes of the shyre be chosen by all the gentlemen and yeomen of the shyre, present at the day assigned for the election: the voice of the absent is counted for none. Yeomen I call here (as before) who may dispende at the least xl. s. of yearely rent of free lande of his owne. These meeting at one day, the two who have the more of their voices be chosen knightes of the shire for that parliament: likewise by the pluralitie of the voyces of the citizens and burgesses be the burgesses elected. The first day of the parliament the Prince and all the Lordes in the robes of parliament do meete in the highe house, where after prayers made, they that be present are written, and they that be absent upon sicknes or some other reasonable cause (which the prince will allowe) do constitute under their hande and seale some one of those who be present as his procurer or atturney to give voice for him, so that by presence or atturney and proxey they be all there, all the princes and barrons and all archbishops and bishops, and (when abbots were) so many abbots as had voice in parliament. The place where the assembly is, is richly tapessed and hanged, a princely and royal throne as appertaineth to a king, set in the middest of the higher place thereof. Next under the prince sitteth the Chancellor, who is the voyce and orator of the prince. On the one side of that house or chamber sitteth the archbishops and bishops, ech in his ranke, on the other side the dukes and barons. In the middest thereof uppon woolsackes sitteth the Judges of the realme, the master of the roules, and the secretaries of estate. But these that sit on the woolsacks have no voice in the house, but onely sit there to aunswere their knowledge in the law, when they be asked if any doubt arise among the Lordes. The secretaries to aunswere of such letters or thinges passed in counsell whereof they have the custodie and knowledge: and this is called the upper house, who giveth their consent and dissent ech man severally and by himselfe, first for himselfe, and then severally for so many as he hath proxies or letters, when it commeth to the question, saying onely content or not content, without further reasoning or replying. In this meane time the knights of the shires and burgesses of the parliament (for so they are called that have voice in parliament, and are chosen as I have said before, to the number betweixt iij. C. and iiij. C.) are called by such as it pleaseth the prince to appoint, into an other great house or chamber by name, to which they aunswere and declaring for what shyre or towne they aunswere: then they are willed to choose an able and discreete man to be as it were the mouth of them all, and to speake for and in the name of them, and to present him so chosen by them to the prince: which done they comming al with him to a barre, which is at the nether ende of the upper house, there he first praiseth the prince, then maketh his excuse of unabilitie, and prayeth the prince that he would command the commons to choose another. The chancellor in the princes name doth so much declare him able, as he did declare himselfe unable, and thanketh the commons for choosing so wise, discreete and eloquent a man, and willeth them to go and consult of lawes for the common wealth. Then the speaker requireth certaine requests of the prince in the name of the commons, first that his majestie would be content that they may use and enjoy all their liberties and priviledges that the common house was wont to enjoy. Secondly, that they might franckely and freely saye their mindes in disputing of such matters as may come in question, and that without offence of his Majestie. Thirdly that if any should chaunce of that lower house to offend or not to do or say as should become him, or if any should offend any of them being called to that his highnes court: That they might (according to the ancient custome) have the punishment of them. And fourthly, that if there came any doubt, whereupon they shal desire to have thadvise or conference with his Majestie or with any of the Lordes, that they might doe it: All which he promiseth in the commons names that they will not abuse, but have such regarde as most faithfull, true and loving subjectes ought to have to their prince.

The Chauncelor answereth in the princes name, as apperteyneth. And this is all that is doone for one day, and sometime two. Besides the Chauncelor, there is one in the upper house who is called Clarke of the Parliament, who readeth the bils. For all that commeth in consultation either in the upper house or in the neather house, is put in writing first in paper, which being once read, he that will, riseth up and speaketh with it or against it: and so one after another so long as they shall thinke good. That doone they goe to another, and so an other bill. After it hath bin once or twise read, and doth appeare that it is somewhat liked as reasonable, with such amendment in wordes and peradventure some sentences as by disputation seemeth to be amended: In the upper house the Chauncelor asketh if they will have it engrossed, that is to say put into parchement: which doone, and read the third time, and that eftsoones if any be disposed to object disputed againe among them, the Chauncelor asketh if they will goe to the question: and if they agree to goe to the question, then he sayth, here is such a lawe or act concerning such a matter, which hath been thrise read here in this house, are ye content that it be enacted or no? If the not contentes be moe, then the bill is dashed, that is to say the lawe is antiquated and goeth no further. If the contentes be the more, then the Clarke writeth underneath: *Soit baille aux commons*. And so when they see time they send such bils as they have approoved by two or three of those which doe sit on the woolsacks to the commons: who asking licence, and comming into the house, with due reverence, sayth to the speaker: Master speaker, my Lordes of the upper house have passed among them and thinke good, that there should be enacted by Parliament such an act, and such an act, and so readeth the titles of that act or actes. They pray you to consider of them, and shew them your advise, which doone they goe their way. They being gone and the doore againe shut, the speaker rehearseth to the house what they sayd. And if they be not busie disputing at that time in an other bill, he asketh them streightwaie if they will have that bill or (if there be mo) one of them reade.

In like manner in the lower house the speaker sitting in a seate or chaire for the nonce (2) somewhat higher, that he may see and be seene of them all, hath before him in a lower seate his Clarke, who readeth such bils as be first propounded in the lower house, or be sent down from the Lords. For in that ech house hath equal authoritie, to propounde what they thinke meete, either for thabrogating of some law made before, or for making of a newe. All bils be thrise in three diverse dayes read and disputed upon, before they come to the question. In the disputing is a mervelous good order used in the lower house. He that standeth uppe bareheadded is understanded that he will speake to the bill. If moe stande uppe, who that first is judged to arise, is first harde, though the one doe prayse the law, the other diswade it, yet there is no altercation. For everie man speaketh as to the speaker, not as one to an other, for that is against the order of the house. It is also taken against the order, to name him whom ye doe confute, but by circumlocution, as he that speaketh with the bill, or he that spake against the bill, and gave this and this reason, dothe not satisfie but I am of the contrary opinion for this and this reason. And so with perpetuall Oration not with altercation, he goeth through till he do make an end. He that once hath spoken in a bill though he be confuted straight, that day may not replie, no though he would chaunge his opinion. So that to one bill in one day one may not in that house speake twise, for else one or two with altercation woulde spende all the time. The next day he may, but then also but once.

No reviling or nipping wordes must be used. For then all the house will crie, it is against the order: and if any speake unreverently or seditiouslie against the Prince or the privie counsell, I have seene them not onely interrupted, but it hath beene moved after to the house, and they have sent them to the tower. So that in such a multitude, and in such diversitie of mindes, and opinions, there is the greatest modestie and temperance of speech that can be used. Neverthelesse with moste doulce and gentle termes, they make their reasons as violent and as vehement the one against the other as they may. Ordinarily, except it bee for urgent causes and hasting of time, at the afternoone they keepe no parliament. The speaker hath no voice in the house, nor they will not suffer him to speake in any bill to moove or diswade it. But when any bill is read, the speakers office is as brieflie and as plainely as he may to declare the effect thereof to the house. If the commons doe assent to such billes as be sent to them first agreed upon from the Lords thus subscribed, *Les commons ont assentus*, so if the Lordes doe agree to such billes as be first agreed uppon by the Commons, they sende them downe againe to the speaker thus subscribed, *Les Seigneurs ont assentus*. If they cannot agree, the two houses (for everie bill from whence soever it doth come is thrise reade in each of the houses) if it be understoode that there is any sticking, sometimes the Lordes to the Commons, somtime the Commons to the Lords doe require that a certaine of each house may meete together, and so ech part to be enformed of others meaning, and this is alwaies graunted. After which meeting for the most part not alwaies either parte agrees to others billes.

In the upper house they give their assent and dissent ech man severallie and by himselfe first for himselfe, and then for so manie as he hath proxie. When the Chaunceler hath demanded of them if they will goe to the question after the bill hath beene thrise reade, they saying only content or not content, without further reasoning or replying: and as the more number doeth agree, so is it agreed on, or dashed.

In the neather house none of them that is elected either Knight or Burges can give his voice to an other nor his consent nor dissent by proxie. The more parte of them that be present onely maketh the consent or dissent. After the bill hath been twise reade, and then engrossed and eftsoones reade and disputed on ynough as is thought: the speaker asketh if they will goe to the question. And if they agree he holdeth the bill up in his hande and sayeth, as many as will have this bill goe forwarde, which is concerning such a matter, say yea. Then they which allowe the bill crie yea, as many as will not, say no: as the crie of yea or no is bigger, so the bill is allowed or dashed. If it be a doubt which crie is the bigger, they divide the house, the speaker saying, as many as doe alowe the bill goe downe with the bill, and as many as do not sitte still. So they divide themselves, and being so divided they are numbred who make the more part, and so the bill doeth speede. It chaunceth sometime that some part of the bil is allowed, some other part hath much contrariety and doubt made of it: and it is thought if it were amended it would goe forwarde. Then they chuse certaine *committees* of them who have spoken with the bil and against it to amende it, and bring it in againe so amended, as they amongest them shall thinke meete: and this is before it is engrossed, yea and some time after. But the agreement of these *committees* is no prejudice to the house. For at the last question they will either accept it or dash it as it shall seeme good, notwithstanding that whatsoever the *committees* have doone.

Thus no bill is an act of Parliament, ordinaunce, edict or law, untill both the houses severallie have agreed unto it, after the order aforesaide, no nor then neither. But the last day of that Parliament or session the Prince commeth in person in his Parliament robes, and sitteth in his state: all the upper house sitteth about the Prince in their states and order in their robes. The speaker with all the common house commeth to the barre, and there after thankes given first in the Lordes name by the Chaunceller &c. and in the commons name by the speaker to the Prince, for that hee hath so great care of the good governement of his people, and for calling them together to advise of such thinges as should be for the reformation, establishing and ornament of the common wealth: the Chaunceller in the Princes name giveth thankes to the Lords and commons for their paines and travailes taken, which he saith the Prince will remember and recompence when time and occasion shall be and then sayeth that the Prince hath well viewed and wayed what hath been moved and presented and debated amongst the Lords and them and thereupon will show his mind that the doings might have perfect life and accomplishment by his princelie authoritie, and so have the whole consent of the Realme. Then one reades the title of everie act which hath passed at that session, but only in this fashion: An act concerning such a thing, &c. It is marked there what the Prince doeth allowe, and to such he sayth: *Le roy* or *la royne le veult*. And those be taken nowe as perfect lawes and ordinances of the Realme of Englande and none other, and as shortlie as may be put in print, except it be some private cause or lawe made for the benefit or prejudice of some private man, which the Romans were wont to call *privilegia*. These be onelie exemplified under the seale of the Parliament, and for the most part not printed. To those which the Prince liketh not, he answereth, *Le roy* or *la royne sadvise* and those be accounted utterly dashed and of none effect.

This is the order and forme of the highest and most authentical court of Englande, by vertue whereof all those things be established whereof I spake before, and no other meanes accounted vailable to make the forfaiture of life, member, or landes of any English man, of new where there was no lawe made for it before. Nowe let us speake of the saide partes when they be severall.

Sir Thomas Smith, *De Republica Anglorum*, 1583.

(1) **burgesses**: the member of Parliament for a borough, corporate town or university.
(2) **for the nonce**: for the purpose.

6 – *Le roi et ses serviteurs*

Les premiers Tudors organisèrent le Conseil de façon systématique, en fixant notamment le nombre de membres, la fréquence des réunions et la répartition des tâches entre diverses commissions. Alors que précédemment le Conseil privé était composé des grands du royaume, les Tudors en assurèrent le contrôle complet ; ils choisirent généralement leurs serviteurs au sein de la *gentry*, qui leur était toute dévouée. En sorte que le Conseil privé devint un instrument docile entre les mains du roi – d'autant plus que, dans le même temps, ses attributions étaient considérablement étendues, ce qui suscita des conflits avec le Parlement. La carrière de ces serviteurs dépendait entièrement de la faveur royale : seuls les moins fortunés recevaient une pension – encore n'était-elle pas payée de manière systématique. Les monarques Tudors préféraient octroyer des récompenses en nature, telles que des terres ou un bénéfice ecclésiastique, voire des gratifications purement honorifiques et parfois onéreuses, comme s'en plaignit Thomas Elyot, dont la nouvelle dignité de chevalier, seul paiement qu'il eût jamais reçu pour ses services, lui permettait certes de faire précéder son nom du titre de "*Sir*", mais amputait sensiblement ses revenus.

And to the intent that as well matters of justice and complaints touching the griefs of the King's subjects and disorder of his realm and otherwise which shall fortune to be made, brought, and presented unto his Highness by his said subjects in his demur (1) or passing from place to place within the same, as also other great occurrences concerning his own particular affairs, may be the better ordered and with his Grace more ripely debated, digested, and resolved from time to time as the case shall require; it is ordered and appointed by his Highness that a good number of honourable, virtuous, sad, wise, expert, and discreet persons of his Council shall give their attendance upon his most royal person, whose names hereafter follow, that is to say

[Here follow 20 names, beginning with "the Lord Cardinal, Chancellor of England", and including the Lord Treasurer, the Keeper of the Privy Seal, the Marshal, the Steward of the Household, the Lord Chamberlain, the Treasurer of the Household, the Comptroller, the King's Secretary, the Chancellor of the Duchy of Lancaster (Sir Thomas More), the Dean of the King's Chapel, the Treasurer of the King's Chamber, the Vice-Chamberlain, and the Captain of the Guard. Thus out of the total number of 20, no less than 14 are officials.]

And forasmuch as the said Lord Cardinal, the Lord Treasurer of England, Lord Privy Seal, Lord Steward, and divers other lords and personages before mentioned, by reason of their attendance at the terms for administration of justice, and exercising of their offices, and other reasonable impediments, shall many seasons fortune to be absent from the King's Court, and specially in the term times; to the intent the King's Highness shall not be at any season unfurnished of an honourable presence of Councillors about his Grace, with whom his Highness may confer upon the premises at his pleasure, it is ordered that the persons hereafter mentioned shall give their continual attendance in the causes of his said Council unto what place soever his Highness shall resort; that is to say, the Lord Chamberlain, the Bishop of Bath, the Treasurer and Comptroller of the King's Household, the Secretary, the Chancellor of the Duchy of Lancaster, the Dean of the King's Chapel, the Vice-Chamberlain, the Captain of the Guard, and for ordering of poor men's complaints and causes, Dr Wolman.

And because, per case, it may chance some of these aforenamed persons to be absent for some reasonable cause, be it always provided and foreseen that either the Bishop of Bath, the Secretary, Sir Thomas More, and the Dean of the Chapel, or two of them at the least, always be present, except the King's Grace give licence to any of them of the contrary; which said Councillors being appointed for continual attendance shall apply themselves effectually, diligently, uprightly, and justly in the premises, being every day in the forenoon by ten of the clock at the furthest, and at afternoon by two of the clock, in the King's Dining Chamber, or in such other place as shall fortune to be appointed for the Council chamber, there to be in readiness, not only in case the King's pleasure shall be to commune or confer with them upon any cause or matter, but also for hearing and direction of poor men's complaints on matters of justice; which direction well observed, the King's Highness shall always be well furnished of an honourable presence of Councillors about his Grace, as to his high honour doth appertain.

Council Ordinances of Henry VIII, 1526.

(1) **demur**: stay, abode, residence, (cf. fr. demeure).

7 – De la liberté de parole...

L'affaire Wentworth est devenue emblématique du combat pour la liberté de parole (réelle et non seulement formelle), qui était l'un des privilèges du Parlement. Pour bien saisir toute la portée de ce discours, il faut en préciser le contexte : la bulle promulguée par le pape Pie V en 1570, qui excommuniait la reine Élisabeth et déliait ses sujets catholiques de leur allégeance, avait encouragé une série de complots visant à placer sur le trône d'Angleterre l'écossaise et catholique Marie Stuart, veuve de François II, chassée de son pays natal devenu presbytérien et, depuis 1568, prisonnière encombrante en Angleterre où elle s'était réfugiée. À partir de 1574, la politique de reconquête religieuse de l'Angleterre, activement menée par les jésuites et les prêtres catholiques anglais formés sur le continent, donna de vives inquiétudes aux parlementaires, et plus particulièrement aux puritains (dont P. Wentworth est un représentant parfait), plus inquiets pour la sécurité de leur souveraine que la reine elle-même. Elisabeth Ire était fort embarrassée de cette situation qui risquait de compromettre sa politique de conciliation religieuse, visant à rassembler le plus grand nombre possible de ses sujets.

Ce discours, d'une grande candeur, nous livre de nombreuses informations à la fois sur l'esprit puritain et sur le fonctionnement de l'institution parlementaire (pressions exercées par la reine au moyen de messages, par l'intermédiaire du président de la Chambre des communes, et par l'invention du concept de "*matters of State*", relevant exclusivement de la prérogative royale). Il n'est pas sans intérêt de souligner que P. Wentworth, dont le discours, pourtant empreint de déférence, fut jugé inacceptable par certains au moins de ses collègues, fut emprisonné à l'initiative de la Chambre des communes. Ce souci de respectabilité était la condition d'une certaine liberté de parole au Parlement.

[8 February 1576.] **Peter Wentworth, esquire**, one of the burgesses for the borough of Tregony in the county of Cornwall, was, for unreverent and undutiful words uttered by him in this house of our sovereign lady the queen's majesty, sequestered, that the house might proceed to conference and consideration of his said speech, which speech I have transcribed out of a copy I had by me, and added to this journal: *viz.* (1)

Mr. Speaker, I find written in a little volume these words in effect: "Sweet is the name of liberty, but the thing itself a value beyond all inestimable treasure." So much the more it behooveth us to take care lest we, contenting ourselves with the sweetness of the name, lose and forgo the thing, being of greatest value that can come unto this noble realm. The inestimable treasure is the use of it in this house. And therefore I do think it needful to put you in remembrance, that this honourable assembly are assembled and come together here in this place for three special causes of most weighty and great importance.

The first and principal is to make and abrogate such laws as may be most for the preservation of our noble soveraign. [...]

The third is to make or abrogate such laws as may be to the chiefest surety, safe-keeping, and enrichment of this noble realm of England. So that I do think that the part of a faithful-hearted subject is to do his endeavour to remove all stumbling-blocks out of the way that may impair or any manner of way hinder these good and godly causes of this our coming together.

I was never of parliament but the last, and the last session [of this parliament]; at both which times I saw the liberty of free speech, the which is the only salve (2) to heal all the sores of this commonwealth, so much and so many ways infringed, and so many abuses offered to this honourable council, as hath much grieved me even of very conscience and love to my prince and state. Wherefore, to avoid the like, I do think it expedient to open the commodities that grow to the prince and whole state by free speech used in this place – at the least so much as my simple wit can gather of it, the which is very little in respect of that that wise heads can say therein; and so it is of the more force.

First, all matters that concern God's honour through free speech, shall be propagated here and set forward, and all things that do hinder it removed, repulsed, and taken away.

Next, there is nothing commodious, profitable, or any way beneficial for the prince or state, but faithful and loving subjects will offer it in this place.

Thirdly, all things discommodious, perilous, or hurtful to the prince or state shall be prevented – even so much as seemeth good to our merciful God to put into our minds, the which no doubt shall be sufficient if we do earnestly call upon Him and fear Him; for Solomon saith, "The fear of God is the beginning of wisdom." Wisdom, saith he, breatheth life into her children, receiveth them that seek her, and will go beside them in the way of righteousness; so that our minds shall be directed to all good, needful, and necessary things, if we call upon God with faithful hearts. [...] so that to this point I conclude that in this house, which is termed a place of free speech, there is nothing so necessary for the preservation of the prince and state as free speech. And without, it is a scorn and mockery to call it a parliament house; for in truth it is none, but a very school of flattery and dissimulation, and so a fit place to serve the devil and his angels in, and not to glorify God and benefit the commonwealth. [...] my text is vehement the which by Gods sufferance I mean to observe, hoping therewith to offend none; for that of very justice none ought to be offended for seeking to do good and saying of the truth.

Amongst other, Mr. Speaker, two things do great hurt in this place, of the which I do mean to speak. The one is a rumour which runneth about the house, and this it is: "Take heed what you do; the queen's majesty liketh not such a matter; whosoever prefereth (3) it, she will be offended with him" – (or the contrary) "Her majesty liketh of such a matter; whosoever speaketh against it she will be much offended with him." The other: sometimes a message is brought into the house either of commanding or inhibiting, very injurious to the freedom of speech and consultation. I would to God, Mr. Speaker, that these two were buried in hell – I mean rumours and messages; for wicked undoubtedly they are. The reason is the devil was the first author of them, from whom proceedeth nothing but wickedness. Now I will set down reasons to prove them wicked.

And in the beginning of our speech I shewed it to be a special cause of our assembly, but my intent is, that nothing should be done to Gods dishonour, to her majesties peril, or the peril of the State. And therefore I will shew the inconveniences that grow of these two.

First, if we follow not the princes mind, Solomon saith, "the Kings displeasure is a messenger of death": this is a terrible thing to weak nature, for who is able to abide the fierce countenance of his prince, but if we will discharge our consciences, and be true to God, and prince and State, we must have due consideration of the place and occasion of our coming together, and especially have regard unto the matter wherein we both shall serve God, and our prince and State faithfully, and not dissembling as eye pleasers, and so justly avoid all displeasures both to God and our prince; for Solomon saith, "in the way of the righteous there is life", as for any other way it is the path to death. So that to avoid everlasting death and condemnation with the high and mighty God, we ought to proceed in every cause according to the matter, and not according to the princes mind; and now I will shew you a reason to prove it perilous always to follow the princes mind. Many times it falleth out, that a prince may favour a cause perilous to himself and the whole State; what are we then if we follow the princes mind, are we not unfaithful to God, our prince and State? Yes truly, we are chosen of the whole realm, of a special trust and confidence by them reposed in us, to foresee all such inconveniences. Then I will set down my opinion herein, that is, he that dissembleth to her majesties peril, is to be counted as a hateful enemy; for that he giveth unto her majesty a destestable Judas his kiss; and he that contrarieth her mind to her preservation, yea though her majesty would be much offended with him, is to be adjudged an approved lover, for "faithful are the wounds of a lover", saith Solomon, "but the kisses of an enemy are deceitful." [...]

The queen's majesty is the head of the law and must of necessity maintain the law; for by the law her majesty is made justly our queen and by it she is most chiefly maintained. Hereunto agreeth the most excellent words of Bracton, who saith, "The king hath no peer nor equal in his kingdom". He hath no equal, for otherwise he might lose his authority of commanding, sithence that an equal hath no rule of commandment over his equal. The king ought not to be under man, but under God and under the law, because the law maketh him a king. Let the king therefore attribute that to the law which the law attributeth unto him: that is, dominion and power; for he is not a king in whom will and not the law doth rule. And therefore he ought to be under the law. I pray you mark the reason why my authority saith, "the King ought to be under the law, for" saith he, "he is Gods Vicegerent here upon earth", that is, his Lieutenant to execute and do his will, the which is law or justice, and thereunto was her majesty sworn at her coronation, as I have heard learned men in this place sundry times affirm; unto the which I doubt not but her majesty will for her honour and conscience sake have special regards, for free speech and conscience in this place are granted by a special law, as that without the which the prince and State cannot be preserved or maintained: so that I would wish every man that feareth God, regardeth the princes honour, or esteemeth his own credit, to fear at all times hereafter to pronounce any such horrible speeches so much to the princes dishonor; for in so doing he sheweth himself an open enemy to her majesty, and so worthy to be contemned of all faithful hearts. Yet there is another inconvenience that riseth of this wicked rumour, the utterers thereof seem to put into our heads, that the queens majesty hath conceived an evil opinion, diffidence and mistrust in us her faithful and loving subjects; for if she had not, her majesty would then wish that all the things dangerous to her self that loving subjects as we are, would without schooling and direction, with careful minds to our powers, prevent and withstand all perils that might happen unto her majesty: and this opinion I doubt not but her majesty hath conceived of us, for undoubtedly there was never prince that had faithfuller hearts than her majesty hath here; and surely there were never subjects had more cause heartily to love their prince for her quiet governement than we have. So that he that raiseth this rumour, still encreaseth but discredit in seeking to sow sedition as much as lyeth in him, between our merciful queen and us her most loving and faithful subjects, the which by Gods grace shall never lie in his power, let him spit out all his venome and there withal shew out his malicious heart; yet I have collected sundry reasons to prove this a hateful and detestable rumour, and the utterer thereof to be a very Judas to our noble Queen, therefore let any hereafter take heed how he publish it, for as a very Judas unto her majesty, and enemy to the whole State, we ought to accept him.

Now the other was a message Mr Speaker brought the last sessions into the house, that we should not deal in any matters of religion, but first to receive from the bishops: surely this was a doleful message, for it was as much as to say, "Sirs, ye shall not deal in Gods causes, no, ye shall in no wise seek to advance his glory; and in recompence of your unkindness, God in his wrath will look upon your doings, that the chief cause that ye were called together for, the which is the preservation of their prince, shall have no good success": if some one of this House had presently made this interpretation of this said message, had he not seemed to have the spirit of prophecy? Yet truly I assure you Mr Speaker, there were divers of this house that said with grievous hearts, immediately upon the message, that God of his justice could not prosper the session; and let it be holden for a principle Mr Speaker, that councel that cometh not together in Gods name, cannot prosper: for God saith, "Where two or three are gathered together in his name there am I in the midst among them". Well, God even the great and mighty God, whose name is the Lord of Hosts, great in councel, and infinite in thought, and who is the only good director of all hearts, was the last session shut out of doors; but what fell out of it forsooth? (4) his great indignation was therefore poured upon this house, for he did put into the queens majesties heart to refuse good and wholsome laws for her own preservation, the which caused many faithful hearts for grief to burst out with sorrowful tears, and moved all papists traytors to God and her majesty, who envy good Christian government, in their sleeves to laugh all the whole parliament house to scorn; and shall I pass over this weighty matter so slightly? Nay, I will discharge my conscience and duties to God, my prince and country. So certain it is Mr Speaker that none is without fault, no not our noble queen, sith then her majesty hath committed great fault, yea dangerous faults to her self. Love, even perfect love void of dissimulation, will not suffer me to hide them, to her majesties peril, but to utter them to her majesties safety: and these they are, it is a dangerous thing in a prince unkindly to abuse his or her nobility and people, and it is a dangerous thing in a prince to oppose or bend her self against her nobility and people. And how could any prince more unkindly intreat, abuse, oppose her self against her nobility and people, than her majesty did the last parliament? Did she not call it of purpose to prevent traiterous perils to her person, and for no other cause? did not her majesty send unto us two bills, willing us to make choice of what we liked best for her safety, and thereof to make a law, promising her majesties royal consent thereunto? And did we not first chuse the one, and her majesty refused it, yielding no reason, nay yielding great reasons why she ought to have yielded to it? Yet did we nevertheless receive the other, and agreeing to make a law thereof, did not her majesty in the end refuse all our travels? And did not we, her majesties faithful nobility and subjects, plainly and openly decypher our selves unto her majesty and our hateful enemies; and hath not her majesty left us all to open revenge? Is this a just recompence in our Christian queen for our faithful dealings? [...]

Upon this speech, the house, out of a reverend regard of her majesty's honour, stopped his further proceeding before he had fully finished his speech. The message that he meant and intended was that which was set by her majesty to the house of Commons in the said fourteenth year of her reign upon Wednesday the 28th day of May, by Sir Francis Knolles Knight, Treasurer of her majesties household, inhibiting them for a certain time to treat or deal in the matter touching the Scottish queen. Now follows the proceeding of the house upon this speech out of the original journal-book it self. Mr. Wentworth being sequestered the house as aforesaid for his said speech, it was agreed and ordered by the house upon the question, after sundry motions and disputations had therein, that he should presently be committed to the serjeant's ward as prisoner and, so remaining, should be examined upon his said speech, for the extenuating of his fault therein, by all the privy council being of this house. [...]

[9 February.] This day Mr Treasurer, in the name of all the committees yesterday appointed for the examination of Peter Wentworth, burgess for Tregony, declared that all the said committees did meed yesterday in the afternoon in the star chamber according to their commission; and there, examin-ing the said Peter Wentworth touching the violent and wicked words yesterday pronounced by him in this house touching the queen's majesty, made a collect-ion of the same words, which words, so collected, the said Peter Wentworth did acknowledge and confess. And then did the said Mr. Treasurer read unto the house the said note of collection. Which being read, he declared further that the said Peter Wentworth, being examined what he could say for the exten-uating of his said fault and offence, could neither say anything at all to that purpose, neither yet did charge any other person as author of his said speech; but did take all the burden thereof unto himself. And so the said Mr. Treasurer thereupon moved for his punishment and imprisonment in the Tower as the house should think good and consider of. Whereupon, after sundry disputations and speeches, it was ordered upon the question that the said Peter Wentworth should be committed close prisoner to the Tower for his said offence, there to remain until such time as this house should have further consideration of him. [...] But the said Peter Wentworth was shortly, by the queen's special favour, restored again to his liberty and place in the house, *ut vide* on Monday the 12th day of March following.

Sir Simonds d'Ewes, *Journals of All the Parliaments during the Reign of Queen Elizabeth*, 1682.

(1) **viz**: se lit "*namely*" et signifie : *and it is, that is to say.*
(2) **salve**: a healing ointment for application to wounds or sores, (fig. a remedy).
(3) **to prefer**: to bring forward, present, submit, (a statement, bill, etc.), formally for consideration, approval, or sanction.
(4) **forsooth**: indeed, certainly, in truth.

De la domination de l'Église à la sacralisation du monarque

8 – Vers la Réformation du royaume ?

L'Acte de suprématie, voté par le Parlement en 1534, est le document qui officialise la rupture d'Henri VIII avec Rome et instaure une Église nationale dont le chef suprême n'est autre que le monarque. Il s'agit d'une véritable déclaration d'indépendance pour laquelle le roi obtint un large soutien, notamment à la Chambre des communes, contre l'ingérence de l'« évêque de Rome », très impopulaire, dans les affaires nationales. Cet acte fut accompagné de tout un ensemble de mesures destinées à donner au roi les moyens de son indépendance (Acte des Annates, dissolution des monastères, etc.) et d'un Acte de succession, assorti de l'exigence de prestation du Serment de succession (Thomas More paya son refus de sa vie), par lequel on reconnaissait comme héritier légitime du trône le premier fils qui naîtrait de l'union du roi et de sa seconde épouse, Anne Boleyn.

Les injonctions de 1538, aboutissement logique de la prérogative royale de « rectifier les erreurs et de réformer les abus » qui pourraient subsister dans l'Église nationale, représentent le sommet de l'avancée du protestantisme en Angleterre sous Henri VIII : affirmation de l'importance de la lecture de la Bible en langue vernaculaire, salut par la foi, condamnation sans équivoque de toute manifestation idolâtre. Mais l'intermède protestant fut de courte durée : dès l'année suivante, en effet, Henri VIII renouait avec son rôle de *Fidei Defensor* en promulgant les Six Articles, qui réaffirmaient les principes essentiels du catholicisme, et en 1543, il alla jusqu'à interdire la lecture de la Bible en anglais aux catégories les plus modestes de la population.

Supremacy Act, 1534

An act concerning the King's highness to be supreme head of the Church of England and to have authority to reform and redress all errors, heresies, and abuses in the same. Albeit the king's majesty justly and rightfully is and ought to be the supreme head of the Church of England, and so is recognized by the clergy of this realm in their convocations (1); yet, nevertheless, for corroboration and confirmation thereof, and for increase of virtue in Christ's religion within this realm of England, and to repress and extirp all errors, heresies, and other enormities and abuses heretofore used in the same, be it enacted by authority of this present parliament that the king, our sovereing lord, his heirs, and successors, kings of this realm, shall be taken, accepted, and reputed the only supreme head in earth of the Church of England, called *Anglicana Ecclesia*, and shall have and enjoy, annexed and united to the imperial crown of this realm, as well the title and style thereof as all honours, dignities, pre-eminences, jurisdictions, privileges, authorities, immunities, profits, and commmodities to the said dignity of supreme head of the same Church belonging and appertaining; and that our said sovereing lord, his heirs, and successors, kings of this realm, shall have full power and authority from time to time to visit, repress, redress, reform, order, correct, restrain, and amend all such errors, heresies, abuses, offences, contempts, and enormities, whatsoever they be, which by any manner, spiritual authority or jurisdiction ought or may lawfully be reformed, repressed, ordered, redressed, corrected, restrained, or amended, most to the pleasure of Almighty God (2), the increase of virtue in Christ's religion, and for the conservation of the peace, unity, and tranquillity of this realm – any usage, custom, foreign laws, foreign authority, prescription, or any other thing or things to the contrary hereof notwithstanding.

(1) **convocation**: church assembly.
(2) **Almighty God**: fr. Dieu Tout-Puissant.

9 – Le monstrueux gouvernement des femmes...

Succédant à son demi-frère Édouard VI, la reine Marie rétablit brièvement le catholicisme en Angleterre. Elle y gagne une réputation tyrannique, renforcée par les bûchers de protestants et par la fuite d'une partie de l'intelligentsia réformatrice – dont l'Écossais John Knox.

La reine Marie était la fille de Henri VIII et de Catherine d'Aragon, et elle avait durement ressenti le divorce de ses parents. Elle devait épouser pour sa part le roi d'Espagne Philippe II, et encourut à ce titre la vindicte toute particulière des exilés qui voyaient en elle une nouvelle « Jézabel », la mauvaise reine de la Bible, qui attisa la colère du prophète Élie (premier livre des Rois). Il n'en fallait pas plus pour que, renouant avec la tradition prophétique, Knox maudisse la corruption et la mollesse des Anglais et de ses compatriotes écossais, également coupables d'accepter la domination « contre-nature » de deux femmes, Marie Stuart et Marie Tudor. Les ressorts de l'antiféminisme commun à l'époque y côtoient une théorie très radicale du pouvoir monarchique, qui prévoit la destitution éventuelle du roi infidèle. Knox se montre à la fois, si l'on veut, conservateur et révolutionnaire. Il anticipe à ce titre le traité de Théodore de Bèze ou celui de George Buchanan qui voient dans la monarchie un contrat, en un sens révocable, entre un roi et son peuple.

Le brulôt de John Knox contre les reines paraît de façon anonyme à Genève en 1558 sous le titre provocant de *The First Blast of the Trumpet against the Monstrous Regiment of Women*. Marie Tudor devait mourir quelques mois plus tard, mais la reine Élisabeth qui lui succéda ne pardonna jamais à Knox son ton irrévérencieux (*texte A*). Bourré de références à la Bible, aux Pères de l'Église (saint Augustin, saint Jérôme) et à l'antiquité (Aristote), ce texte de combat devait initialement être suivi de deux autres parties – mais nous ne possédons en fait que le résumé de l'entreprise complète. Elle est toutefois éclairante et permet à Knox de présenter en quelques lignes son argumentation (*texte B*).

A) *First Blast of the Trumpet*

Wonder it is, that amongst so many pregnant wits as the isle of Great Britain has produced, so many godly and zealous preachers as England did sometime nourish, and amongst so many learned, and men of grave judgment, as this day by Jezebel are exiled, none is found so stout of courage, so faithful to God, nor loving to their native country, that they dare admonish the inhabitants of that isle, how abominable before God is the empire or rule of a wicked woman (yea, of a traitress and bastard); and what may a people or nation, left destitute of a lawful head, do by the authority of God's word in electing and appointing common rulers and magistrates. That isle (alas!) for the contempt and horrible abuse of God's mercies offered, and for the shameful revolting to Satan from Christ Jesus, and from his gospel once professed, does justly merit to be left in the hands of their own counsel, and so to come to confusion and bondage of strangers [...]

I am assured that God has revealed to some in this our age, that it is more than a monster in nature that a woman shall reign and have empire above man. And yet, with us all there is such silence, as if God therewith were nothing offended. I know the natural man, enemy to God, shall find many causes why no such doctrine ought to be published in these our dangerous days: first, for that it may seem to tend to sedition; secondarily, it shall be dangerous, not only to the writer or publisher, but also to all such as shall read the writings, or favour this truth spoken; and last, it shall not amend the chief offenders, partly because it shall never come to their ears, and partly because they will not be admonished in such cases.

I answer, if any of these be a sufficient reason, that a known truth shall be concealed, then were the ancient prophets of God very fools, who did not better provide for their own quietness, than to hazard their lives for rebuking of vices, and for the opening of such crimes as were not known to the world. And Christ Jesus did injury to his apostles, commanding them to preach repentance and remission of sins in his name to every realm and nation. And Paul did not understand his own liberty, when he cried, "Woe be to me, if I preach not the evangel!" (1 Cor. 9:16). If fear, I say, of persecution, of slander, or of any inconvenience before named, might have excused and discharged the servants of God from plainly rebuking the sins of the world, just cause had every one of them to have ceased from their office. For suddenly their doctrine was accused by terms of sedition, of new learning, and of treason. Persecution and vehement trouble did shortly come upon the professors with the preachers. Kings, princes, and worldly rulers did conspire against God, and against his anointed Christ Jesus (Matt. 26:57-68; Acts 18:12-16; 21:28-39; Ps. 2; Acts 4:1-33).

But what? Did any of these move the prophets and apostles to faint in their vocation? No. But by the resistance (which the devil made to them by his supporters) were they the more inflamed to publish the truth revealed unto them, and to witness with their blood, that grievous condemnation and God's heavy vengeance should follow the proud contempt of graces offered. The fidelity, bold courage, and constancy of those that are passed before us, ought to provoke us to follow in their footsteps, unless we look for another kingdom than Christ has promised to such as persevere in profession of his name to the end. [...]

To promote a woman to bear rule, superiority, dominion, or empire above any realm, nation, or city, is repugnant to nature; contumely to God, a thing most contrary to his revealed will and approved ordinance; and finally, it is the subversion of good order, of all equity and justice.

In the probation of this proposition, I will not be so curious as to gather whatsoever may amplify, set forth, or decor the same; but I am purposed, even as I have spoken my conscience in most plain and few words, so to stand content with a simple proof of every member, bringing in for my witness God's ordinance in nature, his plain will revealed in his word, and by the minds of such as be most ancient amongst godly writers.

And first, where I affirm the empire of a woman to be a thing repugnant to nature, I mean not only that God, by the order of his creation, has spoiled woman of authority and dominion, but also that man has seen, proved, and pronounced just causes why it should be. Man, I say, in many other cases, does in this behalf see very clearly.

For the causes are so manifest, that they cannot be hid. For who can deny but it is repugnant to nature, that the blind shall be appointed to lead and conduct such as do see? That the weak, the sick, and impotent persons shall nourish and keep the whole and strong? And finally, that the foolish, mad, and frenetic shall govern the discreet, and give counsel to such as be sober of mind? And such be all women, compared unto man in bearing of authority. For their sight in civil regiment is but blindness; their strength, weakness; their counsel, foolishness; and judgment, frenzy, if it be rightly considered.

I except such as God, by singular privilege, and for certain causes known only to himself, has exempted from the common rank of women, and do speak of women as nature and experience do this day declare them. Nature, I say, does paint them forth to be weak, frail, impatient, feeble, and foolish; and experience has declared them to be inconstant, variable, cruel, lacking the spirit of counsel and regiment. And these notable faults have men in all ages espied in that kind, for the which not only they have removed women from rule and authority, but also some have thought that men subject to the counsel or empire of their wives were unworthy of public office. For thus writes Aristotle, in the second of his Politics. What difference shall we put, says he, whether that women bear authority, or the husbands that obey the empire of their wives, be appointed to be magistrates? For what ensues the one, must needs follow the other: to wit, injustice, confusion, and disorder. The same author further reasons, that the policy or regiment of the Lacedemonians (who other ways amongst the Greeks were most excellent) was not worthy to be reputed nor accounted amongst the number of commonwealths that were well governed, because the magistrates and rulers of the same were too much given to please and obey their wives. What would this writer (I pray you) have said to that realm or nation, where a woman sits crowned in Parliament amongst the midst of men? [...]

I am assuredly persuaded that if any of those men, which, illuminated only by the light of nature, did see and pronounce the causes sufficient why women ought not to bear rule nor authority, should this day live and see a woman sitting in judgment, or riding from Parliament in the midst of men, having the royal crown upon her head, the sword and the scepter borne before her, in sign that the administration of justice was in her power: I am assuredly persuaded, I say, that such a sight should so astonish them, that they should judge the whole world to be transformed into the Amazons, and that such a metamo-rphosis and change was made of all the men of that country, as poets do feign was made of the companions of Ulysses; or at least, that albeit the outward form of men remained, yet should they judge their hearts were changed from the wisdom, understanding, and courage of men, to the foolish fondness and cowardice of women. Yea, they further should pronounce, that where women reign or be in authority, that there must needs vanity be preferred to virtue, ambition and pride to temperance and modesty; and finally, that avarice, the mother of all mischief, must needs devour equity and justice.

J. Knox, *The First Blast of the Trumpet*, 1558.

B) Knox résume son entreprise

Because many are offended at the *First Blast of the Trumpet*, in which I affirm, that to promote a woman to bear rule or empire above any realm, nation, or city, is repugnant to nature, contumely (1) to God, and a thing most contrary to his revealed and approved ordinance; and because also, that some have promised (as I understand) a confutation of the same, I have delayed the *Second Blast* till such time as their reasons appear, by the which I either may be reformed in opinion, else shall have further occasion more simply and plainly to utter my judgment. Yet in the meantime, for the discharge of my conscience, and for avoiding suspicion, which might be engendered by reason of my silence, I could not cease to notify these subsequent propositions, which, by God's grace, I purpose to treat in the *Second Blast* promised.

1. It is not birth only, nor propinquity of blood, that makes a king lawfully to reign above a people professing Christ Jesus and his eternal verity; but in his election must the ordinance, which God has established in the election of inferior judges, be observed.

2. No manifest idolater, nor notorious transgressor of God's holy precepts, ought to be promoted to any public regiment [government], honour, or dignity, in any realm, province, or city that has subjected itself to his blessed evangel.

3. Neither can oath nor promise bind any such people to obey and maintain tyrants against God and against his truth known.

4. But if either rashly they have promoted any manifestly wicked person, or yet ignorantly have chosen such a one, as after declares himself unworthy of regiment above the people of God (and such be all idolaters and cruel persecutors), most justly may the same men depose and punish him, that unadvisedly before they did nominate, appoint, and elect.

J. Knox, « Appendix », *Appellation*, 1558.

(1) **contumely**: insolent.

10 – Les Trente-Neuf Articles : fondements de l'Église établie

Les Trente-Neuf Articles constituent, avec la Bible et le *Book of Common Prayer*, les fondements doctrinaux de l'anglicanisme. Ils figurent encore de nos jours dans le *Prayer Book*. Ils furent adoptés en 1563 par le clergé réuni en *Convocation*, et ratifiés par le Parlement en 1571. Sur le plan doctrinal, ils sont d'inspiration clairement protestante, tout en étant marqués par l'esprit du compromis élisabéthain.

Ils constituent la plate-forme minimale sur laquelle pouvait se réaliser l'accord le plus large entre modérés de toutes tendances, n'excluant que les « papistes » et les protestants extrémistes – que l'on commençait à désigner du nom de « puritains ». La formulation de la doctrine eucharistique est à cet égard caractéristique. Du point de vue de l'organisation ecclésiastique, en revanche, ils maintenaient intacts la hiérarchie épiscopale et le principe de la succession apostolique.

I. Of faith in the Holy Trinity. Here is but one living and true God, everlasting, without body, parts, or passions; of infinite power, wisdom, and goodness; the maker and preserver of all things both visible and invisible. And in unity of this Godhead there be three Persons, of one substance, power, and eternity; the Father, the Son, and the Holy Ghost.

II. Of the Word, or Son of God, which was made very man. The Son, which is the Word of the Father, begotten from everlasting of the Father, the very and eternal God, and of one substance with the Father, took man's nature in the womb of the blessed Virgin, of her substance: so that two whole and perfect natures, that is to say, the Godhead and manhood, were joined together in one person, never to be divided, whereof is one Christ, very God and very man, who truly suffered, was crucified, dead, and buried, to reconcile His Father to us, and to be a sacrifice, not only for original guilt, but also for all actual sins of men.

III. Of the going down of Christ into Hell. As Christ died for us, and was buried, so also is it to be believed that He went down into Hell.

IV. Of the Resurrection of Christ. Christ did truly rise again from death, and took again His body, with flesh, bones, and all things appertaining to the perfection of man's nature, wherefore He ascended into heaven, and there sitteth until He return to judge all men at the last day.

V. Of the Holy Ghost. The Holy Ghost, proceeding from the Father and the Son, is of one substance, majesty, and glory with the Father and the Son, very and eternal God.

VI. OF THE SUFFICIENCY OF THE HOLY SCRIPTURES FOR SALVATION. Only Scriptures containeth all things necessary to salvation: so that whatsoever is not read therein, nor may be proved thereby, is not to be required of any man, that it should be believed as an of the faith, or be thought requisite or necessary to salvation. In the name of Holy Scripture, we do understand those Canonical books of the Old and New testament, of whose authority was never any doubt in the Church.

Of the names and number of the Canonical Books. Genesis. Exodus. Leviticus. Numbers. Deuteronomy. Joshua. Judges. Ruth. The First Book of Samuel. The Second Book of Samuel. The First Book of Kings. The Second Book of Kings. The First Book of Chronicles. The Second Book of Chronicles. The First Book of Esdras. The Second Book of Esdras. The Book of Esther. The Book of Job. The Psalms. The Proverbs. Ecclesiastes, or the Preacher. Cantica, or Songs of Solomon. Four Prophets the Greater. Twelve Prophets the Less. And the other books (as Jerome saith) the Church doth read for example of life and instruction of manners; but yet doth it not apply them to establish any doctrine; such are these following: The Third Book of Esdras. The Fourth Book of Esdras. The Book of Tobias. The Book of Judith. The rest of the Book of Esther. The Book of Wisdom. Jesus the Son of Sirach. Baruch the Prophet. The Song of the Three Children. The Story of Susanna. Of Bel and the Dragon. The Prayer of Manasses. The First Book of Maccabees. The Second Book of Maccabees. All the books of the New Testament, as they are commonly received, we do receive, and account them canonical.

VII. OF THE OLD TESTAMENT. The Old Testament is not contrary to the New; for both in the Old and New Testament everlasting life is offered to mankind by Christ, who is the only Mediator between God and man, being both God and man. Wherefore there are not to be heard which feign that the old fathers did look only for transitory promises. Although the law given from God by Moses, as touching ceremonies and rites, do not bind Christian men, nor the civil precepts thereof ought of necessity to be received in any commonwealth; yet, notwithstanding, no Christian man whatsoever is free from the obedience of the commandments which are called moral.

VIII. OF THE THREE CREEDS. The three Creeds, Nicene Creed, Athanasius' Creed, and that which is commonly called the Apostles' Creed, ought thoroughly to be received and believed; for they may be proved by most certain warrants of Holy Scripture.

IX. OF ORIGINAL OR BIRTH SIN. Original sin standeth not in the following of Adam (as the Pelagians do vainly talk), but it is the fault and corruption of the nature of every man that naturally is engendered of the offspring of Adam, whereby man is very far gone from original righteousness, and is of his own nature inclined to evil, so that the flesh lusteth always contrary to the spirit; and therefore in every person born into this world, it deserveth God's wrath and damnation. And this infection of nature doth remain, yea, in them that are regenerated, whereby the lust of the flesh, called in Greek *phronema sarkos* (which some do expound the wisdom, some sensuality, some the affection, some the desire of the flesh), is not subject to the law of God. And although there is no condemnation for them that believe and are baptized, yet the Apostle doth confess that concupiscence and lust hath itself the nature of sin.

X. Of Free Will. The condition of man after the fall of Adam is such, that he cannot turn and prepare himself, by his own natural strength and good works, to faith and calling upon God. Wherefore we have no power to do good works pleasant and acceptable to God, without the grace of God by Christ preventing us that we may have a good will, and working with us when we have that good will.

XI. Of the Justification of Man. We are accounted righteous before God, only for the merit of our Lord and Saviour Jesus Christ by faith, and not for our own works or deservings. Wherefore that we are justified by faith only is a most wholesome doctrine, and very full of comfort; as more largely is expressed in the Homily of Justification.

XII. Of Good Works. Albeit that good works, which are the fruits of faith and follow after justification, cannot put away our sins and endure the severity of God's judgement, yet are they pleasing and acceptable to God in Christ, and do spring out necessarily of a true and lively faith, insomuch that by them a lively faith may be as evidently known as a tree discerned by the fruit.

XIII. Of Works before Justification. Works done before the grace of Christ and the inspiration of the Holy Spirit are not pleasant to God, forasmuch as they spring not of faith in Jesus Christ, neither do they make men meet to receive grace, or (as the School authors say) deserve grace of congruity: yea, rather for that they are not done as God hath willed and commanded them to be done, we doubt not but they have the nature of sin.

XIV. Of Works of Supererogation. Voluntary works besides, over and above, God's commandments which they call Works of Supererogation, cannot be taught without arrogancy and impiety. For by them men do declare that they do not only render unto God as much as they are bound to do, but that they do more for His sake than of bounden duty is required: Whereas Christ saith plainly, When ye have done all that are commanded to do, say, We be unprofitable servants.

XV. Of Christ alone without Sin. Christ in the truth of our nature was made like unto us in all things, sin only except, from which He was clearly void, both in His flesh and in His spirit. He came to be the lamb without spot, Who by sacrifice of Himself once made, should take away the sins of the world: and sin, as St John saith, was not in Him. But all we the rest, although baptized and born again in Christ, yet offend in many things: and if we say we have no sin, we deceive ouselves, and the truth is not in us.

XVI. Of Sin after Baptism. Not every deadly sin willingly commited after Baptism is sin against the Holy Ghost, and unpardonable. Wherefore the grant of repentance is not to be denied to such as fall into sin after Baptism. After we have received the Holy Ghost, we may depart from grace given and fall into sin, and by the grace of God we may arise again and amend our lives. And therefore they are to be condemned, which say thay can no more sin as long as they live here, or deny the place of forgiveness to such as truly repent.

XVII. Of Predestination and Election. Predestination to life is the everlasting purpose of God, whereby, before the foundations of the world were laid, He hath constantly decreed by His counsel secret to us, to deliver from curse and damnation those whom He hath chosen in Christ out of mankind, and to bring them by Christ to everlasting salvation as vessels made to honour. Wherefore they which be endued with so excellent a benefit of God be called according to God's purpose by His Spirit working in due season; they through grace obey the calling; they be justified freely; they be made sons of God by adoption; they be made like the image of His only-begotten Son Jesus Christ; they walk religiously in good works; and at length by God's mercy they attain to everlasting felicity.

As the godly consideration of Predestination and our Election in Christ is full of sweet, pleasant, and unspeakable comfort to godly persons and such as feeling in themselves the working of the Spirit of Christ, mortifying the works of the flesh and their earthly members and drawing up their mind to high and heavenly things, as well because it doth greatly establish and confirm their faith of eternal salvation to be enjoyed through Christ, as because it doth fervently kindle their love towards God: so for curious and carnal persons, lacking the Spirit of Christ, to have continually before their eyes the sentence of God's Predestination is a most dangerous downfall, whereby the devil doth thrust them either into desperation or into wretchlessness of most unclean living no less perilous than desperation.

Furthermore, we must receive God's promises in such wise as they be generally set forth in Holy Scripture; and in our doings that will of God is to be followed which we have expressly declared unto us in the word of God.

XVIII. Of obtaining eternal salvation only by the name of Christ. They also are to be had accursed that presume to say that every man shall be saved by the law or sect which he professeth, so that he be diligent to frame his life according to that law and the light of nature. For Holy Scripture doth set out to us only the name of Jesus Christ, whereby men must be saved.

XIX. **Of the Church.** The visible Church of Christ is a congregation of faithful men, in the which the pure word of God is preached and the sacraments be duly ministered according to Christ's ordinance in all those things that of necessity are requisite to the same. As the Church of Jerusalem, Alexandria, and Antioch have erred: so also the Church of Rome hath erred, not only in their living and manner of ceremonies, but also in matters of faith.

XX. **Of the Authority of the Church.** The Church hath power to decree rites or ceremonies and authority in controversies of faith; and yet it is not lawful for the Church to ordain anything contrary to God's word written, neither may it so expound one place of Scripture, that it be repugnant to another. Wherefore, although the Church be a witness and a keeper of Holy Writ: yet, as it ought not to decree anything against the same, so besides the same ought it not to enforce anything to be believed for necessity of salvation.

XXI. **Of the authority of General Councils.** General Councils may not be gathered together without the commandment and will of princes. And when they be gathered together, forasmuch as they be an assembly of men, whereof all be not governed with the Spirit and word of God, they may err and sometime have erred, even in things pertaining to God. Wherefore things ordained by them as necessary to salvation have neither strength nor authority, unless it may be declared that they be taken out of Holy Scripture.

XXII. **Of Purgatory.** The Romish doctrine concerning Pugatory, Pardons, worshipping and adoration as well of Images as of Relics, and also Invocation of Saint, is a fond thing vainly invented, and grounded upon no warranty of Scripture; but rather repugnant to the word of God.

XXIII. **Of Ministering in the Congregation.** It is not lawful for any man to take upon him the office of public preaching or ministering the sacraments in the congregation, before he be lawfully called and sent to execute the same. And those we ought to judge lawfully called and sent, which be chosen and called to this work by men who have public authority given unto them in the congregation to call and send ministers into the Lord's vineyard.

XXIV. **Of speaking in the Congregation in such a tongue as the people understandeth.** It is a thing plainly repugnant to the word of God and the custom of the primitive Church, to have public prayer in the Church, or to minister the sacraments in a tongue not understanded of the people.

XXV. **Of the Sacraments.** Sacraments ordained of Christ be not only badges or tokens of Christian men's profession, but rather they be certain sure witnesses and effectual signs of grace and God's good will towards us, by the which He doth work invisibly in us, and doth not only quicken, but also strengthen and confirm, our faith in Him.

There are two Sacraments ordained of Christ our Lord in the Gospel, that is to say, Baptism and the Supper of the Lord.

Those five commonly called Sacraments, that is to say, Confirmation, Penance, Orders, Matrimony, and Extreme Unction, are not to be counted for Sacraments of the Gospel, being such as have grown partly of the corrupt following of the Apostles, partly are states of life allowed in the Scriptures; but yet have not the like nature of Sacraments with Baptism and the Lord's Supper, for that they have not any visible sign or ceremony ordained of God.

The Sacraments were not ordained of Christ to be gazed upon or to be carried about, but that we should duly use them. And in such only as worthily receive the same, have they a wholesome effect or operation: but they that receive them unworthily, purchase to themselves damnation, as Saint Paul saith.

XXVI. Of the unworthiness of the Ministers, which hinders not the effect of the Sacraments. Although in the visible Church the evil be ever mingled with the good, and sometime the evil have chief authority in the ministration of the word and sacraments; yet forasmuch as they do not the same in their own name, but in Christ's, and do minister by His commission and authority, we may use their ministry both in hearing the word of God and in the receiving of the sacraments. Neither is the effect of Christ's ordinance taken away by their wickedness, nor the grace of God's gifts diminished from such as by faith and rightly do receive the sacraments ministered unto them, which be effectual because of Christ's institution and promise, although they be ministered by evil men.

Nevertheless it appertaineth to the discipline of the Church that inquiry be made of evil ministers, and that they be accused by those that have knowledge of their offences; and finally, being found guilty by just judgement, be deposed.

XXVII. Of Baptism. Baptism is not only a sign of profession and mark of difference whereby Christian men are discerned from other that be not christened, but is also a sign of regeneration or new birth, whereby, as by an instrument, they that receive baptism rightly are grafted into the Church; the promises of the forgiveness of sin, and of our adoption to be the sons of God, by the Holy Ghost are visibly signed and sealed; faith is confirmed, and grace increased by virtue of prayer unto God. The baptism of young children is in any wise to be retained in the Church as most agreeable with the institution of Christ.

XXVIII. Of the Lord's Supper. The Supper of the Lord is not only a sign of the love that Christians ought to have among themselves, one to another, but rather it is a sacrament of our redemption by Christ's death: insomuch that to such as rightly, worthily, and with faith receive the same, the bread which we break is a partaking of the body of Christ, and likewise the cup of blessing is a partaking of the blood of Christ.

Transubstantiation (or the change of the substance of bread and wine) in the Supper of the Lord, cannot be proved by Holy Writ, but is repugnant to the plain words of Scripture, overthroweth the nature of a Sacrament, and hath given occasion to many superstitions.

The body of Christ is given, taken, and eaten in the Supper, only after an heavenly and spiritual manner. And the mean whereby the body of Christ is received and eaten in the Supper is Faith. The Sacrament of the Lord's Supper was not by Christ's ordinance reserved, carried about, lifted up, or worshipped.

XXIX. Of the wicked which do not eat the body of Christ, in the use of the Lord's Supper. The wicked and such as be void of a lively faith, although they do carnally and visibly press with their teeth (as St. Augustine saith) the sacrament of the body and blood of Christ, yet in no wise are they partakers of Christ, but rather to their condemnation do eat and drink the sign or sacrament of so great a thing.

XXX. Of Both Kinds. The Cup of the Lord is not to be denied to the lay people; for both parts of the Lord's sacrament, by Christ's ordinance and commandment, ought to be ministered to all Christian men alike.

XXXI. Of the one oblation of Christ finished upon the Cross. The offering of Christ once made is the perfect redemption, propitiation, and satisfaction for all the sins of the whole world, both original and actual, and there is none other satisfaction for sin but that alone. Wherefore the sacrifices of Masses, in the which it was commonly said that the priests did offer Christ for the quick and the dead to have remission of pain or guilt, were blasphemous fables and dangerous deceits.

XXXII. Of the Marriage of Priests. Bishops, Priests, and Deacons are not commanded by God's laws either to vow the estate of single life or to abstain from marriage. Therefore it is lawful also for them, as for all other Christian men, to marry at their own discretion, as they shall judge the same to serve better to godliness.

XXXIII. Of Excommunicated Persons, how they are to be avoided. That persons which by open denunciation of the Church is rightly cut off from the unity of the Church and excummunicated, ought to be taken of the whole multitude of the faithful as an heathen and publican, until he be openly reconciled by penance and received into the Church by a judge that hath authority thereto.

XXXIV. Of the Traditions of the Church. It is not necessary that traditions and ceremonies be in all places one or utterly alike; for at all times they have been diverse, and may be changed according to the diversity of countries, times, and men's manners, so that nothing be ordained against God's word. Whosoever through his private judgement willingly and purposely doth openly break the traditions and ceremonies of the Church which be not repugnant to the word of God, and be ordained and approved by common authority, ought to be rebuked openly that other may fear to do the like, as he that offendeth against common order of the Church, and hurteth the authority of the magistrate, and woundeth the conscience of the weak brethren. Every particular or national Church hath authority to ordain, change, and abolish ceremonies or rites of the Church ordained only by man's authority, so that all things be done to edifying.

XXXV. Of Homilies. The second Book of Homilies, the several titles whereof we have joined under this Article, doth contain a godly and wholesome doctrine and necessary for these times, as doth the former Book of Homilies which were set forth in the time of Edward the Sixth: and therefore we judge them to be read in Churches by the ministers diligently and distinctly, that they may be understanded of the people.

Of the Names of the Homilies. 1.Of the right Use of the Church. 2.Against peril of Idolatry. 3.Of the repairing and keeping clean of Churches. 4.Of good Works: first of Fasting. 5.Against Gluttony and Drunkenness. 6.Against Excess of Apparel. 7.Of Prayer. 8.Of the Place and Time of Prayer. 9.That Common Prayers and Sacraments ought to be ministered in a known tongue. 10.Of the reverend estimation of God's Word. 11.Of Alms-doing. 12.Of the Nativity of Christ. 13.Of the Passion of Christ. 14.Of the Resurrection of Christ 15.Of the worthy receiving of the Sacrament of the Body and Blood of Christ 16.Of the Gifts of the Holy Ghost 17.For the Rogation-days 18.Of the state of Matrimony 19.Of Repentance 20.Against Idleness 21.Against Rebellion

XXXVI. Of Consecration of Bishops and Ministers. The Book of Consecration of Archbishops and Bishops and ordering of Priests and Deacons, lately set forth in the time of Edward the Sixth and confirmed at the same time by authority of Parliament, doth contain all things necessary to such consecration and ordering; neither hath it anything that of itself is superstitious or ungodly. And therefore whosoever are consecrate or ordered according to the rites of that book, since the second year of King Edward unto this time, or hereafter shall be consecrated or ordered according to the same rites, we decree all such to be rightly, orderly, and lawfully consecrated or ordered.

XXXVII. Of the Civil Magistrates. The Queen's Majesty hath the chief power in this realm of England and other her dominions, unto whom the chief government of all estates of this realm, whether they be ecclesiastical or civil, in all causes doth appertain, and is not nor ought to be subject to any foreign jurisdiction. Where we attibute to the Queen's Majesty the chief government, by which titles we understand the minds of some slanderous folks to be offended, we give not to our princes the ministering either of

God's word or of sacraments, the which thing the Injunctions also lately set forth by Elizabeth our Queen doth most plainly testify: but only that prerogative which we see to have been given always to all godly princes in Holy Scriptures by God himself, that is, that they should rule all estates and degrees committed to their charge by God, whether they be temporal, and restrain with the civil sword the stubborn and evil-doers. The Bishop of Rome hath no jurisdiction in this realm of England. The Laws of the Realm may punish Christian men with death for heinous and grievous offences. It is lawful for Christian men at the commandment of the Magistrate to wear weapons and serve in the wars.

XXXVIII. OF CHRISTIAN MEN'S GOOD WHICH ARE NOT COMMON. The riches and goods of Christians are not common, as touching the right, title, and possession of the same, as certain Anabaptists do falsely boast; notwithstanding every man ought of such things as he possesseth liberally to give alms to the poor, according to his ability.

XXXIX. OF A CHRISTIAN MAN'S OATH. As we confess that vain and rash swearing is forbidden Christian men by our Lord Jesus Christ, so we judge that Christian religion doth not prohibit but that a man may swear when the magistrate requireth in a cause of faith and charity, so it be done according to the Prophet's teaching in justice, judgement, and truth.

11 – De l'obéissance due au prince

L'idée de composer un recueil de « sermons ou homélies », destiné à pallier les insuffisances d'un clergé qui, n'étant pas rompu à la prédication, ne se montrait pas toujours à la hauteur des exigences de sa tâche, germa dans l'esprit de Thomas Cranmer, primat d'Angleterre, dans les dernières années du règne d'Henri VIII. Le principe en fut adopté en 1542 et le premier recueil, l'année suivante, comportait douze homélies (dont une « Sur l'obéissance »), rédigées sous la houlette de Cranmer avec la collaboration de deux évêques conservateurs, Bonner et Harpsfield. Mais faute d'avoir recueilli l'approbation du roi, il resta lettre morte et ne parut qu'en 1547, sous Edouard VI. Un second tome, comportant vingt homélies supplémentaires, rédigées sous la direction du primat de l'époque, Matthew Parker, parut en 1563 et parvint à sa version définitive en 1571 avec l'adjonction de la 33e homélie, « Contre la désobéissance et la rébellion délibérée », en réponse à la rébellion catholique qui avait soulevé une partie du nord de l'Angleterre en 1569.

Sous Élisabeth, les homélies s'étaient affirmées comme l'un des éléments de l'uniformisation du culte dans le royaume. Leur lecture hebdomadaire est rendue obligatoire dans les injonctions royales de 1559 et dans les Trente-Neuf Articles (art. 35).

L'homélie de 1571 exprime la quintessence de l'idéologie Tudor : toute autorité procédant de la volonté de Dieu, la simple existence d'un pouvoir constitue le signe qu'il bénéficie de la caution divine. Le devoir d'obéissance est donc un devoir sacré, absolu, et qui ne souffre aucune exception, puisque même un mauvais prince est voulu par Dieu, vraisemblablement pour châtier de mauvais sujets. Dans un univers où l'ordre politique et social est solidaire de l'ordre cosmique, la rébellion constitue un acte diabolique, qui ne peut qu'entraîner des conséquences funestes, et tout aussi insondables pour un simple sujet que les desseins de la providence divine.

An homilie against disobedience and wilfull rebellion, 1571

As GOD THE CREATOUR AND LORD OF ALL THINGS appointed his Angels and heavenly creatures in all obedience to serve and to honour his majesty: so was it his will that man, his chiefe creature upon the earth, should live under the obedience of his Creatour and Lord: and for that cause, GOD, assoone as hee had created man, gave unto him a certaine precept and law, which hee (being yet in the state of innocency, and remayning in Paradise) should observe as a pledge and token of his due and bounden obedience, with denunciation of death if hee did transgresse and breake the sayde Law and commandement. And as GOD would have man to be his obedient subject, so did he make all earthly creatures subject unto man, who kept their due obedience unto man, so long as man remayned in his obedience unto GOD: in the which obedience if man had continued still, there had beene no poverty, no diseases, no sickenesse, no death, nor other miseries wherewith mankinde is now infinitely and most miserably afflicted and oppressed. [...] As long as in this first kingdome the subjects continued in due obedience to GOD their king, so long did GOD embrace all his subjects with his love, favour, and grace, which to enjoy, is perfect felicity, whereby it is evident, that obedience is the principall vertue of all vertues, and indeed the very root of all vertues, and the cause of all felicitie. But as all felicitie and blessednesse should have continued with the continuance of obedience, so with the breach of obedience, and breaking in of rebellion, al vices and miseries did withall breake in, and overwhelme the world. The first authour of which rebellion, the root of all vices, and mother of all mischiefes, was *Lucifer*, first GODS most excellent creature, and most bounden subject, who by rebelling against the Majestie of God, of the brightest and most glorious Angel, is become the blackest and most foulest fiend and devill: and from the height of heaven, is fallen into the pit and bottome of hell.

Here you may see the first authour and founder of rebellion, and the reward thereof, here you may see the graund captaine and father of rebels, who perswading the following of his rebellion against GOD their Creatour and Lord, unto our first Parents *Adam* and *Eve*, brought them in high displeasure with GOD, wrought their exile and banishment out of Paradise, a place of all pleasure and goodnesse, into this wretched earth and vale of misery: procured unto them, sorrowes of their mindes, mischiefes, sicknesse, diseases, death of their bodies, and which is farre more horrible then all worldly and bodily mischiefes, he had wrought there-by their eternal and everlasting death and damnation, had not God by the obedience of his Sonne Jesus Christ repaired that, which man by disobedience and rebellion had destroyed, and so of his mercy had pardoned and forgiven him: of which all and singular the premisses, the holy Scriptures doe beare record in sundry places.

Thus doe you see, that neither heaven nor paradise could suffer any rebellion in them, neither be places for any rebels to remaine in. Thus became rebellion, as you see, both the first and the greatest, and the very first of all other sinnes, and the first and principall cause, both of all worldly and bodily miseries, sorrowes, diseases, sicknesses, and deathes, and which is infinitely worse then all these, as is said, the very cause of death and damnation eternall also. After this breach of obedience to GOD, and rebellion against his Majestie, all mischiefes and miseries breaking in therewith, and overflowing the world, lest all things should come unto confusion and utter ruine, GOD foorthwith by lawes given unto mankind, repaired againe the rule and order of obedience thus by rebellion overthrowne, and besides the obedience due unto his Majesty, hee not onely ordained that in families and hous-holds, the wife should be obedient unto her husband, the children unto their parents, the servants unto their masters: but also, when mankind increased, and spread it selfe more largely over the world, hee by his holy word did constitute and ordaine in Cities and Countreys severall and speciall governours and rulers, unto whom the residue of his people should be obedient. As in reading of the holy Scriptures, we shall finde in very many and almost infinite places, as well of the olde Testament, as of the new, that Kings and Princes, as well the evill as the good, doe raigne by Gods ordinance, and that subjects are bounden to obey them: that GOD doth give Princes wisedome, great power, and authority: that GOD defendeth them against their enemies, and destroyeth their enemies horribly: that the anger and displeasure of the Prince, is as the roaring of a Lyon, and the very messenger of death: and that the subject that provoketh him to displeasure, sinneth against his own soule: With many other things, concerning both the authority of Princes, and the duetie of subjects. But heere let us rehearse two speciall places out of the new Testament, which may stand in stead of all other. The first out of Saint *Pauls* Epistle to the Romanes and the thirteenth Chapter, where hee writeth thus unto all subjects. Let every soule be subject unto the higher powers, for there is no power but of GOD, and the powers that be, are ordeined of GOD. Whosoever therefore resisteth the power, resisteth the ordinance of GOD, and they that resist, shall receive to themselves damnation. For Princes are not to be feared for good works, but for evill. Wilt thou then be without feare of the power? Doe well, so shalt thou have praise of the same: For he is the minister of GOD for thy wealth: But if thou doe evill, feare: for he beareth not the sword for nought (1), for he is the minister of GOD to take vengeance upon him that doth evil. Wherefore ye must be subject, not because of wrath onely, but also for conscience sake: for, for this cause, ye pay also tribute, for they are GODS ministers, serving for the same purpose. Give to every man therefore his duty: tribute, to whom tribute belongeth: custome, to whom custome is due: feare, to whom feare belongeth: honour, to whom ye owe honour.

[…] It is most evident that Kings, Queenes, and other Princes (for hee speaketh of authoritie and power, be it in men or women) are ordeined of GOD, are to bee obeyed and honoured of their subjects: that such subjects, as are disobedient or rebellious against their Princes, disobey GOD, and procure their owne damnation: that the government of Princes is a great blessing of GOD, given for the common wealth, specially of the good and godly: For the comfort and cherishing of whom God giveth and setteth by princes: and on the contrary part, to the feare and for the punishment of the evill and wicked. […]

What shall Subjects doe then? shall they obey valiant, stout, wise, and good Princes, and contemne, disobey, and rebell against children being their Princes, or against undiscreet (2) and evill governours? God forbid: for first what a perilous thing were it to commit unto the Subjects the judgement which Prince is wise and godly, and his governement good, and which is otherwise: as though the foot must judge of the head: an enterprise very heinous, and must needs (3) breed rebellion. For who else be they that are most inclined to rebellion, but such haughtie spirits? from whom springeth such foule ruine of Realmes? Is not rebellion the greatest of all mischiefes? And who are most ready to the greatest mischiefes, but the worst men? Rebels therefore the worst of all Subjects are most ready to rebellion, as being the worst of all vices, and farthest from the duetie of a good Subject: as on the contrary part the best Subjects are most firme and constant in obedience, as in the speciall and peculiar vertue of good Subjects. What an unworthy matter were it then to make the naughtiest Subjects, and most inclined to rebellion and all evill, judges over their Princes, over their government, and over their counsellers, to determine which of them be good or tolerable, and which be evill, and so intolerable, that they must needs be remooved by rebels, being ever ready as the naughtiest subjects, soonest to rebell against the best Princes, specially if they be yong in age, women in sexe, or gentle and curteous in government, as trusting by their wicked boldnesse, easily to overthrow their weaknesse and gentlenesse, or at the least so to feare the mindes of such

Princes, that they may have impunitie of their mischievous doings. [...]
But what if the Prince be undiscreete, and evill indeed, and is also evident to all mens eyes, that hee so is? I aske againe, what if it be long of the wickednesse of the Subjects, that the Prince is undiscreete and evill? Shall the Subjects both by their wickednesse provoke GOD for their deserved punishment, to give them an undiscreet or evill Prince, and also rebell against him, and withall against GOD, who for the punishment of their sinnes did give them such a Prince? Will you heare the Scriptures concerning this point? GOD (say the holy Scriptures) maketh a wicked man to raigne for the sinnes of the people. Againe, GOD giveth a Prince in his anger, meaning an evill one, and taketh away a Prince in his displeasure, meaning specially when hee taketh away a good Prince for the sinnes of the people: as in our memorie hee tooke away our good *Josias* king *Edward* in his yong and good yeeres for our wickednesse. And contrarily the Scriptures doe teach, that GOD giveth wisedome unto Princes, and maketh a wise and good King to raigne over that people whom he loveth, and who loveth him. Againe, if the people obey GOD, both they and their king shal prosper and be safe, els both shall perish, saith GOD by the mouth of *Samuel.*
Here you see, that GOD placeth as well evil Princes as good, and for what cause he doth both. If wee therefore will have a good Prince, either to be given us, or to continue: now we have such a one, let us by our obedience to GOD and to our Prince move GOD thereunto. If we will have an evill Prince (when GOD shall send such a one) taken away, and a good in his place, let us take away our wickednesse which provoketh GOD to place such a one over us, and GOD will either displace him, or of an evill Prince make him a good Prince, so that wee first will change our evill into good. For will you heare the Scriptures? The heart of the Prince is in GODS hand, which way soever it shall please him, he turneth it. Thus say the Scriptures. Wherefore let us turne from our sinnes unto the Lord with all our hearts, and he will turne the heart of the Prince, unto our quiet and wealth: Els for Subjects to deserve through their sinnes to have an evill Prince, and then to rebell against him, were double and treble evill, by provoking GOD more to plague them. Nay let us either deserve to have a good Prince, or let us patiently suffer and obey such as wee deserve. And whether the Prince be good or evill, let us according to the counsell of the holy Scriptures, pray for the Prince, for his continuance and increase in goodnesse, if he be good, and for his amendment if he be evill. [...]

(1) **nought**: nothing.
(2) **discreet**: showing good sense and judgement.
(3) **must needs**: must necessarily, cannot but.

12 – L'idylle entre la reine et son peuple

Les extraits qui suivent donnent une idée des talents oratoires de la reine et de l'idylle qu'elle réussit à maintenir avec son peuple pendant toute la durée de son règne. Le premier discours, prononcé au tout début du règne devant une délégation de parlementaires, soulève le problème éminemment sensible, du mariage de la reine – question qui devait revenir, associée à celle de la succession au trône, de manière de plus en plus insistante, au cours des Parlements suivants. La reine manie avec habileté la métaphore du mariage du monarque et de son royaume.

Le second discours, prononcé à l'adresse des troupes anglaises à la veille de l'affrontement avec l'Armada espagnole, reprend le thème de la relation privilégiée entre la reine et ses sujets. On notera l'opposition entre le désir de se faire aimer, caractéristique du roi juste, et le désir de se faire craindre, caractéristique du tyran. Le récit de l'évêque Godfrey Goodman (alors âgé de cinq ans), annexé à ce discours, témoigne du charisme de la reine au sommet de sa gloire et de sa popularité, extraordinaire en cette année mémorable.

Le dernier discours, prononcé en 1601 par une reine âgée lors de son dernier Parlement, au milieu des difficultés économiques, reprend dans une tonalité plus mélancolique, mais avec un bonheur toujours égal, en les agrémentant de riches métaphores, les formules quasi magiques de l'idylle entre la reine et son peuple.

Queen Elizabeth's Reply to a Petition from the Commons on Marriage, 1559

I have beene long since perswaded, that I was sent into this world by God, to thinke, and doe those things, chiefly which may tend to his glory. Hereupon I have chosen that kinde of life, which is most free from the troublesome cares of this world, that I might attend the service of God alone. From which if either the tendred marriages of most potent Princes, or the danger of death intended against me, could have removed me, I had long agone enjoyed the honour of an husband. And these things have I thought upon, when I was a private person. But now that the publike care of governing the Kingdome is laid upon me, to drawe upon me also the cares of marriage, may secure a point of inconsiderate folly, yea to satisfie you, I have already joyned my selfe in marriage to an husband, namely, the Kingdome of *England*. And behold (said she, which I marvaile ye have forgotten,) the pledge (1) of this my wedlocke and marriage with my Kingdome, (and therewith, she drew the Ring from her finger and shewed it, wherewith at her Coronation she had in a set forme of words, solemnely given herselfe in marriage to her Kingdome.) Here having made a pawse, *And doe not* (saith she) *upbraid me with miserable lacke of children*: for every one of you, and as many as are Englishmen, are children, and kinsmen to me: of whom if God deprive me not, (which God forbid,) I cannot without injury bee accompted barraine. But I commend you that ye have not appointed me an husband, for that were most unworthy the Majesty of an absolute Princesse, and unbeseeming your wisedome which are subiects borne. Neverthelesse if it please God that I enter into another course of life, I promise you I will doe nothing which may be prejudiciall to the Common-wealth, but will take such a husband as neere as may be, as will have a great care of the Common-wealth as my selfe. But if I continue in this kind of life I have begun, I doubt not but God will so direct mine owne and your counsailes, that ye shall not need to doubt of a successor, which may be more beneficiall to the Common-wealth, then he which may be borne of me, considering that the issue of the best Princes many times degenerateth. And to me it shall be a full satisfaction both for the memoriall of my name, and for my glory also, if when I shall let my last breath, it be in graven upon my Marble Tombe, Here lyeth ELIZABETH, which Raigned a Virgin, and dyed a Virgin.

W. Camden, *The Historie of the Most Renowned and Victorious Princess Elizabeth,* 1675.

(1) **pledge**: fr. gage.

Queen Elizabeth's speech to the Troops at Tilbury, 1588

My loving people, We have been perswaded by some that are careful (1) of our safety to take heed how we commit ourselves to armed multitudes for fear of treachery. But I assure you I do not desire to live to distrust my faithful and loving people. Let tyrants fear; I have always so behaved myself that under God I have placed my chiefest strength and safeguard in the loyal hearts and good will of my subjects, and therefore I am come amongst you, as you see, at this time, not for my recreation and disport (2), but being resolved in the midst of the heat of the battle, to live or die amongst you all, to lay down for my God, and for my kingdoms, and for my people, my honour and my blood even, in the dust.

I know I have the body but of a weak and feeble woman; but I have the heart and stomach of a king, and of a king of England too, and think foul scorn that Parma or Spain, or any prince of Europe should dare to invade the borders of my realm; to which, rather than any dishonour shall grow by me, I myself will take up arms, I myself will be your general, judge, and rewarder of every one of your virtues in the field.

I know already, for your forwardness you have deserved rewards and crowns; and we do assure you in the word of a prince, they shall be duly paid you. In the mean time, my lieutenant-general shall be in my stead, than whom never prince commanded a more noble or worthy subject; not doubting but your obedience to my general, by your concord in the camp, and your valour in the field, we shall shortly have a famous victory over those enemies of my God, of my kingdoms, and of my people.

Somers Tracts, (éd.) W. Scott, I, 1809.

(1) **careful**: fr. plein d'une inquiète sollicitude.
(2) **disport**: fr. amusement.

Bishop Goodman recalls the year of the Armada

In the year '88, I did then live at the upper end of the Strand near St. Clement's Church, when suddenly there came a report unto us (it was in December, much about five of the clock at night, very dark) that the Queen was gone to council, and if you will see the Queen you must come quickly. Then we all ran; when the Court gates were set open, and no man did hinder us from coming in. There we came where there was a far greater company than was usually at Lenten sermons (1); and when we had stayed there an hour and that the yard was full, there being a number of torches, the Queen came out in great state. Then we cried, "God save your Majesty! God save your Majesty!" Then the Queen turned unto us and said, "God bless you all, my good people!" Then we cried again, "God save your Majesty! God save your Majesty!" Then the Queen said again unto us, "You may well have a greater prince, but you shall never have a more loving prince:" and so looking one upon another awhile the Queen departed. This wrought (2) such an impression upon us, for shows and pageants are ever best seen by torchlight, that all the way long we did nothing but talk what an admirable Queen she was, and how we would adventure our lives to do her service.

The Court of King James I, (éd.) J. S. Brewer, 1839.

(1) **Lenten sermons**: fr. sermons de Carême.
(2) **wrought**: made.

Queen Elizabeth's Golden Speech, 1601

[30 November.] In the afternoon, about three of the clock, some seven-score (1) of the house met at the great chamber before the council chamber in Whitehall. At length the queen came into the council chamber where, sitting under the cloth of state at the upper end, the speaker with all the company came in and, after three low reverences made, he spake to this effect [...]. And, after three low reverences made, he with the rest kneeled down, and her majesty began thus to answer herself, *viz.*: "Mr. Speaker, we have heard your declaration and perceive your care of our state by falling into the consideration of a grateful acknowledgment of such benefits as you have received; and that your coming is to present thanks unto us, which I accept with no less joy than your loves can have desire to offer such a present. I do assure you that there is no prince that loveth his subjects better, or whose love can countervail (2) our love. There is no jewel, be it of never so rich a prize, which I prefer before this jewel; I mean your love. For I do more esteem it than any treasure or riches; for that we know how to prize, but love and thanks I count inestimable. And though God hath raised me high, yet this I count the glory of my crown, that I have reigned with your loves. This makes me that I do not so much rejoice that God hath made me to be a queen, as to be a queen over so thankful a people. Therefore, I have cause to wish nothing more than to content the subject, and that is a duty which I owe. Neither do I desire to live longer days than that I may see your prosperity, and that's my only desire. And as I am that person that still, yet under God, hath delivered you, so I trust, by the almighty power of God, that I still shall be His instrument to preserve you from envy, peril, dishonour, shame, tyranny, and oppression; partly by means of your intended helps, which we take very acceptably, because it manifesteth the largeness of your loves and loyalties unto your sovereign. Of myself I must say this: I never was any greedy, scraping grasper (3), nor a strait fast-holding prince, nor yet a waster. My heart was never set on worldly goods, but only for my subjects' good. What you do bestow (4) on me, I will not hoard it up (5), but receive it to bestow on you again. Yea, mine own properties I count yours to be expended for your good.Therefore render unto them from me I beseech you, Mr. Speaker, such thanks as you imagine my heart yieldeth, but my tongue cannot express."

Note that all this while they kneeled. Whereupon her majesty said, "Mr. Speaker, I would wish you and the rest to stand up, for I shall yet trouble you with longer speech." So they all stood up and she went on in her speech, saying: "[...] I know the title of a king is a glorious title; but assure yourself that the shining glory of princely authority hath not so dazzled the eyes of our understanding but that we will know and remember that we also are to yield an account of our actions before the Great Judge. To be a king and wear a crown is more glorious to them that see it, than it is pleasure to them that bear it. For myself, I was never so much enticed with the glorious name of king, or royal authority of a queen, as delighted that God hath made me this instrument to maintain His truth and glory, and to defend this kingdom, as I said, from peril, dishonour, tyranny, and oppression. There will never queen sit in my seat with more zeal to my country, care to my subjects, and that will sooner with willingness yield and venture her life for your good and safety than myself. And though you have had and may have many princes more mighty and wise sitting in this seat, yet you never had or shall have any that will be more careful and loving [...]. And so I commit you all to your best fortunes and further counsels. And I pray you, Mr. Comptroller, Mr. Secretary, and you of my council, that, before these gentlemen depart into their countries, you bring them all to kiss my hand."

Sir Simonds d'Ewes, *Journals of all the Parliaments during the Reign of Queen Elizabeth*, 1682.

(1) **sevenscore**: one hundred and forty (seventimes twenty).
(2) **to countervail**: to act against (something) with equal force.
(3) **scraping grasper**: fr. grippe-sou.
(4) **to bestow**: to give.
(5) **to hoard up**: fr. thésauriser.

13 – L'assistance aux pauvres

Cet Acte, destiné à soulager les malheureux, nous fait entrevoir l'envers du décor du règne d'Elisabeth. Avec son pendant, le *Beggars Act*, voté la même année, il représente l'état le plus abouti des tentatives faites par les Tudors pour résoudre les problèmes endémiques de la misère et du vagabondage. La législation de 1598 demeura la base de l'action gouvernementale en matière de politique sociale jusqu'en 1834. Parmi les causes de cette pauvreté les plus souvent invoquées figurent les guerres et la démobilisation, l'accroissement de la population, de mauvaises récoltes et une inflation toujours tardivement et imparfaitement maîtrisée.

D'autres causes sont plus discutées, et leur part est plus difficile à évaluer. Il s'agit notamment des fluctuations de l'industrie textile, du processus *d'enclosure*, et de la dissolution des monastères, qu'il ne faut ni exagérer ni sous-estimer : il semble que la charité privée n'assura le relais de l'action traditionnelle des institutions religieuses dans ce domaine qu'avec un décalage d'un demi-siècle environ. L'importance de la législation ne doit pas occulter les initiatives des individus et des municipalités – dont la législation parlementaire s'est d'ailleurs largement inspirée. L'adoption d'une législation nationale signale plutôt des périodes de crise particulièrement grave. L'Acte de 1598 récapitule les efforts de taxinomie de la législation antérieure (distinction de trois catégories : les enfants, les pauvres âgés et impotents, et les pauvres valides), reprend le principe d'une taxe locale destinée à financer la charité et l'organisation du travail, et réaffirme le rôle capital des juges de paix, relais de l'autorité royale à l'échelon local.

Poor Relief Act, 1598

An act for the relief of the poor. Be it enacted by the authority of this present parliament that the churchwardens of every parish and four substantial householders there [...], who shall be nominated yearly in Easter week under the hand and seal of two or more justices of the peace in the same county [...] dwelling in or near the same parish, shall be called overseers of the poor of the same parish; and they, or the greater part of them, shall take order from time to time, by and with the consent of two or more such justices of peace, for setting to work of the children of all such whose parents shall not by the said persons be thought able to keep and maintain their children, and also all such persons married or unmarried as, having no means to maintain them, use no ordinary and daily trade of life to get their living by; and also to raise weekly or otherwise, by taxation of every inhabitant and every occupier of lands in the said parish in such competent sum and sums of money as they shall think fit, a convenient stock of flax, hemp, wool, thread, iron, and other necessary ware and stuff to set the poor on work, and also competent sums of money for and towards the necessary relief of the lame, impotent, old, blind, and such other among them being poor and not able to work, and also for the putting out of such children to be apprentices, to be gathered out of the same parish according to the ability of the said parish; and to do and execute all other things, as well for disposing of the said stock as otherwise concerning the premises, as to them shall seem convenient. Which said churchwardens and overseers so to be nominated, or such of them as shall not be let by sickness or other just excuse, to be allowed by such two justices of peace or more, shall meet together at the least once every month in the church of the said parish, upon the Sunday in the afternoon after divine service, there to consider of some good course to be taken and of some meet orders to be set down in the premises; and shall, within four days after the end of their year [...], make and yield up to such two justices of peace a true and perfect account of all sums of money by them received [...], upon pain that every one of them absenting themselves without lawful cause as aforesaid from such monthly meeting, for the purpose aforesaid, or being negligent in their office or in the execution of the orders aforesaid, being made by and with the assent of the said justices of peace, to forfeit for every such default 20 s.

And be it also enacted that, if the said justices of peace do perceive that the inhabitants of any parish are not able to levy among themselves sufficient sums of money for the purposes aforesaid [...], the said justices shall and may tax, rate, and assess as aforesaid any other [persons] of other parishes, or out of any parish within the hundred (1) where the said parish is [...], [and] pay such sum and sums of money to the churchwardens and overseers of the said poor parish for the said purposes as the said justices shall think fit, according to the intent of this law. And if the said hundred shall not be thought to the said justices able and fit to relieve the said several parishes not able to provide for themselves as aforesaid, then the justices of peace at their general quarter sessions, or the greater number of them, shall rate and assess as aforesaid [...] other parishes [...], as in their discretion shall seem fit [...].

And to the intent that necessary places of habitation may more conveniently be provided for such poor impotent people, be it enacted by the authority aforesaid that it shall and may be lawful for the said churchwardens and overseers, or the greater part of them, by the leave of the lord or lords of the manor whereof any waste (2) or common (3) within their parish is or shall be parcel [...], to erect, build, and set up [...] in such waste or common, at the general charges of the parish or otherwise of the hundred or county as aforesaid [...], convenient houses of dwelling for the said impotent poor; and also to place inmates or more families than one in one cottage or house [...].

And be it further hereby enacted that the mayors, bailiffs, or other head officers of every corporate town (4) within this realm, being justice or justices of peace, shall have the same authority by virtue of this act within the limits and precincts of their corporations, as well out of sessions as at their sessions, as is herein limited, prescribed, and appointed to any of the justices of peace in the county for all the uses and purposes in this act prescribed, and no other justice of peace to enter or meddle there [...].

And forasmuch as all begging is forbidden by this present act, be it further enacted by the authority aforesaid that the justices of peace of every county or place corporate, or the more part of them, in their general sessions to be holden next after the end of this session of parliament, or in default thereof at the quarter sessions to be holden about the feast of Easter next, shall rate every parish to such a weekly sum of money as they shall think convenient; so as no parish be rated above the sum of sixpence nor under the sum of an halfpenny weekly to be paid, and so as the total sum of such taxation of the parishes in every county amount not above the rate of twopence for every parish in the said county. Which sums so taxed shall be yearly assessed by the agreement of the parishioners within themselves, or in default thereof by the churchwardens and constables of the same parish or the more part of them, or in default of their agreement by the order of such justice or justices of peace as shall dwell in the same parish or, if none be there dwelling, in the parts next adjoining [...].

Statutes of the Realm, IV, 896 f.: 39 Elizabeth, c. 3.

(1) **hundred**: a sub-division of a country or shire, having its own court.
(2) **waste**: a piece of land not cultivated or used for any purpose, and not in any man's occupation but lying common.
(3) **common**: the undivided land belonging to the members of a local community as a whole.
(4) **corporate town**: a town possessing municipal rights and acting by means of a corporation.

Le XVIIe siècle : L'ère des révolutions

2

Le procès, puis l'exécution de Thomas Wentworth, comte de Strafford, en 1641, marque l'escalade entre le roi et le Parlement qui conduit à la première révolution anglaise.

Les acteurs de la Révolution française, puis la génération romantique éprouvent pour le XVIIe siècle anglais une bien compréhensible fascination. Rétrospectivement, comment ne pas lire dans les événenements d'Angleterre l'annonce et l'amorce d'une double modernité, politique et économique ? La valeur anticipatrice de la révolution anglaise a été maintes fois soulignée par les personnages les plus dissemblables, de Brissot et Robespierre à Guizot ou à Victor Hugo... Charles Ier n'a-t-il pas péri sur l'échafaud en janvier 1649, tout comme Louis XVI en janvier 1793 ? Les révolutions ne risquent-elles pas d'accoucher de dictatures avant de connaître leurs Restaurations ? Cromwell n'aurait-il pas été un premier Napoléon ? Ou du moins, un Bonaparte qui ne serait jamais devenu empereur ?

« Révolution » anglaise ? Le terme est en soi contestable. Et d'abord, les îles Britanniques n'ont pas connu une, mais deux révolutions, traitées par Guizot comme un grand ensemble : une « Grande Rébellion », et un interrègne, de 1642 à 1660 ; une « Glorieuse Révolution » en 1688-1689 [a]... Ces révolutions furent également britanniques, et non seulement anglaise. Elles aboutissent à un resserrement des liens entre l'Angleterre, l'Écosse et l'Irlande. Si la République annexe militairement l'Écosse et l'Irlande après 1649, la Glorieuse Révolution s'accompagne d'une incontestable conquête de l'Irlande, qui trouve son dénouement dans la célèbre bataille de la Boyne de juillet 1690, toujours commémorée de nos jours par les protestants les plus acharnés d'Ulster...

Les révolutions, c'est bien connu, frappent les imaginations. Elles sont les accoucheuses de l'histoire ; mais d'autres forces, plus lentes, sont également à l'œuvre. Et l'on ne saurait mésestimer l'intérêt d'autres moments forts dans la construction d'une identité britannique au XVIIe siècle. À commencer par le règne de Jacques Ier, de 1603 à 1625, ou celui de son fils, Charles Ier, interrompu tragiquement par la révolution...

En devenant roi d'Angleterre et roi d'Irlande, Jacques VI d'Écosse réalisait par en haut une unification des trois royaumes. Le roi de la Grande-Bretagne, ainsi qu'il souhaitait qu'on le présente, était en fait le souverain unique de trois pays restés distincts. Cette royauté « multiple » resta toujours à mille lieues de l'adage emblématique de la monarchie française : un roi, une loi, une foi. Il faudrait dire ici : un roi, des lois, des fois... À Londres, à Édimbourg ou à Dublin, l'on continue à vivre et à croire différemment. Dans un discours justement célèbre, Jacques Ier protesta qu'un mari ne saurait avoir plusieurs épouses... Mais rien n'y fit ; les parlementaires anglais se montrèrent intraitables. Ce roi, époux mystique du royaume, et père de ses peuples, dut user d'expédients pour que ses sujets écossais ne soient pas considérés totalement comme des étrangers en Angleterre. Du moins s'ils étaient nés après son accession au trône.

(a) F. Guizot, *Histoire de la révolution d'Angleterre*, (ed.) L. Theis, Paris, Robert Laffont, 1997.

Jacques VI d'Écosse (1566-1525) devint Jacques Ier d'Angleterre en 1603.

Ce roi philosophe fut également théologien et rhétoricien. Il se présente, selon une formule éprouvée, comme le « lieutenant de Dieu sur terre ». Affirmation de force, ou aveu d'impuissance ? La monarchie absolue est une doctrine dont il faut souligner l'intérêt face à l'intransigeance et au fanatisme religieux. Jacques Ier, ce contemporain de Henri IV, a compris que la paix civile et l'équilibre international, auxquels il est également attaché, exigent un pouvoir fort. L'exemple des guerres de religion, l'assassinat de Henri IV ne peuvent que renforcer cette appréhension. L'histoire d'Angleterre prend tout son relief dans le contexte européen : au moment où la France sort péniblement des affrontements fratricides entre catholiques et huguenots, et où l'Allemagne entre dans la guerre de Trente ans, Jacques Ier et son entourage souhaitent un renforcement, du reste très relatif, de la monarchie.

Mais cette puissance publique demeure limitée, en l'absence de bureaucratie importante ou d'une noblesse de robe comme en France. Elle demeure étroitement tributaire des élites locales, et trouve ses meilleurs relais dans la *common law*, ou l'uniformité ecclésiastique. De fortes craintes demeurent ; elles s'identifient au catholicisme romain, ce « papisme » abhoré, accusé de vouloir détourner les Anglais de leur double allégeance au roi et à l'Église nationale. Le catholicisme, pour Jacques Ier, c'est ce que nous appellerions de nos jours la menace terroriste, appuyée sur une internationale vaticane dont on croit saisir les ramifications en Angleterre comme en Irlande. L'on ne saurait comprendre l'antipapisme virulent du XVIIe siècle anglais en dehors de cette paranoïa.

À l'autre extrême doctrinal, les puritains, adeptes d'un protestantisme plus poussé, sont gagnés pour certains d'entre eux par un véritable vertige fondamentaliste. Un anglicanisme modéré s'oppose de plus en plus à un puritanisme intransigeant, qui prêche sa croisade morale contre l'« Antéchrist », et traque impitoyablement tous les dérèglements des mœurs.

Le « puritanisme » de plus en plus sous Charles Ier s'identifie à l'opposition à la Cour. L'archevêque de Cantorbéry, William Laud, sorte de Richelieu à l'anglaise, traque impitoyablement les puritains d'Église ou d'État. Cette réaction anglicane aura des conséquences marquées lors de la révolution des années 1642-1660 lorsque l'on identifiera anglicans et royalistes, tout en tentant vainement de construire une Église protestante unique, commune aux Anglais et aux Écossais.

L'on ne résumera pas ici les troubles qui touchent pendant vingt ans l'ensemble des îles Britanniques, de 1640 à 1660. Plutôt que de « révolution anglaise » (au singulier), il faudrait parler de «révolutions britanniques » (au pluriel). L'étincelle provient d'Écosse ; une insurrection éclate à la cathédrale St Giles d'Édimbourg durant l'été lorsque l'on tente d'imposer l'épsicopat et la liturgie anglicane aux presbytériens. Un covenant solennel promet de défendre la religion presbytérienne des Écossais et les libertés du pays face à la menace annexionniste anglaise. Ils menacent à leur tour d'envahir le royaume du sud...

Charles Ier convoque par deux fois le parlement d'Angleterre en 1640. Celui-ci entame un important travail de réformes religieuses et de réformes politiques qui conduisent à la rupture. Les «papistes» se révoltent en Irlande ; c'est l'embrasement. Les trois royaumes sont entrés en rébellion : le roi assemble une armée de fidèles face au parlement.

Les guerres civiles s'enchaînent ; l'armée se révolte à son tour contre le parlement ; la monarchie est destituée, la République est proclamée et Cromwell impose sa dictature...

En 1660 Charles II, fils du roi décapité, débarque à Douvres, après s'être engagé à pardonner les offenses. Seuls sont exceptés quelques régicides. Mais anglicans et puritains modérés ne parviennent toujours pas à s'entendre et une fracture religieuse durable oppose désormais conformistes (anglicans) et non-conformistes (dissidents). La Révolution dite « Glorieuse » se développe sur ce terreau ; le catholique Jacques II, frère de Charles II, tente d'imposer un compromis ecclésiastique qui arrange tout le monde par sa politique dite d'« Indulgence ». Il y gagne le mépris de tous (ou presque) et doit s'enfuir devant le débarquement de Guillaume d'Orange (automne-hiver 1688-1689). Guillaume devient roi à son tour : l'Angleterre est-elle entrée à l'heure de la modernité ? L'on en est de moins en moins sûr désormais ; le *Bill of Rights* ou encore la loi dite de tolérance réservent quelques surprises quand on les examine de près. Le principe demeure cependant que l'exécutif est placé désormais sous le regard de la Loi. Et que nul ne saurait s'en affranchir. Cela valait bien une double révolution sans doute.

L'Angleterre connaît dans le même temps un évident dyanisme économique et financier. La poussée de la population londonienne en est l'une des expressions les plus remarquables : de 1600 à 1700, l'agglomération fait plus que doubler, en atteignant les 575 000 habitants. Paris, Naples ou Amsterdam sont surclassées. Près d'un Anglais sur dix habite Londres, à la fois port, centre financier et capitale politique. La fondation de la Banque d'Angleterre en 1694 a été saluée par les historiens comme une authentique « révolution financière », permettant l'essor d'une révolution industrielle précoce au siècle suivant. Les compagnies d'assurance bénéficient de ce marché des produits financiers.

L'essor de la comptabilité ne se limite pas aux transactions ; elle se poursuit pas l'utilisation d'une « arithmétique sociale », ancêtre de la statistique. Désormais, tout s'achète et tout se vend. Tout se mesure également. Et le calcul du bonheur, la morale utilitariste, et un certain matérialisme trouvent au siècle des Lumières l'occasion de s'exprimer.

Quelques dates

1603	Accession au trône de Jacques VI d'Écosse, sous le nom de Jacques Ier d'Angleterre. Début d'une nouvelle dynastie, les Stuarts. Jacques Ier tente d'unifier ses deux royaumes d'Angleterre et d'Écosse et développe la colonisation de l'Irlande.
1628	« *Petition of Right* », réaffirmant les droits des sujets contre la prérogative royale.
1638	Révolte de l'Écosse.
1642-1660	Révolution anglaise et interrègne.
1649	Exécution de Charles Ier et proclamation de la République.
1653	Protectorat de Cromwell.
1660	Retour des Stuarts.
1685	Mort de Charles II ; son frère, le catholique Jacques II, lui succède.
1688-1689	« Glorieuse » révolution : Guillaume d'Orange et sa femme Marie succèdent à Jacques II, enfui à Saint-Germain-en-Laye. « *Bill of Rights* » interdisant au roi de « suspendre » l'application d'une loi ou d'en « dispenser » quiconque.
1690	Bataille de la Boyne, en Irlande, marquant la défaite des catholiques et de Jacques II devant une armée protestante.

Le règne des premiers Stuarts, Jacques Ier et Charles Ier

1 – Un roi pour deux royaumes ?

Jacques 1er (1566-1625) ne se défera jamais de son accent écossais. Ses jambes arquées, sa saleté proverbiale, ses amitiés masculines envahissantes vont de pair avec une intelligence aiguë et une merveilleuse faconde. Ce roi écrivain demeure l'un des meilleurs théoriciens de la dignité royale ; c'est dans la Bible qu'il puise, en bon protestant, la majeure partie de son inspiration. Ainsi, l'amour du roi pour son peuple reprend-il tout naturellement le thème de l'amour divin, dont il est en quelque sorte l'image. Dieu aime le roi, le roi aime ses peuples. Il ne peut souffrir leur division. Qu'Anglais et Écossais se reconnaissent enfin dans un même époux (élaboration mystique sur le Cantique des cantiques ou sur l'enseignement de Jésus-Christ, lui aussi comparé à un mari).

A moyen terme, Jacques Ier a échoué : la Grande-Bretagne n'existe pas encore réellement – bien qu'il revendique le titre de « roi de la Grande-Bretagne ». Dans le long terme, la prophétie du roi Stuart s'est réalisée (*voir Acte d'union de 1707, chap. 3, p 186*).

But although outward peace be a great blessing, yet it is as far inferior to peace within as civil wars are more cruel and unnatural than wars abroad. And therefore the second great blessing that God hath with my person sent unto you is peace within, and that in a double form. First, by my descent lineally out of the loins of Henry the Seventh is reunited and confirmed in me the union of the two princely roses of the two Houses of Lancaster and York, whereof that King of happy memory was the first uniter as he was also the first ground-layer of the other peace. The lamentable and miserable events by the civil and bloody dissension betwixt these two Houses was so great and so late as it need not be renewed unto your memories; which, as it was first settled and united in him, so is it now reunited and confirmed in me, being justly and lineally descended not only of that happy conjunction but of both the branches thereof many times before. But the union of these two princely Houses is nothing comparable to the union of two ancient and famous kingdoms, which is the other inward peace annexed to my person.

And here I must crave your patiences for a little space to give me leave to discourse more particularly of the benefits that do arise of that union which is made in my blood, being a matter that most properly belongeth to me to speak of as the head wherein that great body is united. And first, if we were to look no higher than to natural and physical reasons, we may easily be persuaded of the great benefits that by that union do redound to the whole island; for if twenty thousand men be a strong army, is not the double thereof, forty thousand, a double the stronger army? If a baron enricheth himself with double as many lands as he had before, is he not double the greater? Nature teacheth us that mountains are made of motes, and that at the first kingdoms being divided, and every particular town or little county, as tyrants or usurpers could obtain the possession, a seignory apart, many of these little kingdoms are now in process of time by the ordinance of God joined into great monarchies, whereby they are become powerful within themselves to defend themselves from all outward invasions, and their head and governor thereby enabled to redeem them from foreign assaults and punish private transgressions within. Do we not yet remember that this kingdom was divided into seven little kingdoms, besides Wales? And is it not now the stronger by their union? And hath not the union of Wales to England added a greater strength thereto? Which, though it was a great principality, was nothing comparable in greatness and power to the ancient and famous kingdom of Scotland. But what should we stick upon any natural appearance, when it is manifest that God by his Almighty Providence hath preordained it so to be? Hath not God first united these two kingdoms both in language, religion, and similitude of manners? Yea, hath he not made us all in one island, compassed with one sea, and of itself by nature so indivisible as almost those that were borderers themselves on the late Borders cannot distinguish nor know nor discern their own limits? These two countries being separated neither by sea nor great river, mountain, nor other strength of nature, but only by little small brooks or demolished little walls, so as rather they were divided in apprehension than in effect; and now in the end and fullness of time united, the right and title of both in my person, alike lineally descended of both the Crowns, whereby it is now become like a little world within itself, being intrenched and fortified round about with a natural and yet admirable strong pond or ditch, whereby all the former fears of this nation are now quite cut off [...] What God hath conjoined then, let no man separate. I am the husband, and all the whole isle is my lawful wife; I am the head and it is my body; I am the shepherd and it is my flock: I hope therefore no man will be so unreasonable as to think that I, that am a Christian king under the Gospel, should be a polygamist and husband to two wives; that I, being the head, should have a divided and monstrous body; or that being the shepherd to so fair a flock (whose fold hath no wall to hedge it but the four seas) should have my flock parted in two.

Discours au Parlement, 19 mars 1604.

2 – Haro sur les papistes !

S'il aime la paix à l'intérieur comme à l'extérieur de ses royaumes, Jacques Ier se défie des « puritains », qui souhaitent poursuivre la Réformation religieuse du royaume, comme des catholiques (encore appelés « papistes » ou *recusants*) qui restent fidèles au pape. Conciliant au début, le roi prend peur à la suite du complot d'un certain Guy Fawkes qui, anticipant l'action directe des terroristes actuels, aurait tenté de faire sauter le Parlement. Le Parlement ne saute pas, Guy Fawkes est exécuté. Mais l'on continue en Angleterre à célébrer ce 5 novembre – surnommé *Guy Fawkes' Day* – en faisant éclater des pétards, ou, si les circonstances s'y prêtent, en brûlant le pape en effigie – plus rarement qu'au XVIIe siècle, il est vrai.

La grande loi pénale de 1606 impose l'assistance au culte anglican et la communion, sous peine de diverses amendes citées en référence.

An Act for the better discovering and repressing of Popish Recusants, 1606

1. Forasmuch as it is found by daily experience that many his Majesty's subjects that adhere in their hearts to the Popish religion, by the infection drawn from thence, and by the wicked and devilish counsel of Jesuits, seminaries, and other like persons dangerous to the Church and State, are so far perverted in the point of their loyalties and due allegiance unto the King's Majesty and the Crown of England as they are ready to entertain and execute any treasonable conspiracies and practices, as evidently appears by that more than barbarous and horrible attempt to have blown up with gunpowder the King, Queen, Prince, Lords, and Commons in the House of Parliament assembled, tending to the utter subversion of the whole State, lately undertaken by the instigation of Jesuits and seminaries and in advancement of their religion by their scholars taught and instructed by them to that purpose, which attempt by the only goodness of almighty God was discovered and defeated: And where divers persons Popishly affected do nevertheless, the better to cover and hide their false hearts and with the more safety to attend the opportunity to execute their mischievous designs, repair sometimes to church to escape the penalty of the laws in that behalf provided; For the better discovery therefore of such persons and their evil affections to the King's Majesty and the state of this his Realm, to the end that being known, their evil purposes may be the better prevented, be it enacted [...,] That every Popish recusant convicted or hereafter to be convicted, which heretofore hath conformed him or her self or which shall hereafter conform him or her self, and repair to the church and continue there during the time of Divine Service according to the laws and statutes

in that behalf made and provided, shall within the first year next after the end of his session of Parliament (if he or she be conformed as aforesaid, before the end of this session of Parliament), or within the first year next after that he or she shall after this session of Parliament so conform him or her self and repair to church as aforesaid, and after the said first year shall once in every year following at the least receive the blessed Sacrament of the Lord's Supper in the church of that parish where he or she shall most usually abide or be within the said year wherein by the true meaning of this Statute he or she ought to receive, and if there be no such parish church, then in the church next adjoining to the place of his or her such most usual abode: And if any recusant so conformed shall not receive the Sacrament of the Lord's Supper accordingly, he or she shall for such not receiving lose and forfeit for the first year twenty pounds and for the second year [...] forty pounds and for every year after [...] threescore pounds, until he or she shall have received the said Sacrament as is aforesaid [...]

3 & 4 Jac. I, cc. 4,5.

3 – Le statut des étrangers

Jacques Ier, désespérant de l'unité des deux royaumes, tente cependant de donner à ses sujets écossais les mêmes droits qu'à ses sujets anglais sur le sol national. En 1608, les plus grands juristes sont appelés à se prononcer, dont Francis Bacon – mieux connu désormais pour son œuvre philosophique – et Edward Coke. Jacques Ier parvient à un compromis : si les deux royaumes demeurent désunis, Écossais et Anglais peuvent librement acquérir des biens immeubles dans l'un et l'autre royaume – ce qu'aucun étranger ne saurait faire. Mais la seule condition, qui s'émousse avec les années, est d'être né *après* l'accession de Jacques Ier en 1603. On notera dans les textes suivants le savoureux mélange d'anglais, de normand et de latin qui constitue la base du droit anglais.

A) F. Baccon

Naturalization is best discerned in the degrees whereby the law doth mount and ascend thereunto [...] The degrees are four.

The first degree of persons, as to this purpose, that the law takes knowledge of, is an alien enemy; that is such a one as is born under the obeisance of a prince or state that is in hostility with the king of England. To this person the law giveth no benefit or protection at all; but if he come into the realm after war proclaimed, or war in fact, he comes at his own peril, he may be used as an enemy: for the law accounts of him but, as the scripture saith, as of a spy that comes to see the weakness of the land [...] Nevertheless, this admitteth a distinction. *For if he come with safeconduct otherwise it is*: for then he may not be violated, either in person or goods. But he must fetch his justice at the fountainhead, for none of the conduit pipes are open to him: he can have no remedy in any of the king's courts; but he must complain himself before the king's privy counsel: there he shall have a proceeding summary from hour to hour, the cause shall be determined by natural equity, and not by rules of law; and the decree of the counsel shall be executed by aid of the Chancery [...]

The second person is an alien friend, that is, such a one as is born under the obeisance of such a king or state as is confederate with the king of England, or at least not in war with him. To this person the law alloteth this benefit, that as the law accounts, that the hold it hath over him, is but a transitory hold, for he may be an enemy; so the law doth indue him but with a transitory benefit, that is, of moveable goods and personal actions. But for free-hold, or lease, or actions real or mixt, he is not enabled, except it be in *autre droit* [...]

The third person is a denizen, using the word properly, for sometimes it is confounded with a natural born subject. This is one that is but *subditus infitivus*, or *adoptivus*, and is never by birth, but only by the king's charter, and by no other means, come he never so young into the realm, or stay he never so long. Mansion or habitation will not indenize him, no, nor swearing obedience to the king in a leet, which doth in law the subject; but only, as I said, the king's grace and gift. To this person the law giveth an ability and capacity abridged, not in matter, but in time. And as there was a time when he was no subject, so the law doth not acknowledge him before that time. For if he purchase free-hold after his denization, he may take it; but if he have purchased any before, he shall not hold it; so if he have children after, they shall inherit; but if he have any before, they shall not inherit. So he is but priviledged *a parte post*, as the schoolmen say, and not *a parte ante*.

The fourth and last degree is a natural born subject, which is evermore by birth, or by act of parliament; and he is complete and entire. For in the law of England, there is *nil ultra*; there is no more subtle division between these.

B) E. Coke

THERE IS FOUND IN THE LAW four kinds of ligeances; the first is, *ligeantia naturalis, absoluta, pura et indefinita* and this originally is due by nature and birth-right, and is called *alta ligeantia*, and he that oweth this is called *subditus natus*. The second is called *ligeantia acquisita* not by nature but by acquisition or denization, being called a denizen, or rather donaizon, because he is *subditus datus*. The third is *ligeantia localis*, wrought by the law, and that is when an alien that is in amity cometh into England; because as long as he is within England, he is within the king's protection; therefore so long as he is here, he oweth unto the king a local obedience or ligeance [...]. The fourth is a legal obedience, or ligeance which is called legal, because the municipal laws have prescribed the order and form of it; and this to be done upon oath at the town of leet [...].

Every man is either *alienigena*, an alien born, or *subditus*, a subject born. Every alien is either a friend that is in league &c or an enemy that is in open war &c. Every alien enemy is either *pro tempore*, temporary for a time, or *perpetuus*, perpetual, or *specialiter permissus*, permitted especially. Every subject is either *natus*, born, or *datus*, given or made [...].

Alien friends cannot acquire, or get nor maintain any action, real or personal, for any land or house, unless the house be for their necessary habitation. For if they should be disabled to acquire and maintain these things, it were in effect to deny unto them trade and traffick, which is the life of every island.

Howell, *State Trials* II, 1816.

4 – Le roi, père de ses peuples

Si le roi est comparable à l'époux, il se présente aussi sous la forme d'un père. Le christianisme a nourri cette assimilation patriarcale : Dieu est un père pour les chrétiens. L'absolutisme de Jacques Ier s'appuie également sur le psaume 82 : « Dieu se tient dans l'assemblée de Dieu ; il juge au milieu des dieux. » Quels sont ces « dieux » qui assistent l'Éternel dans l'exercice de la justice sinon les rois selon Jacques Ier ? Le « droit divin » se distingue cependant soigneusement de la tyrannie. Tandis qu'à l'origine, les premiers rois – rois par droit de conquête ou par élection des peuples – confondaient le droit et leurs désirs, les monarques modernes sont des législateurs attentifs, qui observent les lois fondamentales du royaume et protègent les gens.

The state of Monarchy is the supremest thing upon earth; for kings are not only God's lieutenants upon earth and sit upon God's throne, but even by God himself they are called gods. There be three principal similitudes that illustrate the state of Monarchy: one taken out of the Word of God and the two other out of the grounds of policy and philosophy. In the Scriptures kings are called gods, and so their power after a certain relation compared to the Divine power. Kings are also compared to the fathers of families, for a king is truly *parens patriae*, the politic father of his people. And lastly, kings are compared to the head of this microcosm of the body of man.

Kings are justly called gods for that they exercise a manner or resemblance of Divine power upon earth; for if you will consider the attributes to God you shall see how they agree in the person of a king. God hath power to create or destroy, make or unmake, at his pleasure; to give life or send death; to judge all, and to be judged nor accomptable to none; to raise low things and to make high things low at his pleasure; and to God are both soul and body due. And the like power have kings: they make and unmake their subjects; they have power of raising and casting down; of life and of death; judges over all their subjects and in all causes, and yet accomptable to none but God only. They have power to exalt low things and abase high things, and make of their subjects like men at the chess, a pawn to take a bishop or a knight, and to cry up or down any of their subjects as they do their money. And to the King is due both the affection of the soul and the service of the body of his subjects [...]

As for the father of a family, they had of old under the Law of Nature *patriam potestatem*, which was *potestatem vitae et necis*, over their children or family, (I mean such fathers of families as were the lineal heirs of those families whereof kings did originally come), for kings had their first original from them who planted and spread themselves in colonies through the world. Now a father may dispose of his inheritance to his children at his pleasure, yea, even disinherit the eldest upon just occasions and prefer the youngest, according to his liking; make them beggars or rich at his pleasure; restrain or banish out of his presence, as he finds them give cause of offence, or restore them in favour again with the penitent sinner. So may the King deal with his subjects.

And lastly, as for the head of the natural body, the head hath the power of directing all the members of the body to that use which the judgment in the head thinks most convenient. It may apply sharp cures or cut off corrupt members, let blood in what proportion it thinks fit and as the body may spare; but yet is all this power ordained by God *ad aedificationem, non ad destructionem*. For although God have power as well of destruction as of creation or maintenance, yet will it not agree with the wisdom of God to exercise his power in the destruction of nature and overturning the whole frame of things, since his creatures were made that his glory might thereby be the better expressed; so were he a foolish father that would disinherit or destroy his children without a cause or leave off the careful education of them; and it were an idle head that would in place of physic so poison or phlebotomize the body as might breed a dangerous distemper or destruction thereof.

But now in these our times we are to distinguish between the state of kings in their first orginal and between the state of settled kings and monarchs that do at this time govern in civil kingdoms; for even as God, during the time of the Old Testament, spake by oracles and wrought by miracles, yet how soon it pleased him to settle a Church which was bought and redeemed by the blood of his only Son Christ, then was there a cessation of both; he ever after governing his people and Church within the limits of his revealed will. So in the first original of kings, whereof some had their beginning by conquest and some by election of the people, their wills at that time served for law; yet how soon kingdoms began to be settled in civility and policy, then did kings set down their minds by laws, which are properly made by the King only, but at the rogation of the people, the King's grant being obtained thereunto. And so the King became to be *Lex loquens* after a sort, binding himself by a double oath to the observation of the fundamental laws of his kingdom: tacitly, as by being a King, and so bound to protect as well the people as the laws of his kingdom, and expressly, by his oath at his coronation; so as every just king in a settled kingdom is bound to observe that paction made to his people by his laws in framing his government agreeable thereunto, according to that paction which God made with Noë after the Deluge, "Hereafter seed-time and harvest, cold and heat, summer and winter, and day and night shall not cease so long as the earth remains". And therefore a king governing in a settled kingdom leaves to be a king and degenerates into a tyrant as soon as he leaves off to rule according to his laws.

Discours au Parlement, 21 décembre 1610.

5 – *La plantation d'Ulster, 1610*

La politique agressive des Tudors au XVIe siècle eut pour effet d'indisposer les deux communautés qui cohabitaient en Irlande. Une série de crises s'ensuivit. La guerre de Neuf Ans, à la fin du XVIe siècle, marque l'apogée de ce sentiment de rejet. Fondant sa légitimité sur des critères culturels et religieux, le chef de la rébellion, Hugh O'Neill, dit *the Great O'Neill*, voyait en une restauration du pouvoir traditionnel des grands seigneurs irlandais un avenir souhaitable pour sa province d'Ulster et pour l'Irlande tout entière. Rendre à leurs justes propriétaires les terres confisquées et défendre le catholicisme contre les assauts protestants constituaient les corollaires d'un programme pour lequel il obtint le soutien de l'Espagne. Jamais l'Irlande n'avait adressé un tel défi à l'Angleterre : saisissant la mesure du danger, Londres dépêcha dans l'île révoltée une armée puissante qui eut tôt fait d'écraser les coalisés, mettant un terme aux espoirs irlandais.

Jacques Ier s'engagea dans une politique d'anglicisation tous azimuts du royaume. Sentant le processus irréversible, les chefs de la rébellion, pour la plupart grands propriétaires terriens d'Ulster, fuirent le pays. Leurs domaines, désormais vacants, allaient être l'objet de la plus vaste entreprise de plantation jamais osée en Irlande. Confisqués, divisés, ils allaient être, à partir de 1610, attribués à des colons anglais ou écossais préparés à s'installer en terre hostile, garnison civile en poste avancé, civilisateurs d'un peuple qu'il fallait à tout prix arracher à ses racines. La politique d'union anglo-écossaise, prônée par Jacques Ier, trouvait son débouché dans le dépeçage de l'Irlande. La « plantation » est, littéralement, une greffe humaine destinée à asseoir l'hégémonie britannique dans une île encore aux trois-quarts inconquise.

Conditions to be observed by the British undertakers of the escheated lands in Ulster, etc.

I. What the British undertakers shall have.

First, the lands to be undertaken by them, are divided into sundry precincts of different quantities.

Every precinct is subdivided into proportions of three sorts, great, middle, and small.

The great proportion containeth 2000 English acres at the least.

The middle proportion containeth 1500 acres at the least.

The small proportion containeth 1000 acres at the least.

Unto every of which proportions such bog and wood shall be allowed, as lieth within the same, for which no rent shall be reserved.

The precincts are by name distinguished, part for the English, and part for the Scottish, as appeareth by the table of distribution of the precincts.

The chief undertakers shall be allowed two middle proportions if they desire the same; otherwise no one undertaker is to be allowed above one great proportion.

They shall have an estate in fee simple to them and their heirs.

They shall have power to create manors, to hold courts baron twice every year and not oftener, and power to create tenures in socage to hold of themselves.

They, their heirs and assigns, for the space of 7 years next ensuing, shall have liberty to export out of Ireland all commodities growing or arising upon their own land undertaken, without paying custom or imposition. [...]

2. What the said undertakers shall for their parts perform.

They shall yearly yield unto his majesty for every proportion of 1000 acres, five pound six shillings eight pence English, and so rateably for the great proportions; the first half year's payment to begin at Michaelmas 1614.

Every of the said undertakers shall hold the lands so undertaken in free and common socage, as of the castle of Dublin, and by no greater service.

Every of the said undertakers of a great proportion, shall within 3 years to be accounted from Easter next, build thereupon a stone house, with a strong court or bawn about it; and every undertaker of a middle proportion shall within the same time build a stone or brick house thereupon, with a strong court or bawn about it; and every undertaker of a small proportion, shall within the same time make thereupon a strong court or bawn at least.

Every undertaker shall within three years, to be accounted from Easter next, plant or place upon a small proportion, the number of 24 able men of the age of 18 years or upwards, being English or inland Scottish; and so rateably upon the other proportions; which numbers shall be reduced into 10 families at least, to be settled upon every small proportion, and rateably upon the other proportions, in this manner, viz. the principal undertaker and his family to be settled upon a demesne of 300 acres, two fee-farmers upon 120 acres a piece, three leaseholders for three lives or 21 years upon 100 acres a piece, and upon the residue being 160 acres, four families or more of husbandmen, artificers or cottagers, their portions of land to be assigned by the principal undertaker at his discretion.

Every of the said undertakers shall draw their tenants to build houses for themselves and their families, not scattering, but together, near the principal house or bawn, as well for their mutual defence and strength, as for the making of villages and townships.

The said undertakers, their heirs and assigns, shall have ready in the houses at all times, a convenient store of arms which may be viewed and mustered every half year according to the manner of England.

Every of the said undertakers before he be received to be an undertaker, shall take the oath of supremacy, either in the chancery of England or Scotland, or before the commissioners to be appointed for the establishment of the plantation, and shall also conform themselves in religion according to his majesty's laws; and every of their undertenants being chief of a family, shall take the like oath before the said commissioners or the justices of assize coming into the county, wherein the said tenants shall be placed, at the next assizes, after they shall sit down and inhabit in the said several counties. and they and their families shall be also conformable in religion, as aforesaid. [...]

The said undertakers, their heirs and assigns, shall not alien or demise their portions or any part thereof to the mere Irish, or to such persons as will not take the said oath of supremacy, and to that end a proviso shall be insert in their letters patent, that the parcel of land so aliened shall be forfeited.

The said undertakers shall not alien their portions during five years to be accounted from Michaelmas next, but unto their under tenants in the form before expressed in the fourth article. The said undertakers shall not reserve any uncertain rent but the same shall be expressly set down without reference to the custom of the country. […]

Orders and Conditions, 1609.

6 – *La pétition du droit, 1628*

Ce texte résume les conflits de la pensée politique sous les deux premiers Stuarts. Les rois tendaient à affirmer, en suivant les modèles continentaux, l'idée d'une « prérogative » royale supérieure au Parlement. La notion de souveraineté impliquait-elle la possibilité pour le roi de créer de nouvelles lois ? Le courant dit « parlementaire » formula son opposition à ces principes sous forme juridique et historique. Le droit anglais reposant sur le précédent, la recherche de coutumes anciennes par les historiens revenait à une affirmation de droit. Ce texte fut rédigé par la Chambre des communes et accepté par les lords afin d'être présenté à Charles Ier dans un contexte troublé : levées d'impôts décidées par le roi seul pour financer sa politique étrangère, et d'autre part emprisonnement sur simple ordre royal des chefs parlementaires qui s'y opposaient.

Le texte affirme le point fondamental de la doctrine parlementaire : l'Angleterre a une Constitution immémoriale qui garantit les pouvoirs du Parlement et les droits des sujets libres, exprimés notamment dans des textes historiques comme la Grande Charte de 1215. Les droits essentiels des Anglais nés libres consistent à ne pas être emprisonné sans jugement de leurs pairs (article 39 de la Grande Charte), et à n'être redevable d'impôts que s'ils sont fixés par le Parlement. La primauté de la liberté vient de ce qu'elle est à la fois conforme à la raison et héritée par la coutume. Selon Coke, l'un des principaux juristes parlementaires, les lois anglaises sont la quintessence de la raison – coïncidence d'autant plus importante qu'au siècle suivant, le droit selon la raison et le droit historique, alors associé au sentiment, devaient s'opposer. Le fait de présenter les lois fondamentales anglaises comme « immémoriales » revient à affirmer leur prééminence (et donc leur supériorité sur toute autorité). L'idée d'héritage tire sa valeur normative de son association à celle de liberté et de raison : « raison et franchise du pays » (« franchise » ayant, en plus de son sens général, celui de « droit de vote ») ; « vos sujets ont hérité de cette liberté », § 1 ; « les lois et coutumes libres du royaume », § II ; « Grande Charte des libertés », *freehold* (propriété au sens large, mot formé sur *free*, libre), en parallèle avec

« libertés » et « coutumes libres », § III. Ces jeux de termes sont les pivots des débats de la période.

The Petition of Right

The Petition exhibited to his Majesty by the Lords Spiritual and Temporal and Commons in this present Parliament assembled concerning divers rights and liberties of the subject.

To the King's Most Excellent Majesty

I. Humbly show unto our Sovereign Lord the King, the Lords Spiritual and Temporal and Commons in Parliament assembled, that whereas it is declared and enacted by a statute made in the time of the reign of King Edward I commonly called *statutum de tallagio non concedendo*, that no tallage or aid should be laid or levied by the king or his heirs in this realm without the good will and assent of the archbishops, bishops, earls, barons, knights, burgesses and other the freemen of the commonalty of this realm; and by authority of parliament holden in the five and twentieth year of the reign of King Edward III it is declared and enacted that from henceforth no person should be compelled to make any loans to the king against his will because such loans were against reason and the franchise of the land, and by other laws of this realm it is provided that none should be charged by any charge or imposition called a benevolence nor by such like charge; by which the statutes before mentioned and other the good laws and statutes of this realm your subjects have inherited this freedom, that they should not be compelled to contribute to any tax, tallage, aid or other like charge not set by common consent in parliament.

II. Yet, nevertheless, of late divers commissions directed to sundry commissioners in several counties with instructions have issued, by means whereof your people have been in divers places assembled and required to lend certain sums of money unto your Majesty, and many of them upon their refusal so to do have had an oath administered unto them not warrantable by the laws or statutes of this realm, and have been constrained to become bound to make appearance and give attendance before your Privy Council and in other places; and others of them have been therefore imprisoned, confined, and sundry other ways molested and disquieted, and divers other charges have been laid and levied upon your people in several counties by Lord Lieutenants, Deputy Lieutenants, Commissioners for Musters, Justices of Peace and others by command or direction from your Majesty or your Privy Council against the laws and free customs of the realm.

III. And where also by the statute called the Great Charter of the Liberties of England it is declared and enacted that no freeman may be taken or imprisoned or be disseised of his freehold or liberties or his free customs or be outlawed or exiled or in any manner destroyed, but by the lawful judgement of his peers or by the law of the land.

IV. And in the eight and twentieth year of the reign of King Edward III it was declared and enacted by authority of Parliament that no man, of what estate or condition that he be, should be put out of his land or tenement, nor taken, nor imprisoned, nor disherited, nor put to death without being brought to answer by due process of law.

V. Nevertheless, against the tenor of the said statutes and other the good laws and statutes of your realm to that end provided, divers of your subjects have of late been imprisoned without any cause shown; and when for their deliverance they were brought before your justices by your Majesty's writ of *habeas corpus*, there to undergo and receive as the court should order, and their keepers commanded to certify the causes of their detainer, no cause was certified, but that they were detained by your Majesty's special command signified by the Lords of your Privy Council, and yet were returned back to several prisons without being charged with anything to which they might make answer according to the law.

VI. And whereas of late great companies of soldiers and mariners have been dispersed into divers counties of the realm, and the inhabitants against their will have been compelled to receive them into their houses, and there to suffer them to sojourn against the laws and customs of this realm and to the great grievance and vexation of the people.

VII. And whereas also by authority of Parliament in the five and twentieth year of the reign of King Edward III it is declared and enacted that no man should be forejudged of life and limb against the form of the Great Charter and the law of the land; and by the said Great Charter, and other the laws and statutes of this your realm, no man ought to be adjudged to death but by the laws established in this your realm, either by the customs of the same realm or by act of parliament, and whereas no offender of what kind soever is exempted from the proceedings to be used and punishments to be inflicted by the laws and statutes of this your realm; nevertheless, of late time divers commissions under your Majesty's great seal have issued forth, by which certain persons have been assigned and appointed commissioners with power and authority to proceed within the land according to the justice of martial law against such soldiers or mariners or other dissolute persons joining with them as should commit any murder, robbery, felony, mutiny or other outrage or misdemeanour whatsoever, and by such summary course and order as is agreeable to martial law and as is used in armies in time of war to proceed to the trial and condemnation of such offenders, and them to cause to be executed and put to death according to the law martial.

By pretext whereof some of your Majesty's subjects have been by some of the said commissioners put to death, when and where, if by the laws and statutes of the land they had deserved death, by the same laws and statutes also they might and by no other ought to have been judged and executed.

And also sundry grievous offenders by colour thereof claiming an exemption have escaped the punishments due to them by the laws and statutes of this your realm, by reason that divers of your officers and ministers of justice have unjustly refused or forborne to proceed against such offenders according to the same laws and statutes upon pretence that the said offenders were punishable only by martial law and by authority of such commissions as aforesaid. Which commissions and all others of like nature are wholly and directly contrary to the said laws and statutes of this your realm.

VIII. They do therefore humbly pray your most excellent Majesty that no man hereafter be compelled to make or yield any gift, loan, benevolence, tax or such like charge without common consent by act of parliament, and that none be called to make answer or take such oath or to give attendance or be confined or otherwise molested or disquieted concerning the same or for refusal thereof. And that no freeman in any such manner as is before mentioned be imprisoned or detained. And that your Majesty would be pleased to remove the said soldiers and mariners, and that your people may not be so burdened in time to come. And that the aforesaid commissions for proceeding by martial law may be revoked and annulled. And that hereafter no commissions of like nature may issue forth to any person or persons whatsoever to be executed as aforesaid, lest by color of them any of your Majesty's subjects be destroyed or put to death contrary to the laws and franchises of the land.

All which they most humbly pray of your most excellent Majesty as their rights and liberties according to the laws and statutes of this realm, and that your Majesty would also vouchsafe to declare that the awards, doings, and proceedings to the prejudice of your people in any of the premises shall not be drawn hereafter into consequence or example. And that your Majesty would be also graciously pleased for the further comfort and safety of your people to declare your royal will and pleasure, that in the thing aforesaid all your officers and ministers shall serve you according to the laws and statutes of this realm as they tender the honour of your Majesty and the prosperity of this Kingdom.

3 Car. I, c. 1.

7 – Vive le sport !

Les puritains sont, au sens propre, les adeptes d'une purification des rites, voire d'une épuration sociale qui rejette impitoyablement blasphémateurs, ivrognes, fornicateurs ou adultères. Ces tenants de la pureté doctrinale et de la réforme des mœurs, encore baptisés *precisians*, se livrent à une véritable révision, là où ils le peuvent, des rythmes de la vie quotidienne. Le dimanche devient, sous leur férule, le jour du Seigneur, consacré au culte et à la lecture du Livre, au détriment des divertissements profanes – ces fameux *sports*, toujours suspects d'instiller dans les cœurs les germes troubles de la dissipation.

Jacques Ier, puis Charles Ier abhorrent ces puritains qu'ils accusent de semer l'ennui parmi leurs peuples. La Couronne se présente donc comme le défenseur de la *Merry Olde England*, avec ses danses, ses rythmes et ses jeux.

Derrière cette opposition topique entre l'austérité puritaine – qui n'est pas sans évoquer, en pays catholique, le rigorisme des dévots – et le laxisme, vrai ou supposé, de la Cour, on lira en filigrane le projet d'une révolution culturelle, effective lors de la guerre civile et l'interrègne.

The Declaration of Sports, October 18, 1633

OUR DEAR FATHER OF BLESSED MEMORY, in his return from Scotland, coming through Lancashire, found that his subjects were debarred from lawful recreations upon Sundays after evening prayers ended, and upon Holy-days; and he prudently considered that, if these times were taken from them, the meaner sort who labour hard all the week should have no recreations at all to refresh their spirits: and after his return, he further saw that his loyal subjects in all other parts of his kingdom did suffer in the same kind, though perhaps not in the same degree: and did therefore in his princely wisdom publish a Declaration to all his loving subjects concerning lawful sports to be used at such times, which was printed and published by his royal commandment in the year 1618, in the tenor which hereafter followeth:

Whereas upon our return the last year out of Scotland, we did publish our pleasure touching the recreations of our people in those parts under our hand; for some causes us thereunto moving, we have thought good to command these our directions then given in Lancashire, with a few words thereunto added, and most appliable to these parts of our realms, to be published to all our subjects.

Whereas we did justly in our progress through Lancashire rebuke some Puritans and precise people, and took order that the like unlawful carriage should not be used by any of them hereafter, in the prohibiting and unlawful punishing of our good people for using their lawful recreations and honest exercises upon Sundays, and other Holy-days, after the afternoon sermon or service, we now find that two sorts of people wherewith that country is much infected, we mean Papists and Puritans, have maliciously traduced and calumniated those our just and honourable proceedings: and therefore, lest our reputation might upon the one side (though innocently) have some aspersion laid upon it, and that upon the other part our good people in that country be misled by the mistaking and misinterpretation of our meaning, we have therefore thought good hereby to clear and make our pleasure to be manifested to all our good people in those parts.

It is true that at our first entry to this Crown and kingdom we were informed, and that too truly, that our county of Lancashire abounded more in Popish Recusants than any county of England, and thus hath still continued since, to our great regret, with little amendment, save that, now of late, in our last riding through our said country, we find both by the report of the Judges, and of the Bishop of that Diocese, that there is some amendment now daily beginning, which is no small contentment to us.

The report of this growing amendment amongst them made us the more sorry, when with our own ears we heard the general complaint of our people, that they were barred from all lawful recreations and exercise upon the Sunday's afternoon, after the ending of all divine service, which cannot but produce two evils: the one the hindering of the conversion of many, whom their priests will take occasion hereby to vex, persuading them that no honest mirth or recreation is lawful or tolerable in our religion, which cannot but breed a great discontentment in our people's hearts, especially of such as are peradventure upon the point of turning: the other inconvenience is, that this prohibition barreth the common and meaner sort of people from using such exercises as may make their bodies more able for war, when His Majesty or his successors shall have occasion to use them; and in place thereof sets up filthy tippling and drunkenness, and breeds a number of idle and discontented speeches in their ale-houses. For when shall the common people have leave to exercise, if not upon the Sundays and Holy-days, seeing they must apply their labour and win their living in all working-days?

Our express pleasure therefore is, that the laws of our kingdom and canons of the Church be as well observed in that county, as in all other places of this our kingdom: and on the other part, that no lawful recreation shall be barred to our good people, which shall not tend to the breach of our aforesaid laws and canons of our Church: which to express more particularly, our pleasure is, that the Bishop, and all other inferior churchmen and churchwardens, shall for their parts be careful and diligent, both to instruct the ignorant, and convince and reform them that are misled in religion, presenting them that will not conform themselves, but obstinately stand out, to our Judges and Justices: whom we likewise command to put the law in due execution against them.

Our pleasure likewise is, that the Bishop of that Diocese take the like strait order with all the Puritans and Precisians within the same, either constraining them to conform themselves or to leave the county, according to the laws of our kingdom and canons of our Church, and so to strike equally on both hands against the contemners of our authority and adversaries of our Church; and as for our good people's lawful recreation, our pleasure likewise is, that after the end of divine service our good people be not disturbed, letted or discouraged from any lawful recreation, such as dancing, either men or women; archery for men, leaping, vaulting, or any other such harmless recreation, nor from having of May-games, Whitsun-ales, and Morris-dances; and the setting up of May-poles and other sports therewith used: so as the same be had in due and convenient time, without impediment or neglect of divine service: and that women shall have leave to carry rushes to the church for the decorating of it, according to their old custom; but withal we do here account still as prohibited all unlawful games to be used upon Sundays only, as bear and bull-baitings, interludes and at all times in the meaner sort of people by law prohibited, bowling.

And likewise we bar from this benefit and liberty all such known Recusants, either men or women, as will abstain from coming to church or divine service, being therefore unworthy of any lawful recreation after the said service, that will not first come to the church and serve God: prohibiting in like sort the said recreations to any that, though conform in religion, are not present in the church at the service of God, before their going to the said recreations. Our pleasure likewise is, that they to whom it belongeth in office, shall present and sharply punish all such, as in abuse of this our liberty, will use these exercises before the end of all divine services for that day: and we likewise straightly command that every person shall resort to his own parish church to hear divine service, and each parish by itself to use the said recreation after divine service: prohibiting likewise any offensive weapons to be carried or used in the said times of recreation: and our pleasure is, that this our Declaration shall be published by order from the Bishop of the Diocese, through all the parish churches, and that both our Judges of our circuit and our Justices of our Peace be informed thereof.

Given at our Manor of Greenwich the four and twentieth day of May, in the sixteenth year of our Reign, of England, France and Ireland; and of Scotland the one and fiftieth.

Now out of a like pious care for the service of God, and for suppressing of any humours that oppose truth, and for the ease, comfort and recreation of our well-deserving people, His Majesty doth ratify and publish this our blessed father's Declaration: the rather, because of late in some counties of our kingdom, we find that under pretence of taking away abuses, there hath been a general forbidding, not only of ordinary meetings, but of the Feasts of the Dedication of the Churches, commonly called Wakes. Now our express will and pleasure is, that these Feasts, with others, shall be observed, and that our Justices of the Peace, in their several divisions, shall look to it, both that all disorders there may be prevented or punished, and that all neighbourhood and freedom, with manlike and lawful exercises be used: and we further command all Justices of Assize in their several circuits to see that no man do trouble or molest any of our loyal and dutiful people, in or for their lawful recreations, having first done their duty to God, and continuing in obedience to us and our laws: and for this we command all our Judges, Justices of Peace, as well within liberties as without, Mayors, Bailiffs, Constables, and other officers, to take notice of, and to see observed, as they tender our displeasure. And we further will that publication of this our command be made by order from the Bishops, through all the parish churches of their several dioceses respectively.

Given at our Palace of Westminster, the eighteenth day of October, in the ninth year of our Reign.

God save the King.

The King's Majesty's Declaration to his Subjects Concerning Lawful Sports to Be Used, 1638.

8 – Le Covenant national d'Écosse, 1638

Lors d'une tentative pour unir les deux royaumes d'Écosse et d'Angleterre, Henri VIII essaya, en 1543, d'obtenir pour son fils, Édouard VI, la main de Marie Stuart, héritière du trône écossais. Le souvenir des violences militaires anglaises lors d'une récente manœuvre d'intimidation demeurait toutefois frais dans la mémoire populaire et le Parlement se fit l'écho des réticences nationales en rejetant la proposition du roi pour lui préférer une offre française. Mariée à François II en 1548, Marie devait laisser sa mère, Marie de Guise, exercer la régence jusqu'en 1560. Ces douze années allaient avoir des répercussions importantes sur l'histoire religieuse et politique de l'Écosse. Incapable en effet d'endiguer la propagation des nouvelles idées religieuses, Marie de Guise devait assister, impuissante, à leur diffusion dans toutes les couches de la société. En 1557, une première ligue religieuse, ou *covenant*, se constituait, sous la direction de la noblesse réformée, tandis qu'en 1560, le Parlement adoptait des doctrines protestantes d'obédience presbytérienne comme base de la nouvelle religion nationale.

Les années qui suivirent, sous Marie Stuart et Jacques VI, furent les témoins de combats cruels entre partisans des différentes factions en présence. Lorsque

Jacques VI devint roi d'Angleterre sous le nom de Jacques Ier, il tenta d'harmoniser les pratiques religieuses des deux royaumes et de promouvoir l'organisation épiscopale anglicane en Écosse. Son fils, Charles Ier, poursuivit son œuvre en imposant brutalement l'unification de la liturgie. Se sentant menacés, les presbytériens réagirent en ratifiant, en 1638, un nouveau *covenant*, par lequel ils juraient de rester fidèles à leur foi. En 1640-1641, Charles Ier devait s'incliner provisoirement, abandonné par son propre Parlement et confronté à une armée écossaise déterminée. Il se voyait alors contraint de consentir à la liberté religieuse et politique de l'Écosse.

The Scottish National Covenant

THE CONFESSION OF FAITH OF THE KIRK OF SCOLTLAND, subscribed at first by the King's Majesty and his household in the year of God 1580; thereafter by persons of all ranks in the year 1581, by ordinance of the lords of the secret council, and acts of the general assembly; subscribed again by all sorts of persons in the year 1590, by a new ordinance of council, at the desire of the general assembly; with a general band for the maintenance of the true religion, and the King's person, and now subscribed in the year 1638, by us noblemen, barons, gentlemen, burgesses, ministers, and commons under subscribing; together with our resolution and promises for the causes after specified, to maintain the said true religion, and the King's Majesty, according to the confession aforesaid, and Acts of Parliament; the tenure whereof here followeth.

We all, and every one of us underwritten, do protest, that after long and due examination of our own consciences in matters of true and false religion, we are now thoroughly resolved of the truth, by the word and spirit of God; and therefore we believe with our hearts, confess with our mouths, subscribe with our hands, and constantly affirm before God and the whole world, that this only is the true Christian faith and religion, pleasing God, and bringing salvation to man, which now is by the mercy of God revealed to the world by the preaching of the blessed evangel, and received, believed, and defended by many and sundry notable kirks and realms, but chiefly by the Kirk of Scotland, the King's Majesty, and three estates of this realm, as God's eternal truth and only ground of our salvation: as more particularly is expressed in the confession of our faith, established and publicly confirmed by sundry Acts of Parliament; and now of a long time hath been openly professed by the King's Majesty, and whole body of this realm, both in burgh and land. To the which confession and form of religion we willingly agree in our consciences in all points, as unto God's undoubted truth and verity, grounded only upon His written Word; and therefore we abhor and detest all contrary religion and doctrine, but chiefly all kind of papistry in general and particular heads, even as they are now damned and confuted by the Word of God and Kirk of Scotland. But in special we detest and refuse the usurped authority of that Roman Antichrist upon the Scriptures of God, upon the Kirk, the civil magistrate, and consciences of men; all his tyrannous laws made upon indifferent things against our Christian liberty; his erroneous doctrine against the sufficiency of the written Word, the perfection of the law, the office of Christ and His blessed evangel; his corrupted doctrine concerning original sin, our natural inability and rebellion to God's law, our justification by faith only, our imperfect sanctification and obedience to the law, the nature, number, and use of the holy sacraments; his five bastard sacraments, with all his rites, ceremonies, and false doctrine, added to the ministration of the true sacraments, without the Word of God; his cruel judgments against infants departing without the sacrament; his absolute necessity of baptism; his blasphemous opinion of transubstantiation or real presence of Christ's body in the elements, and receiving of the same by the wicked, or bodies of men; his dispensations, with solemn oaths, perjuries, and degrees of marriage, forbidden in the Word; his cruelty against the innocent divorced; his devilish mass; his blasphemous priesthood; his profane sacrifice for the sins of the dead and the quick; his canonization of men, calling upon angels or saints departed, worshipping of imagery, relics, and crosses; dedicating of kirks, altars, days, vows to creatures; his purgatory, prayers for the dead, praying or speaking in a strange language; with his processions and blasphemous litany, and multitude of advocates or mediators; his manifold orders, auricular confession; his desperate and uncertain repentance; his general and doubtsome faith; his satisfactions of men for their sins; his justification by works, *opus operatum*, works of supererogation, merits, pardons, peregrinations and stations; his holy water, baptizing of bells, conjuring of spirits, crossing, saning, anointing, conjuring, hallowing of God's good creatures, with the superstitious opinion joined therewith; his worldly monarchy and wicked hierarchy; his three solemn vows, with all his shavelings of sundry sorts; his erroneous and bloody decrees made at Trent, with all the subscribers and approvers of that cruel and bloody band conjured against the Kirk of God. And finally, we detest all his vain allegories, rites, signs, and traditions, brought in the Kirk without or against the Word of God, and doctrine of this true reformed Kirk. To which we join ourselves willingly, in doctrine, religion, faith, discipline, and life of the holy sacraments, as lively members of the same, in Christ our head, promising and swearing, by the great name of the Lord our God, that we shall continue in the obedience of the doctrine and discipline of this Kirk, and shall defend the same according to our vocation and power all the days of our lives, under the pains contained in the law, and danger both of body and soul in the day of God's fearful judgment. And seeing that many are stirred up by Satan and that Roman Antichrist, to promise, swear, subscribe, and for a time use the holy sacraments in the Kirk, deceitfully against their own consciences, minding thereby, first under the external cloak of religion, to corrupt and subvert secretly God's true religion within the Kirk; and afterwards, when time may serve, to become open enemies and persecutors of the same, under vain hope of the Pope's dispensation, devised against the Word of God, to his great confusion, and their double condemnation in the day of the Lord Jesus. [...]

And finally, being convinced in our minds, and confessing with our mouths, that the present and succeeding generations in this land are bound to keep the aforesaid national oath and subscription inviolable: –

We noblemen, barons, gentlemen, burgesses, ministers, and commons under subscribing, considering divers times before, and especially at this time, the danger of the true reformed religion, of the King's honour, and of the public peace of the kingdom by the manifold innovations and evils generally contained and particularly mentioned in our late supplications, complaints, and protestations, do hereby profess, and before God, His angels and the world, solemnly declare, that with our whole hearts we agree and resolve all the days of our life constantly to adhere unto and to defend the aforesaid true religion, and forbearing the practice of all novations already introduced in the matters of the worship of God, or approbation of the corruptions of the public government of the Kirk, or civil places and power of kirkmen, till they be tried and allowed in free assemblies and in Parliaments, to labour by all means lawful to recover the purity and liberty of the Gospel as it was established and professed before the aforesaid novations; and because, after due examination, we plainly perceive and undoubtedly believe that the innovations and evils contained in our supplications, complaints, and protestations have no warrant of the Word of God, are contrary to the articles of the aforesaid confessions, to the intention and meaning of the blessed reformers of religion in this land, to the above-written Acts of Parliament, and do sensibly tend to the re-establishing of the popish religion and tyranny, and to the subversion and ruin of the true reformed religion, and of our liberties, laws and estates; we also declare that the aforesaid confessions are to be interpreted, and ought to be understood of the aforesaid novations and evils, no less than if every one of them had been expressed in the aforesaid confessions; and that we are obliged to detest and abhor them, amongst other particular heads of papistry abjured therein; and therefore from the knowledge and conscience of our duty to God, to our King and country, without any worldly respect or inducement so far as human infirmity will suffer, wishing a further measure of the grace of God for this effect, we promise and swear by the great name of the Lord our God, to continue in the profession and obedience of the aforesaid religion; that we shall defend the same, and resist all these contrary errors and corruptions according to our vocation, and to the utmost of that power that God hath put into our hands, all the days of our life. And in like manner, with the same heart we declare before God and men, that we have no intention or desire to attempt anything that may turn to the dishonour of God or the diminution of the King's greatness and authority; but on the contrary we promise and swear that we shall to the utmost of our power, with our means and lives, stand to the defence of our dread Sovereign the King's Majesty, his person and authority, in the defence and preservation of the aforesaid true religion, liberties and laws of the kingdom; as also to the mutual defence and assistance every one of us of another, in the same cause of maintaining the true religion and His Majesty's authority, with our best counsels, our bodies, means and whole power, against all sorts of persons whatsoever; so that whatsoever shall be done to the least of us for that cause shall be taken as done to us all in general, and to every one of us in particular; and that we shall neither directly or indirectly suffer ourselves to be divided or withdrawn by whatsoever suggestion, combination, allurement or terror from this blessed and loyal conjunction; nor shall cast in any let or impediment that may stay or hinder any such resolution as by common consent shall be found to conduce for so good ends; but on the contrary shall by all lawful means labour to further and promote the same; and if any such dangerous and divisive motion be made to us by word or writ, we and every one of us shall either suppress it or (if need be) shall incontinently make the same known, that it may be timously obviated. Neither do we fear the foul aspersions of rebellion, combination or what else our adversaries from their craft and malice would put upon us, seeing what we do is so well warranted, and ariseth from an unfeigned desire to maintain the true worship of God, the majesty of our King, and the peace of the kingdom, for the common happiness of ourselves and posterity. And because we cannot look for a blessing from God upon our proceedings, except with our profession and subscription, we join such a life and conversation as beseemeth Christians who have renewed their covenant with God; we therefore faithfully promise, for ourselves, our followers, and all other under us, both in public, in our particular families and personal carriage, to endeavour to keep ourselves within the bounds of Christian liberty, and to be good examples to others of all godliness, soberness and righteousness, and of every duty we owe to God and man; and that this our union and conjunction may be observed without violation we call the living God, the searcher of our hearts to witness, who knoweth this to be our sincere desire and unfeigned resolution, as we shall answer to Jesus Christ in the great day, and under the pain of God's everlasting wrath, and of infamy, and of loss of all honour and respect in this world; most humbly beseeching the Lord to strengthen us by His Holy Spirit for this end, and to bless our desires and proceedings with a happy success, that religion and righteousness may flourish in the land, to the glory of God, the honour of our King, and peace and comfort of us all.

In witness whereof we have subscribed with our hands all the premises, &c.

La révolution et l'interrègne, 1642-1660

9 – L'Appel du 18 juin 1642

Deux guerres civiles mettent aux prises Charles Ier et le Parlement, de 1642 à 1648. Le roi sera finalement battu, jugé puis exécuté en 1649.

Charles Ier, quelques semaines avant l'ouverture des hostilités (août 1642), tente un dernier geste d'apaisement en direction du Parlement. Deux de ses conseillers, Lucius Cary, vicomte de Falkland, et John Culpeper, rédigent un texte manifeste qui, en une prose encore baroque, pose les jalons d'un régime mixte, associant les trois formes classiques de la politique (monarchie, aristocratie et démocratie). L'équilibre entre le Roi, les Lords et les Communes devrait garantir la paix civile et la prospérité. Les vertus des trois ordres s'additionnent, tandis que leurs désavantages s'annulent. L'élément monarchique corrige les désordres que peuvent entraîner l'aristocratie et la démocratie. Réciproquement, l'aristocratie et la démocratie exorcisent les risques de débordement autoritaire du principe monarchique. Et ainsi de suite...

Charles Ier échoue à court terme. La révolution éclate. À long terme, cette physique de l'État informe les théories constitutionnelles du XVIIe siècle (Bolingbroke, Blackstone).

THERE BEING THREE KINDS OF GOVERNMENT AMONG MEN, absolute monarchy, aristocracy and democracy, and all these having their particular conveniences and inconveniences, the experience and wisdom of your ancestors hath so moulded this out of a mixture of these as to give to this kingdom (as far as human prudence can provide) the conveniences of all three, without the inconveniences of any one, as long as the balance hangs even between the three estates, and they run jointly on in their proper channel (begetting verdure and fertility in the meadows on both sides) and the overflowing of either on either side raise no deluge or inundation. The ill of absolute monarchy is tyranny, the ill of aristocracy is faction and division, the ills of democracy are tumults, violence and licentiousness. The good of monarchy is the uniting a nation under one head to resist invasion from abroad and insurrection at home; the good of aristocracy is the conjunction of counsel in the ablest persons of a state for the public benefit; the good of democracy is liberty, and the courage and industry which liberty begets.

In this kingdom the laws are jointly made by a king, by a house of peers, and by a House of Commons chosen by the people, all having free votes and particular privileges. The government, according to these laws, is entrusted to the King; power of treaties of war and peace, of making peers, of choosing officers and councillors for state, judges for law, commanders for forts and castles, giving commissions for raising men, to make war abroad, or to prevent or provide against invasions or insurrections at home, benefit of confiscations, power of pardoning, and some more of the like kind are placed in the King. And this kind of regulated monarchy, having this power to preserve that authority without which it would be disabled to preserve the laws in their force and the subjects in their liberties and properties, is intended to draw to him such a respect and relation from the great ones, as may hinder the ills of division and faction, and such a fear and reverence from the people as may hinder tumults, violence and licentiousness.

Again, that the prince may not make use of this high and perpetual power to the hurt of those for whose good he hath it, and make use of the name of public necessity for the gain of his private favourites and followers, to the detriment of his people, the House of Commons (an excellent convener of liberty, but never intended for any share in government, or the choosing of them that govern) is solely entrusted with the first propositions concerning the levy of money (which is the sinews as well of peace as of war), and the impeaching of those who for their own ends, though countenanced by any surreptitiously gotten command of the King, have violated the law, which he is bound (when he knows it) to protect; and to the prosecution of which they are bound to advise him, at least not to serve him to the contrary. And the Lords, being trusted with a judicatory power, are an excellent screen and bank between the prince and people, to assist each against any encroachments of the other, and by just judgements to preserve that law which ought to be the rule of every one of the three. [...]

Since therefore the power, legally placed in both houses, is more than sufficient to prevent and restrain the power of tyranny, and without the power which is now asked from us we shall not be able to discharge that trust which is the end of monarchy, since this would be a total subversion of the fundamental laws, and that excellent constitution of this kingdom which hath made this nation so many years both famous and happy to a great degree of envy, since to the power of punishing (which is already in your hands according to law) if the power of preferring be added, we shall have nothing left for us but to look on, since the encroaching of one of these estates upon the power of the other is unhappy in the effects, both to them and all the rest, since this power of at most a joint government in us with our councillors (or rather, our guardians) will return us to the worst kind of minority, and make us despicable both at home and abroad, and beget eternal factions and dissensions (as destructive to public happiness as war) both in the chosen, and in the houses that chose them, and the people who chose the choosers, since so new a power will undoubtedly intoxicate persons who were not born to it, and beget not only divisions among them as equals, but in them contempt of us, as become an equal to them, and insolence and injustice toward our people, as now so much their inferiors, which will be the more grievous unto them, as suffering from those who were so lately of a nearer degree to themselves, and being to have redress only from those that placed them, and fearing they may be inclined to preserve what they have made, both out of kindness and policy, since all great changes are extremely inconvenient, and almost infallibly beget yet greater changes, which beget yet greater inconveniences.

Charles Ier, *His Majesties Answer to the Nineteen Propositions*, 1642.

10 – Le catéchisme révolutionnaire...

On attribue à Henry Parker (1604-1652) la rédaction d'un *Catéchisme politique*, assez modéré dans le ton. Tout en défendant la cause du Parlement contre le roi, l'auteur s'inspire consciemment de l'Appel du 18 juin 1642. En fait, la rhétorique des parlementaires repose sur un sophisme : ils ne se battent pas contre le roi, mais pour lui. A l'origine, tous sont donc royalistes, et l'on fait appel à la fiction, maintes fois utilisée dans les régimes monarchiques, que le roi est victime de son entourage. En fait, le roi veut le bien, mais il a de mauvais conseillers. Il convient donc d'éloigner Charles Ier de ses fréquentations douteuses et d'administrer à ses troupes une bonne correction.

A Political catechism

Serving to instruct those that have made the Protestation concerning the power and priviledges of Parliament; taken out of his Majesties Answer to the 19 Propositions.

Question 1. How many Simple kinds are there of Civill Government of States, and Common wealths?

Answer. There are three kinds of Government among men: Absolute Monarchy, Aristocracy, and Democracy.

Q. 2. Are there any of these Simple Formes perfect?

A. All these have their particular Conveniences and Inconveniences.

Observer 1. Experience hath taught men everywhere to acknowledge this, and accordingly there never was long (if at all) continued any of these Forms exactly Simple; though some have more seemed such then others. Also in all mixtures there is commonly some one of these Forms more conspicuous then the rest, from whence such a particular Government hath its denomination.

Q. 3. Is the State of England governed by any one of these kinds simply?

A. The Experience and Wisdom of your Ancestors hath moulded this Government out of a mixture of these.

Q. 4. What kind of government then is that of the State of England?

A. Regulated Monarchy.

Obs. 1. If this Government be a mixture of all these, and a Regulated Monarchy; then it is a fond thing with us to talk of an Absolute Monarchy, and what an Absolute Monarch is, or may doe. And it is only the language of Flattery that holds such Discourses.

2. It need not be counted a Solecisme (as some would perswade us) to speak of Free Subjects in a Monarchy, such a Monarchy as ours is.

3. If this Government be a mixture of all three, then the House of Commons, the Representative Body of the People, must needs be allowed a share in Government (some at least) which yet is denyed.

4. If this Government be a mixture, then is not the Government according to these Lawes, Solely Trusted to the King, as seems to be affirmed.

5. If the Government be Regulated, why do men tell us that the King is above all Law? for it is by Lawes that he is Regulated.

6. If the King bee Regulated by the Law, then is the King Accountable to the Law, and not to God only, as men would make us beleeve.

7. If the Monarchy or Regall Authority it selfe bee Regulated, then whatsoever is done by the King, undeniably without and beyond the limits of that Regulation, is not Regall Authority. And therefore

8. To resist the Notorious Transgressions of that Regulation, is no resisting of Regall Authority. And

9. It is so farre from being a Resisting of the Ordinance of God, that it is not so much as Resisting the Ordinance of man.

Q. 5. By whom was this government framed in this sort? or who is to be accounted the Immediate Efficient of the Constitution thereof?

A. The Experience and Wisdom of your Ancestors hath so moulded this.

Obs. 1. If our Ancestors were the moulders of this Government, then the King hath not his power, Solely, or Immediately, by Divine Right.

2. Much lesse hath he his Power or Authority by Right of Conquest.

3. But the Immediate Originall of it was from the People. And if so, Then –

4. In questioned cases, the King is to Produce his Grant (for he hath no more then what was granted) and not the People to shew a Reservation; For all is presumed to be Reserved, which cannot be proved to be granted away.

Q. 6. Is this Regulated and mixt Monarchy, as good as an Absolute Monarchy, or better, or worse?

A. This Excellent Constitution of this Kingdom, (the Ancient, Equall, Happy, Well-poysed, and never enough Commended Constitution of the Government of this Kingdom) hath made this Nation so many years both famous and Happy, and to a great Degree of Envy.

Q. 7. How comes it to passe that this Constitution is so Excellent?

A. The Experience and Wisdom of your Ancestors hath so moulded this, out of a mixture of these, as to give to this Kingdom (as farre as Humane Prudence can provide) the Conveniences of all three, without the Inconvenience of any one.

Obs. 1. Then those that would place in the King, an Absolute and Arbitrary Power to do what he List, are Destructive to the Nations Happinesse, and Enemies to the Kingdom.

2. If this Mixture cause this happinesse, then it is not the Greatnesse of the Kings Power over his People, but the Restraint of that Power that hath made this Kingdom famous and Happy; for other Kings have Power as large, but not so much restrained; which Largenesse of their Power hath Raised those Kings indeed, (but not their Kingdoms) to a great degree of Envy.

3. Hence we discern, that it is Possible for Kings to envy their Peoples Happinesse, because the largenesse of the Peoples Happinesse depends much upon the Restraint of the Kings Exorbitant Power.

4. If this Mixture and well-Poised Constitution have raised this Kingdom to so Great a Degree of Envy, no marvell if Jesuiticall Councells be Active to overthrow this Happy Constitution.

Q. 8. What is the Conveniency or Good of Monarchy?

A. The Uniting of a Nation under one Head, to Resist Invasion from abroad, and Insurrection at home.

Obs. 1. What Pernicious Councellors are they then to a Monarch that advise him to bring in from abroad German Horse, or an Irish Army, or a Fleet of Danes to invade this Kingdom; or to imploy Dunkeirk Ships to seaze upon his Merchants, which is so formally contrary to the proper Good or End of Monarchy it self?

2. Or are they better or worse that Advise him to Authorize, or even permit any in his Name to Plunder, Rob, Spoil, Imprison any of his Subjects, whom they have found peaceably in their houses, or at work in the Fields, and have not disobeyed any Legall Command of his?

Q. 9. What is the Ill of Absolute Monarchy? or the Inconvenience to which it is Lyable?
A. The Ill of Absolute Monarchy is Tyranny.
Obs. 1. Therefore the more Absolute a Monarch is, the more prone to be a Tyrant.
2. Therefore also it is safer to Restrain the King of some Power to do us good, then to grant him too much opportunity to do us hurt; and the Danger is greater to the People in Enlarging the Kings Power, then in restraining it somewhat. [...]

A Political Catechism, 1643.

Le *Catéchisme du soldat* maintient la même fiction : le roi est mal conseillé. On précise qu'il faut l'arracher aux mains de ses ennemis – qui se trouvent aussi être les adversaires de Jésus-Christ. Dieu est, apparemment, du côté des soldats qui peuvent, d'un cœur allègre, entonner leurs joyeux refrains. Les papistes et les libertins n'ont qu'à bien se tenir...

Question. What profession are you of?
Answer. I am a Christian and a souldier.

Q. Is it lawful for Christians to be souldiers?
A. Yea doubtlesse: we have Arguments enough to warrant it.
1. God call himself a man of war, and Lord of Hosts.
2. Abraham had a Regiment of 318. Trained men.
3. David was imployed in fighting the Lords battels [...]

Q. What side are you of, and for whom doe you fight?
A. I am for King and Parliament; or, in plainer terms;
1. I fight to recover the King out of the hands of a Popish Malignant Company, that have seduced His Majesty with their wicked Counsels, and have withdrawne him from his Parliament.
2. I fight for the Lawes and Liberties of my Countrey, which are now in danger to be overthrowne by them that have long laboured to bring into this Kingdome an Arbitrary, and Tyrannicall Government.
3. I fight for the preservation of our Parliament, in the being whereof (under God) consists the glory and welfare of this Kingdome; if this foundation be

overthrown, we shall soone bee the most slavish Nation in the Christian World.

4. I fight in the defence and maintenance of the true Protestant Religion, which is now violently opposed, and will be utterly supprest in this Kingdome; and the Popish Religion again advanced, if the Armies raised against the Parliament prevaile [...]

We take up arms against the enemies of Jesus Christ, who in His Majesties name make warre against the Church and People of God.

The Soldier's Catechism, 1644.

11 – *Droit naturel et révolution*

Des tensions ne tardent pas à se manifester au sein même des forces liguées contre Charles Ier. Elles mettent aux prises les défenseurs de conceptions différentes de l'Église ; les « presbytériens » s'opposent aux « indépendants », pour lesquels chaque communauté doit avoir son indépendance de gestion.

Un autre clivage apparaît : il porte sur la propriété et sur les droits du plus grand nombre. Accusés de tout niveler par le bas, les « niveleurs » – *levellers* – se recrutent dans la population urbaine comme dans l'armée. Ces « partageux », sans remettre en cause la propriété privée, souhaitent une plus juste répartition des richesses et un pouvoir politique accru pour le peuple.

Richard Overton constitue avec John Lilburne et William Walwyn un trio d'auteurs engagés, prêts à payer de leur personne pour défendre leurs idées. En 1646, Overton est emprisonné par ordre de la Chambre des lords. C'est de la prison qu'il décoche quelques traits contre les « tyrans » et les « usurpateurs » – comprenez les lords et le clergé presbytérien.

Sir,

To every Individuall in nature, is given an individuall property by nature, not to be invaded or usurped by any: for every one as he is himselfe, so he hath a selfe propriety, else could he not be himselfe, and on this no second may presume to deprive any of, without manifest violation and affront to the very principles of nature, and of the Rules of equity and justice between man and man; mine and thine cannot be, except this be: No man hath power over my rights and liberties, and I over no mans; I may be but an Individuall, enjoy my selfe and my selfe propriety, and may write my selfe no more then my selfe, or presume any further; if I doe, I am an encroacher & an invader upon an other mans Right, to which I have no Right. For by naturall birth, all men are equally and alike borne to like propriety, liberty and freedome, and as we are delivered of God by the hand of nature into this world, every one with a naturall, innate freedome and propriety (as it were writ in the table of every mans heart, never to be obliterated) even so are we to live, every one equally and alike to enjoy his Birthright and privilege; even all whereof God by nature hath made him free.

And this by nature every one desires aimes at, and requires, for no man naturally would be befooled of his liberty by his neighbours craft, or inslaved by his neighbours might, for it is natures instinct to preserve itselfe, from all things hurtfull and obnoctious, and this in nature is granted of all to be most reasonable, equall and just, not to be rooted out of the kind, even of equall duration with the creature: And from this fountain or root, all just humain powers take their original; not immediately from God (as Kings usually plead their prerogative) but mediatly by the hand of nature, as from the represented to the representors; for originally, God hath implanted them in the creature, and from the creature those powers immediatly proceed; and no further: and no more may be communicated then stands for the better being, weale, or safety thereof: and this is mans prerogative and no further, so much and no more may be given or received thereof: even so much as is conducent to a better being, more safety and freedome, and no more; he that gives more, sins against his owne flesh; and he that takes more, is a Theife and Robber to his kind: Every man by nature being a King, Priest and Prophet in his owne naturall circuite and compasse, whereof no second may partake, but by deputation, commission, and free consent from him, whose naturall right and freedome it is.

And thus Sir, and no otherwise are you instated into your soveraign capacity, for the free people of this Nation, for their better being, discipline, government, propriety and safety, have each of them communicated so much unto you (their Chosen Ones) of their naturall rights and powers, that you might thereby become their absolute Commissioners, and lawfull Deputies, but no more; and that by contraction of those their severall Individuall Communications confer'd upon, and united in you, you alone might become their own naturall proper, soveraign power, therewith singly and only impowred for their severall weales, safeties and freedomes, and no otherwise: for as by nature, no man may abuse, beat, torment, or afflict himselfe; so by nature, no man may give that power to another, seeing he may not doe it himselfe, for no more can be communicated from the generall then is included in the particulars, whereof the generall is compounded.

An Arrow against all Tyrants and Tyranny, shot from the Prison of Newgate into the Prerogative Bowels of the Arbitrary House of Lords, and all other Usurpers and Tyrants whatsoever, 1646.

12 – Représentation politique et propriété

Ce texte est la transcription des débats qui eurent lieu à Putney (près de Londres) en octobre-novembre 1647, dans l'armée parlementaire. Les soldats se séparaient de leur maître, le Parlement, pour se rapprocher des « niveleurs ». Il marque donc la distinction entre les thèses parlementaires telles qu'elles prévalaient depuis le début de la guerre civile en 1642 et la nouvelle doctrine des niveleurs.

Le premier point est la différence entre la Constitution fondamentale du pays et les droits naturels. Certains (notamment Ireton, gendre de Cromwell) défendent la théorie habituelle : la Constitution est immémoriale, elle précède la conquête normande (ce qu'un intervenant conteste). Les tenants de cette thèse soulignent que seuls sont impliqués ceux qui ont le droit de vote. Les niveleurs au contraire estiment que le droit de choisir son gouvernement « par consentement » est un droit naturel, appartenant à tout homme, indépendamment de sa situation dans la société, selon l'antique Constitution. Rainsborough ajoute que les droits viennent non de la propriété mais de la raison donnée par Dieu à tous, pour « en faire usage et pour être améliorée ». Il admet donc une évolution, due à l'action. La réponse d'Ireton est que seuls ceux qui ont « un intérêt » (donc des biens à défendre) dans le pays peuvent prendre part au gouvernement, le droit naturel des autres consistant seulement en la faculté de respirer et d'utiliser les voies publiques, comme pour les voyageurs. La représentation nationale est définie par Ireton comme la somme des intérêts des individus (qui répondent aux conditions fixées par la loi). Admettre un droit de vote naturel reviendrait à étendre de même tous les droits constitutionnels, comme la propriété. Cela irait contre la constitution ; pour Ireton, accepter le « droit naturel » dénierait le « droit civil ».

Le deuxième argument des niveleurs est que les soldats, ayant combattu et gagné des victoires pour le Parlement, ont ainsi acquis des droits. Ils n'ont pas restauré l'autorité du Parlement pour que celui-ci les domine. Ireton répond qu'ils ont combattu pour restaurer l'ancienne Constitution.

Commissary [General] Ireton: The exception that lies in it is this: it is said, they are to be distributed according to the number of the inhabitants, "The people of England", etc. And this does make me think, that the meaning is that every man that is an inhabitant is to be equally considered, and to have an equal voice in the election of those representers, the persons that are for the general representative, and if that be the meaning then I have something to say against it, but if it be only that those people that by the civil constitution of this kingdom, which is original and fundamental, and beyond which I am sure no memory of record does go.

[Interjection] Not before the Conquest.

But before the Conquest it was so. If it be intended, that those that by that constitution that was before the Conquest, that has been beyond memory, such persons that have been under that constitution should be the electors, I have no more to say against it. [...]

Rainsborough: I desired that those that had engaged in it, for really I think that the poorest he that is in England has a life to live as the greatest he; and therefore truly, sir, I think it's clear, that every man that is to live under a government ought first by his own consent to put himself under that government; and I do think that the poorest man in England is not at all bound in a strict sense to that government that he has not had a voice to put himself under; and I am confident that, when I have heard the reasons against it, that something will be said to answer those reasons, insomuch that I should doubt whether I was an Englishman or no, that should doubt of these things.

Ireton: That's this:

Give me leave to tell you, that if you make this the rule, I think you must fly for refuge to an absolute natural right, and you must deny all civil right; and I am sure it will come to that in the consequence. This, I perceive, is pressed as that which is so essential and due, the right of the people of this kingdom, and as they are the people of this kingdom, distinct and divided from other people, as that we must for this right lay aside all other considerations. This is so just; this is so due; this is so right to them; and those that they must thus choose, and that those that they do thus choose, must have such a power of binding all, and loosing all, according to those limitations. This is pressed as so due, and so just, as is argued that it is an engagement paramount all others, and you must for it lay aside all others; if you have engaged any others, you must break it; so look upon these as thus held out to us; so it was held out by the gentlemen that brought it yesterday.

For my part, I think it is no right at all. I think that no person has a right to an interest or share in the disposing of the affairs of the kingdom, and in determining or choosing those that shall determine what laws we shall be ruled by here, no person has a right to this that has not a permanent fixed interest in this kingdom, and those persons together are properly the represented of this kingdom who, taken together, and consequently are to make up the representers of this kingdom; [...]

We talk of birthright. Truly, birthright there is thus much claim: men may justly have by birthright, by their very being born in England, that we should not seclude them out of England. That we should not refuse to give them air and place and ground, and the freedom of the highways and other things, to live amongst us, not any man that is born here, though he in birth or by his birth there come nothing at all that is part of the permanent interest of this kingdom to him. That I think is due to a man by birth. But that by a man's being born here he shall have a share in that power that shall dispose of the lands here, and of all things here, I do not think it a sufficient ground.

But I am sure if we look upon that which is the utmost, within man's view, of what was originally the constitution of this kingdom, upon that which is most radical and fundamental, and which if you take away, there is no man has any land, any goods, you take away any civil interest, and that is this: that those that choose the representers for the making of laws by which this state and kingdom are to be governed are the persons who, taken together, do comprehend the local interest of this kingdom; that is, the persons in whom all land lies, and those in corporations in whom all trading lies. This is the most fundamental constitution of this kingdom, and which if you do not allow, you allow none at all. This constitution has limited and determined it, that only those shall have voices in elections. [...]

Rainsborough: But as to this present business, I do hear nothing at all that can convince me why any man that is born in England ought not to have his voice in election of burgesses. It is said that if a man have not a permanent interest, he can have no claim; and we must be no freer than the laws will let us to be, and that there is no chronicle will let us be freer than that we enjoy. Something was said to this yesterday, and I do think that the main cause why Almighty God gave men reason, it was that they should make use of that reason, and that they should improve it for that end and purpose that God gave it them, and truly I think that half a loaf is better than none if a man be an-hungry, yet I think there is nothing that God has given a man that any else can take from him, and therefore I say, that either it must be the law of God or the law of man that must prohibit the meanest man in the kingdom to have this benefit as well as the greatest. I do not find anything in the law of God, that a lord shall choose twenty burgesses, and a gentleman but two, or a poor man shall choose none: I find no such thing in the law of nature, nor in the law of nations. But I do find that all Englishmen must be subject to English laws, and I do verily believe that there is no man but will say that the foundation of all law lies in the people. [...]

Sir, I see that it is impossible to have liberty but all property must be taken away. If it be laid down for a rule, and if you will say it, it must be so, but I would fain know what the soldiers have fought for all this while; he has fought to enslave himself, to give power to men of riches, men of estates, to make him a perpetual slave. We do find in all presses that go forth none must be pressed that are freehold men. When these gentlemen fall out among themselves, they shall press the poor shrubs to come and kill them.

Ireton: Give me leave but this one word. I tell you what the soldier of the kingdom has fought for. First, the danger that we stood in was that one man's will must be a law. The people of the kingdom must have this right at least, that they should not [sic] be concluded by the representative of those that had the interest of the kingdom. So men fought in this because they were immediately concerned and engaged in it; other men who had no other interest in the kingdom but this, that they should have the benefit of those laws made by the representative, yet that they should have the benefit of this representative.

Putney Debates, 2e jour, 29 octobre 1647.

13 – *La Passion du roi*

Un siècle et demi avant Louis XVI, Charles Ier est jugé puis exécuté (30 janvier 1649). Cette « cruelle nécessité » – selon le mot attribué à Cromwell – prend des allures de défi métaphysique. Tandis que les astrologues scrutent le ciel, les théologiens tentent de donner à l'événement sa valeur cosmique. Chargé des péchés du monde et rendu coupable du sang versé pendant deux guerres fratricides, le roi meurt avec une dignité exemplaire, échangeant « une couronne périssable pour une couronne incorruptible ». Le pasteur indépendant Hugh Peters avait bien tenté de comparer Charles Ier à quelque nouveau Barabas – demandant par là même sa condamnation... En fait, le roi gagne à titre posthume une réputation de martyr, soigneusement entretenue dans les milieux royalistes, tant en Angleterre qu'au-delà du Channel. Catholiques ou huguenots, tous s'indignent en France de ce régicide.

L'un des *best-sellers* clandestins de la période, l'*Eikon Basilike*, sans doute mis en forme par John Gauden, se présente comme une longue méditation sur le roi souffrant, rédigée à la première personne. Ce chemin de croix anglican amorce en fait la comparaison entre l'exécution de Charles Ier et la Passion du Christ, maintes fois reprise par les prédicateurs royalistes. Dans sa mort même, Charles Ier a trouvé sa victoire. La royauté y gagne une nouvelle sacralité, empruntée au martyre.

Upon His Majesty's Retirement from Westminster, January 1642

With what unwillingness I withdrew from Westminster, let them judge who, unprovided of tackling and victual, are forced to sea by a storm, yet better do so than venture splitting or sinking on a lee shore.

I stayed at Whitehall till I was driven away by shame more than fear to see the barbarous rudeness of those tumults, who resolved they would take the boldness to demand anything and not leave either myself or the members of Parliament the liberty of our reason and conscience to deny them anything.

Nor was this intolerable oppression my case alone, though chiefly mine; for the Lords and Commons might be content to be overvoted by the major part of their Houses, when they had used each their own freedom.

Whose agreeing votes were not by any law or reason conclusive to my judgment; nor can they include or carry with them my consent, whom they represent not in any kind; nor am I further bound to agree with the votes of both Houses than I see them agree with the will of God, with my just rights as a king, and the general good of my people. I see that, as many men, they are seldom of one mind; and I may oft see that the major part of them are not in the right.

I had formerly declared to sober and moderate minds how desirous I was to give all just content when I agreed to so many bills; which had been enough to secure and satisfy all, if some men's hydropic insatiableness had not learned to thirst the more by how much more they drank, whom no fountain of royal bounty was able to overcome, so resolved they seemed either utterly to exhaust it or babarously to obstruct it.

Sure it ceases to be counsel when not reason is used (as to men) to persuade, but force and terror (as to beasts) to drive and compel men to assent to whatever tumultuary patrons shall project. He deserves to be a slave without pity or redemption that is content to have the rational sovereignty of his soul and liberty of his will and words so captivated.

Nor do I think my kingdoms so considerable as to preserve them with the forfeiture of that freedom which cannot be denied me as a king because it belongs to me as a man and a Christian, owning the dictates of none but God to be above me, as obliging me to consent. Better for me to die enjoying this empire of my soul, which subjects me only to God so far as by reason or religion He directs me, than live with the title of a king, if it should carry such a vassalage with it as not to suffer me to use my reason and conscience in which I declare as a king to like or dislike.

So far am I from thinking the majesty of the crown of England to be bound by any coronation oath, in a blind and brutish formality, to consent to whatever its subjects in Parliament shall require, as some men will needs infer, while, denying me any power of a negative voice as king, they are not ashamed to seek to deprive me of the liberty of using my reason with a good conscience, which themselves and all the commons of England enjoy proportionable to their influence on the public; who would take it very ill to be urged not to deny whatever myself, as king, or the House of Peers with me, should not so much desire as enjoin them to pass. I think my oath fully discharged in that point by my governing only by such laws as my people, with the House of Peers, have chosen, and myself have consented to. I shall never think myself conscientiously tied to go as oft against my conscience as I should consent to such new proposals which my reason, in justice, honor, and religion, bids me deny.

Yet so tender I see some men are of their being subject to arbitrary government (that is, the law of another's will, to which themselves give no consent) that they care not with how much dishonor and absurdity they make their king the only man that must be subject to the will of others, without having power left him to use his own reason, either in person or by any representation.

And if my dissentings at any time were (as some have suspected and uncharitably avowed) out of error, opinion, activeness, weakness, or willfulness, and what they call obstinacy in me (which not true judgment of things but some vehement prejudice or passion hath fixed on my mind), yet can no man think it other than the badge and method of slavery by savage rudeness and importunate obtrusions of violence to have the mist of his error and passion dispelled, which is a shadow of reason and must serve those that are destitute of the substance. Sure that man cannot be blamable to God or man who seriously endeavors to see the best reason of things and faithfully follows what he takes for reason. The uprightness of his intentions will excuse the possible failings of his understanding. If a pilot at sea cannot see the polestar, it can be no fault in him to steer his course by such stars as do best appear to him. It argues rather those men to be conscious of their defects of reason and convincing arguments who call in the assistance of mere force to carry on the weakness of their counsels and proposals. I may in the truth and uprightness of my heart protest before God and men that I never willfully opposed or denied anything that was in a fair way, after full and free debates, propounded to be my the two Houses, further than I thought in good reason I might and was bound to do.

Nor did anything ever please me more than when my judgment so concurred with theirs that I might with good conscience consent to them; yea, in many things, where not absolute and moral necessity of reason, but temporary convenience on point of honor was to be considered, I chose rather to deny myself than them, as preferring that which they thought necessary for my people's good before what I saw but convenient for myself.

For I can be content to recede much from my own interests and personal rights, of which I conceive myself to be master; but in what concerns truth, justice, the rights of the church, and my crown, together with the general good of my kingdoms (all which I am bound to preserve as much as morally lies in me), here I am and ever shall be fixed and resolute; nor shall any man gain my consent to that wherein my heart gives my tongue or hand the lie; nor will I be brought to affirm that to men which in my conscience I denied before God. I will rather choose to wear a crown of thorns with my Saviour than to exchange that of gold, which is due to me, for one of lead, whose embased flexibleness shall be forced to bend and comply to the various and oft contrary dictates of any factions, when instead of reason and public concernments they obtrude nothing but what makes for the interest of parties and flows from the partialities of private wills and passions.

I know no resolutions more worthy a Christian king than to prefer his conscience before his kingdoms.

O my God, preserve Thy servant in this native, rational, and religious freedom; for this, I believe, is Thy will that we should maintain; Who, though Thou dost justly require us to submit our understandings and wills to Thine, Whose wisdom and goodness can neither err nor misguide us, and so far to deny our carnal reason in order to Thy sacred mysteries and commands, that we should believe and obey rather than dispute them; yet dost Thou expect from us only such a reasonable service of Thee as not to do anything for Thee against our consciences; and, as to the desires of men, enjoinest us to try all things by the touchstone of reason and laws, which are the rules of civil justice, and to declare our consents to that only which our judgments approve.

Thou knowest, O Lord, how unwilling I was to desert that place in which Thou hast set me and whereto the affairs of my kingdoms at present did call me.

My people can witness how far I have been content for their good to deny myself in what Thou hast subjected to my disposal.

O let not the unthankful importunities and tumultuary violence of some men's immoderate demands ever betray me to that degenerous and unmanly slavery, which should make me strengthen them by my consent in those things which I think in my conscience to be against Thy glory, the good of my subjects, and the discharge of my own duty to reason and justice.

Make me willing to suffer the greatest indignities and injuries they press upon me rather than commit the least sin against my conscience.

Let the just liberties of my people be, as well they may, preserved in fair and equal ways without the slavery of my soul.

Thou that hast invested me by Thy favors in the power of a Christian king, suffer me not to subject my reason to other men's passions and designs, which to me seem unreasonable, unjust, and irreligious; so shall I serve Thee in the truth and uprightness of my heart, though I cannot satisfy these men.

Though I be driven from among them, yet give me grace to walk always uprightly before Thee.

Lead me in the way of truth and justice, for these, I know, will bring me at last to peace and happiness with Thee, though for these I have much trouble among men. This I beg of Thee for my Saviour's sake.

Eikon Basilike, 1649.

14 – *Tout pouvoir vient de Dieu...*

Immédiatement après l'exécution de Charles Ier, Milton publie en février *The Tenure of Kings and Magistrates*. Il y développe la théorie du contrat politique – les princes sont mandataires du peuple et ne peuvent gouverner que dans les limites prescrites par les mandants – avec ses corrélats philosophiques, religieux et historiques, interprétés dans le sens de la liberté et de l'appel du futur. Le premier est celui de la liberté originelle de l'homme, dû au fait qu'il a été créé par Dieu. La phase suivante est celle où les hommes se regroupent en cités et délèguent le gouvernement à certains d'entre eux. Ils doivent gouverner selon les lois et restent responsables devant le peuple. Milton commente la phrase souvent invoquée de l'Épître aux Romains (Rom. 13,1) : « Tout pouvoir vient de Dieu ». Les partisans de l'absolutisme l'ont interprétée comme une interdiction de toute rébellion. Milton, à l'inverse, souligne l'emploi du mot abstrait « pouvoir » qui requiert l'allégeance aux fonctions, non aux personnes si elles abusent de leur autorité.

Les exemples qu'il fournit proviennent de la Bible, de l'Antiquité et de l'histoire récente. Pour étudier la relation de la force et du droit dans l'établissement d'un régime, il affirme, avec Sir Thomas Smith, que la force ne crée pas le droit (sauf dans l'esprit du vulgaire). Seuls l'intention et le principe confèrent la légitimité. À ce titre, la monarchie repose sur la force, et la rébellion sur le droit. Un des précédents fondateurs qu'il cite est celui du départ des Romains qui réinvestirent ainsi le peuple britannique de sa liberté originelle. Pour les événements plus récents, il prolonge vers le futur la notion de précédent de la tradition parlementaire, en appelant le peuple anglais à ne pas se borner à suivre les exemples du passé, mais à créer des précédents pour l'avenir.

On verra dans cet extrait un bel exemple du style du Milton, pamphlétaire engagé, qui écrit son *Paradise Lost* sous la Restauration.

No man who knows ought, can be so stupid to deny that all men naturally were borne free, being the image and resemblance of God himself, and were by privilege above, all the creatures, born to command and not to obey: and that they liv'd so. Till from the root of *Adams* transgression, falling among themselves to doe wrong and violence, and foreseeing that such courses must needs tend to the destruction of them all, they agreed by common league to bind each other from mutual injury, and joyntly to defend themselves against any that gave disturbance or opposition to such agreement. Hence came Citties, Townes and Common-wealths. And because no faith in all was found sufficiently binding, they saw it needfull to ordaine som authoritie, that might restrain by force and punishment what was violated against peace and common right. This autoritie and power of self-defence and preservation being originally and naturally in every one of them, and unitedly in them all, for ease, for order, and least each man should be his own partial judge, they communicated and deriv'd to one, whom for the eminence of his wisdom and integritie they chose above the rest, or to more then one whom they thought of equal deserving: the first was call'd a King; the other Magistrates. Not to be thir Lords and Maisters (though afterwards those names in som places were giv'n voluntarily to such as had been Authors of inestimable good to the people) but, to be thir Deputies and Commissioners, to execute, by vertue of thir instrusted power, that justice which else every man by the bond of nature and of Cov'nant must have executed for himself, and for one another. And to him that shall consider well why among free Persons, one man by civil right should beare autority and jurisdiction over another, no other end or reason can be imaginable. These for a while govern'd well, and with much equity decided all things at thir own arbitrement: till the temptation of such a power left absolute in thir hands, perverted them at length to injustice and partialitie. Then did they who now by tryal had found the danger and inconveniences of committing arbitrary power to any, invent Laws either fram'd, or consented to by all, that should confine and limit the authority of whom they chose to govern them: that so man, of whose failing they had proof, might no more rule over them, but law and reason abstracted as much as might be from personal errors and frailties. While as the Magistrate was set above the people, so the Law was set above the Magistrate. When this would not serve, but that the Law was either not executed, or misapply'd, they were constrain'd from that time, the onely remedy left them, to put conditions and take Oaths from all Kings and Magistrates at thir first instalment to doe impartial justice by Law: who upon those termes and no other, receav'd Allegeance from the people, that is to say, bond or Covnant to obey them in execution of those Laws which they the people had themselves made, or assented to. And this ofttimes with express warning, that if the King or Magistrate prov'd unfaithfull to his trust, the people would be disingag'd. They added also Counselors and Parlaments, nor to be onely at his beck, but with him or without him, at set times, or at all times, when any danger threatn'd to have care of the public safety. Therefore saith Claudius Sesell, a French Statesman, *The Parliament was set as a bridle to the King*: which I instance rather, not because our English Lawyers have not said the same long before, but because that French Monarchy is granted by all to be a farr more absolute then ours. That this and the rest of what hath hitherto been spok'n is most true, might be copiously made appeare throughout all Stories Heathen and Christian; ev'n of those Nations when Kings and Emperours have sought meanes to abolish all ancient memory of the Peoples right by thir encroachments and usurpations. But I spare long insertions, appealing to the known constitutions of both the latest Christian Empires in Europe, the Greek and German, besides the French, Italian, Arragonian, English, and not least the Scottish Histories: not forgetting this onely by the way, that *William* the Norman though a Conqueror, and not unsworn at his Coronation, was compell'd the second time to take oath at S. *Albanes*, ere the people would be brought to yield obedience.

It being thus manifest that the power of Kings and Magistrates is nothing else, but what is only derivative, transferr'd and committed to them in trust from the People, to the Common good of them all, in whom the power yet remaines fundamentally, and cannot be taken from them, without a violation of thir natural birthright, and seeing that from hence *Aristotle* and the best of Political writers have defin'd a King, him who governs to the good and profit of his People, and not for his own ends, it follows from necessary causes, that the Titles of Sov'ran Lord, natural Lord, and the like, are either arrogancies, or flatteries, not admitted by Emperours and Kings of best note, and dislikt by the Church both of Jews, Isai. 26. 13. and ancient Christians, as appears by *Tertullian* and others. [...]

Therfore Kingdom and Magistracy, whether supreme or subordinat, is without difference, call'd a *human ordinance*, I Pet. 2. 13. &c. which we are there taught is the will of God wee should alike submitt to, so farr as for the punishment of evil doers, and the encouragement of them that doe well. *Submitt* saith he, *as free men*. But to any civil power unaccountable, unquestionable, and not to be resisted, no not in wickedness, and violent actions, how can we submit as free men? *There is no power but of God, saith Paul, Rom.* 13. as much as to say, God put it into mans heart to find out that way at first for common peace and preservation, approving the exercise therof; els it contradicts Peter who calls the same autority an Ordinance of man. It must be also understood of lawfull and just power, els we read of great power in the affaires and Kingdoms of the World permitted to the Devil: for saith he to Christ, *Luke*, 4.6. *All this power will I give thee and the glory of them, for it is deliver'd to me, & to whomsoever I will, I give it*: neither did he ly, or Christ gainsay what he affirm'd; for in the thirteenth of the *Revelation* wee read how the Dragon gave to the beast *his power, his seate, and great autority*: which beast so autoriz'd most expound to be the tyrannical powers and Kingdoms of the earth. Therfore Saint Paul in the forecited Chapter tells us that such Magistrates he meanes, as are, not a terror to the good but to the evil; such as beare not the sword in vaine, but to punish offenders, and to encourage the good. If such onely be mentioned here as powers to be obeyd, and our submission to them onely requir'd, then doubtless those powers that doe the contrary, are no powers ordain'd of God, and by consequence no obligation laid upon us to obey or not to resist them. And it may bee well observed that both these Apostles, whenever they give this precept, express it in termes not *concrete* but *abstract*, as Logicians are wont to speake, that is, they mention the ordinance, the power, the autoritie before the persons that execute it: and what that power is, least we should be deceav'd, they describe exactly. So that if the power be not such, or the person execute not such power, neither the one nor the other is of God, but of the Devil, and by consequence to bee resisted. From this exposition *Chrysostome* also on the same place dissents not; explaining that these words were not writt'n in behalf of a tyrant. [...]

John Milton, *The Tenure of Kings and Magistrates*, 1649.

15 – L'accord du peuple...

L'année 1647, marquée par les débats de Putney (*voir texte n° 12, p 112*), permet l'éclosion d'un gigantesque *Agreement of the People* qui résume le programme constitutionnel du mouvement radical. Il existe trois versions imprimées de ce document, publiées respectivement en novembre 1647, en janvier 1649 et en mai de la même année. C'est le prologue de cette dernière version que nous donnons ici. Elle précède de quelques jours l'écrasement des niveleurs par Cromwell (14 mai).

Lilburne, Walwyn et Overton sont encore en prison – tout comme un autre compagnon d'infortune qui répond au nom de Prince.

Les trois versions de l'*Agreement* correspondent, par leur style et par leurs préoccupations, à des moments différents. En 1647, en pleine phase ascensionnelle du mouvement populaire, un certain optimisme est de mise. En une langue entachée par les ambiguïtés rédactionnelles, on n'est peut-être pas très éloigné de l'idéal du suffrage universel – effectif en Grande-Bretagne en 1918. Le texte de janvier 1649 exclut les assistés du vote parlementaire. Il prend acte de la disparition de la monarchie et redoute la possibilité d'un despotisme parlementaire. L'élection d'un nouveau Parlement tous les deux ans – déjà réclamée précédemment – doit empêcher la constitution d'une caste de représentants permanents. En mai, le danger se précise : c'est tous les ans qu'il faudrait pourvoir de nouveaux postes de députés. Peine perdue.

A Preparative to all sorts of people

IF AFFLICTIONS MAKE MEN WISE, and wisdom direct to happinesse, then certainly this Nation is not far from such a degree therof, as may compare if not far exceed, any part of the world: having for some yeares by-past, drunk deep of the Cup of misery and sorrow. We blesse God our consciences are cleer from adding affliction to affliction, having ever laboured from the beginning, of our publick distractions, to compose and reconcile them: &

should esteem it the Crown of all our temporal felicity that yet we might be instrumentall in procuring the peace and prosperity of this Commonwealth the land of our Nativity.

And therefore according to our promise in our late Manifestation of the 14 of Aprill 1649. (being perswaded of the necessitie and justnesse thereof) as a Peace-Offering to the Free people of this Nation, we tender this ensuing Agreement, not knowing any more effectuall means to put a finall period to all our feares and troubles.

It is a way of settlement, though at first much startled at by some in high authority; yet according to the nature of truth, it hath made its own way into the understanding, and taken root in most mens hearts and affections, so that we have reall ground to hope (what ever shall become of us) that our earnest desires and indeavours for good to the people will not altogether be null and frustrate.

The life of all things is in the right use and application, which is not our worke only, but every mans conscience must look to it selfe, and not dreame out more seasons and opportunities. And this we trust will satisfie all ingenuous people that we are not such wilde, irrationall, dangerous Creatures as we have been aspersed to be; This agreement being the ultimate end and full scope of all our desires and intentions concerning the Government of this Nation, and wherein we shall absolutely rest satisfied and acquiesce; nor did we ever give just cause for any to beleeve worse of us by any thing either said or done by us, and which would not in the least be doubted, but that men consider not the interest as are opposite to any part of this Agreement, when neither our Saviour nor his Apostles innocency could stop such mens mouthes whose interests their doctrines and practises did extirpate; And therefore if friends at least would but consider what interest men relate to, whilst they are telling or whispering their aspersions against us, they would find the reason and save us a great deale of labour in clearing our selves, it being a remarkable signe of an ill cause when aspersions supply the place of Arguments.

We blesse God that he hath given us time and hearts to bring it to this issue, what further he hath for us to do is yet only knowne to his wisedom, to whose will and pleasure we shall willingly submit; we have if we look with the eyes of frailty, enemies like the sons of Anak, but if with the eyes of faith and confidence in a righteous God and a just cause, we see more with us then against us.

John Lilburn
William Walwyn
Thomas Prince
Richard Overton

From our causeless captivity in the Tower of London, 1er mai 1649.

The Agreement it selfe thus followeth

After the long and tedious prosecution of a most unnaturall cruell, homebred war, occasioned by divisions and distempers amongst our selves, and those distempers arising from the uncertaintie of our Government, and the exercise of an unlimited or Arbitrary power, by such as have been trusted with Supreme and subordinate Authority, wherby multitudes of grievances and intolerable oppressions have been brought upon us. And finding after eight years experience and expectation all indeavours hitherto used, or remedies hitherto applyed, to have encreased rather then diminished our distractions, and that if not speedily prevented our falling againe into factions and divisions, will not only deprive us of the benefit of all those wonderful Victories God hath vouchsafed against such as sought our bondage, but expose us first to poverty and misery, and then to be destroyed by forraigne enemies.

And being earnestly desirous to make a right use of that opportunity God hath given us to make this Nation Free and Happy, to reconcile our differences, and beget a perfect amitie and friendship once more amongst us, that we may stand clear in our consciences before Almighty God as unbyassed by any corrupt Interest or particular advantages, and manifest to all the world that our indeavours have not proceeded from malice to the persons of any, or enmity against opinions; but in reference to the peace and prosperity of the Common-wealth, and for prevention of like distractions, and removall of all grievances; We the free People of England, to whom God hath given hearts, means and opportunity to effect the same, do with submission to his wisdom, in his name, and desiring the equity thereof may be to his praise and glory; Agree to ascertain our Government, to abolish all arbitrary Power, and to set bounds and limits both to our Supreme, and all Subordinate Authority, and remove all known Grievances.

An Agreement of the Free People of England, mai 1649.

16 – Les « vrais » niveleurs ou piocheurs

Les niveleurs ne remettent pas en cause la propriété privée ; ils s'en défendent même soigneusement dans l'*Agreement of the People* de mai 1649. En effet, certains radicaux semblent prôner pour leur part une mise en commun des biens. En particulier, une expérience remarquable de communisme agraire se déroule à St. George's Hill dans le Surrey. Elle trouve en Gerrard Winstanley son théoricien inspiré.

Ces « piocheurs » – *diggers* – souhaitent le nivellement des biens – que les niveleurs repoussent en réalité. On s'interrogera sur le sens à donner à cette tentative ou sur son degré de représentativité. Elle reste certes marginale. Pareillement, ses motifs économiques s'accompagnent d'une relecture de la Bible, dont on soulignera toute la force poétique. William Blake n'est pas très loin...

Winstanley élabore à son tour son récit des origines : la « Raison » créatrice avait confié la terre à l'humanité. Mais la division s'ensuivit avec la naissance de la propriété privée et de l'inégalité entre les hommes. Winstanley en profite pour proposer son étymologie hardie du nom « Adam ». Adam est littéralement en anglais "*a dam*" – un barrage – parce qu'il a fermé la porte à la liberté et endurci le cœur des hommes...

Proudhon dira, au XIXe siècle : « La propriété, c'est le vol. » Avec Winstanley, la propriété est la conséquence la plus immédiate de la Chute.

The True Levellers' Standard Advanced:

Or,

The State of Community opened, and Presented to the Sons of Men.

By

William Everard,	Gerrard Winstanley,
John Palmer,	Richard Goodgroome,
John South,	Thomas Starre,
John Courton,	William Hoggrill,
William Taylor,	Robert Sawyer,
Christopher Clifford,	Thomas Eder,
John Barker,	Henry Bickerstaffe,
John Taylor, &c.	

Beginning to Plant and Manure the Waste land upon George Hill, in the Parish of Walton, in the County of Surrey.

A DECLARATION TO THE POWERS OF ENGLAND and to all the powers of the world, shewing the cause why the common people of England have begun and gives consent to dig up, manure, and sow corn upon George Hill in Surrey; by those that have subscribed, and thousands more that gives consent.

In the beginning of time, the great creator Reason made the earth to be a common treasury, to preserve beasts, birds, fishes and man, the lord that was to govern this creation; for man had domination given to him, over the beasts, birds and fishes; but not one word was spoken in the beginning, that one branch of mankind should rule over another.

And the reason is this, every single man, male and female, is a perfect creature of himself; and the same spirit that made the globe dwells in man to govern the globe; so that the flesh of man being subject to reason, his maker, hath him to be his teacher and ruler within himself, therefore needs not run abroad after any teacher and ruler without him; for he needs not that any man should teach him, for the same anointing that ruled in the Son of Man teacheth him all things.

But since human flesh (that king of beasts) began to delight himself in the objects of the creation, more than in the spirit reason and righteousness, who manifests himself to be the indweller in the five senses of hearing, seeing, tasting, smelling, feeling; then he fell into blindness of mind and weakness of heart, and runs abroad for a teacher and ruler. And so selfish imagination, taking possession of the five senses and ruling as king in the room of reason therein, and working with covetousness, did set up one man to teach and rule over another; and thereby the spirit was killed and man was brought into bondage, and became a greater slave to such of his own kind, than the beasts of the field were to him.

And thereupon the earth (which was made to be a common treasury of relief for all, both beasts and men) was hedged into enclosures by the teachers and rulers, and the others were made servants and slaves: and that earth, that is within this creation made a common storehouse for all, is bought and sold and kept in the hands of a few, whereby the great creator is mightily dishonoured, as if he were a respecter of persons, delighting in the comfortable livelihood of some, and rejoicing in the miserable poverty and straits of others. From the beginning it was not so.

But this coming in of bondage is called A-dam, because this ruling and teaching power without doth dam up the spirit of peace and liberty, first within the heart, by filling it with slavish fears of others; secondly without, by giving the bodies of one to be imprisoned, punished and oppressed by the outward power of another. And this evil was brought upon us through his own covetousness, whereby he is blinded and made weak, and sees not the law of righteousness in his heart, which is the pure light of reason, but looks abroad for it, and thereby the creation is cast under bondage and curse, and the creator is slighted; first by the teachers and rulers that sets themselves down in the spirit's room, to teach and rule, where he himself is only king. Secondly by the other, that refuses the spirit, to be taught and governed by fellow creatures; and this was called Israel's sin in casting off the Lord and choosing Saul, one like themselves, to be their king, whenas they had had the same spirit of reason and government in themselves as he had, if they were but subject. And Israel's rejecting of outward teachers and rulers to embrace the Lord, and to be all taught and ruled by that righteous King that Jeremiah prophesied shall rule in the new heavens and new earth in the latter days, will be their restoration from bondage, Jer. 23. 5,6.

But for the present state of the old world that is running up like parchment in the fire, and wearing away, we see proud imaginary flesh, which is the wise serpent, rises up in flesh and gets dominion in some to rule over others, and so forces one part of the creation, man, to be a slave to another; and thereby the spirit is killed in both. The one looks upon himself as a teacher and ruler, and so is lifted up in pride over his fellow-creatures. The other looks upon himself as imperfect, and so is dejected in his spirit, and looks upon his fellow-creature of his own image as a lord above him.

And thus Esau, the man of flesh which is covetousness and pride, hath killed Jacob, the spirit of meekness and righteous government in the light of reason, and rules over him: and so the earth, that was made a common treasury for all to live comfortably upon, is become through man's unrighteous actions one over another to be a place wherein one torments another.

Now the great creator, who is the spirit reason, suffered himself thus to be rejected and trodden underfoot by the covetous proud flesh for a certain time limited; therefore, saith he, *The seed out of whom the creation did proceed, which is myself, shall bruise this serpent's head and restore my creation again from this curse and bondage; and when I the King of righteousness reigns in every man, I will be the blessing of the earth, and the joy of all nations.*

And since the coming in of the stoppage, or the A-dam, the earth hath been enclosed and given to the elder brother Esau, or man of flesh, and hath been bought and sold from one to another; and Jacob, or the younger brother, that is to succeed or come forth next, who is the universal spreading power of righteousness that gives liberty to the whole creation, is made a servant.

The True Levellers Standard Advanced, 1649.

17 – *Le philosémitisme puritain*

En 1656, un rabbin d'Amsterdam, Menasseh Ben Israël, obtient de Cromwell le retour des Juifs en Angleterre – d'où ils avaient été chassés en 1290. Si quelques manifestations ponctuelles d'antisémitisme accompagnent la mesure, dans l'ensemble le développement du puritanisme a suscité admiration, voire sympathie pour le peuple du Livre. En février 1649, une *Apologie de l'honorable nation des Juifs* témoigne d'un rare intérêt pour le peuple élu, en le lavant de l'absurde imputation de « déicide », souvent proférée par les chrétiens au cours de l'histoire. L'Église catholique est accusée par contrecoup de tous les méfaits. Recevoir les Juifs, c'est attirer sur soi les faveurs de l'Éternel.

And now let all the faithful servants of God take to their considerations, how great indurings that honourable Nation hath suffered, what bloody slaughters have been made of them in *London*, in the North countrey of *England*, and divers other parts of this kingdom; and how they have been proscribed and banisht this kingdom, and denyed that commerce allowed to all others, even to barbarous Infidels; so that the transcendency of this sin is not to be paralleld, in regard they being so honorably stiled and owned by God himself, in rejecting them, we highly incense the Majesty of Jehovah: whereas we ought rather to honor them whom God honoreth, and to have a grateful remembrance of those people of God, by whom he hath conveyed to his people so great blessings and incomparable priviledges, to comfort the afflicted, and not to take the opportunity, when God was angry with them, to help forward the affliction. [...] The protection of all men is in Gods people, whose blessings are continually showred down on a Land for their sakes, of whom are these a part that we have thus abandoned. It was a notable observation of a reverend and godly learned Preacher, before this Parliament, on this Text, *Touch not mine anointed, and do my prophets no harm, Psal.* 105.15. That the good or evil usage of Gods people, is the greatest State-interest in the world: how great cause have we then to lay this to our hearts, the godly can best judge. [...]

'Tis Objected, The great guilt that lies on the Jews for crucifying Christ, and that therefore, and for refusing the Gospel, they are rejected of God, so unworthy of favor, assistance, and compassion herein desired. In answer, though this be imputed to the whole Nation, yet it is apparent in the Gospel, that that action was done by the Elders, chief Priests, and Scribes, his Doctrine reproving their Hypocrisie, and laziness and pride, that they wrought a faction against him, and not that the whole Nation were guilty; for the people ere-while brought him into the city, crying, *Hosanna*: And its said, when Jesus was condemned by *Pilate*, and the chief Priests and Elders, that they perswaded the people to refuse Jesus, and to choose *Barrabas*: 'tis probable that they are so well vers'd in their own business of so high a nature, that they can say more for themselves: It is too great an undertaking for me, and will require a larger Tract, to clear the matter against all Objections, which may be done by men of more learning then I profess to have; the regal Government of the Jews being long before ended: what God in his secret will and judgement intended in the scattering of the Jews, I presume not to understand or to guess at: my purpose is onely to prove, That God yet owns them for his people. [...] I have next to offer to your considerations, the many promises made by God by the mouthes of his Prophets, for the reduction of them into their own countrey, still owning them for his own people, a countrey, I say, lawfully theirs, by the donation of God himself, and a propriety, that no Prince under Heaven can plead the like, the promises also setting forth the restauration of the pure worship of God, the restitution of all things to their primitive Estate. [...]

Now weighing well with our selves both these threats and promises, were it not a strange negligence (I conceive it a madness) in us to forego so great priviledges, as by those honorable people of the Jews may accrew unto us, and as great wilfulness to lay our selves open to those judgements threatned, I leave to the judgement of all men that are any thing affected in this matter, or that tender the glory of God, their own good charity towards that the people of God: We have great and important cause to take heed, lest we of this Kingdom of *England*, putting from us and abandoning these people of God, we separate not ourselves from Gods favor and protection. [...]

Whereas I stile them honorable, though it may seem ridiculous to their Enemies, and the ignorant; yet I may truly say, They are of the highest and most honorable descent of any Nobility in any Countrey in the world, being ennobled by God himself, and the reason is given which must be most righteous; not for any thing in them, or for their multitude, but because God set his love upon them. We see Princes favorites are much courted, there's much more reason that Gods favor should attract a greater respect to these sons of Israel then they have: God made good his promise made to *Abraham, Isaac* and *Jacob*, who descended from *Sem* the choice and beloved seed: The works and wonders God shewed in their delivrance out of *Egypt*, honoring them with his presence, *and leading them by a pillar of a cloud by day, ad a pillar of fire by night*: Why should then the great Princes and Nobles of the world, so much magnifie themselves, for their ancient and honorable descent, whereas the Jews were Gods chosen people and beloved, and descended from the most holy men of God, accounted Princes and Prophets in their times, and of the Kings of *Judah*, whereof there were more Religious Princes, then of any Kingdom we read of in all ages or Nations? And this I believe to be true Nobility, having God to ratifie it.

An Apology for the Honourable Nation of the Jews, 1649.

18 – De la théorie du langage à la souveraineté

Thomas Hobbes (1588-1679) publie son *Léviathan* en 1651. Les quatre parties de l'ouvrage (*"Of Man"*, *"Of Commonwealth"*, *"Of a Christian Commonwealth"*, *"Of the Kingdom of Darkness"*) révèlent les corrélations de sa pensée. Comme toujours au XVIIe siècle, la philosophie de l'esprit (exposée dans *"Of Man"*) est le fondement de la philosophie politique (exposée dans *"Of Commonwealth"*). La première partie fait de tous les concepts fondamentaux (la langue, la raison, ainsi que la personne) non pas des valeurs supérieures, mais des créations de la société.

Le chapitre "*Of Speech*" expose la théorie nominaliste qu'il n'existe pas de concepts universaux, sauf dans le langage. Le chapitre "*Of Reason*" précise qu'il n'existe pas de raison naturelle, mais seulement des arbitrages venus des autorités constituées. Puis le dernier chapitre de cette première partie ("*Of Persons, Authors, and things personated*") définit la notion de personne en relation avec celle de représentation. On note la place des métaphores théâtrales dans ce passage et des définitions antiques.

La deuxième partie du livre expose le contrat social par lequel les hommes se groupent pour déléguer l'autorité à un « souverain » qui agit en leur nom. Ils s'interdisent par là même de s'opposer à lui par la suite puisque ce serait contradictoire avec le fait qu'il les représente (ce serait agir contre soi-même). On ne peut avoir accès à des notions transcendantes ou à Dieu que par l'intermédiaire de ces corps constitués.

La doctrine de la souveraineté absolue ainsi prônée est donc en accord avec la théorie du langage et celle de la personne exposées dans la première partie.

A) Du contrat social

> [...] The only way to erect such a Common Power, as may be able to defend them from the invasion of Forraigners, and the injuries of one another, and thereby to secure them in such sort, as that by their owne industrie, and by the fruites of the Earth, they may nourish themselves and live contentedly; is, to conferre all their power and strength upon one Man, or upon one Assembly of men, that may reduce all their Wills, by plurality of voices, unto one Will: which is as much as to say, to appoint one man, or Assembly of men, to beare their Person; and every one to owne, and acknowledge himselfe to be Author of whatsoever he that so beareth their Person, shall Act, or cause to be Acted, in those things which concerne the Common Peace and Safetie; and therein to submit their Wills, every one to his Will, and their Judgements, to his Judgment. This is more than Consent, or Concord; it is a reall Unitie of them all, in one and the same Person, made by Covenant of every man with every man, *I Authorise and give up my Right of Governing my selfe, to this Man, or to this Assembly of men, on this condition, that thou give up thy Right to him, and Authorise all his Actions in like manner.* This done, the Multitude so united in one Person, is called a Common-wealth, in latine Civitas. This is the Generation of that great leviathan, or rather (to speake more reverently) of that *Mortall God*, to which wee owe under the *Immortall God*, our peace and defence. For by this Authoritie, given him by every particular man in the Common-Wealth, he hath the

use of so much Power and Strength, conferred on him, that by terror thereof, he is inabled to forme the wills of them all, to Peace at home, and mutuall ayd against their ennemis abroad. And in him consisteth the Essence of the Common-wealth; which (to define it,) is *One Person, of whose Acts a great Multitude, by mutuall Covenants one with another, have made themselves every one the Author, to the end he may use the strength and means of them all, as he shall think expedient, for their Peace and Common Defence.*

And he that carryeth this Person, is called Soveraigne, and said to have *Soveraigne Power*; and every one besides, his Subject.

B) Des droits du souverain

From this Institution of a Common-wealth are derived all the *Rights*, and *Facultyes* of him, or them, on whom the Soveraigne Power is conferred by the consent of the People assembled.

First, because they Covenant, it is to be understood, they are not obliged by former Covenant to any thing repugnant hereunto. And Consequently they that have already Instituted a Common-wealth, being thereby bound by Covenant, to own the Actions, and Judgements of one, cannot lawfully make a new Covenant, amongst themselves, to be obedient to any other, in any thing, whatsoever, without his permission. And therefore, they that are subjects to a Monarch, cannot without his leave cast off Monarchy, and return to the confusion of a disunited Multitude; nor transferre their Person from him that beareth it, to another Man, or other Assembly of men: for they are bound, every man to every man, to Own, and be reputed Author of all, that he that already is their Soveraigne, shall do, and judge fit to be done: so that any one man dissenting, all the rest should break their Covenant made to that man, which is injustice [...]

And whereas some men have pretended for their disobedience to their Soveraign, a new Covenant, made, not with them, but with God; this also is unjust: for there is no Covenant with God, but by mediation of some body that representeth Gods Person; which none doth but Gods Lieutenant, who hath the Soveraignty under God. But this pretence of Covenant with God, is so evident a lye, even in the pretenders own consciences, that it is not onely an act of an unjust, but also of a vile, and unmanly disposition.

Secondly, Because the Right of bearing the Person of them all, is given to him they make Soveraigne, by Covenant onely of one to another, and not of him to any of them; there can happen no breach of Covenant on part of the Soveraigne; and consequently none of his Subjects, by any pretence of forfeiture, can be freed from his Subjection.

Thomas Hobbes, *Leviathan*, 1651.

19 – *Vocation de Cromwell*

Originaire de l'East Anglia, rien ne prédestinait en apparence Oliver Cromwell à se hisser un jour au sommet de l'État. Qui d'autre que Dieu aurait pu lui accorder ce destin exemplaire, dans lequel l'intéressé déchiffre les voies impénétrables de la Providence ?

Cromwell a bien été élu... par Dieu. Il n'a été qu'un instrument entre les mains du Créateur pour réaliser de grandes choses pour son pays. Avec l'âge, le Protecteur prend goût aux *one-man shows* qui lui permettent d'étaler publiquement la bonté du Seigneur pour lui. Ces monologues en direct sont d'une remarquable intensité dramatique et braquent le projecteur sur l'intimité d'un homme, il faut bien le dire, assez fascinant.

Cromwell n'était pas un dictateur ordinaire. Il n'avait de cesse de proclamer son attachement, du reste incontestable, à la liberté de conscience. Cet œcuménique se montrait certes intransigeant avec les anglicans et les papistes – à l'exception de quelques cas d'espèce. Enfin, Cromwell avait des attentions touchantes envers les personnes qu'il emprisonnait, en leur accordant d'intéressantes interviews (cas du quaker George Fox par exemple). En bref, un personnage complexe, qui utilise tous les registres, de la suavité dévote au cynisme le plus total, avec un rare bonheur.

BUT I SEE IT WILL BE NECESSARY FOR ME now a little to magnify my office, which I have not been apt to do. I have been of this mind, I have been always of this mind, since first I entered upon it, that if God will not bear it up, let it sink! But if a duty be incumbent upon me to bear my testimony unto it, (which in modesty I have hitherto forborne,) I am in some measure now necessitated thereunto. And therefore that will be the prologue of my discourse.

I called not myself to this place. I say again, I called not myself to this place; of that, God is witness. And I have many witnesses who, I do believe, could readily lay down their lives to bear witness to the truth of that, that is to say, that I called not myself to this place. And being in it, I bear not witness to myself; but God and the people of these nations have borne testimony to it also.

If my calling be from God, and my testimony from the people, God and the people shall take it from me, else I will not part with it. I should be false to the trust that God hath placed upon me, and to the interest of the people of these nations, if I should.

That I called not myself to this place, is my first assertion.

That I bear not witness to myself, but have many witnesses, is my second.

These are the two things I shall take the liberty to speak more fully to you of.

To make plain and clear that which I have said, I must take liberty to look back.

I was by birth a gentleman, living neither in any considerable height nor yet in obscurity. I have been called to several employments in the nation, – to serve in Parliaments, – and (because I would not be over tedious) I did endeavour to discharge the duty of an honest man in thoses services, to God, and His people's interest, and of the Commonwealth; having, when time was a competent acceptation in the hearts of men, and some evidences thereof. I resolve not to recite the times and occasions and opportunities that have been appointed me by God to serve him in, nor the presence and blessings of God bearing then testimony to me.

Discours au Parlement, 12 septembre 1654.

20 – La monarchie républicaine

La Grande-Bretagne a connu une seule fois dans son histoire une Constitution écrite : elle a correspondu à une dictature. Le Protectorat, instauré en décembre 1653 par un coup d'État, se dote d'une Constitution, au titre bien pragmatique, *The Instrument of Government*. Le Protecteur incarnera l'élément monarchique dans l'État ; l'*Humble Petition* de 1657 finit par conférer à ce régime bonapartiste, en mal de légitimité, un caractère royal accentué. Mais Cromwell refusera toujours la couronne – encore qu'il accepte le sceptre et naturellement le glaive qu'il manie avec aisance et dextérité.

Cromwell s'éteint en 1658. Moins de deux ans plus tard, la dynastie des Stuarts parvient à regagner son trône avec Charles II.

Le putsch de décembre 1653 trouve en Marchamont Needham l'un de ses plus ardents défenseurs. L'ancien journaliste royaliste voit en Cromwell son grand homme. Il célèbre le régime avec enthousiasme, et ne manque pas de saluer dans Cromwell l'élu de Dieu – c'est en ce sens que le Protectorat est dit « électif ».

On n'admirera pas moins au passage la postérité de l'Appel du 18 juin 1642, signé par Charles Ier (*voir texte n° 9, p 104*). Le Protectorat associe lui aussi les trois formes de la politique classique (monarchie, aristocratie et démocratie). En bref, le Protectorat confirme la liquidation d'un héritage révolutionnaire bien encombrant, sans pour autant déboucher sur la durée.

If we take a survey of the whole together, we find the Foundation of this Government laid in the People. Who hath the power of altering old Laws, or making new? The people in Parlament; without them nothing of this nature can be done; they are to be governed only by such Laws as they have chosen, or shall chuse, and not to have any imposed upon them. Then, who is to administer or govern according to those Laws, and see them put in execution? Not a person claiming an hereditary Right of Soveraignty, or power over the Lives and Liberties of the Nation by birth, allowing the People neither Right nor Liberty, but what depends upon Royal grant and pleasure, according to the tenor of that Prerogative challenged heretofore by the Kings of *England*; under whom, if the Commonalty enjoyed any thing they might call their own, it was not so much to be esteemed a matter of Right, as a Boon and effect of grace and favour. But the Government now is to be managed by a Person that is *elective*, and that Election must take its rise originally and virtually from the People, as we shall fully evince by and by, in particular, and shew that all power both *Legislative* and *Executive*, doth flow from the Community; than which there cannot be a greater Evidence of publike Freedom.

Again, as this Person is not to exercise his Power by a Claim of Inheritance, or by vertue of any personal Right ever and above the People; so it is a thing that he is to receive only by way of Trust, for their benefit and protection; and the power he is invested with, is not to make him great and glorious, otherwise then in order to the peace and advantage of those that are governed by him; whereas the Kings of this Nation pretended always, and maintained an Interest of their own, as they were Kings, distinct and superior to that of the People; which they called their own, as much as any particular man can call his houses or lands his own; wherein he hath a personal propriety. And as they did not hold themselves to have come in by the People, so neither did they conceive themselves obliged to govern, otherwise than for their own greatness; And although this Doctrine had been broached in some later Books and Prints, *that Kings were not for themselves, but for the People*; yet the Courtiers laughed in their sleeves at it, and we know it was esteemed heretical by the King and his Abettors. Nevertheless, how often, and in how many Declarations did the Parlament promise to make him a great and glorious King! and were content to have imbraced him in such a posture, in case he had hearken'd to their desires and demands! Whereas now the Terms of Glory and Greatness are omitted, and a ground work is laid to make the Nation great and glorious, and our chief Magistrate so, no otherwise than may be conducing to the same end: So that it will appear the Government is sufficiently popular, the antient Liberties of *England* not only secured, but enlarged; and that although the *executive power* be placed in a single person, yet it stands upon a fairer account then in former times. [...]

Lastly, as to what concerns the Office of *Lord Protector*, it is to be observed, that no man is to be admitted to that Dignity upon the Interest of Himself or Family, but meerly upon the account of his Fitness for Government; it must pass, not by Inheritance, but Election. And certainly, it is a great advantage to a Nation, that the coming in and continuance of their Governour depends only upon his own goodness, and the good will of the People, as it is in an *Elective prince*, who standing upon Terms of good behaviour, will be continually employed for the benefit and defence of the Community. And therefore, if it shall please the Lord to bless this Commonwealth (as we trust he will) successively, with a choice of godly persons into that high Office, it is easily fore-seen, what an advantage it will be to these three Nations, to have their whole strength and Force combined thus under one head, for the safety of all; this Form being (without question) the fittest and most convenient for the Magistrate to put things on, and in quick execution (as his proper work) for the publick good; as also what a comfort it will be to all the godly in the *Protestant Churches* abroad, who may have ground to expect some more sure and certain Protection from *England* than heretofore; which as it is the greatest Body, being united with *Scotland*, so it will prove (we hope) the grand Bulwark of the *Reformed Religion*.

Moreover, as touching the Person, whom the Lord hath now advanced and set over us to be our Supreme Magistrate, we shall not say much, because he seeks not the praise of men; only we believe even the enemies will confess, that he is every way worthy to Rule, whom God hath been pleased to use as his Instrument in that Glorious Work of Redeeming the Liberties of his People: For, we are bold to say (weighing all circumstances together) that this Nation was never really Free, nor in a way of enjoying its Freedom so fully as now; so that there wants nothing but a cordial Close with the Government, to destroy all hopes of the common Enemy, and compleat our happiness. [...]

But here we see, our Friends have taken in the good of all the three sorts of Government, and bound them all in one. If War be, here is the Unitive vertue (but nothing else) of *Monarchy* to encounter it; and here is the admirable Counsel of *Aristocracie* to manage it: If Peace be, here is the industry and courage of *Democracie* to improve it. And whereas in the present Constitution, the *Legislative* and *Executive* Powers are separated; the former being vested in a constant succession of Parlaments elective by the People, the latter in an elective *Lord Protector* and his Successors assisted by a Council; we conceive the State of this Commonwealth is thereby reduced to so just a Temper, that the Ills either of successive Parlaments, furnished with power both of executing and making Laws, or of a perpetual Parlament (which are Division, Faction, and Confusion) being avoided on the one side, and the Inconvenience of absolute Lordly power on the other; the Frame of Government appears so well bounded on both sides, against Anarchie and Tyrannie, that we hope it may now (through the blessing of God) prove a reasonable Mean (as for the better defending these Dominions against Enemies abroad, and promoting our Interests in Forein parts, so also) of Peace and Settlement to this distracted Nation; and be of a durable continuance to succeeding Ages, for the glory of the most high GOD, the advancement of his Gospel, the protection of his People, and the benefit of Posterity.

M. Needham, *A True State of the Case of the Commonwealth*, 1654.

21 – La répartition de la propriété

Harrington (1611-1677) situe sa description de l'État idéal dans une théorie de l'évolution historique exposée par les « Préliminaires » de son *Oceana* (1656). Il distingue deux périodes historiques : la « prudence antique » qu'il propose en exemple ; et la « prudence moderne » datant du déclin de l'empire romain et des grandes invasions, rendus responsables des guerres civiles. La « prudence antique » associe la Bible et les Anciens. Elle n'a été préservée qu'à Venise, protégée des barbares sur sa lagune. Cette vision normative de l'histoire s'inspire d'un historien de Venise, Giannotti, et du Florentin Machiavel – sans oublier Aristote. Machiavel avait écrit, en particulier, des commentaires sur Tite-Live.

La différence entre la prudence antique et la prudence moderne est frappante. La première se présente comme le gouvernement du droit et des lois, tandis que la seconde est le gouvernement du fait.

Le principe de l'équilibre veut que le pouvoir politique soit attribué à la partie de la société qui détient la majorité de la propriété terrienne. Si un seul possède l'ensemble des terres, le régime approprié est la monarchie. Si ce sont plusieurs grands propriétaires, le meilleur régime est l'aristocratie. Finalement, si la terre est répartie dans l'ensemble de la population, c'est la démocratie qui convient. Les moments de déséquilibre de l'histoire proviennent, selon Harrington, des décalages qui se produisent dans cette corrélation, et notamment du régime mixte entre ces formes, instauré au Moyen Âge. L'auteur n'approuve pas le principe de l'antique Constitution anglaise, dite équilibrée par ses partisans. Malgré son admiration pour Venise, il ne reconnaît pas la richesse commerciale comme fondement valable du pouvoir politique. Il s'oppose à Hobbes : la puissance de l'épée ne saurait créer un régime. Selon Harrington, l'épée ne peut rien sans la main qui la tient. Or celle-ci est dépendante de la puissance territoriale, ce qui nous ramène à sa théorie.

Cette pensée politique repose sur un fondement logique, comme toujours au XVIIe siècle. La prééminence des concepts sur le nominalisme et celle du droit sur la force séparent Harrington de Hobbes (Harrington baptise Hobbes « Carneade » – du nom d'un philosophe sceptique de l'Antiquité). Il reproche à ce dernier de justifier le fait au détriment du droit.

Government, according to the ancients and their learned disciple Machiavel, the only politician of later ages, is of three kinds: the government of one man, or of the better sort, or of the whole people; which by their more learned names are called monarchy, aristocracy, and democracy. These they hold, through their proneness to degenerate, to be all evil. For whereas they that govern should govern according to reason, if they govern according unto passion, they do that which they should not do. Wherefore, as reason and passion are two things, so government by reason is one thing and the corruption of government by passion is another thing, but not always another government: as a body that is alive is one thing, and a body that is dead is another thing, but not always another creature, though the corruption of one come at length unto the generation of other. The corruption then of monarchy is called tyranny; that of aristocracy, oligarchy; and that of democracy, anarchy. But legislators, having found these three governments at the best to be naught, have invented another consisting of a mixture of them all, which only is good. This is the doctrine of the ancients.

But Leviathan is positive that they are all deceived, and that there is no other government in nature than one of the three, as also that the flesh of them cannot stink, the names of their corruptions being but the names of men's fancies; which will be understood when we are shown which of them was *senatus populusque Romanus.*

To go mine own way, and yet to follow the ancients, the principles of governments are twofold: internal, or the goods of the mind, and external, or the goods of fortune. The goods of the mind are natural or acquired virtues, as wisdom, prudence and courage, etc. The goods of fortune are riches. There be goods also of the body, as health, beauty, strength, but these are not to be brought into account upon this score, because if a man or an army acquire victory or empire, it is more from their discipline, arms, and courage, than from their natural health, beauty, or strength, in regard that a people conquered may have more of natural strength, beauty and health, and yet find little remedy. The principles of government then are in the goods of the mind, or in the goods of fortune. To the goods of the mind answers authority; to the goods of fortune, power or empire. Wherefore Leviathan, though he be right where he saith that "riches are power", is mistaken where he saith that "prudence, or the reputation of prudence, is power". For the learning or prudence of a man is no more power than the learning or prudence of a book or author, which is properly authority. A learned writer may have authority, though he have no power; and a foolish magistrate may have power, though he have otherwise no esteem or authority. The difference of these two is observed by Livy in Evander, of whom saith he: *regebat magis auctoritate quam imperio*; he ruled rather by authority than power.

To begin with riches, in regard that men are hung upon these, not of choice as upon the other, but of necessity and by the teeth: for as much as he who wanteth bread is his servant that will feed him, if a man thus feed an whole people, they are under his empire.

Empire is of two kinds, domestic and national, or foreign and provincial.

Domestic empire is founded upon dominion.

Dominion is property real or personal; that is to say in lands, or in money and goods.

Lands, or the parts and parcels of a territory, are held by the proprietor or proprietors, lord or lords of it, in some proportion; and such (except it be in a city that hath little or no land, and whose revenue is in trade) as is the proportion or balance of dominion or property in land, such is the nature of the empire.

If one man be sole landlord of a territory, or overbalance the people, for example, three parts in four, he is grand signor, for so the Turk is called from his property; and his empire is absolute monarchy.

If the few or a nobility, or a nobility with the clergy, be landlords, or overbalance the people unto the like proportion, it makes the Gothic balance (to be shown at large in the second part of this discourse) and the empire is mixed monarchy, as that of Spain, Poland, and late of Oceana.

And if the whole people be landlords, or hold the lands so divided among them, that no one man, or number of men, within the compass of the few or aristocracy, overbalance them, the empire (without the interposition of force) is a commonwealth.

If force be interposed in any of these three cases, it must either frame the government unto the foundation, or the foundation unto the government, or, holding the government not according unto the balance, it is not natural but violent; and therefore, if it be at the devotion of a prince, it is tyranny; if at the devotion of the few, oligarchy; or if in the power of the people, anarchy; each of which confusions, the balance standing otherwise, is but of short continuance, because against the nature of the balance which, not destroyed, destroyeth that which opposeth it.

But there be certain other confusions which, being rooted in the balance, are of longer continuance and of greater horror: as first, where a nobility holdeth half the property, or about that proportion, and the people the other half; in which case, without altering the balance, there is no remedy but the one must eat out the other, as the people did the nobility in Athens, and the nobility the people in Rome. Secondly, when a prince holdeth about half the dominion, and the people the other half – which was the case of the Roman emperors, planted partly upon their military colonies and partly upon the senate and the people – the government becometh a very shambles both of the princes and the people. Somewhat of this nature are certain governments at this day, which are said to subsist by confusion. In this case to fix the balance is to entail misery; but in the three former not to fix it is to lose the government. Wherefore, it being unlawful in Turkey that any should possess land but the grand signor, the balance is fixed by the law, and that empire firm. Nor, though the kings often fell, was the throne of Oceana known to shake, until the statute of alienations broke the pillars, by giving way unto the nobility to sell their estates. *Si terra recedat, Ionium Aegaeo frangat mare.* Lacedaemon, while she held unto her division of land made by Lycurgus, was immovable, but breaking that, could stand no longer. This kind of law fixing the balance in lands is called agrarian, and was first introduced by God himself, who divided the land of Canaan unto his people by lots, and is of such virtue that, wherever it hath held, that government hath not altered, except by consen; as in that unparalleled example of the people of Israel, when being in liberty they would needs choose a king. But without an agrarian government, whether monarchical, aristocratical or popular, hath no long lease.

For dominion personal or in money, it may now and then stir up a Melius or a Manlius, which, if the commonwealth be not provided with some kind of dictatorian power, may be dangerous, though it have been seldom or never successful; because unto property producing empire, it is required that it should have some certain root or foothold, which, except in land, it cannot have, being otherwise as it were upon the wing.

Nevertheless, in such cities as subsist most by trade and have little or no land, as Holland and Genoa, the balance of treasure may be equal unto that of land in the cases mentioned.

But Leviathan, though he seems to skew at antiquity, following his furious master Carneades, hath caught hold of the public sword, unto which he reduceth all manner and matter of government; as where he affirms "the opinion that any monarch receiveth his power by covenant, that is to say upon condition, to proceed from want of understanding this easy truth, that covenants, being but words and breath, have no force to oblige, contain, constrain or protect any man, but what they have from the public sword". But as he said of the law that without this sword it is but paper, so he might have thought of this sword that without an hand it is but cold iron. The hand which holdeth this sword is the militia of a nation; and the militia of a nation is either an army in the field, or ready for the field upon occasion. But an army is a beast that hath a great belly and must be fed; wherefore this will come unto what pastures you have, and what pastures you have will come unto the balance of property, without which the public sword is but a name or mere spitfrog.

James Harrington, *Oceana*, 1656.

22 – *Bilan moral d'une rébellion*

La pensée d'Edward Hyde, comte de Clarendon (1609-1674), se fonde sur une longue expérience, acquise au contact des multiples courants religieux et politiques qui divisent la société anglaise de son temps. Hyde fut, avant la guerre civile, membre du cercle du vicomte Falkland ; des lettrés, opposés à l'exclusive de certains esprits, donnaient à leur doctrine un fondement philosophique rationnel. Il critiqua le roi, avant de choisir, à la veille de la guerre civile, de le soutenir. Devenu comte de Clarendon et chancelier sous la Restauration de 1660, il donna son nom au code de mesures restreignant les droits civiques des dissidents. Son *Histoire* fut écrite pendant l'exil qui suivit sa disgrâce en 1667.

Son interprétation rétrospective de la guerre civile est celle d'un royaliste, écrivant sous la Restauration. Les cadres de sa pensée, en écho à la construction de ses phrases dans cette introduction, sont fort significatifs. Les premiers paragraphes exposent les causes des événements sur le modèle de la période oratoire. Les liens entre les idées sont sous-tendus par les relations entre les propositions subordonnées. Ce style permet de résoudre la principale difficulté explicative : comment faire entrer, dans l'ordre de l'histoire, des faits considérés par lui comme du désordre ? Par le jeu des subordonnées négatives et des doubles négations ou des concessives, il hiérarchise ainsi les facteurs de rupture placés à l'intérieur de l'ordonnancement général. De plus, sur le modèle antique, la principale est placée au milieu de la période, après avoir rejeté les préliminaires pour introduire les affirmations.

Les modèles métaphoriques de Clarendon – analogie entre folie, maladie et rébellion – traduisent sa conception organique du pays. Il formule d'abord l'idée paradoxale d'un changement à la fois total et rapide, en termes politiques (*general combination*) et religieux (*universal apostasy*), avant de remonter aux causes – la main de Dieu causant la folie ainsi que les « maladies et conjonctures du temps ». Il analyse alors le processus de désordre comme un phénomène cumulatif de complicités progressives et de divisions successives. Il y étudie aussi le jeu des versions mensongères. Des idéaux comme la religion et la liberté aboutissent à leur inverse. Ces contrastes thématiques expriment pour lui les anomalies de l'histoire.

That posterity may not be deceived, by the prosperous wickedness of these times, into an opinion, that less than a general combination, and universal apostasy in the whole nation from their religion and allegiance, could, in so short a time, have produced such a total and prodigious alteration and confusion over the whole kingdom; and so the memory of those few, who, out of duty and conscience, have opposed and resisted that torrent, which hath overwhelmed them, may lose the recompense due to their virtue;

and, having undergone the injuries and reproaches of this, may not find a vindication in a better age; it will not be unuseful, at least to the curiosity if not the conscience of men, to present to the world a full and clear narration of the grounds, circumstances, and artifices of this rebellion: not only from the time since the flame hath been visible in a civil war, but, looking farther back, from those former passages, accidents, and actions, by which the seed-plots were made and framed, from whence these mischiefs have successively grown to the height they are now at.

And then, though the hand and judgment of God will be very visible, in the infatuating a people (as ripe and prepared for destruction) into all the perverse actions of folly and madness, making the weak to contribute to the designs of the wicked, and suffering even those, by degrees, out of the conscience of their guilt, to grow more wicked than they intended to be; letting the wise to be imposed upon by men of no understanding, and possessing the innocent with laziness and sleep in the most visible article of danger; uniting the ill, though of the most different opinions, divided interests, and distant affections, in a firm and constant league of mischief; and dividing those, whose opinions and interests are the same, into faction and emulation, more pernicious to the public than the treason of the others; whilst the poor people, under the pretence of zeal to religion, law, liberty, and parliaments, (words of precious esteem in their just signification,) are furiously hurried into actions introducing atheism, and dissolving all the elements of Christian religion; cancelling all obligations, and destroying all foundations of law and liberty; and rendering, not only the privileges, but very being, of parliaments desperate and impossible: I say, though the immediate finger and wrath of God must be acknowledged in these perplexities and distractions; yet he who shall diligently observe the distempers and conjonctures of time, the ambition, pride, and folly of persons, and the sudden growth of wickedness, from want of care and circumspection in the first impressions, will find all this bulk of misery to have proceeded, and to have been brought upon us, from the same natural causes and means, which have usually attended kingdoms, swoln with long plenty, pride, and excess, towards some signal mortifications, and castigation of Heaven. And it may be, upon the view of the impossibility of foreseeing many things that have happened, and of the necessity of overseeing many other things, we may not yet find the cure so desperate, but that, by God's mercy, the wounds may be again bound up; though no question many must first bleed to death; and then this prospect may not make the future peace less pleasant and durable.

And I have the more willingly induced myself to this unequal task, out of the hope of contributing somewhat to that end: and though a piece of this nature (wherein the infirmities of some, and the malice of others, both things and persons, must be boldly looked upon and mentioned) is not likely to be published at least in the age in which it is writ, yet it may serve to inform myself, and some others, what we are to do, as well as to comfort us in what we have done, and then possibly it may not be very difficult to collect somewhat out of that store, more proper, and not unuseful for the public view. And as I may not be thought altogether an incompetent person for this communication, having been present as a member of parliament in those councils before and till the breaking out of the rebellion, and having since had the honour to be near two great kings in some trust, so I shall perform the same with all faithfulness and ingenuity; with an equal observation of the faults and infirmities of both sides, with their defects and oversights in pursuing their own ends; and shall no otherwise mention small and light occurrences, than as they have been introductions to matters of the greatest moment; nor speak of persons otherwise, than as the mention of their virtues or vices is essential to the work in hand: in which as I shall have the fate to be suspected rather for malice to many, than of flattery to any, so I shall, in truth, preserve myself from the least sharpness, that may proceed from private provocation, or a more public indignation, in the whole observing the rules that a man should, who deserves to be believed. I shall not then lead any man farther back in this journey, for the discovery of the entrance into these dark ways, than the beginning of this king's reign. For I am not so sharpsighted as those, who have discerned this rebellion contriving from (if not before) the death of queen Elizabeth, and fomented by several princes and great ministers of state in Christendom, to the time that it brake out. Neither do I look so far back as believing the design to be so long since formed; (they who have observed the several accidents, not capable of being contrived, which have contributed to the several successes, and do know the persons who have been the grand instruments towards this change, of whom there have not been any four of familiarity and trust with each other, will easily absolve them from so much industry and foresight in their mischief;) but that, by viewing the temper, disposition, and habit, of that time, of the court and of the country, we may discern the minds of men prepared, of some to do, and of others to suffer, all that hath since happened; the pride of this man, and the popularity of that; the levity of one, and the morosity of another; the excess of the court in the greatest want, and the parsimony and retention of the country in the greatest plenty; the spirit of craft and subtlety in some, and the rude and unpolished integrity of others, too much despising craft or art; like so many atoms contributing jointly to this mass of confusion now before us.

Edward Hyde, Earl of Clarendon, *The True Historical Narrative of the Rebellion and Civil Wars in England*, 1702.

La Restauration et la Glorieuse Révolution

23 – L'« indulgence » interdite

Charles II qui rentre en Angleterre en mai 1660, son frère Jacques II qui lui succède en février 1685 n'ont pas très bonne presse en Angleterre. Du moins leur réputation a-t-elle longtemps été entachée par l'accusation d'arbitraire, nourrie dans les deux cas par leur conversion au catholicisme romain. Conversion certes tardive pour Charles II – qui attend d'être sur son lit de mort pour se déclarer ; conversion plus précoce dans le cas du duc d'York, futur Jacques II, qui doit affronter dans les années 1670 les foudres du Parlement et la menace d'une exclusion de la succession.

L'Angleterre est divisée. La Restauration a échoué : on ne parlait que de conciliation, on souhaitait panser de vieilles plaies... Rien n'y fit. Charles II comme Jacques II échouèrent dans leur politique d'« indulgence ». Le terme est à retenir : l'indulgence, c'est la liberté de conscience, garantie par l'arbitrage de la Couronne.

Ni Charles II, ni Jacques II ne sont des monarques persécuteurs. Leur politique échoue, voilà tout. Elle échoue devant les assauts de l'Église établie – qui tient à son hégémonie sur les consciences – et sous la pression d'une opinion publique, en mal de boucs émissaires. Les papistes sont des victimes toutes désignées. Le papiste n'est pas même le catholique réel, mais son double fantasmagorique, à la fois cosmopolite et interlope, qui évoquera d'autres exclus de l'histoire.

A) Déclaration de Bréda, précédant l'arrivée de Charles II en Angleterre

Charles R.

Charles, by the grace of God, king of England, Scotland, France and Ireland, Defender of the Faith &c., to all our loving subjects, of what degree or quality soever, greeting.

If the general distraction and confusion which is spread over the whole kingdom doth not awaken all men to a desire and longing that those wounds which have so many years together been kept bleeding may be bound up, all we can say will be to no purpose. However, after this long silence we have thought it our duty to declare how much we desire to contribute thereunto, and that as we can never give over the hope in good time to obtain the possession of that right which God and nature hath made our due, so we do make it our daily suit to the Divine Providence that he will, in compassion to us and our subjects after so long misery and sufferings, remit and put us into a quiet and peaceable possession of that our right, with as little blood and damage to our people as is possible. Nor do we desire more to enjoy what is ours than that all our subjects may enjoy what by laws is theirs, by a full and entire administration of justice throughout the land, and by extending our mercy where it is wanted and deserved.

And to the end that the fear of punishment may not engage any, conscious to themselves of what is past, to a perseverance in guilt for the future, by opposing the quiet and happiness of their country in the restoration both of king, peers and people to their just, ancient and fundamental rights, we do by these presents declare that we do grant a free and general pardon, which we are ready upon demand to pass under our great seal of England, to all our subjects, of what degree or quality soever, who within forty days after the publishing hereof shall lay hold upon this our grace and favour, and shall by any public act declare their doing so, and that they return to the loyalty and obedience of good subjects (excepting only such persons as shall hereafter be excepted by Parliament). Those only excepted, let all our loving subjects, how faulty soever, rely upon the word of a king, solemnly given by this present declaration, that no crime whatsoever committed against us or our royal father before the publication of this shall ever rise in judgment or be brought in question against any of them, to the least endamagement of them, either in their lives, liberties or estates, or (as far forth as lies in our power) so much as to the prejudice of their reputations by any reproach or term of distinction from the rest of our best subjects; we desiring and ordaining that henceforward all notes of discord, separation and difference of parties be utterly abolished among all our subjects, whom we invite and conjure to a perfect union among themselves, under our protection, for the re-settlement of our just rights and theirs in a free Parliament, by which, upon the word of a king, we will be advised.

And because the passion and uncharitableness of the times have produced several opinions in religion, by which men are engaged in parties and animosities against each other, which, when they shall hereafter unite in a freedom of conversation, will be composed or better understood, we do declare a liberty to tender consciences, and that no man shall be disquieted or called in question for differences of opinion in matter of religion which do not disturb the peace of the kingdom; and that we shall be ready to consent to such an Act of Parliament as upon mature deliberation shall be offered to us for the full granting that indulgence.

And because, in the continued distractions of so many years and so many and great revolutions, many grants and purchases of estates have been made to and by many officers, soldiers and others, who are now possessed of the same and who may be liable to actions at law upon several titles, we are likewise willing that all such differences, and all things relating to such grants, sales and purchases, shall be determined in Parliament, which can best provide for the just satisfaction of all men who are concerned.

And we do further declare that we will be ready to consent to any Act or Acts of Parliament to the purposes aforesaid, and for the full satisfaction of all arrears due to the officers and soldiers of the army under the command of General Monck, and that they shall be received into our service upon as good pay and condition as they now enjoy.

Given under our sign manual and privy signet,
at our court at Breda,
this 4/14 day of April 1660,
in the twelfth year of our reign.

B) Déclaration d'indulgence royale de mars 1672, annulée en mars 1673 à la suite des pressions du Parlement

His Majesty's Declaration to all his loving subjects

Charles R.

OUR CARE AND ENDEAVOURS for the preservation of the rights and interests of the Church have been sufficiently manifested to the world by the whole course of our government since our happy restoration, and by the many and frequent ways of coercion that we have used for reducing all erring or dissenting persons, and for composing the unhappy differences in matters of religion which we found among our subjects upon our return. But it being evident by the sad experience of twelve years that there is very little fruit of all those forcible courses, we think ourself obliged to make use of that supreme power in ecclesiastical matters which is not only inherent in us but hath been declared and recognized to be so by several statutes and Acts of Parliament. And therefore we do now accordingly issue this our declaration, as well for the quieting the minds of our good subjects in these points, for inviting strangers in this conjuncture to come and live under us, and for the better encouragement of all to a cheerful following of their trade and callings, from whence we hope by the blessing of God to have many good and happy advantages to our government, as also for preventing for the future the danger that might otherwise arise from private meetings and seditious conventicles.

And in the first place, we declare our express resolution, meaning and intention to be that the Church of England be preserved and remain entire in its doctrine, discipline and government as now it stands established by law; and that this be taken to be, as it is, the basis, rule and standard of the general and public worship of God, and that the orthodox conformable clergy do receive and enjoy the revenues belonging thereunto; and that no person, though of a different opinion and persuasion, shall be exempt from paying his tithes or other dues whatsoever. And further we declare that no person shall be capable of holding any benefice, living or ecclesiastical dignity or preferment of any kind in this our kingdom of England who is not exactly conformable.

We do in the next place declare our will and pleasure to be that the execution of all and all manner of penal laws in matters ecclesiastical, against whatsoever sort of nonconformists or recusants, be immediately suspended, and they are hereby suspended; and all judges, judges of assize and gaol delivery, sheriffs, justices of the peace, mayors, bailiffs and other officers whatsoever, whether ecclesiastical or civil, are to take notice of it, and pay due obedience thereunto.

And that there may be no pretence for any of our subjects to continue their illegal meetings and conventicles, we do declare that we shall from time to time allow a sufficient number of places, as they shall be desired, in all parts of this our kingdom for the use of such as do not conform to the Church of England, to meet and assemble in in order to their public worship and devotion, which places shall be open and free to all persons. But to prevent such disorders and inconveniencies as may happen by this our indulgence, if not duly regulated, and that they may be the better protected by the civil magistrate, our express will and pleasure is that none of our subjects do presume to meet in any place until such place be allowed and the teacher of that congregation be approved by us.

And lest any should apprehend that this restriction should make our said allowance and approbation difficult to be obtained, we do further declare that this our indulgence, as to the allowance of the public places of worship and approbation of the teachers, shall extend to all sorts of nonconformists and recusants except the recusants of the Roman Catholic religion, to whom we shall in no wise allow public places of worship, but only indulge them their share in the common exemption from the execution of the penal laws, and the exercise of their worship in their private houses only.

And if after this our clemency and indulgence any of our subjects shall presume to abuse this liberty, and shall preach seditiously, or to the derogation of the doctrine, discipline or government of the established Church, or shall meet in places not allowed by us, we do hereby give them warning, and declare we will proceed against them with all imaginable severity. And we will let them see we can be as severe to punish such offenders, when so justly provoked, as we are indulgent to truly tender consciences.

Given at our court at Whitehall,
this 15th day of March,
in the four and twentieth year of our reign.

24 – *Un roi, une foi, une loi*

Depuis le XVIe siècle et la rupture avec Rome, l'uniformité religieuse du royaume avait été maintes fois réaffirmée (Actes de 1549, de 1552 et de 1559), sans oublier de multiples rappels à la conformité ecclésiastique... Sur le plan religieux, l'uniformité est l'équivalent de la centralisation dans l'ordre profane : elle est une garantie d'unité. En 1662, l'uniformité prend une tournure autrement plus dramatique : elle marque l'échec de la compréhension. En fait, l'Église établie ne parvient pas à « comprendre » – c'est-à-dire à inclure – tous ses fils dispersés. Nombre de pasteurs – les estimations varient entre mille et deux mille cas – doivent fermer boutique, ou du moins laisser le soin de leurs paroisses à des confrères plus soumis ou plus sensibles à la beauté de la liturgie anglicane.

Act of Uniformity, 1662

An act for the uniformity of public prayers, and administration of sacraments, and other rites and ceremonies: And for establishing the form of making, ordaining, and consecrating bishops, priests, and deacons, in the Church of England.

Whereas in the first year of the late Queen Elizabeth, there was one uniform order of common service and prayer, and of the administration of sacraments, rites, and ceremonies, in the Church of England (agreeable to the Word of God, and usage of the primitive church), compiled by the reverend bishops and clergy, set forth in one book, intituled, *The Book of Common Prayer, and Administration of Sacraments, and other rites and ceremonies in the Church of England*, and enjoined to be used by act of parliament, holden in the said first year of the said late queen, intituled, *An Act for the uniformity of common prayer and service in the church, and administration of the sacraments*, very conformable to all good people desirous to live in christian conversation, and most profitable to the estate of this realm; upon the which the mercy, favour, and blessing of almighty God is in no wise so readily and plentifully found, as by common prayers, due using of the sacraments, and often preaching of the gospel, with devotion of the hearers; and yet this notwithstanding, a great number of people in divers parts of this realm, following their own sensuality, and living without knowledge and due fear of God, do wifully and schismatically abstain and refuse to come to their parish churches, and other public places where common prayer, ad-ministration of the sacraments, and preaching of the Word of God is used upon the Sundays and other days ordained and appointed to be kept and observed as holy-days: And whereas by the great and scandalous neglect of ministers in using the said order or liturgy so set forth and enjoined as aforesaid, great mischiefs and incon-veniences, during the times of the late unhappy troubles, have arisen and grown, and many people have been led into factions and schisms, to the great decay and scandal of the reformed religion of the Church of England, and to the hazard of many souls: For prevention thereof in time to come, for settling the peace of the church, and for allaying the present distempers which the indisposition of the time hath contracted, the King's Majesty, according to his declaration of the five and twentieth of October, one thousand six hundred and sixty, granted his commission under the Great Seal of England to several bishops and other divines, to review the *Book of Common Prayer*, and to prepare such alterations and additions as they thought fit to offer: And afterwards the convocation of both the provinces of Canterbury and York, being by his Majesty called and assembled, and now sitting, his Majesty hath been pleased to authorize and require the presidents of the said convocations, and other the bishops and clergy of the same, to review the said Book of Common Prayer, and the book of the form and manner of the making and consecrating of bishops, priests, and deacons; And that after mature consideration they should make such additions and alterations in the said books respectively, as to them should seem meet and convenient; and should exhibit and present the same to his Majesty in writing for his further allowance or confirmation. Since which time, upon full and mature deliberation, they the said presidents, bishops, and clergy, of both provinces, have accordingly reviewed the said books, and have made some alterations which they think fit to be inserted to the same; and some additional prayers to the said *Book of Common Prayer* Prayer to be used upon proper and emergent occasions, and have exhibited and preferred the same unto his Majesty in writing, in one book, intituled, *The Book of Common Prayer and administration of the sacraments, and other rites and ceremonies of the church, according to the use of the Church of England, together with the psalter, or psalms of David, pointed as they are to be sung or said in churches; and the form or manner of making, ordaining, and consecrating, of bishops, priests, and deacons*: All which his Majesty having duly considered, hath fully approved and allowed the same, and recommended to this present parliament, That the said *Books of Common Prayer, and of the form of ordination and consecration of bishops, priests, and deacons*, with the alterations and additions which have been so made and presented to his Majesty by the said convocations, be the book which shall be appointed to be used by all that officiate in all cathedral and collegiate churches and chapels, and in all chapels of colleges and halls in both the universities, and the colleges of Eaton and Winchester, and in all parish churches and chapels within the kingdom of England, dominion of Wales, and town of Berwick upon Tweed, and by all that make or consecrate bishops, priests, or deacons, in any of the said places, under such sanctions and penalties as the houses of parliament shall think fit. […]

III. And to the end that uniformity in the public worship of God (which is so much desired) may be speedily effected, be it further enacted […] That every parson, vicar, or other minister whatsoever, who now hath or enjoyeth any ecclesiastical benefice or promotion within the realm of England or places aforesaid, shall, in the church, chapel, or places of public worship, belonging to his said benefit or promotion, upon some Lord's day before the feast of St. Bartholomew which shall be in the year of our Lord God one thousand six hundred and sixty and two, openly, publicly, and solemnly read the Morning and Evening Prayer appointed to be read by and according to the said *Book of Common Prayer*, at the times thereby appointed; and after such reading thereof, shall openly and publicly, before the congregation there assembled, declare his unfeigned assent and consent to the use of all things in the said book contained and prescribed, in these words, and no other:

IV. "I, A. B. do here declare my unfeigned assent and consent to all and every thing contained and prescribed in and by the book, intituled, *The Book of Common Prayer and administration of the sacraments, and other rites and ceremonies of the church, according to the use of the Church of England, together with the psalter or psalms of David, pointed as they are to be sung or said in churches; and the form or manner of making, ordaining, and consecrating of bishops, priests, and deacons.*"

14 Car. II, c. 4.

Tous les Anglais n'appartiennent donc pas à la même Église. Une frange de fils prodigues préfère célébrer l'Éternel selon d'autres rites – quitte à sacrifier parfois à la convivialité anglicane. Le *dissent* est un phénomène difficile à évaluer : d'où la crainte qu'il suscite. Si on leur lâche la bride, les fidèles de l'Église établie ne risquent-ils pas, selon leurs humeurs, de se rendre à tel ou tel autre culte interdit ? En dépit des multiples différences qui séparent les presbytériens des indépendants, des baptistes ou des quakers, une assez plate logique administrative conduit à suspecter tous les *dissenters* et à les traiter sans ménagement de « fanatiques », en écrasant quelques larmes contrites sur le martyre de Charles Ier.

Inégalement appliquées, une série de mesures se succèdent :

– *Corporation Act*, 1661, excluant les dissidents des charges municipales ;

– *Five Mile Act*, 1665, interdisant aux pasteurs chassés de revenir sur les lieux de leurs activités passées ;

– *Conventicles Acts*, 1664 et 1670, rendant illégaux les cultes extérieurs à l'Église établie.

On a parfois donné à ces mesures le nom général de code Clarendon, du nom du principal ministre de Charles II jusqu'en 1667. Cette appellation paraît contestable.

Five Mile Act, 1665

An Act for restraining nonconformists from inhabiting in corporations

Whereas divers parsons, vicars, curates, lecturers and other persons in Holy Orders have not declared their unfeigned assent and consent to the use of all things contained and prescribed in the *Book of Common Prayer and administration of the sacraments and other rites and ceremonies of the church according to the use of the Church of England*, or have not subscribed the declaration or acknowledgment contained in a certain Act of Parliament made in the fourteenth year of his Majesty's reign and intituled, *An Act for the uniformity of public prayers and administration of sacraments and other rites and ceremonies, and for the establishing the form of making, ordaining and consecrating of bishops, priests and deacons in the Church of England*, according to the said Act or any other subsequent Act; and whereas they or some of them, and divers other person and persons not ordained according to the form of the Church of England, and as have since the Act of Oblivion taken upon them to preach in unlawful assemblies, conventicles or meetings under colour or pretence of exercise of religion, contrary to the laws and statutes of this kingdom, have settled themselves in divers corporations in England, sometimes three or more of them in a place, thereby taking an opportunity to distil the poisonous principles of schism and rebellion into the hearts of his Majesty's subjects, to the great danger of the Church and kingdom: be it therefore enacted [...] that the said parsons, vicars, curates, lecturers and other persons in Holy Orders, or pretended Holy Orders, or pretending to Holy Orders, and all stipendiaries and other persons who have been possessed of any ecclesiastical or spiritual promotion, and every of them, who have not declared their unfeigned assent and consent as aforesaid, and subscribed the declaration aforesaid, and shall not take and subscribe the oath following:

"I, A.B., do swear that it is not lawful upon any pretence whatsoever to take arms against the king, and that I do abhor that traitorous position of taking arms by his authority against his person, or against those that are commissionated by him, in pursuance of such commissions, and that I will not at any time endeavour any alteration of government either in Church or State."

Comment cependant s'assurer que les loups ne sont pas dans la bergerie ? En effet, il est aisé de se rendre au culte anglican, quitte à fréquenter une autre Église par ailleurs. Il fallait donc trouver un test absolu de loyauté à l'Église et à l'État. La communion offrait des avantages appréciables : peu onéreuse, elle est d'un maniement commode. Un pasteur anglican, un peu de pain, un peu de vin, et le tour est joué. Si l'on communie sans intention droite, l'on communie à sa damnation.

Les catholiques refusent ces communions forcées ; elles s'apparentent pour eux à un acte sacrilège. Et comme si cela ne suffisait pas, on adjoint un serment contre la conception catholique de l'eucharistie – ou transsubstantiation.

"**I, A.B., do solemnly** and sincerely in the presence of God profess, testify and declare that I do believe that in the sacrament of the Lord's Supper there is not any transubstantiation of the elements of bread and wine into the body and blood of Christ at or after the consecration thereof by any person whatsoever; and that the invocation or adoration of the Virgin Mary or any other saint and the sacrifice of the mass, as they are now used in the Church of Rome, are superstitious and idolatrous. And I do solemnly in the presence of God profess, testify and declare that I do make this declaration and every part thereof in the plain and ordinary sense of the words read unto me, as they are commonly understood by English Protestants, without any evasion, equivocation or mental reservation whatsoever, and without any dispensation already granted me for this purpose by the Pope or any other authority or person whatsoever, or without thinking that I am or can be acquitted before God or man or absolved of this declaration or any part thereof, although the Pope or any other person or persons or power whatsoever should dispense with or annul the same, or declare that it was null and void from the beginning."

Which said oaths and declaration shall be in this and every succeeding Parliament solemnly and publicly made and subscribed betwixt the hours of nine in the morning and four in the afternoon by every such peer and member of the House of Peers at the table in the middle of the said House before he take his place in the said House of Peers, and whilst a full House of Peers is there with their Speaker in his place, and by every such member of the House of Commons at the table in the middle of the said House, and whilst a full House of Commons is there duly sitting with their Speaker in his chair, and that the same be done in either House in such like order or method as each House is called over by respectively.

Test Act, version de 1678, *30 Car. II, 2, c. 1.*
(Il existe une première version en 1673.)

25 – Le grand Satan papiste

Dans l'atmosphère survoltée des années 1670, les fables les plus échevelées prennent une consistance inattendue. Un imposteur, qui répond au nom de Titus Oates, flatte honteusement la crédulité de ses contemporains. Il dénonce un gigantesque complot catholique, visant à tuer le roi, et parvient même à occuper un poste semi-officiel de grand inquisiteur protestant – si cela est possible.

Titus a été un temps aumônier anglican de la marine – il aime les hommes un peu rudes – avant de se convertir au catholicisme et d'être accueilli par les bons pères jésuites à Valladolid. Il les trahit à son tour. En 1678, il met le feu aux poudres : la chasse aux papistes se soldera par environ trente-cinq exécutions, pour s'apaiser en 1681.

Titus passera quelques années en prison, de 1684 à 1689, avant d'être libéré par Guillaume d'Orange, en hommage à ses services rendus. Titus essaie bien d'inventer un nouveau complot, mais la mode n'est plus aux éventrations de prêtres et de religieux pour haute trahison.

Notre homme doit se contenter, à la fin de ses jours, d'une simple pension.

The General Design of the POPE, Society of JESUS, and their Confederates in this PLOT, is, the REFORATION, that is, (in their sense) the Reduction of GREAT BRITAIN and IRELAND, and all His Majesties Dominions by the Sword (all other wayes and means being judged by them ineffectual) to the Romish Religion and Obedience.

TO EFFECT THIS DESIGN;

1. The Pope hath entitled himself to the Kingdomes of *England* and *Ireland*.

2. Sent his Legate [...] into Ireland to declare his Title, and take possession of that Kingdom.

3. He hath appointed Cardinal *Howard* his Legate for *England* to the same purpose.

4. He hath given Commission to the General of the Jesuites, and by him to *White* their Provincial in *England* to issue, and they have issued out, and given Commissions to Captain Generals, Lieutenant Generals, &c. namely, the General of the Jesuites hath sent Commissions from *Rome* to *Langhorn* their Advocate-General for the Superiour Offices: And *White* hath given Commissions here in *England* to Colonels, and inferiour officers.

5. He hath by a Consult of the Jesuits of this Province Assembled at *London*, condemned His Majesty, and ordered him to be assassinated, &c.

He hath Ordered, That in case the Duke of *York* will not accept these Crowns as forfeited by his Brother unto the Pope, as of his Gift, and settle such

Prelates and Dignitaries in the Church, and such Officers in Commands and Places Civil, Naval and Military, as he hath Commissioned as above, extirpate the Protestant Religion, and in order thereunto *ex post facto*, consent to the assassination of the king his Brother, Massacre of His Protestant Subjects, firing of his Towns, &c. by pardoning the Assassins, Murderers and Incendiaries, that then he be also poysoned or destroyed, after they have for some time abused His Name and Title to strengthen their plot, weakened and divided the Kingdoms of ENGLAND, SCOTLAND and IRELAND thereby in Civil Wars and Rebellions as in His Fathers Time, to make way for the *French* to seize their Kingdoms, and totally ruine their Infrantry and Naval Force.

Titus Oates, *A True Narrative of the Horrid Plot and Conspiracy of the Popish Party*, 1679.

26 – L'échec de la grâce

Comment réconcilier ce royaume divisé entre dissidents protestants, anglicans et catholiques ? Jacques II, en 1687 et en 1688, promeut une « Déclaration d'indulgence » qui met le feu aux poudres. On reprochera au roi d'avoir voulu enfreindre les lois du royaume, au profit des non-conformistes.

His Majesty's Gracious Declaration to all his loving subjects for liberty of conscience

James R.

It having pleased Almighty God not only to bring us to the imperial crown of these kingdoms through the greatest difficulties, but to preserve us by a more than ordinary providence upon the throne of our royal ancestors, there is nothing now that we so earnestly desire as to establish our government on such a foundation as may make our subjects happy, and unite them to us by inclination as well as duty; which we think can be done by no means so effectually as by granting to them the free exercise of their religion for the time to come, and add that to the perfect enjoyment of their property, which has never been in any case invaded by us since our coming to the crown; which, being the two things men value most, shall ever be preserved in these kingdoms during our reign over them as the truest methods of their peace and our glory.

We cannot but heartily wish, as it will easily be believed, that all people of

> our dominions were members of the Catholic Church. Yet we humbly thank Almighty God it is, and hath of long time been, our constant sense and opinion (which upon divers occasions we have declared) that conscience ought not to be constrained, nor people forced in matters of mere religion; it has ever been directly contrary to our inclination, as we think it is to the interest of government, which it destroys by spoiling trade, depopulating countries and discouraging strangers; and finally, that it never obtained the end for which it was employed. And in this we are the more confirmed by the reflections we have made upon the conduct of the four last reigns; for after all the frequent and pressing endeavours that were used in each of them to reduce this kingdom to an exact conformity in religion it is visible the success has not answered the design, and that the difficulty is invincible.
>
> We therefore, out of our princely care and affection unto all our loving subjects, that they may live at ease and quiet, and for the increase of trade and encouragement of strangers, have thought fit by virtue of our royal prerogative to issue forth this our declaration of indulgence, making no doubt of the concurrence of our two Houses of Parliament when we shall think it convenient for them to meet.
>
> *Déclaration d'indulgence* d'avril 1687, reprise en avril 1688.

Pas plus que la Restauration de 1660, la Glorieuse Révolution de 1688 n'accouche d'une société réconciliée. Une Église nationale, comprenant tous les Anglais : cet idéal demeure inaccessible. Une loi de 1689 tente péniblement de contenir tous les débordements. Ce texte obscur est souvent appelé loi sur la tolérance – alors même que ni le mot ni l'idéal de la tolérance n'y figurent. Cette bévue provient sans doute de la publication, la même année, de la *Lettre sur la tolérance* de John Locke. La loi s'intitule plus modestement : "*An Act for Exempting their Majesties' Protestant Subjects Dissenting from the Church of England from the Penalties of Certain Laws*". En bref, il s'agit de façon toute pragmatique de cesser de punir les dissidents qui attendent en théorie 1828-1829 pour jouir de leurs pleins droits.

À condition de reconnaître Dieu (Père, Fils et Saint-Esprit) et Guillaume, tout homme pouvait, comme le dit Voltaire, aller « au Ciel par le chemin qui lui plaît ».

> "I, A.B., DO SINCERELY PROMISE and solemnly declare before God and the world that I will be true and faithful to King William and Queen Mary, and I do solemnly profess and declare that I do from my heart abhor, detest and renounce as impious and heretical that damnable doctrine and position that princes excommunicated or deprived by the Pope or any authority of the see of Rome may be deposed or murthered by their subjects or any other

whatsoever, and I do declare that no foreign prince, person, prelate, state or potentate hath or ought to have any power, jurisdiction, superiority, pre-eminence or authority, ecclesiastical or spiritual, within this realm".

And shall subscribe a profession of their Christian belief in these words,

"I, A.B., profess faith in God the Father, and in Jesus Christ his Eternal Son, the true God, and in the Holy Spirit, one God blessed for evermore, and do acknowledge the Holy Scriptures of the Old and New Testament to be given by divine inspiration".

And every such person that shall make and subscribe the two declarations and profession aforesaid, being thereunto required, shall be exempted from all the pains and penalties of all and every the aforementioned statutes made against popish recusants or Protestant nonconformists. [...]

1 Will. & Mary c. 18.

27 – *La Déclaration des droits*

Le départ de Jacques II, en décembre 1688, crée un vide juridique. Une Convention se réunit ; les débats portent sur la nature précise du nouveau régime – présenté, de façon fictive il est vrai, comme la restauration d'un ordre ancien, qui aurait été transgressé par Jacques II. Un premier document de synthèse est présenté par un comité le 2 février. Nous le reproduisons ci-dessous.

1. The pretended power of dispensing or suspending laws, or the execution of laws by royal prerogative, without consent of Parliament, is illegal.

2. The commission for erecting the late court of commissioners for ecclesiastical causes and all other commissions and courts of like nature are illegal and pernicious.

3. Levying money for or to the use of the crown by pretence of prerogative, without grant of Parliament for longer time, or in other manner than the same shall be so granted, is illegal.

4. It is the right of the subjects to petition the king; and all commitments and prosecutions for such petitioning are illegal.

5. The acts concerning the militia are grievous to the subject.

6. The raising or keeping a standing army within this kingdom in time of peace, unless it be with the consent of Parliament, is against the law.

7. It is necessary for the public safety, that the subjects, which are Protestants, should provide and keep arms for their common defense, and that arms which have been seized and taken from them be restored.

8. The right and freedom of electing members of the House of Commons, and the rights and privileges of Parliament, and members, as well in the intervals of Parliament as during their sitting, to be preserved.

9. That Parliament ought to sit frequently, and that their frequent sitting be preserved.

10. No Interrupting of any session of Parliament, till the affairs that are necessary to be dispatched at that time are determined.

11. That the too long continuance of the same Parliament be prevented.

12. No pardon to be pleadable to an impeachment in Parliament.

13. Cities, universities, and towns corporate, and boroughs and plantations to be secured against *Quo Warrantos* and surrenders and mandates, and restored to their ancient rights.

14. None of the royal family to marry a Papist.

15. Every king and queen of this realm, at the time of their entering into the exercise of their royal authority, to take an oath for maintaining the Protestant religion, and the laws and liberties of the nation, and that the coronation oath be reviewed.

16. Effectual provision to be made for the liberty of Protestants in the exercise of their religions and for uniting all Protestants in the matter of public worship as far as may be possible.

17. Constructions upon the statutes of treason, and trials and proceedings and writs of error, in cases of treason, to be regulated.

18. Judges commissions to be made *quam diu se bene gesserint*; and their salaries to be ascertained and established, to be paid out of the public revenue only, and not to be removed nor suspended from the execution of their office, but by due course of law.

19. The requiring excessive bail of persons committed in criminal cases, and imposing excessive fines and illegal punishments to be prevented.

20. Abuses in the appointing of sheriffs, and in the execution of their office, to be reformed.

21. Jurors to be duly impannelled and returned, and corrupt and false verdicts prevented.

22. Informations in the Court of King's Bench to be taken away.

23. The Chancery and other courts of justice, and the fees of office, to be regulated.

24. That the buying and selling of offices may be effectually provided against.

25. That upon return of *habeas corpus* and *mandamus*, the subject may have liberty to traverse such return.

26. That all grants of fines and forfeitures are illegal and void; and that all such persons as procure them be liable to punishment.

27. That the abuses and oppressions in levying and collecting the hearth money be effectually redressed.

28. That the abuses and oppressions in levying and collecting the excise be effectually redressed.

Heads of Grievances.

Un texte plus modéré est finalement lu solennellement devant Guillaume et Marie le 13 février 1689. Les heureux époux acceptent la couronne qu'on leur tend – en dépit des craintes de Guillaume d'Orange, qui redoute le tempérament insolent des Anglais. Cette « Déclaration des droits » devient à la fin de l'année loi du royaume – *Bill of Rights*.

Le *Bill of Rights* est rédigé dans un présent éternel qui combine la tradition immémoriale et le présent. La loi déclare une tradition préexistante mais crée aussi un nouveau droit.

D'autres articles reprennent des débats antérieurs, déjà présents dans la *Petition of Right* de 1628 (*voir texte n° 6, p 92*) ; interdiction des incarcérations discrétionnaires (question qui avait, entre temps, donné lieu à l'*Habeas Corpus Amendment Act* en 1679) ; impossibilité de lever des impôts non-votés par le Parlement.

D'autres enfin y ajoutent des clauses devenues importantes plus récemment : droit de pétition (c'est par des pétitions demandant l'exclusion du trône du futur Jacques II que s'ouvrit l'« *Exclusion Crisis* » de 1679, les ennemis de cet héritier s'appelant « pétitionnaires ») ; interdiction des armées permanentes ; ainsi que plusieurs clauses sur le fonctionnement du Parlement (liberté de parole, nécessité de convocations régulières).

Cette loi statue sur des controverses propres au XVIIe siècle anglais, avant de revêtir ultérieurement un sens plus général.

The said Lords Spirituall and Temporall and Commons pursuant to their respective Letters and Elections being now assembled in a full and free Representative of this Nation takeing into their most serious consideration the best Meanes for attaining the Ends aforesaid Doe in the first place (as their Auncestors in like case have usualy done) for the Vindicating and Asserting their Auntient Rights and Liberties, Declare

That the pretended Power of Suspending of Laws or the Execution of Laws by Regall Authority without consent of Parlyament is illegall.

That the pretended Power of Dispensing with Laws or the Execution of Laws by Regall Authoritie as it hath beene assumed and exercised of late is illegall.

That the Commission for erecting the late Court of Commissioners for Ecclesiasticall Causes and all other Commissions and Courts of like Nature are Illegall and Pernicious.

That levying Money for or to the Use of the Croune by Pretence of Prerogative without Consent of Parlyament for longer time or in other Manner then the same is or shall be granted is Illegall.

That it is the Right of the Subjects to Petition the King and all Commitments and Prosecutions for such Petitioning are Illegall.

That the raising or keeping a Standing Army within the Kingdome in time of Peace unless it be with Consent of Parlyament is against Law.

That the Subjects which are Protestants may have Arms for their Defence suitable to their Conditions and as allowed by Law.

That Election of Members of Parlyament ought to be free.

That the Freedoms of Speech and Debates or Proceedings in Parlyament ought not to be impeached or questioned in any Court or Place out of Parlyament.

That excessive Baile ought not to be required nor excessive Fines imposed nor cruell and unusuall Punishments inflicted.

That Jurors ought to be duely impannelled and returned and Jurors which passe upon Men in Trialls for High Treason ought to be Freeholders.

That all Grants and Promises of Fines and Forfeitures of Particular Persons before Conviction are illegall and void.

And that for Redresse of all Grievances and for the Amending strengthening and preserving of the Lawes Parlyaments ought to be held frequently.

And they doe Claime Demand and Insist upon all and singular the Promises as their undoubted Rights and Liberties and that no Declarations Judgements Doeings or Proceedings to the Prejudice of the People in any of the said Premises ought in any wise to be drawne hereafter into Consequence or Example.

1 Will. & Mary 2, c. 2.

28 – *Patriarcalisme et contractualisme*

La philosophie de l'esprit et la pensée politique de Locke sont intimement liées. Dans *An Essay Concerning Human Understanding*, publié après la Glorieuse Révolution, son propos – chercher les moyens de distinguer les idées vraies des idées fausses – revêt une dimension politique. Il faut offrir à la conscience les instruments de sa liberté et lutter contre les doctrines d'obéissance passive, inculquées à la faveur de la confusion.

Locke commença à formuler sa théorie à partir de la crise d'Exclusion de 1678-1679 (lorsque l'on tenta de barrer de la succession au trône le duc d'York, futur Jacques II). Les partisans du duc d'York publièrent, de façon posthume, un ouvrage du royaliste Filmer écrit au milieu du siècle, *Patriarcha*, qui défendait le rôle de la famille comme modèle politique. C'est contre lui que Locke définit sa délégation du pouvoir par la société. Locke révisa son manuscrit à la lumière de la Glorieuse Révolution pour insister sur une conséquence de son analyse : le droit du peuple à retirer sa confiance au prince qui viole les lois.

Locke explique la constitution de la société (chapitre IX) par la nécessité pour les hommes de préserver leur vie, leurs libertés et leurs biens – tout ceci réuni sous le nom de « property », qui représente l'ensemble des libertés fondamentales. Le gouvernement ainsi constitué ne connaît pas d'autre but. Le législatif est subordonné au peuple qui l'a élu, et l'exécutif au législatif (chapitre XIII). Dans le cas où l'un de ces pouvoirs subordonnés trahirait son mandat, on a le droit de s'en défaire, par la force si nécessaire.

L'ensemble présuppose que les hommes soient rationnels (chapitre XIV), (la notion de *reasonable person* reste importante dans le droit anglais).

Le chapitre XIX étudie la « dissolution du gouvernement » ; Locke examine avec prudence les cas de crise. Il n'y a pas de juge sur la terre entre le prince et les sujets. Il est difficile de déterminer quand le conflit d'autorité devient légitime, et les deux parties doivent avoir assez de mesure pour cohabiter avant d'en venir à des solutions extrêmes. Il admet ainsi une part d'indétermination.

Locke, préoccupé de protéger les droits des sujets sur les princes, mais aussi, après la Glorieuse Révolution, de permettre au gouvernement d'exercer sa tâche, équilibre ainsi ces deux exigences par la difficulté de juger des cas particuliers, dépendant de la conscience des citoyens.

A) Filmer et la royauté d'Adam

This Lordship which *Adam* by *Creation* had over the whole World, and by Right descending from him the *Patriarchs* did enjoy, was as large and ample as the Absolutest Dominion of any *Monarch* which hath been since the Creation: For Dominion of Life and Death, we find that *Judah* the Father pronounced Sentence of Death against *Thamar* his Daughter-in-law, for playing the Harlot; *Bring her forth* (saith he) *that she may be burnt*. Touching War, we see that *Abram* commanded an Army of 318 Soldiers of his own Family. And *Esau* met his Brother *Jacob* with 400 Men at Arms. For matter of Peace, *Abraham* made a League with *Abimelech*, and ratified the *Articles* With an Oath. These Acts of Judging in *Capital Crimes*, of making War, and concluding *Peace*, are the chiefest Marks of *Sovereignty* that are found in any *Monarch*.

In all Kingdoms or Commonwealths in the World, whether the Prince be the Supreme Father of the People, or but the true Heir of such a Father, or whether he come to the Crown by Usurpation, or by Election of the Nobles, or of the People, or by any other way whatsoever; or whether some few or a Multitude govern the Commonwealth: yet still the Authority that is in any One, or in Many, or in All these, is the only Right and Natural Authority of a Supreme Father. There is, and always shall be continued to the End of the World, a Natural Right of a Supreme Father over every Multitude, although by the secret Will of God, many at first do most unjustly obtain the Exercise of it.

To confirm this Natural Right of *Regal* Power, we find in the *Decalogue*, that the Law which enjoyns Obedience to Kings, is delivered in the terms of *Honour thy Father*, as if all power were originally in the Father. If Obedience to Parents be immediately due by a *Natural Law*, and subjection to Princes, but by the Mediation of an *Human Ordinance*; what reason is there that the Laws of *Nature* should give place to the Laws of Men? As we see, the power of the Father over his Child, gives place, and is subordinate to the power of the Magistrate.

If we compare the Natural Rights of a Father with those of a King, we find them all one, without any difference at all, but only in the Latitude or Extent of them: as the Father over one Family, so the King as Father over many Families extend his care to preserve, feed, cloath, instruct, and defend the whole Commonwealth. His War, his Peace, his Courts of Justice, and all his Acts of Sovereignty tend only to preserve and distribute to every subordinate and inferiour Father, and to their Children, their Rights and Priviledges; so that all the Duties of a King are summed up in an Universal Fatherly Care of his People.

R. Filmer, *Patriarcha*, 1ère éd., 1680.

B) Locke : de la nature à la société

IF MAN IN THE STATE OF NATURE be so free as has been said, if he be absolute lord of his own person and possessions, equal to the greatest and subject to nobody, why will he part with his freedom, this empire, and subject himself to the dominion and control of any other power? To which it is obvious to answer, that though in the state of Nature he hath such a right, yet the enjoyment of it is very uncertain and constantly exposed to the invasion of others; for all being kings as much as he, every man his equal, and the greater part no strict observers of equity and justice, the enjoyment of the property he has in this state is very unsafe, very insecure. This makes him willing to quit this condition which, however free, is full of fears and continual dangers; and it is not without reason that he seeks out and is willing to join in society with others who are already united, or have a mind to unite for the mutual preservation of their lives, liberties and estates, which I call by the general name – property. […]

But though men when they enter into society give up the equality, liberty, and executive power they had in the state of Nature into the hands of the society, to be so far disposed of by the legislative as the good of the society shall require, yet it being only with an intention in every one the better to preserve himself, his liberty and property (for no rational creature can be supposed to change his condition with an intention to be worse), the power of the society or legislative constituted by them can never be supposed to extend farther than the common good, but is obliged to secure every one's property by providing against those three defects above mentioned that made the state of Nature so unsafe and uneasy. And so, whoever has the legislative or supreme power of any commonwealth, is bound to govern by established standing laws, promulgated and known to the people, and not by extemporary decrees, by indifferent and upright judges, who are to decide controversies by those laws; and to employ the force of the community at home only in the execution of such laws, or abroad to prevent or redress foreign injuries and secure the community from inroads and invasion. And all this to be directed to no other end but the peace, safety, and public good of the people. […]

John Locke, *An Essay Concerning the True Original, Extent and End of Civil Government*, 1690.

29 – *Du bon usage des révolutions*

Algernon Sidney (1622-1683) combat l'armée de Charles Ier en 1644 avant d'être blessé à Marston Moor. Il s'aperçoit très tôt de la dérive autoritaire de Cromwell, auquel il s'oppose dès 1649 en manifestant son hostilité au procès, puis à la condamnation du roi. D'après la tradition, il aurait fait donner en 1656 une représentation de *Julius Caesar* dans laquelle il aurait tenu lui-même le rôle de Brutus. À la Restauration, il choisit l'exil parce qu'il refuse de renier son passé républicain, et il voyage en Europe où il fréquente notamment les milieux d'exilés de l'entourage de Ludlow en Suisse. De retour en Angleterre en 1677, il rallie rapidement l'opposition à Charles II et à son frère le duc d'York (le futur Jacques II), sans hésiter pour autant à toucher de l'argent de Louis XIV. Il est condamné à mort le 26 novembre 1683 au terme d'un procès sommaire, entaché d'un certain nombre d'irrégularités de procédure. Son exécution, le 7 décembre, en fait immédiatement un martyr de la cause *whig*.

Son œuvre majeure, les *Discourses Concerning Government*, est restée inédite de son vivant. C'est John Toland, auteur de *Christianity not Mysterious* (1696), qui en donne la première édition en 1698, dans un but de propagande politique. La publication par Toland des œuvres de Harrington et de Milton complète cette démarche qui vise à perpétuer la présence dans le débat politique d'un courant néo-républicain, vivace quoique marginal au moins jusqu'à la fin du siècle suivant. Les *Discourses*, commentés avec admiration par Thomas Jefferson et John Adams, ont été rédigés en 1681-1683, en réaction à la publication du *Patriarcha* de Sir Robert Filmer. Selon un procédé courant, Sidney oppose à son adversaire une réfutation terme à terme et thèse à thèse de sa justification de la monarchie absolue. Sa démonstration porte sur trois points essentiels : 1) le pouvoir paternel doit être distingué du pouvoir politique ; 2) le peuple choisit ses gouvernants en vertu d'un droit et d'une liberté naturels. Le meilleur régime est le gouvernement populaire ; 3) les rois sont entièrement soumis à la loi, incarnée par le Parlement.

Définissant la liberté, selon un postulat rationaliste classique, par opposition à la licence et aux passions, Sidney assigne à l'institution politique non seulement une tâche de protection de la sécurité, de la liberté et de la propriété des sujets, mais aussi d'encouragement de la vertu, thème constant du néo-républicanisme. Le consentement du peuple institue le gouvernement, qui peut donc être renversé en toute légitimité dès lors qu'il prétend étendre sa souveraineté au-delà de ses tâches légitimes.

La démonstration de Sidney repose d'une part sur l'analyse philosophique abstraite de l'état politique, d'autre part sur un recours fréquent à l'étude de l'histoire anglaise. Il est en effet convaincu que "*the English nation has always been governed by itself or its representatives*". Toutefois l'argument historique, à ses yeux, a moins de poids que la doctrine des droits naturels : "*in matters of the greatest importance, wise and good men do not so much inquire what has been, as what is good and ought to be*". Contre Filmer, il déplace la question de la légitimité du domaine du fait à celui du droit, selon une démarche qui le rapproche de Locke.

The general revolt of a Nation cannot be called a Rebellion

As impostors seldom make lies to pass in the world, without putting false names upon things, such as our author endeavour to persuade the people they ought not to defend their liberties, by giving the name of rebellion to the most just and honourable actions that have been performed for the preservation of them; and to aggravate the matter, fear not to tell us that rebellion is like the sin of witchcraft. But those who seek after truth, will easily find, that there can be no such thing in the world as the rebellion of a nation against its own magistrates, and that rebellion is not always evil. That this may appear, it will not be amiss to consider the word, as well as the thing understood by it as it is used in an evil sense.

The word is taken from the Latin *rebellare*, which signifies no more than to renew a war. When a town or province had been subdued by the Romans, and brought under their dominion, if they violated their faith after the settlement of peace, and invaded their masters who had spared them, they were said to rebel. But it had been more absurd to apply that word to the people that rose against the decemviri, kings or other magistrates, than to the Parthians or any of those nations who had no dependence upon them; for all the circumstances that should make a rebellion were wanting, the word implying a superiority in them against whom it is, as well as the breach of an establish'd peace. But tho every private man singly taken be subject to the commands of the magistrate, the whole body of the people is not so; for he is by and for the people, and the people is neither by nor for him. The obedience due to him from private men is grounded upon, and measured by the general law; and that law regarding the welfare of the people, cannot set up the interest of one or a few men against the publick. The whole body therefore of a nation cannot be tied to any other obedience than is consistent with the common good, according to their own judgment: and having never been subdued or brought to terms of peace with their magistrates, they cannot be said to revolt or rebel against them to whom they owe no more than seems good to themselves, and who are nothing of or by themselves, more than other men.

Algernon Sidney, *Discourses*, 1698.

Portrait de John Locke (1632-1704).

Le XVIIIe siècle : Intérêts privés et bien public

3

Swift à la veille de sa mort : la sévérité ecclésiastique cache un esprit pétillant.

Le XVIIe siècle avait été celui de la mécanique, le siècle suivant fut celui de la biologie. Et d'une mathématisation du réel qui trouve dans la démographie son aboutissement. Le médecin écossais John Arbuthnot (1667-1735) est emblématique de cette évolution. Membre de la *Royal Society*, le bon docteur appartient avec Jonathan Swift, Alexander Pope, et John Gay au Scriblerus Club, où l'on ridiculise les petits marquis et autres pédants qui empoisonnent les belles-lettres, hier comme aujourd'hui. Il est aussi un esprit rigoureux, épris du calcul des probabilités qu'il adapte à l'étude des naissances. Mais le médecin ordinaire de la reine Anne est mieux connue encore pour l'image du Britannique qu'il a léguée à la postérité sous le nom de John Bull [(a)].

Il est en soi intéressant que ce soit précisément un Écossais qui ait participé à l'édification de ce stéréotype de l'insulaire bon vivant et colérique, qui emprunte à sa nourriture favorite (la viande de bœuf) ses principales caractéristiques mentales et physiques. L'image de John Bull devait connaître d'innombrables transpositions dans l'œuvre des caricaturistes, de James Gillray, pendant les guerres de la Révolution française et de l'Empire, à l'hebdomadaire *Punch*, créé en 1841. N'est-il pas déjà impérial ce gros homme naïf, ou ce solide fermier qui trouve dans la compagnie d'un bulldog sa réplique imagée ?

C'est ainsi que l'on aime se représenter les îles Britanniques au XVIIIe siècle musclées et sûres d'elle-même, confiantes dans un niveau de vie qu'illustre parfaitement la consommation des protides animales. Le rosbif de la bonne vieille Angleterre, exaltée par le peintre Hogarth, contraste avec le brouet clair auquel les insulaires assimilent le repas des continentaux, envieux de leur abondance et trop souvent contraints de se nourrir de grenouilles. Le terme de *frogs* est attesté au XVIIIe siècle pour désigner les Français – après avoir servi pour les Hollandais, amphibies comme les batraciens sur leurs polders gagnés sur l'eau...

L'Angleterre a certes vaincu la famine depuis un bon siècle, au moment où Arbuthnot prend la plume. Elle jouit d'une expansion économique élevée – encore que le décalage avec la France s'amenuise considérablement à la veille de la Révolution française. Sa population, enfin, connaît un développement spectaculaire en particulier après 1750. L'on passe de 5 millions d'habitants en 1700 à plus de 8 millions à la fin du siècle [(b)]. Encore ces chiffres n'incluent-ils pas l'Écosse et l'Irlande. Et c'est sans compter l'émigration outre-mer, en direction de l'Amérique.

Dans le même temps, le pays connaît la « révolution industrielle » la plus précoce de l'histoire - selon l'expression consacrée. Celle-ci débuterait entre 1750 et 1780 : cette industrialisation touche ne particulier le sud du Lancashire, les Midlands, le

(a) "An argument for Divine Providence, taken from the constant Regularity observ'd in the Births of both Sexes", *Philosophical Transactions* (1710) 27, pp. 186-190, J. Arbuthnot, L'histoire de John Bull (ed.), C. Bruneteau, Paris, Aubier, 1976.

(b) La France connaît une croissance moins marquée de 20 à 28 millions d'habitants pour la même période.

Yorkshire, Birmingham et le *Black Country*. Mais elle n'empêche pas le maintien d'une Angleterre rurale ou d'une Angleterre financière distincte.

Ces données statistiques échappent cependant le plus souvent aux contemporains ; le premier recensement de la population intervient en 1801. L'on était par contre très sensible au développement de l'esprit partisan, qui donna lieu à de multiples polémiques. Si les *Whigs* et les *Tories*, ancêtres des Libéraux et des Conservateurs, apparaissent au départ dans le contexte troublé du dernier quart du XVIIe siècle, l'on s'explique mal à l'époque leur permanence. Le Français Emmanuel de Cize s'exclamait en 1717 : « Puissent les nom de *Whig* et de *Tory* être abolis pour jamais. Puissent tous les Anglais réunis dans les mêmes principes rendre à leur souverain les devoirs que le christianisme, que les lois exigent de bons et de véritables sujets ».

Qu'est-ce qui justifie l'existence des partis politiques ? Comment les *Whigs* et les *Tories* sont-ils même conciliables avec l'intérêt national ? Chaque groupe ne défend-il pas ses intérêts partisans ? Ces interrogations sont constantes jusqu'à Burke. C'est en 1770 que l'homme d'État justifiait sur le plan théorique leur maintien en postulant que seule la concurrence politique entre les partis permet de garantir l'intérêt général...

Mais cet équilibre entre le public et le privé, la sphère de l'individu et le bien être de tous est bien au cœur de la réflexion philosophique du XVIIIe siècle britannique, de Mandeville et sa réhabilitation du luxe en 1705 jusqu'à Adam Smith lorsqu'il pose les principes de l'économie libérale en 1776, l'année même de la déclaration d'indépendance américaine... Il laisse du reste éclater son admiration pour le jeune pays dont il prévoit le fabuleux développement économique : "*But though North America is not yet so rich as England, it is much more thriving, and advancing with much greater rapidity to the further acquisition of riches. The most decisive mark of the prosperity of any country is the increase of the number of its inhabitants. In Great Britain, and most other European countries, they are not supposed to double in less than five hundred years. In the British colonies in North America, it has been found that they double in twenty or five-and-twenty years*" (*The Wealth of Nations*).

Le Royaume-Uni est, en un sens, une invention du siècle. De 1707, année de l'acte d'Union avec l'Écosse, à 1800, lorsque l'Irlande entre à son tour dans le Royaume-Uni, les habitants des îles Britanniques font l'apprentissage de valeurs communes. Et d'une modernité prête à rejeter les spécificités irlandaises ou écossaises dans le romantisme et la nostalgie. Ou le folklore. Une culture philosophique et littéraire unitaire, celle de l'Anglo-Irlandais Jonathan Swift, de son compatriote Edmund Burke ou de l'Écossais Adam Smith, allait assurer durablement sur les esprits l'hégémonie du modèle politique britannique. Le choc en retour de l'indépendance américaine ou de la Révolution française allait fortifier plus longtemps un caractère insulaire qui trouve dans l'expansion impérialiste du XIXe siècle son expression la plus achevée.

Quelques dates

1701	*Act of Settlement.*
1702	Accession au pouvoir de la reine Anne.
1713	Paix d'Utrecht, mettant fin à la guerre de Succession d'Espagne.
1714	Arrivée de Georges Ier de Hanovre.
1727	Accession de Georges II.
1742	Chute de Robert Walpole, premier *Prime Minister* de l'histoire anglaise, après vingt ans de pouvoir.
1760	Début du règne de Georges III.
1763	Arrestation de John Wilkes, à la suite de son article satirique dans le *North Briton.*
1776	Déclaration d'indépendance américaine.
1790	Les *Reflections* d'Edmund Burke dénoncent la contagion de la Révolution française au-delà des frontières.

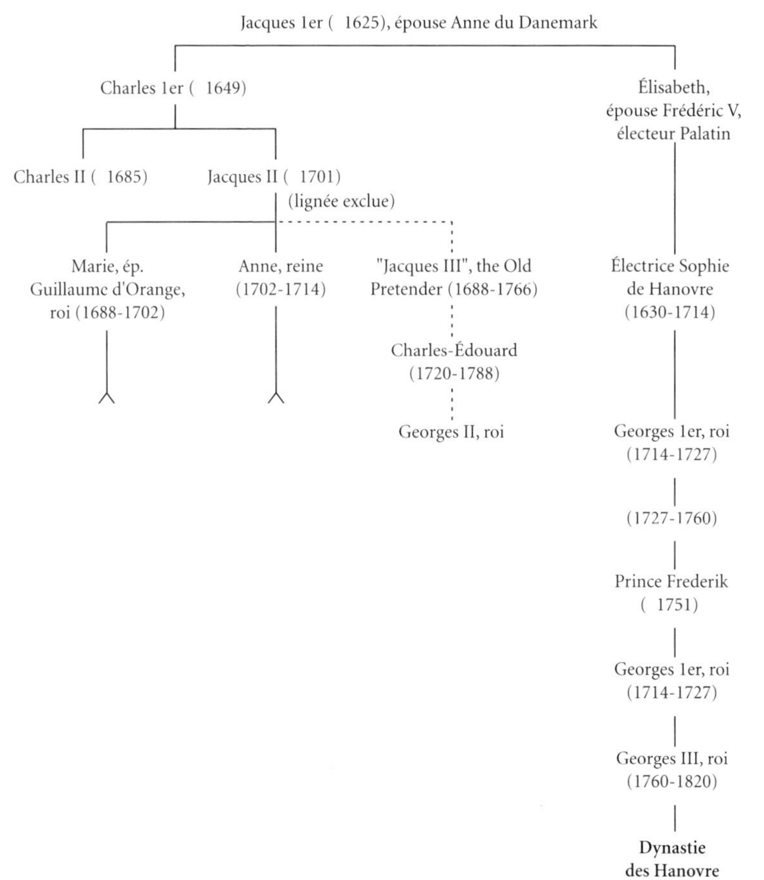

La rage de la politique

1 – *The Act of Settlement, 1701*

Ni Guillaume et Marie († 1694) ni la future reine Anne n'avaient de successeurs. Le jeune duc de Gloucester meurt à l'âge de onze ans en 1700. Sur sept enfants qu'avait eus la princesse Anne, aucun n'avait survécu.

On avait certes prétendu que Jacques-Édouard, fils de Jacques II, n'était pas légitime et qu'il avait été amené dans une bassinoire pour faire croire à un accouchement ! Écartée lors de la Glorieuse Révolution et exilée à Saint-Germain-en-Laye, cette branche légitime était catholique. Le Parlement se tourna donc vers une famille allemande, apparentée à Jacques Ier et qui avait pour seul mérite d'être de religion protestante (*voir généalogie p 169*).

Cette clause religieuse joue un rôle considérable : elle implique une redéfinition de la légitimité, qui ne dépend pas uniquement du sang et de l'hérédité, mais repose sur une volonté politique. L'exclusion des Stuarts après la reine Anne, l'arrivée des Hanovre, l'existence d'un fort courant de "*jacobites*", favorables au Prétendant, entraînent une sécularisation de la fonction royale au moins jusqu'à Georges III (*voir texte n° 12, p 207*).

L'Acte de 1701 témoigne également de l'agacement croissant des Anglais devant Guillaume III. Plusieurs clauses, du reste assez inefficaces, tentent de limiter le pouvoir de la Couronne. La plupart seront abrogées par la suite.

An Act for the further Limitation of the Crown and better securing the Rights and Liberties of the Subject

I. Whereas in the First Year of the Reign of Your Majesty and of our late most gracious Sovereign Lady Queen Mary (of blessed Memory) An Act of Parliament was made intituled An Act for declaring the Rights and Liberties of the Subject and for settling the Succession of the Crown wherein it was (amongst other things) enacted established and declared That the Crown and Regal Government of the Kingdoms of England France and Ireland and the Dominions thereunto belonging should be and continue to Your Majesty and the said late Queen during the joint Lives of Your Majesty and the said Queen and to the Survivor. And that after the Decease of Your

Majesty and of the said Queen the said Crown and Regal Government should be and remain to the Heirs of the Body of the said late Queen And for Default of such Issue to her Royal Highness the Princess Ann of Denmark and the Heirs of her Body And for Default of such Issue to the Heirs of the Body of Your Majesty And it was thereby further enacted That all and every Person and Persons that then were or afterwards should be reconciled to or shall hold Communion with the See or Church of Rome or should profess the Popish religion or marry a Papist should be excluded and are by that Act made forever incapable to inherit possess or enjoy the Crown and Government of this Realm and Ireland and the Dominions thereunto belonging or any part of the same or to have use or exercise any regal Power Authority or Jurisdiction within the same And in all and every such Case or Cases the People of these Realms shall be and are thereby absolved of their Allegiance And that the said Crown and Government shall from time to time descend to and be enjoyed by such Person or Persons being Protestants as should have inherited and enjoyed the same in case the said Person or Persons so reconciled holding Communion professing or marrying as aforesaid were naturally dead; After the making of which Statute and the Settlement therein contained Your Majesty's good Subjects who were restored to the full and free Possession and Enjoyment of their Religion Rights and Liberties by the Providence of God giving Success to Your Majesty's just Undertakings and unwearied Endeavours for that Purpose had no greater temporal Felicity to hope or wish for than to see a Royal Progeny descending from Your Majesty to whom (under God) they owe their Tranquillity and whose Ancestors have for many Years been principally Assertors of the reformed Religion and the Liberties of Europe and from our said most gracious Sovereign Lady whose Memory will always be precious to the Subjects of these Realms; And it having since pleased Almighty God to take away our said Sovereign Lady and also the most hopeful Prince William Duke of Gloucester (the only Surviving Issue of Her Royal Highness the Princess Ann of Denmark) to the unspeakable Grief and Sorrow of Your Majesty and Your said good Subjects who under such Losses being sensibly put in mind that it standeth wholly in the Pleasure of Almighty God to prolong the Lives of Your Majesty and of Her Royal Highness and to grant to Your Majesty or to Her Royal Highness such Issue as may be inheritable to the Crown and Regal Government aforesaid by the respective Limitations in the said recited Act contained do constantly implore the Divine Mercy for those Blessings; And Your Majesty's said Subjects having Daily Experience of Your Royal Care and Concern for the present and future Welfare of these Kingdoms and particularly recommending from Your Throne a further Provision to be made for the Succession of the Crown in the Protestant Line for the Happiness of the Nation and the Security of our Religion; And it being absolutely necessary for the Safety Peace and Quiet of this

Realm to obviate all Doubts and Contentions in the same by reason of any pretended Titles to the Crown and to maintain a Certainty in the succession thereof to which Your Subjects may safely have Recourse for their Protection in case the Limitations in the said recited Act should determine Therefore for a further Provision of the Succession of the Crown in the Protestant Line We Your Majesty's most dutiful and Loyal Subjects the Lords Spiritual and Temporal and Commons in this present Parliament assembled do beseech Your Majesty that it may be enacted and declared and be it enacted and declared by the King's most Excellent Majesty by and with the Advice and Consent of the Lords Spiritual and Temporal and Commons in this present Parliament assembled and by the Authority of the same That the most excellent Princess Sophia Electress and Duchess Dowager of Hanover Daughter of the most Excellent Princess Elizabeth late Queen of Bohemia Daughter of our late sovereign Lord King James the First of happy Memory be and is hereby declared to be the next in Succession in the Protestant Line to the Imperial Crown and Dignity to the said Realms of England France and Ireland and of the Dominions thereunto belonging after His Majesty and the Princess Ann of Denmark and in Default of Issue of the said Princess Ann and of His Majesty respectively and that from and after the Deceases of His said Majesty our now Sovereign Lord and of Her Royal Highness the princess Ann of Denmark and for Default of Issue of the said Princess Ann and of His Majesty respectively the Crown and Regal Government of the said Kingdoms of England France and Ireland and of the Dominions thereunto belonging with the Royal State and Dignity of the said Realms and all the Honours Styles Titles Regalities Prerogatives Powers Jurisdictions and Authorities to the same belonging and appertaining shall be remain and continue to the said most Excellent Princess Sophia and the Heirs of her Body being Protestants; And thereunto the said Lords Spiritual and Temporal and Commons shall and will in the Name of all the People of this Realm most humbly and faithfully submit themselves their Heirs and Posterities and do faithfully promise That after the Deceases of His Majesty and Her Royal Highness and the failure of the Heirs of their respective Bodies to stand to maintain and defend the said Princess Sophia and the Heirs of her Body being Protestants according to the Limitation and Succession of the Crown in this Act specified and contained to the utmost of their Powers with their Lives and Estates against all Persons whatsoever that shall attempt anything to the contrary.

II. Provided always and it is hereby enacted That all and every Person and Persons who shall or may take or inherit the said Crown by virtue of the Limitation of this present Act and is are or shall be reconciled to or shall hold Communion with the See or Church of Rome or shall profess the Popish Religion or shall marry a Papist shall be subject to such Incapacities as in such Case or Cases are by the said recited Act provided and established and that every King and Queen of this Realm who shall come to and succeed in the Imperial Crown by virtue of this Act shall have the Coronation Oath administered to him her or them at their respective Coronations according to the Act of Parliament made in the First Year of the Reign of His Majesty and the said late Queen Mary intituled An Act for establishing the Coronation Oath and shall make subscribe and repeat the Declaration in the Act first above recited mentioned or referred to in the Manner and Form thereby prescribed.

III. And whereas it is requisite and necessary that some further Provision be made for securing our Religion Laws and Liberties from and after the Death of His Majesty and the Princess Ann of Denmark and in Default of Issue of the Body of the said Princess and of his Majesty respectively Be it enacted by the King's most excellent Majesty by and with the Advice and Consent of the Lords Spiritual and Temporal and Commons in Parliament assembled and by the Authority of the same

That whosoever shall hereafter come to the Possession of this Crown shall join in Communion with the Church of England as by Law established.

That in case the Crown and Imperial Dignity of this Realm shall hereafter come to any Person not being a Native of this Kingdom of England this Nation be not obliged to engage in any War for the Defence of any Dominions or Territories which do not belong to the Crown of England without the consent of Parliament.

That no person who shall hereafter come to the possession of the Crown shall go out of the Dominions of England Scotland and Ireland without the consent of Parliament.

That from and after the Time that the further Limitation by this Act all Matters and Things relating to the well governing of this Kingdom which are properly cognizable in the Privy Council by the Laws and Customs of this Realm shall be transacted there and all Resolutions taken thereupon shall be signed by such of the Privy Council as shall advise and consent to the same.

That after the said Limitation shall take Effect as aforesaid no Person born out of the Kingdoms of England Scotland or Ireland or the Dominions thereunto belonging (although he be naturalized and made a Denizen) (except such as are born of English parents) shall be capable to be of the Privy Council or a Member of either House of Parliament or to enjoy any Office or Place of Trust either Civil or Military or to have any Grant of Lands Tenements or Hereditaments from the Crown to himself or to any other or others in trust for him.

That no Person who has an Office or Place of Profit under the King or receives a Pension from the Crown shall be capable of serving as a Member of the House of Commons.

That after the said Limitation shall take Effect as aforesaid Judges Commissions be made *Quam diu se bene Gesserint* and their Salaries ascertained and established but upon the Address of both Houses of Parliament it may be lawful to remove them.

That no Pardon under the Great Seal of England be pleadable to an Impeachment by the Commons in Parliament.

IV. And whereas the Laws of England are the Birthright of the People thereof and all the Kings and Queens who shall ascend the Throne of this Realm ought to administer the Government of the same according to the said Laws and all their Officers and Ministers ought to serve them respectively according to the same The Said Lords Spiritual and Temporal and Commons do therefore further humbly pray That all the Laws and Statutes of this Realm for securing the established Religion and Rights and Liberties of the People thereof and all other Laws and Statutes of the same now in Force may be ratified and confirmed. And the same are by His Majesty by and with the Advice and Consent of the said Lords Spiritual and Temporal and Commons and by Authority of the same ratified and confirmed accordingly.

12 & 13 Will. III, c. 2.

2 – 1701-1702 : *la préférence nationale*

Daniel Defoe (v. 1661-1731) n'est pas uniquement l'immortel auteur de *Robinson Crusoe* (1719), de *Moll Flanders* (1722), et de *Roxana* (1724). Il fut lui-même l'un des plus brillants écrivains pamphlétaires de sa génération, et mena une existence digne de l'un de ses romans. Né dans la Cité de Londres, dans la paroisse de St Giles, Cripplegate, il conserva toujours le souvenir de ce milieu d'artisans presbytériens dont il était issu. Son père fabriquait des chandelles, et lui-même ne dédaigna pas d'ouvrir brièvement une bonnetterie - après avoir envisagé un temps le ministère pastoral.

En théorie, il fallait appartenir à l'Église établie pour être pleinement admis dans la société du temps, et les non-conformistes religieux suscitaient encore, en ce début du XVIIIe siècle, des sentiments de violente hostilité. En dépit de la loi sur la tolérance de 1689, les *dissenters* étaient considérés comme des révolutionnaires potentiels, ou des républicains à tout le moins. Defoe garda toujours intacte sa conscience minoritaire, et le cas échéant il était prêt à se montrer solidaire des étrangers ou des autres protestants non-conformistes - qui comme lui n'appartenant pas à l'Église anglicane, seule « religion établie » en Angleterre.

Le plébéien était animé par la rage de réussir et le souci gestionnaire. Il sut mettre à profit sa connaissance des hommes et des choses pour mener à bien plusieurs missions délicates. Il plaça tout d'abord sa plume et ses compétences au service de Guillaume III, puis à celui du ministre Robert Harley : mission secrète en Écosse, soutien au gouvernement...

L'argumentation de Defoe ne manque pas d'intérêt, encore à l'heure actuelle. L'on s'indigne de la présence d'étrangers en Angleterre ? Mais, réplique-t-il, qu'est-ce qu'un Anglais de pure souche, quand on constate les migrations diverses qui ont déferlé sur les îles Britanniques (*texte A ci-dessous*) ? Celtes, Romains, Angles, Jutes et Saxons, Normands, Français, Flamands et Italiens ont trouvé tour à tour refuge en Angleterre – sans oublier les voisins insulaires, Irlandais ou Écossais. La xénophobie, la haine de l'étranger, pourtant tenaces en Angleterre à en croire Defoe, sont absurdes quand on songe à la diversité des origines ethniques des habitants de la Grande-Bretagne. Defoe sait se montrer humanitaire, lorsqu'il évoque les pauvres protestants français réfugiés en Angleterre, à la suite de leur persécution par Louis XIV. Ce plaidoyer généreux pour la compréhension entre les peuples – auquel il est permis d'octroyer une valeur plus actuelle – n'est cependant pas dénué d'arrières-pensées politiques, comme souvent chez Defoe. Et les contemporains ne s'y trompent guère en voyant nettement dans ce texte une défense du roi Guillaume III, ce Hollandais parvenu sur le trône à la faveur de la Glorieuse Révolution, et de l'éviction du roi Jacques. Defoe lui-même anticipe la critique en s'exclamant en préface : "*Possibly somebody make take me for a Dutchman, in which they are mistaken. But I am one that would be glad to see Englishman behave themselves better to strangers, and to governors also*". Sage leçon de modération, mais dont il est permis de souligner le caractère opportuniste.

Defoe a tout connu, il a tout écrit, il a tout décrit. Ses contemporains sont les premiers à être piégés par lui (*texte B, p 177*). Et lorsqu'il publie son pamphlet satirique sur la « meilleure façon d'en finir avec les *dissenters* » – *Shortest-Way With The Dissenters* (1702) –, il imite tellement bien les outrances de langage de ses adversaires qu'on le prend pour un anglican outré, capable de semer la sédition, et qu'on le met au pilori. Il y est en fait acclamé...

A) L'Anglais de souche

The pious purpose better to advance,
He invites the banish'd Protestants of France:
Hither for God's sake and their own they fled,
Some for religion came, and some for bread:
Two hunded thousand pairs of wooden shoes,
Who, God be thank'd, had nothing left to lose,
To Heav'n's great praise did for religion fly,
To make us starve our poor in charity.
In every port they plant their fruitful train,

To get a race of true-born Englishmen:
Whose children will, when riper years they see,
Be as ill-natur'd and as proud as we:
Call themselves English, foreigners despise,
Be surly like us all, and just as wise.

Thus from a mixture of all kinds began,
That het'rogeneous thing, an Englishman:
In eager rapes, and furious lust begot,
Betwixt a painted Britain and a Scot.
Whose gend'ring off-spring quickly learn'd to bow,
And yoke their heifers to the Roman plough:
From whence a mongrel half-bred race there came,
With neither name, nor nation, speech nor fame.
In whose hot veins new mixtures quickly ran,
Infus'd betwixt a Saxon and a Dane.
While their rank daughters, to their parents just,
Receiv'd all nations with promiscuous lust.
This nauseous brood directly did contain
The well-extracted blood of Englishmen.

Which medly canton'd in a heptarchy,
A rhapsody of nations to supply,
Among themselves maintain'd eternal wars,
And still the ladies lov'd the conquerors.

The Western Angles all the rest subdu'd;
A bloody nation, barbarous and rude:
Who by the tenure of the sword possest
One part of Britain, and subdu'd the rest
And as great things denominate the small,
The conqu'ring part gave title to the whole.
The Scot, Pict, Britain, Roman, Dane, submit,
And with the English-Saxon all unite:
And these the mixture have so close pursu'd,
The very name and memory's subdu'd:
No Roman now, no Britain does remain;
Wales strove to separate, but strove in vain:
The silent nations undistinguish'd fall,
And Englishman's the common name for all.
Fate jumbled them together, God knows how;
What e'er they were they're true-born English now.

The wonder which remains is at our pride,
To value that which all wise men deride.

For Englishmen to boast of generation,
Cancels their knowledge, and lampoons the nation.
A true-born Englishman's a contradiction,
In speech an irony, in fact a fiction.
A banter made to be a test of fools,
Which those that use it justly ridicules.
A metaphor invented to express
A man akin to all the universe.

For as the Scots, as learned men ha' said,
Throughout the world their wand'ring seed ha' spread;
So open-handed England, 'tis believ'd,
Has all the gleanings of the world receiv'd.

Some think of England 'twas our Saviour meant,
The Gospel should to all the world be sent:
Since, when the blessed sound did hither reach,
They to all nations might be said to preach.

'Tis well that virtue gives nobility,
How shall we else the want of birth and blood supply?
Since scarce one family is left alive,
Which does not from some foreigner derive.
Of sxity thousand English gentlemen,
Whose names and arms in registers remain,
We challenge all our heralds to declare
Ten families which English-Saxons are.

D. Defoe, *The True-born Englishman, a Satire*, 1701.

B) *Comment se débarrasser des non-conformistes ?*

It is now, near fourteen years, that the glory and peace of the purest and most flourishing Church in the world has been eclipsed, buffeted, and disturbed by a sort of men, whom, God in his providence, has suffered to insult over her, and bring her down. These have been the days of her humiliation and tribulation. She has borne with an invincible patience, the reproach of the wicked: and God has at last heard her prayers, and delivered her from the oppression of the stranger.

And now, they find their day is over! their power gone! and the throne of this nation possessed by a Royal, English, true, and ever constant member of, and friend to, the Church of England! Now, they find that they are in danger of the Church of England's just resentments! Now, they cry out,

"Peace!" "Union!" "Forbearance!" and "Charity!": as if the Church had not too long harboured her enemies under her wing! and nourished the viperous blood, till they hiss and fly in the face of the mother that cherished them!

No, gentlemen! the time of mercy is past! your day of grace is over! you should have practised peace, and moderation, and charity, if you expected any yourselves!

We have heard none of this lesson, for fourteen years past! We have been huffed and bullied with your Act of toleration! You have told us, you are the Church established by law, as well as others! have set up your canting Synagogues at our Church doors! and the Church and her members have been loaded with reproaches, with oaths, associations, abjurations, and what not! Where has been the mercy, the forbearance, the charity you have shewn to tender consciences of the Church of England that could not take Oaths as fast as you made them? that having sworn allegiance to their lawful and rightful king, could not dispense with that Oath, their king being still alive; and swear to your new hodge podge of a Dutch government? These have been turned out of their livings, and they and their families left to starve! their estates double taxed to carry on a war they had no hand in, and you got nothing by!

What account can you give of the multitudes you have forced to comply, against their consciences, with your new sophistical politics, who, like new converts in France, sin because they cannot starve? And now the tables are turned upon you; you must not be persecuted! it is not a Christian spirit!

You have butchered one king! deposed another king! and made a mock king of a third! and yet, you could have the face to expect to be employed and trusted by the fourth! Anybody that did not know the temper of your party, would stand amazed at the impudence as well as the folly to think of it!

Your management of your Dutch monarch, who you reduced to a mere King of Clubs, is enough to give any future princes such an idea of your principles, as to warn them sufficiently from coming into your clutches; and, God be thanked! the queen is out of your hands! Knows you! and will have a care of you!

There is no doubt but the supreme authority of a nation has in itself, a power, and a right to that power, to execute the laws upon any part of that nation it governs. The execution of the known laws of the land, and that with but a gentle hand neither, was all that the fanatical party of this land have ever called persecution. This they have magnified to a height, that the sufferings of the Huguenots in France were not to be compared with them. Now to execute the known laws of a nation upon those who transgress them, after having first been voluntarily consenting to the making of those laws, can never be called persecution, but justice. But justice is always violence to the party offending! for every man is innocent in his own eyes.

The first execution of the laws against Dissenters in England, was in the days of king James I; and what did it amount to? Truly, the worst they suffered was, at their own request, to let them go to New England, and erect a new colony; and give them great priviledges, grants, and suitable powers; keep them under protection, and defend them against all invaders; and receive no taxes or revenue from them!

This was the cruelty of the Church of England! Fatal lenity! It was the ruin of that excellent Prince, King Charles I. Had King James sent all the Puritans in England away to the West Indies; we had been a national unmixed Church! the Church of England had been kept undivided and entire!

To requite the lenity of the Father, they take up arms against the Son, conquer, pursue, take, imprison, and a last to death the Anoited of God, and destroy the very being and nature of government: setting up a sordid impostor, who had neither title to govern, nor understanding to manage, but supplied that want, with power, bloody and desperate counsels and craft, without conscience [...].

The Shortest Way with the Dissenters, 1702.

3 – Un cœur vraiment anglais

La reine Anne n'était pas Guillaume. Elle tint à l'affirmer haut et fort, en succédant à son beau-frère. Si elle ne brille ni par l'esprit ni par la beauté, la reine a cependant laissé un souvenir glorieux. Son règne marque l'ascendant des armées anglaises sur la France (victoires de Marlborough lors de la Guerre de succession d'Espagne), tout en conservant une sage mesure.

La dernière des Stuarts à monter sur le trône britannique a également permis une union des deux royaumes d'Angleterre et d'Écosse (*voir texte n° 5, p 186*).

My Lords and Gentlemen,

I cannot too much lament my own unhappiness, in succeeding to the crown so immediately after the loss of a king, who was the great support, not only of these kingdoms, but of all Europe; and I am extremely sensible of the weight and difficulty it brings upon me.

But the true concern I have for our religion, for the laws and liberties of England, for the maintaining the succession to the crown in the Protestant line, and the government in church and state as by law established, encourages me in this great undertaking; which, I promise myself, will be successful, by the blessing of God, and the continuance of that fidelity and affection of which you have given me so full assurance.

The present conjoncture of affairs requires the greatest application and dispatch; and I am very glad to find, in your several addresses, so unanimous a concurrence in the same opinion with me, that too much cannot be done for the encouragement of our allies, to reduce the exorbitant power of France.

I cannot but think it very necessary, upon this occasion, to desire you to consider of proper methods towards attaining of an Union between England and Scotland; which has been so lately recommended to you as a matter that very nearly concerns the peace and security of both kingdoms.

Gentlemen of the house of commons; I need not put you in mind, that the revenue for defraying the expences of the civil government is expired: I rely entirely upon your affections, for the supplying it in such manner as shall be most suitable for the honour and dignity of the crown.

My lords and gentlemen; It shall be my constant endeavour, to make you the best return for that duty and affection you have expressed to me, by a careful and diligent administration for the good of all my subjects: And, as I know my own heart to be entirely English, I can very sincerely assure you, there is not any thing you can expect, or desire from me, which I shall not be ready to do for the happiness and prosperity of England; and you shall always find me a strict and religious observer of my word.

Discours au Parlement, 11 mars 1702.

4 – La législation pénale en Irlande : la loi anti-catholique de 1704

Une législation favorable, une politique systématique d'appropriation des terres et l'application vigilante de principes restrictifs avaient permis aux protestants d'Irlande de s'assurer, dans le courant du XVIIe siècle, un contrôle accru de l'économie et du pouvoir politique.

Lorsque le catholique Jacques II commença à régner en 1685, tout était à redouter pour eux. La nomination au poste de vice-roi d'un catholique convaincu, Richard Talbot, comte puis duc de Tyrconnell, allait bientôt prouver le bien-fondé de leurs craintes. Les protestants, progressivement évincés des postes clés, voyaient grandir la menace d'une restitution des terres. Jacques II, chassé de son trône en 1688, tenta de regagner ses trois royaumes avec l'aide de Louis XIV. Mais il fut battu à la bataille de La Boyne (juillet 1690) par Guillaume d'Orange, à la tête d'une armée protestante.

En 1691, tout était fini ; le temps était venu de la revanche protestante. Si le traité de Limerick faisait montre d'une certaine clémence de la part de Guillaume d'Orange et Marie II Stuart, les protestants irlandais s'employèrent vite à revenir sur les velléités d'ouverture et à entériner une législation pénalisante à l'endroit des catholiques. Ces derniers se voyaient ainsi interdire de siéger au Parlement, de porter les armes, et de faire des études, tandis que les évêques et le clergé régulier étaient bannis d'Irlande. Sous le règne d'Anne, des lois encore plus rigoureuses furent votées par le Parlement d'Irlande, dont celle de 1704, sans doute la plus complète. Cette législation, dite pénale, ne sera abrogée que très progressivement à partir de 1778 et ce n'est qu'en 1829 que l'émancipation totale sera accordée aux catholiques. Le XVIIIe siècle verra les beaux jours de la *Protestant Ascendancy*.

An Act to prevent the further growth of popery, 1704

I. Whereas divers emissaries of the church of Rome, popish priests, and other persons of that persuasion, taking advantage of the weakness and ignorance of some of her majesty's subjects, or of the extreme sickness and decay of their reason and senses, in the absence of friends and spiritual guides, do daily endeavour to persuade and pervert them from the protestant religion, to the great dishonour of Almighty God, the weakening of the true religion, by His blessing so happily established in this realm, to the disquieting the peace and settlement, and discomfort of many particular families thereof; and in further manifestation of their hatred and aversion to the said true religion, many of the said persons so professing the popish religion in this kingdom, have refused to make provision for their own children for no other reason but their being of the protestant religion; and also by cunning devices and contrivances found out ways to avoid and elude the intents of an act of parliament, made in the ninth year of the reign of the late King William the Third for preventing protestants intermarrying with papists, and of several other laws made for the security of the protestant religion; and whereas many persons so professing the popish religion have it in their power to raise division among protestants, by voting in elections for members of parliament, and also have it in their power to use other ways and means tending to the destruction of the protestant interest in this kingdom; for remedy of which great mischiefs, and to prevent the like evil practices for the future be it enacted [...] that if any person or persons from and after the twenty-fourth day of March, in this present year of our Lord 1703, shall seduce, persuade or pervert any person or persons professing, or that shall profess, the protestant religion, to renounce, forsake, or abjure the same, and to profess the popish religion, or reconcile him or them to the church of Rome, then and in such case every such person or persons so seducing, as also every such protestant or protestants who shall be so seduced, perverted and reconciled to popery, shall for the said offences, being thereof lawfully convicted, incur the danger and penalty of praemunire, mentioned in the statute of praemunire made in England in the sixteenth year of the reign of King Richard the Second; and if any person or persons professing the popish religion, shall from and after the said twenty-fourth day of March send, or cause, or willingly suffer, to be sent or conveyed any child under the age of one and twenty years, except sailors, shipboys, or the apprentice or factor of some merchant in trade of merchandise, into France or any other parts beyond the seas, out of her majesty's dominions, without the special licence of her majesty, her heirs or successors or of her or their chief governor or governors of this kingdom [...] he, she or they shall incur the pains, penalties and forfeitures mentioned in act made in the seventh year of his late majesty King William, entitled, *An act to restrain foreign education.*

III. And to the end that no child or children of popish parent or parents who have professed or embraced the protestant religion, or who shall profess and embrace, or are or shall be desirous or willing to be instructed and educated therein, may in the life time of such popish parent or parents, for fear of being cast off or disinherited by them, or for want of fitting maintenance or further provision, be compelled and necessitated to embrace the popish religion, be it further enacted [...] that from and after the twenty-fourth day of March 1703, upon complaint in the high court of chancery [...] it shall and may be lawful for the said court to make such order for the maintenance of every such protestant child, not maintained by such popish parent, suitable to the degree and ability of such parent, and to the age of such child, and also for the portion of every such protestant child, to be paid at the decrease of such popish parent, as the court shall adjudge fit, suitable to the degree and ability of such parent; and in case the eldest son and heir of such popish parent shall be a protestant, that then from the time of enrollment in the high court of chancery of a certificate of the bishop of the diocese, in which he shall inhabit, testifying his being a protestant, and conforming himself to the church of Ireland as by law established, such popish parent shall become, and shall be, only tenant for life of all the real estate, whereof such popish parent shall then be seized in fee-tail or fee-simple, and the reversion in fee shall be vested in such eldest son being a protestant; subject nevertheless to all such debts and real encumbrances at the time of the enrollment of such certificate charging such estate, and subject also to such maintenances and portions for the other children, as well protestants as papists of such popish parents then born, or after to be born, as the said court of chancery in manner aforesaid shall order. [...]

IV. And that care may be taken for the education of children in the communion of the church of Ireland as by law established, be it enacted [...] that no person of the popish religion shall, or may be guardian unto, or have the tuition or custody of, any orphan child or children, under the age of twenty-one years; but that the same, where the person having or entitled to the guardianship of such orphan child or children, is or shall be a papist, shall be disposed of by the high court of chancery to some near relation of such orphan child or children, being a protestant, and conforming himself to the church of Ireland as by law established, to whom the estate cannot descend, in case there shall be any such protestant relation fit to have the education of such child; otherwise to some other protestant conforming himself as aforesaid, who is hereby required to use his utmost care to educate and bring up such child or minor in the protestant religion. [...]

VI. And be it further enacted [...] that every papist, or person professing the popish religion, shall from and after the said twenty-fourth day of March be disabled, and is hereby made incapable, to buy and purchase either in his or in their own name, or in the name of any other person or persons to his or her use, or in trust for him or her, any manors, lands, tenements, or hereditaments, or any rents or profits out of the same, or any leases or terms thereof, other than any term of years not exceeding thirty-one years, whereon a rent not less than two-thirds of the improved yearly value, at the time of the making such leases of the tenements leased, shall be reserved. [...]

XII. Provided always, that if the eldest son or heir-at-law of such papist shall be a protestant at the time of the decease of such papist, [...] the lands whereof such papist shall be seized, shall descend to such eldest son or heir-at-law according to the rules of the common law of this realm, [...] and if the eldest son or heir-at-law of any such papist, who shall at the time of the decease of such papist, whose heir he is, be of the age of one and twenty years, shall become a protestant and conform himself to the church of Ireland, as by law established, within one year after such decease of such papist, or being then under the age of one and twenty years, shall within one year after he shall attain that age become a protestant, and conform himself as aforesaid, [...] he shall be entitled to, and shall have, and enjoy from thenceforth the whole real estate of such papist. [...]

XV. Provided always that no person shall take benefit by this act as a protestant within the intent and meaning hereof, that shall not conform to the church of Ireland as by law established, and subscribe the declaration, and also take and subscribe the oath of abjuration following, *viz.* "I A.B. do solemnly and sincerely, in the presence of God, profess, testify and declare, that I do believe, that in the sacrament of the Lord's supper, there is not any transubstantiation of the elements of bread and wine into the body and blood of Christ, at or after the consecration thereof by any person whatsoever, and that the adoration or invocation of the Virgin Mary, or any other saint, and the sacrifice of the mass, as they are now used in the church of Rome, are superstitious and idolatrous. And I do solemnly, in the presence of God, profess, testify, and declare, that I do make this declaration, and every part thereof, in the plain and ordinary sense of the words read unto me, as they are commonly understood by protestants, without any evasion, equivocation or mental reservation whatsoever; and without any dispensation already granted me for this purpose by the pope, or any other authority or person whatsoever, or without any hope of dispensation from any person or authority whatsoever, or without believing that I am, or can be acquitted before God or man, or absolved of this declaration, or any part thereof, although the pope, or any other person or persons, or power whatsoever should dispense with or annul the same, or declare that it was null and void from the beginning.

I A.B. do truly and sincerely acknowledge, profess, testify and declare in my conscience, before God and the world, that our sovereign lady Queen Anne is lawful and rightful queen of this realm, and of all other her majesty's dominions and countries thereunto belonging. And I do solemnly and sincerely declare, that I do believe in my conscience, that the person pretending to be Prince of Wales, during the life of the late King James, and since his decease pretending to be, and taking upon himself the style and title of King of England by the name of James III, hath not any right or title whatsoever to the crown of this realm, or any other the dominions thereto belonging, and I do renounce, refuse and abjure any allegiance or obedience to him. And I do swear that I will bear faith and true allegiance to her majesty Queen Anne, and her will defend to the utmost of my power against all traiterous conspiracies and attempts whatsoever, which shall be made against her person, crown, or dignity. And I will do my best endeavour to disclose and make known to her majesty, and her successors, all treasons and traiterous conspiracies, which I shall know to be against her or any of them. And I do faithfully promise to the utmost of my power to support, maintain and defend the limitation and succession of the crown against him the said James, and all other persons whatsoever, as the same is and stands limited by an act, entitled, *An Act declaring the rights and liberties of the subject, and settling the succession of the crown*, to her present majesty, and the heirs of her body being protestants; and as the same by one other act, entitled, *An act for the further limitation of the crown, and better securing the rights and liberties of the subject*, is and stands limited, after the decease of her majesty and for default of issue of her majesty to the heirs of her body being protestants. And all these things I do plainly and sincerely acknowledge and swear, according to the express words by me spoken, and according to the plain and common sense and understanding of the same words, without any equivocation, mental evasion or secret reservation whatsoever. And I do make this recognition, acknowledgement, abjuration, renunciation and promise, heartily, willingly, and truly, upon the true faith of a Christian. So help me God".

XVII. And be it further enacted [...] that all and every such person and persons, that shall be admitted, entered, placed, or taken into any office or offices, civil or military, or that shall receive pay, salary, fee, or wages belonging to or by reason of any office or place of trust, by reason of any patent or grant from her majesty, or that shall have command or place of trust from or under her majesty, or any of her predecessors or successors, or by her or their authority, or by authority derived from her or them, within this realm of Ireland, after the first day of Easter-term aforesaid, shall take the said oaths and repeat the said declaration, and subscribe the said oaths and declaration, in one of the said respective courts in the next term, or at the general quarter-session for that county, barony, or place where he or they shall reside, next after his or their respective admittance or admittances into any such office [...] and all and every such person or persons so to be admitted as aforesaid, shall also receive the sacrament of the Lord's supper according to the usage of the Church of Ireland, within three months after his or their admittance in or receiving their said authority and employments in some public church, upon the Lord's-day commonly called Sunday, immediately after divine service and sermon, and every of the said respective persons, touching whom the said several provisions are herebefore made, in the respective court, where he or she takes the said oaths, shall first deliver a certificate of such his or her receiving the said sacrament as aforesaid, under the hands of the respective minister and church-wardens, and shall then make proof of the truth thereof by two credible witnesses at the least, upon oath, all which shall be required of and put upon record in their respective courts. [...]

XXIV. And for the preventing papists having it in their power to breed dissention amongst protestants by voting at elections of members of parliament; be it further enacted [...] that from and after the twenty-fourth day of March 1703 no freeholder, burgess, freeman, or inhabitant of this kingdom, being a papist or professing the popish religion, shall at any time hereafter be capable of giving his or their vote for the electing of knights of any shires or counties within this kingdom, or citizens or burgesses to serve in any succeeding parliament, without first repairing to the general quarter sessions of the peace to be holden for the counties, cities, or boroughs wherein such papists do inhabit and dwell, and there voluntarily take the oath of allegiance in the words following *viz.* " I A.B. do sincerely promise and swear, that I will be faithful and bear true allegiance to her majesty Queen Anne. So help me God, etc." [...]

XXVI. And whereas the superstitions of popery are greatly increased and upheld by the pretended sanctity of places, especially of a place called Saint

Patrick's purgatory in the county of Donegal, and of wells, to which pilgrimages are made by vast numbers at certain seasons, by which not only the peace of the public is greatly disturbed, but the safety of the government also hazarded, by the riotous and unlawful assembling together of many thousands of papists to the said wells, and other places, be it further enacted, that all such meetings and assemblies shall be deemed and adjudged riots and unlawful assemblies, and punishable as such. […]

Ir. St., IV, 12-31.

5 – L'Acte d'union, 1707

La loi de succession (*Act of Settlement*) de 1701, qui interdisait à un catholique de monter sur le trône, n'était pas applicable dans le royaume écossais qui avait un système législatif propre. Le Parlement d'Édimbourg passe même, en 1704, un *Act of Security* qui prévoit, à la mort de la reine Anne, le libre choix d'un monarque. Londres ne pouvait donc exclure la possibilité qu'un Stuart se voie proposer la couronne d'Écosse à l'avenir.

Westminster était favorable à un projet d'unification rapide des deux États en s'appuyant sur les presbytériens. La perspective du libre échange entre les deux royaumes était de nature à séduire une Écosse dont le commerce se trouvait gêné par les restrictions imposées par l'Angleterre. La menace d'une éventuelle tentative de conquête militaire incitait aussi à la réflexion; et c'est ainsi que le débat sur l'union s'engagea. Le Parlement d'Édimbourg ratifia l'Acte d'union en 1707 avec beaucoup de réticences toutefois. L'Écosse gardait sa religion nationale, son droit civil et son système judiciaire, mais son Parlement était aboli. La Grande-Bretagne était née.

An Act for an Union of the two Kingdoms of England and Scotland

MOST GRACIOUS SOVEREIGN,

Whereas articles of union were agreed on the twenty-second day of July in the fifth year of your Majesty's reign, by the commissioners nominated on behalf of the kingdom of England under your Majesty's great seal of England, […] and the commissioners nominated on the behalf of the kingdom of Scotland under your Majesty's great seal of Scotland; […] and whereas an Act hath passed in the Parliament of Scotland at Edinburgh the sixteenth day of January in the fifth year of your Majesty's reign, wherein it is mentioned that the Estates of Parliament, considering the said articles of union of the two kingdoms, had agreed to and approved of the said articles of union with some additions and explanations, and that your Majesty, with advice and consent of the Estates of Parliament, for establishing the Protestant religion and Presbyterian Church government within the kingdom of Scotland, had passed in the same session of Parliament an Act intituled, *Act for securing of the Protestant religion and Presbyterian Church government*, which by the tenor thereof was appointed to be inserted in any Act ratifying the treaty, and expressly declared to be a fundamental and essential condition of the said treaty of union in all times coming, the tenor of which articles as ratified and approved of with additions and explanations by the said Act of Parliament of Scotland follows.

Article I

That the two Kingdoms of England and Scotland shall upon the first day of May which shall be in the year one thousand seven hundred and seven, and for ever after, be united into one kingdom by the name of Great Britain; and that the ensigns armorial of the said united kingdom be such as her Majesty shall appoint, and the crosses of St. George and St. Andrew be conjointed in such manner as her Majesty shall think fit, and used in all flags, banners, standards and ensigns both at sea and land.

Article II

That the succession to the monarchy of the united kingdom of Great Britain and of the dominions thereto belonging, after her most sacred Majesty and in default of issue of her Majesty, be, remain and continue to the most excellent Princess Sophia, electress and duchess dowager of Hanover, and the heirs of her body being Protestants. [...]

Article III

That the united kingdom of Great Britain be represented by one and the same Parliament, to be styled the Parliament of Great Britain.

Article IV

That all the subjects of the united kingdom of Great Britain shall from and after the union have full freedom and intercourse of trade and navigation to and from any port or place within the said united kingdom and the dominions and plantations thereunto belonging, and that there be a communication of all other rights, privileges and advantages which do or may belong to the subjects of either kingdom, except where it is otherwise expressly agreed in these articles.

Article V

That all ships or vessels belonging to her Majesty's subjects of Scotland at the time of ratifying the treaty of union of the two kingdoms in the Parliament of Scotland, though foreign built, be deemed and pass as ships of the built of Great Britain. [...]

Article VI

That all parts of the united kingdom for ever, from and after the union, shall have the same allowances, encouragements and drawbacks, and be under the same prohibitions, restrictions and regulations of trade, and liable to the same Customs and duties on import and export; and that the allowances, encouragements and drawbacks, prohibitions, restrictions and regulations of trade, and the Customs and duties on import and export settled in England when the union commences shall from and after the union take place throughout the whole united kingdom, excepting and reserving the duties upon export and import of such particular commodities from which any persons the subjects of either kingdom are specially liberated and exempted by their private rights, which after the union are to remain safe and entire to them in all respects as before the same; and that from and after the union no Scots cattle carried into England shall be liable to any other duties either on the public or private accompts than those duties to which the cattle of England are or shall be liable within the said kingdom; and seeing by the laws of England there are rewards granted upon the exportation of certain kinds of grain, wherein oats grinded or ungrinded are not expressed, that from and after the union, when oats shall be sold at fifteen shillings sterling per quarter or under, there shall be paid two shillings and sixpence sterling for every quarter of the oatmeal exported in the terms of the law whereby and so long as rewards are granted for exportation of other grains, and that the beer of Scotland have the same rewards as barley; and in respect the importations of victual into Scotland from any place beyond sea would prove a discouragement to tillage, therefore that the prohibition as now in force by the law of Scotland against importation of victuals from Ireland or any other place beyond sea into Scotland do after the union remain in the same force as now it is, until more proper and effectual ways be provided by the Parliament of Great Britain for discouraging the importation of the said victuals from beyond sea. [...]

Article XVI

That from and after the union the coin shall be of the same standard and value throughout the united kingdom as now in England. [...]

Article XVII

That from and after the union the same weights and measures shall be used throughout the united kingdom as are now established in England. [...]

Article XVIII

That the laws concerning regulation of trade, Customs, and such Excises to which Scotland is by virtue of this treaty to be liable, be the same in Scotland from and after the union as in England, and that all other laws in use within the kingdom of Scotland do after the union and notwithstanding thereof remain in the same force as before (except such as are contrary to or inconsistent with this treaty), but alterable by the Parliament of Great Britain, with this difference betwixt the laws concerning public right, policy and civil government, and those which concern private right, that the laws which concern public right, policy and civil government may be made the same throughout the whole united kingdom, but that no alteration be made in laws which concern private right except for evident utility of the subjects within Scotland.

Article XIX

That the Court of Session or College of Justice do after the union and notwithstanding thereof remain in all time coming within Scotland as it is now constituted by the laws of that kingdom, and with the same authority and privileges as before the union, subject nevertheless to such regulations for the better administration of justice as shall be made by the Parliament of Great Britain [...]

Article XX

That all heritable offices, superiorities, heritable jurisdictions, offices for life and jurisdictions for life be reserved to the owners thereof as rights of property, in the same manner as they are now enjoyed by the laws of Scotland, notwithstanding the treaty.

Article XXI

That the rights and privileges of the royal burghs in Scotland as they now are remain entire after the union and notwithstanding thereof.

Article XXII

That by virtue of this treaty, of the peers of Scotland at the time of the union sixteen shall be the number to sit and vote in the House of Lords, and forty-five the number of the representatives of Scotland in the House of Commons of the Parliament of Great Britain. [...]

Article XXV

That all laws and statutes in either kingdom, so far as they are contrary to or inconsistent with the terms of these articles or any of them, shall from and after the union cease and become void, and shall be so declared to be by the respective Parliaments of the said kingdoms.

As by the said articles of union, ratified and approved by the said Act of Parliament of Scotland, relation being thereunto had, may appear.

II. And the tenor of the aforesaid *Act for securing the Protestant religion and Presbyterian church government* within the kingdom of Scotland is as follows.

Our sovereign lady and the Estates of Parliament considering that by the late Act of Parliament for a treaty with England for an union of both kingdoms it is provided that the commissioners for that treaty should not treat of or concerning any alteration of the worship, discipline and government of the Church of this kingdom as now by law established, which treaty being now reported to the Parliament, and it being reasonable and necessary that the true Protestant religion as presently professed within this kingdom, with the worship, discipline and government of this Church, should be effectually and unalterably secured, therefore her Majesty, with advice and consent of the said Estates of Parliament, doth hereby establish and confirm the said true Protestant religion and the worship, discipline and government of this Church to continue without any alteration to the people of this land in all succeeding generations. [...]

And further, for the greater security of the foresaid Protestant religion and of the worship, discipline and government of this Church as above established, her Majesty, with advice and consent foresaid, statutes and ordains that the Universities and Colleges of St. Andrews, Glasgow, Aberdeen and Edinburgh as now established by law shall continue within this kingdom for ever, and that in all time coming no professors, principals, regents, masters or others bearing office in any university, college or school within this kingdom be capable or be admitted or allowed to continue in the exercise of their said functions but such as shall own and acknowledge the civil government in manner prescribed or to be prescribed by the Acts of Parliament, as also that before or at their admissions they do and shall acknowledge and profess and shall subscribe to the foresaid Confession of Faith as the confession of their faith, and that they will practise and conform themselves to the worship presently in use in this Church, and submit themselves to the government and discipline thereof, and never endeavour, directly or indirectly, the prejudice or subversion of the same, and that before the respective presbyteries of their bounds, by whatsoever gift, presentation or provision they may be thereto provided. [...]

6 Annae, c. 11.

6 – Georges Ier roi

L'arrivée des Hanovre sur le trône en 1714 marque l'exclusion des *Tories*, suspects de jacobitisme, et accusés entre autres d'avoir accordé à la France des conditions trop avantageuses lors du traité d'Utrecht (1713).

Dans une atmosphère d'épuration, d'anciens ministres sont inquiétés, emprisonnés (le comte d'Oxford), ou conduits à l'exil (Bolingbroke).

Le portrait du roi est un genre difficile, voire ingrat. John Toland, connu pour ses œuvres philosophiques par ailleurs, s'attelle à l'exercice.

SUCH OF THE AVOW'D ENEMIES of King George's Title as have any remains of sense of honour, make no objections against his person. They are charm'd with his very looks and countenance, which as they truly observe, give the highest indications of good humour and the sweetest temper; join'd to a penetrating genius, and judicious steddiness of Mind. What they have been so often told, before this happy accession to the Throne, of his Wisdom, Temperance, Frugality, Justice, Affability, and Application to business, with his other private and publick virtues innumerable, appears by his daily conduct, not to have been the effects of flattery, but of exact and well-weigh'd observation. [...]

He was even by nature form'd to govern by Law: the whole tenor of his life making visible the sincerity of his Declaration, *That the Establish'd Constitution in Church & State shall be the rule of his Government; and that the Happiness, Ease and Prosperity of his people, shall be the chief cause of his life.* Nor was he less form'd by nature, than destin'd by providence, to be King of *Great Britain* and *Ireland* in particular, the King of a free-born Protestant people; his maxims of Government being exactly answerable to own title, and their inclinations: not grounded on *arbitrary Prerogative,* and a *chimerical Jure Divino*; but on the LEGAL CONSTITUTION and the PROTESTANT RELIGION. [...]

But you tell me (My Lord) that besides the *Jacobites*, or adherents of the Pretender, you are inform'd there is a strong party of *Republicans*, or Commonwealth's men in *England;* which makes you in pain for the repose, if not for the safety of the King; and I answer that there is no such party at all, nor, as I verily believe, one single Commonwealth's man in the sense you understand them; that is men who are either for an Aristocracy or a Democracy, or, if you'll have it worded otherwise, for the sovereignty of a Parliament and Privy Council, exclusive of all Regal Government whether limited or unlimited, conditional or absolute. Kingship, on the contrary, is essential to our Constitution, and is the very first of our three Estates: for the Clergy, as in some other countries, is not an Estate with us, the Bishops sitting as Barons in the House of Lords and the inferior Clergy voting for representatives to the house of Commons, as neither the one nor the other do tax themselves. Such a constitution as this of ours, is reckon'd the best of all others by the most judicious of the ancients, as *Aristotle, Polybius* and *Cicero* [...] As for the word *Commonwealth* (which is the common-weal or good) whenever we use it about our own Government, we take it only in this sense: just as the word *Respublica* in *Latin*, is a general word for all free Governments, of which we believe ours to be the best. [...]

Your Lordship may now comprehend with the greatest ease, what you say has puzzl'd you so long, viz. the distinction of Whig and Tory: for the Whigs declare for settled Laws, against arbitrary Will, maintain'd by the Tories; and for the limited, conditional, legally hereditary Monarchy, I have been now describing, against a Monarchy, indefeasibly-hereditary, unlimited, and absolute, claim'd by the same Tories. Or, to be shorter, the Whigs are asserters of liberty, and the Tories abettors of Tyranny. The words themselves are but late nicknames, given by each party to the other in King Charles II's reign; *Tories* in *Ireland*, and *Whigs* in *Scotland*, being what we in England call highwaymen, or you publick robbers: the Whigs thus insinuating that the Tories were for Popery and Despotick Power; and the Tories, that the Whigs were for Presbytery and a Commonwealth. You perceive therefore, that the Whigs are no Democratick Commonwealthsmen, but zealous supporters of the ancient Constitution under King, Lords and Commons; and tho they are avowedly for resisting of Tyrants by arms on behalf of the laws, they are also as ready to expose their lives and fortunes in defence of the honour and persons of good Princes, no less for the preservation of the Monarchy itself. [...]

The Friendship of the Tories has been ever fatal to every Prince that has espous'd them, not only because the Constitution has prov'd too hard for all their attempts, but because those very Princes are generally both deceiv'd and betray'd by them: for they never practice their profest doctrine of Passive Obedience and Non-resistance, but fly out upon the least provocation. [...]

John Toland, *The State Anatomy of Great Britain*, 1717.

7 – L'Angleterre, patrie des savants, des sages et des philosophes

Par quelque illusion rétrospective, on a parfois crédité le siècle des Lumières d'un cosmopolitisme où nos compatriotes déchiffraient, avec la modestie qui leur est propre, l'« Europe française ».

Or le débat savant épouse souvent des contours nationaux : l'Angleterre a su donner ses grands hommes en exemple au monde. Locke, Newton feront l'admiration de Voltaire, tandis que Montesquieu croit découvrir dans les institutions britanniques une « séparation des pouvoirs » que l'on y chercherait en vain.

Face à Versailles et à Paris, un pôle anglais suscite l'admiration du monde cultivé. Haendel se fixe à Londres, Leibniz tente, sans résultat, de supplanter Newton sur la scène scientifique internationale. À la faveur de l'arrivée des Hanovre sur le trône, il intercède auprès de la princesse Caroline, femme du futur George II, et reine à compter de 1727.

La controverse entre Leibniz et Newton remonte à 1705. Chacun des deux hommes prétend avoir été le premier à inventer le calcul infinitésimal. Mais le débat dégénère et finit par porter sur la gravitation universelle dans laquelle l'Allemand, dédaigneux, voit une propriété occulte. Samuel Clarke, brillant savant ecclésiastique anglican, prend la défense épistolaire de Newton. La correspondance est publiée en 1717, assortie de la préface suivante qui constitue un remarquable plaidoyer pour la société anglaise du temps.

To Her Royal Highness the Princess of Wales

Madam,

As the following papers were at first written by your command, and had afterwards the honour of being severally transmitted through Your Royal Highnesses hands: so the principal encouragement upon which they now presume to appear in public, is the permission they have of coming forth under the protection of so illustrious a name.

The late learned Mr. Leibniz well understood, how great an honour and reputation it would be to him, to have his arguments approved by a person of Your Royal Highnesses character. But the same steady impartiality and unalterable love of truth, the same constant readiness to hear and to submit to reason, always so conspicuous, always shining forth so brightly in Your Royal Highnesses conduct; which justly made him desirous to exert in these papers his utmost skill in defending his opinions; was at the same time an equal encouragement to such as thought him in an error, to endeavour to prove that his opinions could not be defended.

The occasion of his giving your Royal Highness the trouble of his first letter, he declares to be his having entertained some suspicions, that the foundations of natural religion were in danger of being hurt by Sir Isaac Newton's philosophy. It appeared to me, on the contrary, a most certain and evident truth, that from the earliest antiquity to this day, the foundations of natural religion had never been so deeply and so firmly laid, as in the mathematical and experimental philosophy of that great man. And Your Royal Highnesses singular exactness in searching after truth, and earnest concern for every thing that is of real consequence to religion, could not permit those suspicions, which had been suggested by a gentleman of such eminent note in the learned world as Mr. Leibniz was, to remain unanswered.

Christianity presupposes the truth of natural religion. Whatsoever subverts natural religion, does consequently much more subvert Christianity: and whatsoever tends to confirm natural religion, is proportionately of service to the true interest of the Christian. Natural philosophy therefore, so far as it affects religion, by determining questions concerning liberty and fate, concerning the extent of the powers of matter and motion, and the proofs from phenomena of God's continual government of the world; is of very great importance. 'Tis of singular use, rightly to understand, and carefully to distinguish from hypotheses or mere suppositions, the true and certain consequences of experimental and mathematical philosophy; which do, with wonderful strength and advantage, to all such as are capable of apprehending them, confirm, establish, and vindicate against all objections, those great and fundamental truths of natural religion, which the wisdom of providence has at the same time universally implanted, in some degree, in the minds of persons even of the meanest capacities, not qualified to examine demonstrative proofs.

'Tis with the highest pleasure and satisfaction, that the following papers upon so important a subject, are laid before a Princess, who, to an inimitable sweetness of temper, candour and affability towards all, has joined not only an impartial love of truth, and a desire of promoting learning in general, but has herself also attained to a degree of knowledge very particular and uncommon, even in matters of the nicest and most abstract speculation: and whose sacred and always unshaken regard to the interest of sincere and uncorrupt religion, made her the delight of all good Protestants abroad, and by a just fame filled the hearts of all true Britons at home, with an expectation beforehand, which, great as it was, is fully answered by what they now see and are blessed with.

By the Protestant Succession in the illustrious house of Hanover having taken place, this nation has now, with the blessing of God, a certain prospect, (if our own vices and follies prevent not,) of seeing government actually administered, according to the design and end for which it was instituted by providence, with no other view than that of the public good, the general welfare and happiness of mankind. We have a prospect of seeing the true liberty of a brave and loyal people, firmly secured, established, and regulated, by laws equally advantageous both to the crown and subject: of seeing learning and knowledge encouraged and promoted, in opposition to all kinds of ignorance and blindness: and, (which is the glory of all,) of seeing the true Christian temper and spirit of religion effectually prevail, both against atheism and infidelity on the one hand, which take off from men all obligations of doing what is right; and against superstition and bigotry on the other hand, which lay upon men the strongest obligations to do the greatest wrongs.

What views and expectations less than these, can a nation reasonably entertain; when it beholds a King firmly settled upon the throne of a wisely limited monarchy, whose will, when without limitation, showed always a greater love of justice, than of power; and never took pleasure in acting any otherwise, than according to the most perfect laws of reason and equity? When it sees a succession of the same blessings continued, in a Prince, whose noble openness of mind, and generous warmth of zeal for the preservation of the Protestant religion, and the laws and liberties of these kingdoms, make him every day more and more beloved, as he is more known? And when these glorious hopes open still further into an unbounded prospect in a numerous royal offspring? Through whom, that the just and equitable temper of the grandfather; the noble zeal and spirit of the father; the affability goodness, and judicious exactness of the mother; may, with glory to themselves, and with the happiest influences both upon these and foreign countries, descend to all succeeding generations; to the establishment of universal peace, of truth and right amongst men; and to the entire rooting out that greatest enemy of Christian religion, the spirit of Popery both among Romanists and Protestants: and that Your Royal Highness may your self long live, to continue a blessing of these nations, to see truth and virtue flourish in your own days, and to be a great instrument, under the direction of providence, in laying a foundation for the highest happiness of the public in times to come; is the prayer of,

Madam,

Your Royal Highnesses most humble and most obedient servant,

S. Clarke, *A Collection of Papers... between the Late Learned Mr Leibniz and Dr Clarke*, 1717.

8 – Du bon usage du vice et de la vertu

Né en Hollande où il a suivi des études de médecine couronnées par la soutenance d'une thèse d'inspiration cartésienne sur les animaux, Bernard Mandeville (1670-1733) s'établit à Londres en 1689. La publication de *The Fable of the Bees* remonte à 1705. L'édition de 1723 attire l'hostilité de ses contemporains, probablement en raison de l'addition d'un *Essai sur la charité et les écoles de charité* et d'une *Recherche sur la nature de la société*. Ses nombreux adversaires associent immédiatement la critique des valeurs morales et l'apparente apologie du vice, développées par l'auteur, à une tradition philosophique d'impiété et d'immoralisme qui réunit dans une même condamnation les noms de Machiavel, Hobbes, Spinoza et Bayle. D'un point de vue plus littéraire, on pourra goûter la qualité certaine du moraliste, lecteur de La Fontaine, qu'il a traduit, et de La Rochefoucauld. La fable elle-même, allégorie en vers qui illustre les effets désastreux que produirait l'obéissance universelle aux règles de la morale conventionnelle, est accompagnée de *Remarques* qui développent la philosophie de l'auteur et de divers essais dont le nombre augmente à chaque nouvelle édition.

Les plus grands esprits du XVIIIe siècle lisent avec attention ce brulôt condamné par le Grand Jury du Middlesex en 1723. Retenons seulement Rousseau dans la préface de *Narcisse* et la première partie du *Discours sur l'origine de l'inégalité*, David Hume et son *Treatise of Human Nature*, les *Réflexions sur la monarchie universelle* de Montesquieu, *De l'Esprit* d'Helvétius, et *The Wealth of Nations* d'Adam Smith. Après une relative éclipse au XIXe siècle, la pensée de Mandeville est redécouverte et revendiquée au XXe siècle par le courant libéral, voire néo-libéral (Hayek).

L'originalité de Mandeville est frappante : en se plaçant du strict point de vue de l'utilité et de la recherche du bonheur, il déplace le critère de la moralité des actions de l'intention à l'effet. Ce n'est pas par l'appel à la volonté, mais par le jeu ordonné des passions que la morale — que l'on peut dire, à quelques nuances près, utilitariste avant la lettre — a des chances d'aboutir. En bref, la satisfaction de l'orgueil étant le moteur universel des actions humaines, il s'agit non pas de le brimer mais de permettre que cette passion engendre autant de prospérité que possible. L'État devra donc flatter les passions les plus productives : le luxe, le goût des richesses, la recherche du plaisir. Cette affirmation nette de l'intervention régulatrice de l'État devrait interdire les interprétations libérales de *The Fable of the Bees*, qui constitue davantage une tentative de fonder l'économie politique en écartant la morale traditionnelle du champ de ses préoccupations. En effet, s'il semble que pour Mandeville le libre jeu des initiatives individuelles produise le maximum de richesse et de bonheur à l'échelle de la collectivité, cette liberté n'est pas définie par référence à un État qui serait sommé de s'absenter au maximum d'un marché pourvu de mécanismes internes autorégulateurs. Il s'agit plutôt de limiter l'action normative de l'État au seul domaine de l'économie.

A) Extrait de la préface de The Fable of the Bees

WHAT COUNTRY SOEVER IN THE UNIVERSE is to be understood by the Bee-Hive represented here, it is evident from what is said of the Laws and Constitution of it, the Glory, Wealth, Power and Industry of its Inhabitants, that it must be a large, rich and warlike Nation that is happily governed by a limited Monarchy. The Satyr therefore to be met with in the following Lines upon the several Professions and Callings, and almost every Degree and Station of People was not made to injure and point to particular Persons, but only to shew the Vileness of the Ingredients that all together compose the wholesome Mixture of a well order'd Society; in order to extol the wonderful Power of Political Wisdom, by the help of which so beautiful a Machine is rais'd from the most contemptible Branches. For the main design of the Fable, (as it is breefly explain'd in the Moral) is to shew the Impossibility of enjoying all the most elegant Comforts of Life that are to be met with in an industrious, wealthy and powerful Nation, and at the same time be bless'd with all the Virtue and Innocence that can be wish'd for in a Golden Age; from thence to expose the Unreasonableness and Folly of those, that desirous of being an opulent and flourishing People, and wonderfully greedy after all the Benefits they can receive as such, are yet always murmuring at and exclaiming against those Vices and Inconveniences, that from the beginning of the World to this present Day, have been inseparable from all Kingdoms and States that ever were fam'd for Strength, Riches and Politeness at the same time. [...]

There are, I believe, few People in *London*, of those that are at any time forc'd to go a foot, but what could wish the Streets of it much cleaner than generally they are; whilst they regard nothing but their own Cloaths and private Conveniency; but when once they come to consider, that what offends them is the result of the Plenty, great Traffick and Opulency of that mighty City, if they have any Concern in its Welfare, they will hardly ever wish to see the Streets of it less dirty. For if we mind the Materials of all sorts that must supply such an infinite number of Trades and Handicrafts, as are always going forward; the vast quantity of Victuals, Drink and Fewel that are daily consum'd in it, and the Waste and Superfluities that must be produc'd from them; the multitudes of Horses and other Cattle that are always dawbing the Streets, the Carts, Coaches and more heavy Carriages that are perpetually wearing and breaking the Pavement of them, and above all the numberless swarms of People that are continually harrassing and trampling through every part of them. If, I say, we mind all these, we shall find that every Moment must produce new Filth, and considering how far distant the great Streets are from the River side, what Cost and Care soever be bestow'd to remove the Nastiness almost as fast as 'tis made, it is impossible *London* should be more cleanly before it is less flourishing. Now would I ask if a good Citizen, in consideration of what has been said, might not assert, that dirty Streets are a necessary Evil inseparable from the Felicity of *London* without being the least hindrance to the cleaning of Shoes, or sweeping of Streets, and consequently without any Prejudice either to the *Blackguard* or the *Scavingers.*

But if, without any regard to the Interest or Happiness of the City, the Question was put, What Place I thought most pleasant to walk in? No body can doubt but before the stinking Streets of *London,* I would esteem a fragrant Garden, or a shady Grove in the Country. In the same manner, if laying aside all worldly Greatness and Vain Glory, I should be ask'd where I thought it was most probable that Men might enjoy true Happiness, I would prefer a small peaceable Society, in which Men neither envy'd nor esteem'd by Neighbours, should be contented to live upon the Natural Product of the Spot they inhabit, to a vast multitude abounding in Wealth and Power, that should always be conquering others by their Arms Abroad, and debauching themselves by Foreign Luxury at Home.

B) *Extrait de la "Remarque L" de* The Fable of the Bees

If every thing is to be Luxury (as in strictness it ought) that is not immediately necessary to make Man subsist as he is a living Creature, there is nothing else to be found in the World, no not even among the naked Savages; of which it is not probable that there are any but what by this time have made some Improvements upon their former manner of Living; and either in the preparation of their Eatables, the ordering of their Huts, or otherwise added something to what once sufficed them. This definition every body will say is too rigorous; I am of the same Opinion, but if we are to abate one Inch of this Severity, I am afraid we shan't know where to stop. When People tell us they only desire to keep themselves sweet and clean, there is no understanding what they would be at, if they made use of these Words in their genuine, proper, litteral Sense, they might soon be satisfy'd without much cost or trouble, if they did not want Water: But these two little adjectives are so comprehensive, especially in the Dialect of some Ladies, that no body can guess how far they may be stretcht. The Comforts of Life are likewise so various and extensive, that no body can tell what People mean by them, except he knows what sort of Life they lead. The same obscurity I observe in the words Decency and Conveniency, and I never understand them unless I am acquainted with the quality of the Persons that make use of them. People may go to Church together, and be all of one Mind as much as they please, I am apt to believe that when they Pray for their daily Bread, the Bishop includes several things in that Petition which the Sexton does not think on.

By what I have said hitherto I would only shew, that if once we depart from calling every thing Luxury that is not absolutely necessary to keep a Man alive, that then there is no Luxury at all; for if the wants of Men are innumerable, then what ought to supply them has no bounds; what is call'd superfluous to some degree of People will be thought requisite to those of higher Quality; and neither the World nor the Skill of Man can produce any thing so curious or extravagant, but some most Gracious Sovereign or other, if it either eases or diverts him, will reckon it among the Necessaries of Life; not meaning every Body's Life, but that of his Sacred Person.

It is a receiv'd Notion, that Luxury is as destructive to the Wealth of the whole Body Politick, as it is to that of every individual Person who is guilty of it, and that a National Frugality enriches a Country in the same manner as that which is less general increases the Estates of Private Families. I confess, that tho' I have found Men of much better Understanding than my self of this Opinion, I cannot help dissenting from them in this Point. […]

9 – *Les* Tories *et la résistance passive*

L'existence des *Whigs* et des *Tories* fascine les observateurs étrangers (Rapin de Thoyras, Emmanuel de Cize, Montesquieu...). Les partis politiques hantent littéralement les Anglais qui ne se résolvent qu'à contrecœur à leur existence, du moins jusqu'à ce que Burke, dans la seconde moitié du siècle, montre qu'ils jouent un rôle légitime et sont conciliables avec l'intérêt commun.

Il serait donc parfaitement anachronique de projeter sur la période les schémas du bipartisme actuel, tout comme l'étiquette de monarchie parlementaire, *a fortiori* l'épithète « démocratique » n'ont aucun sens pour la période.

Jonathan Swift (1667-1745), le génial auteur de *Gulliver*, est l'un des observateurs les plus perspicaces de son temps. Il paiera assez cher ses audaces de journaliste : après la disparition de la reine Anne, il doit regagner l'Irlande. Les allées du pouvoir lui sont désormais fermées, et le bouillant ecclésiastique se contente d'être doyen de la cathédrale St Patrick's de Dublin, d'où il continue à dénoncer tous azimuths les abus du temps. Le pauvre Swift ne sera jamais évêque : qu'importe, les frustrations d'une carrière contrariée lui auront permis d'acquérir l'immortalité littéraire.

The Apologies of the ancient Fathers are reckoned to have been the most useful Parts of their Writings, and to have done greatest Service to the Christian Religion; because they removed those Misrepresentations which had done it most Injury. The Methods these Writers took, was openly and freely to discover every Point of their Faith; to detect the Falshood of their Accusers; and to charge nothing upon their Adversaries but what they were sure to make good. This Example hath been ill followed of later Times: The *Papists* since the Reformation using all Arts to palliate the Absurdities of their Tenets, and loading the Reformers with a thousand Calumnies; the Consequence of which hath been only a more various, wide, and inveterate Separation. It is the same Thing in Civil Schisms: A *Whig* forms an Image of a *Tory*, just after the Thing he most abhors; and that Image serveth to represent the whole Body.

I am not sensible of any material Difference there is between those who call themselves the *Old Whigs*, and a great Majority of the present *Tories*; at least by all I could ever find, from examining several Persons of each Denomination. But it must be confessed, that the present Body of *Whigs*, as they now constitute that Party, is a very odd Mixture of Mankind; being forced to enlarge their Bottom, by taking in every Heterodox Professor either in Religion or Government, whose Opinions they were obliged to encourage for fear of lessening their Number; while the Bulk of the Landed-Men and People were entirely of the old Sentiments. However, they still pretended a due Regard to the *Monarchy* and the *Church*, even at the Time when they were making the largest Steps towards the Ruin of both; But not being able to wipe off the many Accusations laid to their Charge, they endeavoured by throwing of Scandal, to make the *Tories* appear blacker than themselves; that so the People might join with *them*, as the smaller Evil of the two.

But, among all the Reproaches which the *Whigs* have flung upon their Adversaries, there is none hath done them more Service than that of *Passive Obedience*, as they represent it, with the Consequences of *Non-Resistance, Arbitrary Power, Indefeasible Right, Tyranny, Popery*, and what not? There is no Accusation which hath passed with more Plausibility than this; nor any that is supported with less Justice. In order therefore to undeceive those who have been misled by false Representations, I thought it would be no improper Undertaking to set this Matter in a fair Light, which, I think, hath not yet been done. A *Whig* asks, whether you hold *Passive Obedience*? You affirm it: He then immediately cries out, you are a *Jacobite*, a *Friend* of *France* and the *Pretender*; because he makes you answerable for the Definition he hath formed of that Term, however different it be from what you understand. I will therefore give two Descriptions of *Passive Obedience*; the first, as it is falsly charged by the *Whigs*; the other, as it is really professed by the *Tories*, at least by nineteen in twenty of all I ever conversed with.

Passive Obedience as charged by the Whigs

The Doctrine of *Passive Obedience* is to believe, that a King, even in a limited Monarchy holding his Power only from God, is only answerable to him. That, such a King is above all Law; that the cruellest Tyrant must be submitted to in all Things; and if his Commands be ever so unlawful, you must neither fly nor resist, nor use any other Weapons than *Prayers* and *Tears*. Although he should force your Wife or Daughter, murder your Children before your Face, or cut off five hundred Heads in a Morning for his Diversion; you are still to wish him a long prosperous Reign, and to be patient under all his Cruelties, with the same Resignation as under a Plague or a famine; because, to resist him would be to resist God in the Person of his Vicegerent. If a *King of England* should go through the Streets of London, in order to murder every Man he met, *Passive Obedience* commands them to submit. All Laws made to limit him signify nothing, although passed by his own Consent, if he think fit to break them. God will indeed call him to a severe Account; but the whole People, united to a Man, cannot presume to hold his Hands, or offer him the least *Active Disobedience*. The People were certainly created for him, and not he for the People. His next Heir, although worse than what I have described, although a Fool or a Madman, hath a Divine indefeasible Right to succeed him, which no Law can disannul; nay, although he should kill his Father upon the Throne, he is immediately King to all Intents and Purposes;

the Possession of the Crown wiping off all Stains. But, whosoever sits on the Throne without this Title, although never so peaceably, and by Consent of former Kings and Parliaments, is an *Usurper*, while there is any where in the World another Person who hath a nearer Hereditary Right; and the whole Kingdom lies under mortal Sin until that Heir be restored; because he hath a Divine Title, which no Human Law can defeat.

This and a great deal more hath, in a thousand Papers and Pamphlets been laid to that Doctrine of *Passive Obedience*, which the *Whigs* are pleased to charge upon us. This is what they perpetually are instilling into the People to believe, as the undoubted Principle by which the present Ministry, and a great Majority in Parliament, do at this Time proceed. This is what they accuse the Clergy of delivering from the Pulpits, and of preaching up as a Doctrine absolutely necessary to Salvation. And whoever affirms in general, that *Passive Obedience* is due to the Supream Power, he is presently loaden by our candid Adversaries with such Consequences as these. Let us therefore see what this Doctrine is, when stript of such Misrepresentations; by describing it as really taught and practised by the *Tories*; and then it will appear what Grounds our Adversaries have to accuse us upon this Article.

Passive Obedience, as professed and practised by the Tories

They think that in every Government, whether Monarchy or Republick, there is placed a supream, absolute, unlimited Power, to which *Passive Obedience* is due. That, wherever is entrusted the Power of making Laws, that Power is without all Bounds; can repeal or enact at Pleasure whatever Laws it thinks fit; and justly demands Universal Obedience and Non-resistance. That, among us, as every Body knows, this Power is lodged in the King or Queen, together with the Lords and Commons of the Kingdom; and therefore all Decrees whatsoever, made by that Power, are to be actively or passively obeye: That, the Administration or Executive Part of this Power is in *England* solely intrusted with the Prince; who, in administring those Laws, ought to be no more resisted than the Legislative Power it self. But they do not conceive the same absolute *Passive Obedience* to be due to a limited Prince's Commands, when they are directly contrary to the Laws he hath consented to, and sworn to maintain. The Crown may be sued as well as a private Person; and if an arbitrary King of *England* should send his Officers to seize my Lands or Goods against Law; I can lawfully resist them. The Ministers by whom he acts are liable to Prosecution and Impeachment, although his own Person be Sacred. But, if he interpose his Royal Authority to support their Insolence, I see no Remedy, until it grows a general Grievance, or untill the Body of the People have Reason to apprehend it will be so; after which it becomes a Case of Necessity; and then I suppose, a free People may assert their own Rights, yet without any Violation to the Person or lawful Power of the Prince. But, although the *Tories* allow all this, and did justify it by the Share they had in the *Revolution*; yet they see no Reason for entring upon so ungrateful a Subject, or raising Controversies upon it, as if we were in daily Apprehensions of *Tyranny*, under the Reign of so excellent a Princess, and while we have so many Laws of late Years made to limit the Prerogative. As to the Succession; the *Tories* think an *Hereditary Right* to be the best in its own Nature, and most agreeable to our old Constitution; yet at the same Time they allow it to be defeasible by Act of Parliament; and so is *Magna Carta* too, if the Legislature think fit; which is a Truth so manifest, that no Man who understands the Nature of Government, can be in doubt concerning it.

These I take to be the Sentiments of a great Majority among the *Tories*, with Respect to *Passive Obedience* And if the *Whigs* insist, from the Writings or common Talk of warm and ignorant Men, to form a Judgment of the whole Body, according to the first Account I have here given; I will engage to produce as many of their Side, who are utterly against *Passive Obedience* even to the Legislature; who will assert the last Resort of Power to be in the People, against those whom they have chosen and trusted as their Representatives, with the Prince at the Head; and who will put wild improbable Cases to shew the Reasonableness and Necessity of resisting the Legislative Power, in such imaginary Junctures. Than which however, nothing can be more idle; for I dare undertake in any System of Government, either Speculative or Practick, that was ever yet in the World, from *Plato's Republick* to *Harrington's Oceana*, to put such Difficulties as cannot be answered.

J. Swift, *The Examiner*, n° 33, 22 March 1710.

10 – L'anti-Walpole

Lord Bolingbroke ne manquait pas d'allure. L'ancien ministre de la reine Anne, exilé en France en 1715, charme tout particulièrement Voltaire. De retour en Angleterre dix ans plus tard, il mène un combat serré contre Walpole – qui lui vaut l'étiquette d'« antiministre ».

Bolingbroke, homme de parti, connaît trop bien la politique de l'intérieur pour ne pas souhaiter la réformer. Le *Tory* exerce une fascination posthume, bien compréhensible, sur Benjamin Disraeli : n'a-t-il pas été le chantre d'une unité nationale qui demeure jusqu'à nos jours l'un des thèmes récurrents du parti Conservateur ?

C'est avec perspicacité qu'il décrit, sans s'excepter du bilan, la confusion entre l'intérêt privé et l'intérêt public qui guette toute administration partisane.

A) L'accession au pouvoir des Tories *en 1710*

I AM AFRAID THAT WE CAME TO COURT in the same dispositions as all parties have done; that the principal spring of our actions was to have the government of the state in our hands; that our principal views were the conservation of this power, great employments to ourselves, and great opportunities of rewarding those who had helped to raise us, and of hurting those who stood in opposition to us. It is, however, true, that with these considerations of private and party interest there were others intermingled, which had for their object the public good of the nation, at least what we took to be such.

We looked on the political principles which had generally prevailed in our government from the Revolution in one thousand six hundred and eighty-eight, to be destructive of our true interest, to have mingled us too much in the affairs of the Continent, to tend to the impoverishing our people, and to the loosening the bands of our constitution in Church and State. We supposed the Tory party to be the bulk of the landed interest, and to have no contrary influence blended into its composition. We supposed the Whigs to be the remains of a party, formed against the ill designs of the Court under King Charles the second, nursed up into strength and applied to contrary uses by King William the third, and yet still so weak as to lean for support on the Presbyterians and other sectaries, on the Bank and the other corporations, on the Dutch and the other allies. From hence we judged it to follow that they had been forced, and must continue so, to render the national interest subservient to the interest of those who lent them an additional strength, without which they could never be the prevalent party. The view, therefore, of those amongst us who thought in this manner, was to improve the Queen's favour to break the body of the Whigs, to render their supports useless to them, and to fill the employments of the kingdom, down to the meanest, with Tories.

Henry St John, vicomte Bolingbroke, *A Letter to Sir William Wyndham*, rédigée en 1717.

B) Les révolutions de la Grande-Bretagne

FEW NATIONS have gone through more revolutions, few governments have appeared more unsteady, or fluctuated more between prerogative and privilege, than this of Great Britain.

If we are freemen, it is because the spirit of liberty has been never yet quite extinguished among us.

We have been surprised, betrayed, forced, more than once, into situations little better than that of downright slavery. But these usurpations have not become settlements. They have disordered the frame, but not destroyed the principles of a free government. Like cloudy mornings, they have soon passed over, and the sun of liberty has broke out again with double force, and double lustre.

It must be a pleasure to reflect that uniformity of spirit which created, and has constantly preserved or retrieved, the original freedom of the British and Saxon constitutions.

I feel a secret pride in thinking that I was born a Briton; when I consider that the Romans, those masters of the world, maintained their liberty little more than seven centuries; and that Britain, which was a free nation above seventeen hundred years ago, is so at this hour.

However savage our British ancestors may be represented by the Romans, whom the luxury of Greece, and the effeminacy of Asia had already corrupted, they certainly were a people of spirit and of sense; who knew the ends of government, and obliged their governors to pursue those ends.

Bolingbroke, *Remarks on the History of England*, 1730-1.

11 – *Wesley et le méthodisme*

Fils et petit-fils de pasteurs, John Benjamin Wesley est l'homme de la tension, et de l'impossible réconciliation entre l'anglicanisme Haute-Église et l'évangélisme dissident. Né le 17 juin 1703 dans le presbytère familial à Epworth, Lincolnshire, Wesley est miraculeusement sauvé d'un incendie, peut-être criminel. Son père, le Révérend Samuel Wesley, s'entendait assez mal avec ses paroissiens – ce qui n'empêcha pas John d'opter pour la voie familiale en étant ordonné à son tour dans l'Église d'Angleterre. À Oxford, où il étudie la théologie, le jeune homme mène une vie de dévotion exemplaire, et avec quelques amis, ils se rencontrent régulièrement pour des séances pieuses qui leur valent le surnom de « méthodistes » – qui demeurera par la suite. Ce *holy club* inclut également son frère Charles et George Whitefield, son cadet de quelques années, appelé à devenir l'un des prédicateurs les plus en vue du Réveil évangélique, avant de se brouiller définitivement avec Wesley...

De février 1736 à décembre 1737, Wesley est en Amérique, et il rentre dépité pour s'apercevoir qu'alors même qu'il pensait porter la bonne parole aux autres, il ne s'est lui-même jamais converti. La conversion définitive intervient en mai 1738 (*voir texte A, p 205*).

Wesley reste toujours membre de l'Église anglicane, mais son souci de convertir les autres l'amène inlassablement à prêcher en marge des paroisses. Il s'attire ainsi la vindicte du clergé établi ou d'une partie de la population qui voient d'un mauvais œil ces attroupements, propices selon eux à tous les débordements. Mais Wesley s'entête: il ne doit sa vocation qu'à Jésus-Christ (*voir texte B, p 206*). Et refuse donc d'obtempérer, provoquant parfois de véritables émeutes contre lui. C'est que, comme il le dit lui-même, le monde est sa paroisse...

Wesley reste au demeurant un bon anglican, même s'il encourt les foudres de certains de ses coreligionnaires, et d'une partie du corps pastoral. Il s'entoure de plus en plus cependant de laïcs qui s'organisent, jusqu'à former une société distincte à l'intérieur de l'Église établie. La rupture entre les méthodistes et les anglicans se produit assez tardivement. En 1784, Wesley s'arroge une fonction épiscopale lorsqu'il consacre lui-même des pasteurs qu'il envoie en Amérique ; il contrevient ici à l'un des principes fondamentaux de l'anglicanisme qui ne reconnaît qu'aux évêques la possibilité d'ordonner des ministres du culte. Wesley meurt peu après, en 1791.

Le bilan religieux, social ou politique du méthodisme est considérable. Il ne se limite du reste pas à l'enseignement de Wesley puisque autour de G. Whitefield a existé un courant méthodiste concurrent. L'historien français Élie Halévy a signalé l'« influence civilisatrice » du mouvement qui aurait permis à l'Angleterre de devenir la patrie du réformisme politique [a]. Que l'on adhère ou non à cette analyse, elle demeure une piste féconde pour comprendre les interactions, toujours complexes, entre politique et religion.

A) Conversion de Wesley

WEDNESDAY, MAY 24, 1738: I think it was about five this morning that I opened my Testament on those words, "There are given unto us exceeding great and precious promises, even that ye should be partakers of the divine nature" /II Peter 1:4/. Just as I went out, I opened it again on those words, "Thou art not far from the kingdom of God" /Mark 12:34/. In the afternoon I was asked to go to St. Paul's. The anthem was, "Out of the deep have I called unto Thee, O Lord: Lord, hear my voice. Oh, let Thine ears consider well the voice of my complaint. If Thou, Lord, wilt be extreme to mark what is done amiss, O Lord, who may abide it? For there is mercy with Thee; therefore shalt Thou be feared. O Israel, trust in the Lord: for with the Lord there is mercy, and with Him is plenteous redemption. And He shall redeem Israel from all his sins."

In the evening I went very unwillingly to a society in Aldersgate Street, where one was reading Luther's preface to the Epistle to the Romans. About a quarter before nine, while he was describing the change which God works

(a) É. Halévy, *Histoire du peuple anglais*, Paris, Hachette, 1973-1976, 5 vols, I, p. 249.

in the heart through faith in Christ, I felt my heart strangely warmed. I felt I did trust in Christ, Christ alone, for salvation; and an assurance was given me that He had taken away my sins, even mine, and saved me from the law of sin and death.

I began to pray with all my might for those who had in a more especial manner despitefully used me and persecuted me. I then testified openly to all there what I now first felt in my heart. But it was not long before the enemy suggested, "This cannot be faith; for where is thy joy?" Then was I taught that peace and victory over sin are essential to faith in the Captain of our salvation; but that, as to the transports of joy that usually attend the beginning of it, especially in those who have mourned deeply, God sometimes giveth, sometimes withholdeth, them according to the counsels of His own will.

After my return home, I was much buffeted with temptations, but I cried out, and they fled away. They returned again and again. I as often lifted up my eyes, and He "sent me help from his holy place." And herein I found the difference between this and my former state chiefly consisted. I was striving, yea, fighting with all my might under the law, as well as under grace. But then I was sometimes, if not often, conquered; now, I was always conqueror.

Thursday, 25: The moment I awakened, "Jesus, Master", was in my heart and in my mouth; and I found all my strength lay in keeping my eye fixed upon Him and my soul waiting on Him continually. Being again at St. Paul's in the afternoon, I could taste the good word of God in the anthem which began, "My song shall be always of the loving-kindness of the Lord: with my mouth will I ever be showing forth thy truth from one generation to another." Yet the enemy injected a fear, "If thou dost believe, why is there not a more sensible change?" I answered (yet not I), "That I know not. But, this I know, I have 'now peace with God.' And I sin not today, and Jesus my Master has forbidden me to take thought for the morrow."

B) La rencontre avec Beaux Nash

Tuesday, June 5 1739: There was great expectation at Bath of what a noted man was to do to me there; and I was much entreated not to preach because no one knew what might happen. By this report I also gained a much larger audience, among whom were many of the rich and great. I told them plainly the Scripture had concluded them all under sin – high and low, rich and poor, one with another. Many of them seemed to be a little surprised and were sinking apace into seriousness, when their champion appeared and, coming close to me, asked by what authority I did these things.

I replied, "By the authority of Jesus Christ, conveyed to me by the (now) Archbishop of Canterbury, when he laid hands upon me and said, 'Take thou authority to preach the gospel.'" He said, "This is contrary to Act of Parliament: this is a conventicle." I answered, "Sir, the conventicles mentioned in that Act (as the preamble shows) are seditious meetings; but this is not such; here is no shadow of sedition; therefore it is not contrary to that Act." He replied, "I say it is: and beside, your preaching frightens people out of their wits."

Sir, "did you ever hear me preach?" "No." "How, then, can you judge of what you never heard?" "Sir, by common report." "Common report is not enough.

Give me leave, Sir, to ask, is not your name Nash?" "My name is Nash." "Sir, I dare not judge of you by common report: I think it not enough to judge by." Here he paused awhile and, having recovered himself, said, "I desire to know what this people comes here for": on which one replied, "Sir, leave him to me: let an old woman answer him. You, Mr.Nash, take care of your body; we take care of our souls; and for the food of our souls we come here." He replied not a word, but walked away.

As I returned, the street was full of people, hurrying to and from and speaking great words. But when any of them asked, "Which is he?" and I replied, "I am he," they were immediately silent. Several ladies following me into Mr.Merchant's house, the servant told me there were some wanted to speak to me. I went to them and said, "I believe, ladies, the maid mistook: you wanted only to look at me." I added, "I do not expect that the rich and great should want either to speak with me or to hear me; for I speak the plain truth—a thing you hear little of and do not desire to hear." A few more words passed between us, and I retired.

J. Wesley, *Journal*, 1909-1916.

12 – *L'argument des philosophes et l'épée des soldats*

Après des études de droit, l'Écossais David Hume (1711-1776) satisfait son ambition philosophique en publiant le *Treatise of Human Nature* (1739), qui est mal reçu malgré l'importance qu'on lui reconnaît aujourd'hui. Ce sera moins le cas des *Essays, Moral and Political* (1741-1742), qui reprennent ou rectifient les développements du traité. Après 1751, Hume semble délaisser en partie la philosophie pour s'intéresser à l'histoire. Sa monumentale *History of England* (1754-1762) lui confère une réputation d'intellectuel *tory* qui ne reflète qu'imparfaitement une pensée politique complexe, dont l'un des traits constants est une prise de distance critique à l'égard des partis.

L'une de ses originalités consiste à ruiner, par des analyses philosophiques rigoureuses, la plupart des thèses théoriques que les *Whigs* ont empruntées à Locke, tout en admettant que le régime de 1688 est l'un des meilleurs que l'Angleterre ait connus. Pour Hume, l'institution politique naît d'un rapport de forces contingent qui s'est maintenu grâce à la soumission volontaire du peuple à des chefs militaires victorieux. La fiction du contrat originel n'est donc qu'un travestissement idéologique destiné à justifier un régime politique particulier. Par suite, la raison ne fournit pas la norme de la politique et seul le temps accoutume les sujets à reconnaître comme légitime un système politique dont l'origine est un acte de violence. Quant à la thèse d'une constitution primitive de fondement consensuel et populaire que la Révolution de 1688 aurait restaurée, c'est un mythe que Hume fait voler en éclats, en soulignant l'absence fondamentale de continuité du système constitutionnel anglais et la nouveauté du régime de 1688.

Au cœur de la pensée politique de Hume réside la conviction que les régimes politiques sont par nature instables. D'où l'abandon de la doctrine classique des trois formes de régimes politiques et de leurs formes dégénérées au profit d'une théorie de la construction de la norme politique en fonction des circonstances historiques. D'où aussi, dans l'essai intitulé "*That Politics may be reduced to a Science*" l'affirmation de la possibilité de fonder la science politique à condition de cesser d'attribuer une influence décisive à la psychologie des hommes d'État et de reconnaître l'autonomie relative des institutions comme facteurs de stabilité : "*So great is the force of laws, and of particular forms of governments, and so little dependence have they on the humours and tempers of men, that consequences almost as general and certain may sometimes be deduced from them, as any which the mathematical sciences afford us.*"

La prudence et le pragmatisme qui caractérisent la pensée politique de Hume, plus critique que doctrinaire, ne l'empêchent ni de prédire que l'avenir politique immédiat de l'Angleterre sera marqué par un retour des tendances absolutistes ("*Absolute monarchy... is the easiest death, the true* Euthanasia *of the British constitution*"), ni de décrire le régime politique idéal, une république inspirée de Harrington ("*The Oceana is the only valuable model of a commonwealth, that has yet been offered to the public*") et du régime de Cromwell, dont le fonctionnement évoque le régime politique des Provinces-Unies ("*a wise and renowned government*").

Whoever considers the history of the several nations of the world; their revolutions, conquests, increase, and diminution; the manner in which their particular governments are establish'd, and the successive right transmitted from one person to another, will soon learn to treat very lightly all disputes concerning the rights of princes, and will be convinc'd, that a strict adherence to any general rules, and the rigid loyalty to particular persons and families, on which some people set so high a value, are virtues that hold less of reason, than of bigotry and superstition. In this particular, the study of history confirms the reasonings of true philosophy; which, shewing us the original qualities of human nature, teaches us to regard the controversies in politics as incapable of any decision in most cases, and as entirely subordinate to the interests of peace and liberty. Where the public good does not evidently demand a change; 'tis certain, that the concurrence of all those titles, *original contract, long possession, present possession, succession,* and *positive laws,* forms the strongest title to sovereignty, and is justly regarded as sacred and inviolable. But when these titles are mingled and oppos'd in different degrees, they often occasion perplexity; and are less capable of solution from the arguments of lawyers and philosophers, than from the swords of the soldiery. [...]

But here an *English* reader will be apt to enquire concerning that famous *revolution,* which has had such a happy influence on our constitution, and has been attended with such mighty consequences. We have already remark'd, that in the case of enormous tyranny and oppression, 'tis lawful to take arms even against supreme power; and that as government is a mere human invention for mutual advantage and security, it no longer imposes any obligation, either natural or moral, when once it ceases to have that tendency. But tho' this *general* principle be authoriz'd by common sense, and the practice of all ages, 'tis certainly impossible for the laws, or even for philosophy, to establish any *particular* rules, by which we may know when resistance is lawful; and decide all controversies, which may arise on that subject. This may not only happen with regard to supreme power; but 'tis possible, even in some constitutions, where the legislative authority is not lodg'd in one person, that there may be a magistrate so eminent and powerful, as to oblige the laws to keep silence in this particular. Nor wou'd this silence be an effect only of their *respect,* but also of their *prudence*; since 'tis certain, that in the vast variety of circumstances, which occur in all governments, an exercise of power, in so great a magistrate, may at one time be beneficial to the public, which at another time wou'd be pernicious and tyrannical. But notwithstanding this silence of the laws in limited monarchies, 'tis certain, that the people still retain the right of resistance; since 'tis possible, even in the most despotic governments, to deprive them of it. The same necessity of self-preservation, and the same motive of public good, give them the same liberty in the one case as in the other. And we may further observe, that in such mix'd governments, the cases, wherein resistance is lawful, must occur much oftener, and greater indulgence be given to the subjects to defend themselves by force of arms, than in arbitrary governments. Not only where the chief magistrate enters into measures, in themselves, extremely pernicious to the public, but even when he wou'd encroach on the other parts of the constitution, and extend his power beyond the legal bounds, it is allowable to resist and dethrone him; tho' such resistance and violence may, in the general tenor of the laws, be deem'd unlawful and rebellious. For besides that nothing is more essential to public interest, than the preservation of public liberty; 'tis evident, that if such a mix'd government be once suppos'd to be establish'd, every part or member of the constitution must have a right of self-defence, and of maintaining its antient bounds against the encroachment of every other authority. As matter wou'd have been created in vain, were it depriv'd of a power of resistance, without which no part of it cou'd preserve a distinct existence, and the whole might be crowded up into a single point: So 'tis a gross absurdity to suppose, in any government, a right without remedy, or allow, that the supreme power is shar'd with the people, without allowing, that 'tis lawful for them to defend their share against every invader. Those, therefore, who wou'd seem to respect our free government, and yet deny the right of resistance, have renounc'd all pretensions to common sense, and do not merit a serious answer.

D. Hume, *A Treatise of Human Nature*, 1739.

13 – Partis politiques et intérêt général

Le pauvre Bolingbroke a toujours été la tête de Turc d'Edmund Burke. Cette antipathie apparaît comme une constante – alors même que la pensée conservatrice ultérieure réalisera la fusion de l'héritage contradictoire que lèguent le *Tory* Bolingbroke et le *Whig* Edmund Burke. Le dialogue de sourds entre les deux hommes mériterait d'autres développements. Remarquons cependant que l'abolition des partis politiques – demandée à cor et à cri par Bolingbroke – risque à son tour d'entraîner un développement de la prérogative royale – qui inquiète Edmund Burke. Si les amis du roi supplantent les factions, est-on bien sûr que l'intérêt national soit mieux servi pour autant ?

La réconciliation entre l'intérêt privé et l'intérêt public – déjà abordée par Mandeville dans le domaine économique (*voir texte n° 8, p 195*) – est l'un des grands axes de la réflexion du siècle. La concurrence politique, nous dit Burke, est légitime. On peut avantager son parti, sans pour autant proscrire ses opposants, et servir le pays en s'attachant à un groupe particulier.

PARTY IS A BODY OF MEN UNITED, for promoting by their joint endeavours the national interest, upon some particular principle in which they are all agreed. For my part, I find it impossible to conceive, that any one believes in his own politicks, or thinks them to be of any weight, who refuses to adopt the means of having them reduced into practice. It is the business of the speculative philosopher to mark the proper ends of Government. It is the business of the politician, who is the philosopher in action, to find out proper means towards those ends, and to employ them with effect. Therefore every honourable connexion will avow it as their first purpose, to pursue every just method to put the men who hold their opinions into such a condition as may enable them to carry their common plans into execution, with all the power and authority of the State. As this power is attached to certain situations, it is their duty to contend for these situations. Without a proscription of others, they are bound to give to their own party the preference in all things; and by no means, for private considerations, to accept any offers of power in which the whole body is not included; not to suffer themselves to be led, or to be controuled, or to be over-balanced, in office or in council, by those who contradict the very fundamental principles on which their party is formed, and even those upon which every fair connexion must stand. Such a generous contention for power, on such manly and honourable maxims, will easily be distinguished from the mean and interested struggle for place and emolument. The very stile of such persons will serve to discriminate them from those numberless impostors, who have deluded the ignorant with professions incompatible with human practice, and have afterwards incensed them by practices below the level of vulgar rectitude.

E. Burke, *Thoughts on Present Discontents*, 1770.

God save the King

14 – Le bonheur de naître britannique

Rétrospectivement, le règne de Georges III est l'un des plus calamiteux que la Grande-Bretagne ait connus : la perte des colonies américaines, les longues guerres contre la France révolutionnaire et l'Empire – conclues, il est vrai, par la gloire de Waterloo, certes peu amène aux oreilles françaises – se déroulent sur un arrière-plan intérieur assez noir. La maladie du roi, la montée du radicalisme, la répression enfin confèrent à ces soixante années de règne, de 1760 à 1820, une tonalité relativement sombre. Pourtant, Georges III jouissait au début d'un avantage appréciable sur ses prédécesseurs immédiats : il était le premier des Hanovre à être né dans le pays.

Cette seconde moitié du siècle voit donc deux tendances très contradictoires s'affirmer. L'Angleterre renoue, sans pour autant retrouver la force d'antan, avec l'exaltation monarchique (on jouera de plus en plus fréquemment le « *God Save the King* » dans les théâtres). Dans le même temps, cependant, le pays est secoué par plusieurs vagues contestataires, qu'il s'agisse de l'émotion soulevée par l'Affaire John Wilkes (*voir texte suivant*), ou par l'Indépendance américaine et la Révolution française.

My Lords and Gentlemen; The just concern which I have felt in my own breast, on the sudden death of the late king my royal grandfather, makes me not doubt but you must all have been deeply affected with so severe a loss: the present critical and difficult conjuncture has made this loss the more sensible, as he was the great support of that system, by which alone the liberties of Europe, and the weight and influence of these kingdoms, can be preserved; and gave life to the measures conducive to those important ends.

I need not tell you the addition of weight which immediately falls upon me, in being called to the government of this free and powerful country at such a time, and under such circumstances: my consolation is in the uprightness of my own intentions; your faithful and united assistance; and the blessing of heaven upon our joint endeavours, which I devoutly implore.

Born and educated in this country, I glory in the name of Briton; and the peculiar happiness of my life will ever consist in promoting the welfare of a people, whose loyalty and warm affection to me, I consider as the greatest and most permanent security of my throne; and I doubt not but their steadiness in these principles will equal the firmness of my invariable resolution, to adhere to and strengthen this excellent constitution in Church and State, and to maintain the Toleration inviolable. The civil and religious rights of my loving subjects are equally dear to me with the most valuable prerogatives of my crown: and, as the surest foundation of the whole, and the best means to draw down the Divine favour on my reign: it is my fixed purpose to countenance and encourage the practice of true religion and virtue.

I reflect with pleasure on the successes with which the British arms have been prospered this last summer. The total reduction of the vast province of Canada, with the city of Montreal, is of the most interesting consequence, and must be as heavy a blow to my enemies, as it is a conquest glorious to us; the more glorious because effected almost without effusion of blood, and with that humanity which makes an amiable part of the character of this nation.

Our advantages gained in the East Indies have been signal; and must greatly diminish the strength and trade of France in those parts, as well as procure the most solid benefits to the commerce and wealth of my subjects.

In Germany, where the whole French force has been employed, and combined army, under the wise and able conduct of my general prince Ferdinand of Brunswick, has not only stopt their progress, but has gained advantages over them, notwithstanding their boasted superiority, and their not having hitherto come to a general engagement.

My good brother and ally the king of Prussia, although surrounded with numerous armies of enemies, has, with a magnanimity and perseverance almost beyond example, not only withstood their various attacks, but has obtained very considerable victories over them.

Of these events I shall say no more at this time, because the nature of the war in those parts has kept the campaign there still depending.

As my navy is the principal article of our natural strength, it gives me much satisfaction to receive it in such good condition; whilst the fleet of France is weakened to such a degree, that the small remains of it have continued blocked-up by my ships in their own ports: at that same time, the French trade is reduced to the lowest ebb; and, with joy of heart, I see the commerce of my kingdoms, that great source of our riches, and the fixed object of my never-failing care and protection, flourishing to an extent unknown in any former war.

The valour and intrepidity of my officers and forces both at sea and land have been distinguished so much to the glory of this nation, that I should be wanting in justice to them, if I did not acknowledge it. This is a merit which I shall constantly encourage and reward; and I take this occasion to declare, that the zealous and useful service of the militia, in the present arduous conjuncture, is very acceptable to me.

In this state I have found things at my accession to the throne of my ancestors: happy in viewing the prosperous part of it; happier still should I have been, had I found my kingdoms, whose true interest I have entirely at heart, in full peace: but, since the ambition, injurious encroachments, and dangerous designs of my enemies, rendered the war both just and necessary; and the generous overture made last winter, towards a congress for a pacification, has not yet produced a suitable return; I am determined, with your cheerful and powerful assistance, to prosecute this war with vigour, in order to that desirable object, a safe and honourable peace: for this purpose, it is absolutely incumbent upon us to be early prepared; and I rely upon your zeal and hearty concurrence to support the king of Prussia and the rest of my allies; and to make ample provision for carrying on the war, as the only means to bring our enemies to equitable terms of accommodation.

Gentlemen of the House of Commons, The Greatest uneasiness which I feel at this time is, in considering the uncommon burthens necessarily brought upon my faithful subjects: I desire only such supplies as shall be requisite to prosecute the war with advantage, be adequate to the necessary services, and that they may be provided for in the most sure and effectual manner: you may depend upon the faithful and punctual application of what shall be granted.

I have ordered the proper estimates for the ensuing year to be laid before you; and also an accompt of the extraordinary expences, which, from the nature of the different and remote operations, have been unavoidably incurred.

It is with peculiar reluctance that I am obliged, at such time, to mention any thing which personally regards myself; but, as the grant of the greatest part of the Civil List revenues is now determined, I trust in your duty and affection to me, to make the proper provision for supporting my civil government with honour and dignity: on my part, you may be assured of a regular and becoming economy.

My Lords, and Gentlemen, The eyes of all Europe are upon you. From your resolutions the Protestant interest hopes for protection; as well as all our friends, for the preservation of their independency; and our enemies fear the final disappointment of their ambitious and destructive views. Let these hopes and fears be confirmed and augmented, by the vigour, unanimity, and dispatch, of your proceedings.

In this expectation I am the more encouraged, by a pleasing circumstance, which I look upon as one of the most auspicious omens of my reign. That happy extinction of divisions, and that union and good harmony which continue to prevail amongst my subjects, afford me the most agreeable prospect: the natural disposition and wish of my heart are to cement and promote them: and I promise myself, that nothing will arise on your part, to interrupt or disturb a situation so essential to the true and lasting felicity of this great people.

Discours du 25 november 1760.

15 – *La prérogative des sujets*

Fondé en 1762, le *North Briton* est un journal satirique qui fait pièce au *Briton*, progouvernemental, que dirige Tobias Smollett. Le titre même du périodique contient une mise en garde contre l'Écossais Lord Bute, que George Grenville remplace aux affaires en avril 1763.

John Wilkes (1727-1797) réserve pour le numéro 45 du journal, paru opportunément le jour de la Saint-Georges, une attaque en règle contre Grenville qui égratigne au passage George III. La réaction est immédiate : Wilkes est arrêté selon une procédure expéditive, le *general warrant*, proche de la lettre de cachet. Il devient immédiatement un héros pour certains et des manifestations se déroulent dans Londres aux cris de "*Whigs for ever, no Jacobites*", vite relayés par "*Wilkes and Liberty*".

L'antijacobitisme demeure ainsi, quinze ans après *The '45*, un des éléments du débat politique. En filigrane, la propagande *Whig* voit dans l'influence posthume de Bolingbroke, dans sa défiance envers les partis politiques l'un des ressorts de la volonté affichée de restituer à la Couronne son ascendant politique.

Des émeutes éclatent à nouveau en 1768 lorsque l'on tente d'empêcher le même Wilkes d'occuper son siège au Parlement. (Son élection sera invalidée, mais il se représentera trois fois de suite.) En 1774, Wilkes devient Lord Mayor de Londres. Le tribun s'embourgeoise et c'est avec horreur que le démagogue d'antan assiste au déferlement de la révolution française.

The North Briton makes his appeal to the good sense, and to the candour of the English nation. In the present unsettled and fluctuating state of the *administration*, he is really fearful of falling into involuntary errors, and does not wish to mislead. All his reasonings have been built on the strong foundation of *facts*; and he is not yet informed of the whole interiour state of government with such *minute precision*, as now to venture the submitting his crude ideas of the present political crisis to the discerning and impartial public. The Scottish minister has indeed *retired.* Is his influence at an end? or does he still govern by the *three* wretched tools of his power, who, to their indelible infamy, have supported the most odious of his measures, the late ignominious *Peace*, and the wicked extension of the arbitrary mode of *Excise*? The North Briton has been steady in his opposition to a *single*, insolent, incapable, despotic minister; and is equally ready, in the service of his country, to combat the *triple-headed, Cerberean* administration, if the Scot is to assume that motley form. By him every arrangement *to this hour* has been made, and the notification has been as regularly sent by letter under his Hand. *It therefore* seems clear to a demonstration, that he intends only to retire into that situation, which he held before he first took the seals; I mean the dictating to every part of the king's administration. The North Briton desires to be understood, as having pledged himself a firm and intrepid assertor of the rights of his fellow-subjects, and of the liberties of Whigs and Englishmen. […]

The *King's Speech* has always been considered by the legislature, and by the public at large, as the *Speech of the Minister*. It has regularly, at the beginning of every session of parliament, been referred by both houses to the consideration of a committee, and has been generally canvassed with the utmost freedom, when the minister of the crown has been obnoxious to the nation. The ministers of this free country, conscious of the undoubted privileges of so spirited a people, and with the terrors of parliament before their eyes, have ever been cautious, no less with regard to the matter, than to the expressions, of *speeches*, which they have advised the sovereign to make from the throne, at the *opening* of each session. They well knew that an honest house of parliament, true to their trust, could not fail to detect the fallacious arts, or to remonstrate against the daring acts of violence, committed by any minister. The Speech at the *close* of the session has ever been considered as the most *secure* method of promulgating the favourite court creed among the vulgar; because the parliament, which is the constitutional guardian of the liberties of the people, has in this case no opportunity of remonstrating, or of impeaching any wicked servant of the crown.

This week has given the public the most abandoned instance of ministerial effrontery ever attempted to be imposed on mankind. The *minister's speech* of last Tuesday, is not to be paralleled in the annals of this country. I am in doubt, whether the imposition is greater on the sovereign, or on the nation. Every friend of his country must lament that a prince of so many great and amiable qualities, whom England truly reveres, can be brought to give the sanction of his sacred name to the most odious measures, and to the most unjustifiable, public declarations, from a throne ever renowned for truth, honour, and unsullied virtue. I am sure, all foreigners, especially the king of Prussia, will hold the minister in contempt and abhorrence. […]

In vain will such a minister, on the soul dregs of his power, the tools of corruption and despotism, preach up *in the speech* that *spirit of concord, and that obedience to the laws, which is essential to good order.* They have sent the *spirit of discord* through the land, and I will prophecy, that it will never be extinguished, but by the extinction of their power. Is the *spirit of concord* to go hand in hand with the Peace and Excise thro' this nation? Is it to be expected between an insolent Exciseman, and a *peer, gentleman, freeholder,* or *farmer*, whose private houses are now made liable to be entered and searched at pleasure? *Gloucestershire, Herefordshire*, and in general all the *Cyder* counties, are not surely the *several counties* which are alluded to in the *speech. The spirit of concord* hath not gone forth among them; but the *spirit of liberty* has, and a noble opposition has been given to the wicked instruments of oppression. A nation as sensible as the *English*, will see that a *spirit of concord*, when they are oppressed, means a tame submission to injury, and that a *spirit of liberty* ought then to arise, and I am sure ever will, in proportion to the weight of the grievance they feel. *Every* legal *attempt of a contrary tendency* to the *spirit of concord* will be deemed a justifiable resistance, warranted by the *spirit of the English constitution.*

A despotic minister will always endeavour to dazzle his prince with high-flown ideas of the *prerogative* and honour of the *crown*, which the minister will make a parade of *firmly maintaining*. I wish as much as any man in the kingdom to see *the honour of the crown* maintained in a manner truly becoming *Royalty*. I lament to see it sunk even to prostitution. [...]

The *Stuart* line has ever been intoxicated with the slavish doctrines of the *absolute, independent, unlimited* power of the crown. Some of that line were so weakly advised, as to endeavour to reduce them into practice: but the *English* nation was too spirited to suffer the least encroachment on the ancient liberties of this kingdom. The *King of England* is only the first magistrate of this country; but is invested by law with the whole executive power. He is, however, responsible to his people for the due execution of the royal functions, in the choice of ministers, etc. equally with the meanest of his subjects in his particular duty. The personal character of our present amiable sovereign makes us easy and happy that so great a power is lodged in such hands; but the *favourite* has given too just cause for him to escape the general odium. The *prerogative* of the crown is to exert the constitutional powers entrusted to it in a way, not of blind favour and partiality, but of wisdom and judgment. This is the spirit of our constitution. The people too have their *prerogative*, and, I hope, the fine words of Dryden will be engraven on our hearts, "Freedom *is the English subject's* Prerogative".

J. Wilkes, *North Briton*, n° 45, 23 April 1763.

16 – *Adam Smith et la main invisible*

Né à Kirkcaldy, non loin d'Édimbourg, en 1723, Adam Smith compte avec son compatriote David Hume parmi les représentants les plus éminents des Lumières écossaises. Il est formé à l'université de Glasgow, où enseigne Francis Hutcheson, en son temps l'un des plus célèbres professeurs de philosophie morale. En 1751, après un séjour au Balliol collège d'Oxford, il est nommé professeur de logique à Glasgow, avant d'occuper l'année suivante la chaire de philosophie morale qui couvre largement ce que nous appellerions de nos jours l'économie politique. Il fréquente alors une société choisie de savants et de philosophes, dont le chimiste Joseph Black, l'inventeur de la machine à vapeur, James Watt, ou encore David Hume. Il rencontre également de nombreux négociants, engagés dans le commerce américain, si profitable pour l'Écosse à la suite de l'Acte d'Union de 1707. Son premier livre, *The Theory of Moral Sentiments* paraît en 1759. Il y gagne une certaine notoriété, et Charles Townshend lui confie le poste de précepteur de son beau-fils, le jeune Duke of Buccleuch. Quittant Glasgow en 1763, il accompagne son élève à Toulouse, puis il rencontre Voltaire à Genève, avant de retrouver Hume à Paris. Il se familiarise alors avec François Quesnay, et avec les physiocrates qui pensent que la nature seule créée la valeur. Smith arrive à Londres en 1767, après la mort du jeune duc, et il est élu membre de la Royal Society. Il se lie alors à Edmund Burke, au poète Samuel Johnson, et à l'historien Edward Gibbon. C'est en 1776 que paraît son chef-d'œuvre, *The Wealth of Nations*. Adam Smith y pose les jalons de ce que l'on a appelé par la suite le libéralisme économique. Cette doctrine simple, qualifiée de « sauvage » par ses détracteurs, repose sur quelques postulats : primat du marché, développement de l'initiative et retrait des contraintes, en particulier étatiques. Avant d'apparaître au XXe siècle comme l'ennemi du socialisme sous toutes ses formes, ce libéralisme économique - gardons le mot - s'en prend au protectionnisme et à la doctrine mercantiliste qui faisait reposer la richesse sur l'abondance des métaux précieux. Lorsqu'il s'éteint à soixante-sept ans, le 17 juillet 1790, Smith laisse derrrière lui l'une des œuvres les plus influentes du XVIIIe siècle. La génération révolutionnaire se passionne en France pour les idées de l'Écossais [a]. Karl Marx, entre autres, fut un très grand lecteur d'Adam Smith auquel il emprunte la distinction entre « valeur d'usage » et « valeur d'échange » ou

---

(a) L'ouvrage d'Adam Smith connaît quatre ou cinq grandes traductions en français, qui elles-mêmes se prêtent à de multiples éditions : 1) *Recherches sur [...] la richesse des nations*, La Haye, 1778-1779 ; 2) *La Richesse des nations, Journal de l'agriculture, des arts et du commerce et des finances, 1779-1780* ; nombreuses éditions séparées de cette traduction attribuée à l'abbé Jean-Louis Blavet (1719-1809) ; 3) *La Richesse des nations*, traduction manuscrite restée inédite de l'abbé André Morellet, Lyon, Bibliothèque municipale Ms 2540-2543 ; 4) *Recherches sur [...] la richesse des nations, suivies d'un volume de notes*, par M. le Marquis de Condorcet, Paris, Buisson, 1790, traduction J. A. Roucher ; 5) *Recherches sur [...] la richesse des nations*, Paris, H. Agasse, 1802, traduction Germain Garnier.

le concept de division du travail. La pensée de Smith repose cependant sur un idéalisme économique qui l'amène à dépasser la tension entre l'intérêt privé et le bénéfice public. Sa théorie de la « main invisible », dont on présente ici deux états successifs, permet de rétablir l'ordre et la concorde entre les individus moraux et les agents économiques.

A) De l'utilité du bonheur

If we examine, however, why the spectator distinguishes with such admiration the condition of the rich and the great, we shall find that it is not so much upon account of the superior ease or pleasure which they are supposed to enjoy, as of the numberless artificial and elegant contrivances for promoting this ease or pleasure. He does not even imagine that they are really happier than other people: but he imagines that they possess more means of happiness. And it is the ingenious and artful adjustment of those means to the end for which they were intended, that is the principal source of his admiration. But in the languor of disease and the weariness of old age, the pleasures of the vain and empty distinctions of greatness disappear. To one, in this situation, they are no longer capable of recommending those toilsome pursuits in which they had formerly engaged him. In his heart he curses ambition, and vainly regrets the ease and the indolence of youth, pleasures which are fled for ever, and which he has foolishly sacrificed for what, when he has got it, can afford him no real satisfaction. In this miserable aspect does greatness appear to every man when reduced either by spleen or disease to observe with attention his own situation, and to consider what it is that is really wanting to his happiness. Power and riches appear then to be, what they are, enormous and operose (1) machines contrived to produce a few trifling conveniencies to the body, consisting of springs the most nice and delicate, which must be kept in order with the most anxious attention, and which in spite of all our care are ready every moment to burst into pieces, and to crush in their ruins their unfortunate possessor. They are immense fabrics, which it requires the labour of a life to raise, which threaten every moment to overwhelm the person that dwells in them, and which while they stand, though they may save him from some smaller inconveniencies, can protect him from none of the severer inclemencies of the season. They keep off the summer shower, not the winter storm, but leave him always as much, and sometimes more exposed than before, to anxiety, to fear, and to sorrow; to diseases, to danger, and to death.

But though this splenetic philosophy, which in time of sickness or low spirits is familiar to every man, thus entirely depreciates those great objects of human desire, when in better health and in better humour, we never fail to regard them under a more agreeable aspect. Our imagination, which in pain and sorrow seems to be confined and cooped up within our own persons, in times of ease and prosperity expands itself to every thing around us. We are then charmed with the beauty of that accommodation which reigns in the palaces and economy of the great; and admire how every thing is adapted to promote their ease, to prevent their wants, to gratify their wishes, and to amuse and entertain their most frivolous desires. If we consider the real satisfaction which all these things are capable of affording, by itself and separated from the beauty of that arrangement which is fitted to promote it, it will always appear in the highest degree contemptible and trifling. But we rarely view it in this abstract and philosophical light. We naturally confound it in our imagination with the order, the regular and harmonious movement of the system, the machine or economy by means of which it is produced. The pleasures of wealth and greatness, when considered in this complex view, strike the imagination as something grand and beautiful and noble, of which the attainment is well worth all the toil and anxiety which we are so apt to bestow upon it.

And it is well that nature imposes upon us in this manner. It is this deception which rouses and keeps in continual motion the industry of mankind. It is this which first prompted them to cultivate the ground, to build houses, to found cities and commonwealths, and to invent and improve all the sciences and arts, which ennoble and embellish human life; which have entirely changed the whole face of the globe, have turned the rude forests of nature into agreeable and fertile plains, and made the trackless and barren ocean a new fund of subsistence, and the great high road of communication to the different nations of the earth. The earth by these labours of mankind has been obliged to redouble her natural fertility, and to maintain a greater multitude of inhabitants. It is to no purpose, that the proud and unfeeling landlord views his extensive fields, and without a thought for the wants of his brethren, in imagination consumes himself the whole harvest that grows upon them. The homely and vulgar proverb, that the eye is larger than the belly, never was more fully verified than with regard to him. The capacity of his stomach bears no proportion to the immensity of his desires, and will receive no more than that of the meanest peasant. The rest he is obliged to distribute among those, who prepare, in the nicest manner, that little which he himself makes use of, among those who fit up the palace in which this little is to be consumed, among those who provide and keep in order all the different baubles and trinkets, which are employed in the economy of greatness; all of whom thus derive from his luxury and caprice, that share of the necessaries of life, which they would in vain have expected from his humanity or his justice. The produce of the soil maintains at all times nearly that number of inhabitants which it is capable of maintaining. The rich only select from the heap what is most precious and agreeable. They consume little more than the poor, and in spite of their natural selfishness and rapacity, though they mean only their own conveniency, though the sole end which they propose from the labours of all the thousands whom they employ, be the gratification of their own vain and insatiable desires, they divide with the poor the produce of all their improvements. They are led by an invisible hand to make nearly the same distribution of the necessaries of life, which would have been made, had the earth been divided into equal portions among all its inhabitants, and thus without intending it, without knowing it, advance the interest of the society, and afford means to the multiplication of the species. When Providence divided the earth among a few lordly masters, it neither forgot nor abandoned those who seemed to have been left out in the partition. These last too enjoy their share of all that it produces. In what constitutes the real happiness of human life, they are in no respect inferior to those who would seem so much above them. In ease of body and peace of mind, all the different ranks of life are nearly upon a level, and the beggar, who suns himself by the side of the highway, possesses that security which kings are fighting for.

The same principle, the same love of system, the same regard to the beauty of order, of art and contrivance, frequently serves to recommend those institutions which tend to promote the public welfare. When a patriot exerts himself for the improvement of any part of the public police, his conduct does not always arise from pure sympathy with the happiness of those who are to reap the benefit of it. It is not commonly from a fellow-feeling with carriers and waggoners that a public-spirited man encourages the mending of high roads. When the legislature establishes premiums and other encouragements to advance the linen or woollen manufactures, its conduct seldom proceeds from pure sympathy with the wearer of cheap or fine cloth, and much less from that with the manufacturer or merchant. The perfection of police, the extension of trade and manufactures, are noble and magnificent objects. The contemplation of them pleases us, and we are interested in whatever can tend to advance them. They make part of the great system of government, and the wheels of the political machine seem to move with more harmony and ease by means of them. We take pleasure in beholding the perfection of so beautiful and grand a system, and we are uneasy till we remove any obstruction that can in the least disturb or encumber the regularity of its motions. All constitutions of government, however, are valued only in proportion as they tend to promote the happiness of those who live under them. This is their sole use and end.

A. Smith, *The Theory of Moral Sentiments*, 1759.

(1) **Operose** : tedious.

B) Du bonheur de l'utilité

But the annual revenue of every society is always precisely equal to the exchangeable value of the whole annual produce of its industry, or rather is precisely the same thing with that exchangeable value. As every individual, therefore, endeavours as much as he can both to employ his capital in the support of domestic industry, and so to direct that industry that its produce may be of the greatest value; every individual necessarily labours to render the annual revenue of the society as great as he can. He generally, indeed, neither intends to promote the public interest, nor knows how much he is promoting it. By preferring the support of domestic to that of foreign industry, he intends only his own security; and by directing that industry in such a manner as its produce may be of the greatest value, he intends only his own gain, and he is in this, as in many other cases, led by an invisible hand to promote an end which was no part of his intention. Nor is it always the worse for the society that it was no part of it. By pursuing his own interest he frequently promotes that of the society more effectually than when he really intends to promote it. I have never known much good done by those who affected to trade for the public good. It is an affectation, indeed, not very common among merchants, and very few words need be employed in dissuading them from it.

What is the species of domestic industry which his capital can employ, and of which the produce is likely to be of the greatest value, every individual, it is evident, can, in his local situation, judge much better than any statesman or lawgiver can do for him. The statesman who should attempt to direct private people in what manner they ought to employ their capitals would not only load himself with a most unnecessary attention, but assume an authority which could safely be trusted, not only to no single person, but to no council or senate whatever, and which would nowhere be so dangerous as in the hands of a man who had folly and presumption enough to fancy himself fit to exercise it.

To give the monopoly of the home market to the produce of domestic industry, in any particular art or manufacture, is in some measure to direct private people in what manner they ought to employ their capitals, and must, in almost all cases, be either a useless or a hurtful regulation. If the produce of domestic can be brought there as cheap as that of foreign industry, the regulation is evidently useless. If it cannot, it must generally be hurtful. It is the maxim of every prudent master of a family never to attempt to make at home what it will cost him more to make than to buy. The tailor does not attempt to make his own shoes, but buys them of the shoemaker. The shoemaker does not attempt to make his own clothes, but employs a tailor. The farmer attempts to make neither the one nor the other, but employs those different artificers. All of them find it for their interest to employ their whole industry in a way in which they have some advantage over their neighbours, and to purchase with a part of its produce, or what is the same thing, with the price of a part of it, whatever else they have occasion for.

What is prudence in the conduct of every private family can scarce be folly in that of a great kingdom. If a foreign country can supply us with a commodity cheaper than we ourselves can make it, better buy it of them with some part of the produce of our own industry employed in a way in which we have some advantage. The general industry of the country, being always in proportion to the capital which employs it, will not thereby be diminished, no more than that of the above-mentioned artificers; but only left to find out the way in which it can be employed with the greatest advantage. It is certainly not employed to the greatest advantage when it is thus directed towards an object which it can buy cheaper than it can make. The value of its annual produce is certainly more or less diminished when it is thus turned away from producing commodities evidently of more value than the commodity which it is directed to produce. According to the supposition, that commodity could be purchased from foreign countries cheaper than it can be made at home. It could, therefore, have been purchased with a part only of the commodities, or, what is the same thing, with a part only of the price of the commodities, which the industry employed by an equal capital would have produced at home, had it been left to follow its natural course. The industry of the country, therefore, is thus turned away from a more to a less advantageous employment, and the exchangeable value of its annual produce, instead of being increased, according to the intention of the lawgiver, must necessarily be diminished by every such regulation.

By means of such regulations, indeed, a particular manufacture may sometimes be acquired sooner than it could have been otherwise, and after a certain time may be made at home as cheap or cheaper than in the foreign country. But though the industry of the society may be thus carried with advantage into a particular channel sooner than it could have been otherwise, it will by no means follow that the sum total, either of its industry, or of its revenue, can ever be augmented by any such regulation. The industry of the society can augment only in proportion as its capital augments, and its capital can augment only in proportion to what can be gradually saved out of its revenue. But the immediate effect of every such regulation is to diminish its revenue, and what diminishes its revenue is certainly not very likely to augment its capital faster than it would have augmented of its own accord had both capital and industry been left to find out their natural employments.

Though for want of such regulations the society should never acquire the proposed manufacture, it would not, upon that account, necessarily be the poorer in any one period of its duration. In every period of its duration its whole capital and industry might still have been employed, though upon different objects, in the manner that was most advantageous at the time. In every period its revenue might have been the greatest which its capital could afford, and both capital and revenue might have been augmented with the greatest possible rapidity.

The natural advantages which one country has over another in producing particular commodities are sometimes so great that it is acknowledged by all the world to be in vain to struggle with them. By means of glasses, hotbeds, and hot walls, very good grapes can be raised in Scotland, and very good wine too can be made of them at about thirty times the expense for which at least equally good can be brought from foreign countries. Would it be a reasonable law to prohibit the importation of all foreign wines merely to encourage the making of claret and burgundy in Scotland? But if there would be a manifest absurdity in turning towards any employment thirty times more of the capital and industry of the country than would be necessary to purchase from foreign countries an equal quantity of the commodities wanted, there must be an absurdity, though not altogether so glaring, yet exactly of the same kind, in turning towards any such employment a thirtieth, or even a three-hundredth part more of either. Whether the advantages which one country has over another be natural or acquired is in this respect of no consequence. As long as the one country has those advantages, and the other wants them, it will always be more advantageous for the latter rather to buy of the former than to make. It is an acquired advantage only, which one artificer has over his neighbour, who exercises another trade; and yet they both find it more advantageous to buy of one another than to make what does not belong to their particular trades.

Merchants and manufacturers are the people who derive the greatest advantage from this monopoly of the home market. The prohibition of the importation of foreign cattle, and of salt provisions, together with the high duties upon foreign corn, which in times of moderate plenty amount to a prohibition, are not near so advantageous to the graziers and farmers of Great Britain as other regulations of the same kind are to its merchants and manufacturers. Manufactures, those of the finer kind especially, are more easily transported from one country to another than corn or cattle. It is in the fetching and carrying manufactures, accordingly, that foreign trade is chiefly employed. In manufactures, a very small advantage will enable foreigners to undersell our own workmen, even in the home market. It will require a very great one to enable them to do so in the rude produce of the soil. If the free importation of foreign manufactures were permitted, several of the home manufactures would probably suffer, and some of them, perhaps, go to ruin altogether, and a considerable part of the stock and industry at present employed in them would be forced to find out some other employment. But the freest importation of the rude produce of the soil could have no such effect upon the agriculture of the country.

A. Smith, *An Inquiry into the Nature and Causes of the Wealth of Nations*, 1776.

17 - L'empire et les libertés : Burke et l'Inde

L'Angleterre est tard venue à l'empire. C'est au XVIIe siècle que l'entreprise impériale, amorcée sous Élisabeth I, prend son essor. Le pays rivalise successivement, et avec bonheur, avec les Pays-Bas (sous Cromwell et Charles II) et la France (après la glorieuse révolution de 1688). Les terrains d'affrontement sont l'Amérique et les Indes orientales.

Au même moment ou presque débutent la colonisation de la Virginie (Jamestown est fondée en 1607) et les premiers contacts commerciaux avec le sous-continent indien (la Compagnie des Indes orientales, l'*East India Company*, créée par une charte royale de 1599, s'établit à Surat, en 1612). Lorsque seront perdues les treize colonies à l'issue de la guerre américaine d'indépendance (1783), l'empire des Indes trouvera une nouvelle pré-éminence. L'imaginaire national, secondé par l'historiographie impériale, y verra aux XIXe et XXe siècles un successeur naturel à l'empire occidental, un « second empire », le pivot de la restauration d'une grandeur perdue. Comme ce texte de Burke le montre, il ne faut cependant pas s'y tromper. A l'époque, l'administration de l'Inde était le fait d'une compagnie de commerce privée, et non pas encore une entreprise nationale; et cette administration suscitait de graves controverses.

Burke, ce *Whig* jaloux défenseur de l'autorité parlementaire, dont les prises de position sur le conflit avec les colonies américaines avaient démontré le pragmatisme politique, tient sur l'Inde un discours qui porte l'empreinte de ses convictions partisanes sans tirer toutes les leçons du récent traumatisme américain. Ne répétons pas, dit en substance le célèbre polémiste, les erreurs passées. Prenons garde d'encourager, par une mauvaise administration des territoires placés sous la responsabilité de la Compagnie des Indes orientales, le despotisme, la tyrannie et la corruption auxquels le règlement de 1688-89 a mis un frein en Angleterre, et dont l'empire rend possible la résurgence. Le projet de loi dont Burke prend ici la défense entend pour cela faire passer la compagnie à charte sous le contrôle du parlement de Westminster – lequel contrôle avait pourtant contribué au conflit américain.

Comprenons Burke : cette extension à l'Inde des bénéfices de la constitution britannique vise bien plutôt à écarter la Couronne de l'administration de l'Inde et à prévenir le désordre politique en Angleterre, qu'à protéger les habitants de l'« Hindoustan » (la région du nord-est de l'Inde où s'exerce principalement l'autorité de l'*East India Company*). Il faut savoir en effet que la compagnie assure alors le gouvernement de vingt à trente millions d'âmes, contre moins de six millions d'habitants pour la seule Angleterre, et en tire un revenu fiscal de plusieurs millions de livres sterling. Qui contrôle la compagnie est à même de bouleverser l'équilibre des pouvoirs dans la métropole. L'argumentation développée par Burke est, par contrecoup de cette logique *whig*, résolument impériale. Le refus du despotisme, dans le cas américain, avait mené au découplage des colonies et de la métropole ; le même refus le conduit ici à se faire l'avocat d'un couplage plus fort.

Les vicissitudes de la politique feront échouer le projet de loi de Fox, dont il est ici question, mais son esprit survivra dans l'*India Act* (1784) de Pitt, son successeur comme premier ministre. Désormais, l'Inde entre au cœur de l'entreprise impériale britannique. Elle allait, dans les termes définis par Burke, poser à la Grand-Bretagne une question fondamentale : comment admettre au bénéfice de la constitution britannique des territoires et des populations aux traditions, aux mœurs et (dans des discours plus tardifs) à la couleur de peau différentes, et que l'on ne saurait, à la différence des colons américains, totalement assimiler à la souche européenne ?

But though there are no direct, yet there are various collateral objections made; objections from the effects, which this plan of reform for Indian administration may have on the privileges of great public bodies in England; from its probable influence on the constitutional rights, or on the freedom and integrity of the several branches of the legislature.

Before I answer these objections I must beg leave to observe, that if we are not able to contrive some method of governing India *well*, which will not of necessity become the means of governing Great Britain *ill*, a ground is laid for their eternal separation; but none for sacrificing the people of that country to our constitution. I am however far from being persuaded that any such incompatibility of interest does at all exist. On the contrary I am certain that every means, effectual to preserve India from oppression, is a guard to preserve the British constitution from its worst corruption. To shew this, I will consider the objections, which I think are four.

1st. That the bill is an attack on the chartered rights of men.

2dly. That it increases the influence of the crown.

3dly. That it does *not* increase, but diminishes, the influence of the crown, in order to premote the interests of certain ministers and their party.

4thly. That it deeply affects the national credit.

As to the first of these objections; I must observe that the phrase of "the chartered rights of *men*", is full of affectation; and very unusual in the discussion of privileges conferred by charters of the present description. But it is not difficult to discover what end that ambiguous mode of expression, so often reiterated, is meant to answer.

The rights of *men*, that is to say, the natural rights of mankind, are indeed sacred things; and if any public measure is proved mischievously to affect them, the objection ought to be fatal to that measure, even if no charter at all could be set up against it. If these natural rights are further affirmed and declared by express covenants, if they are clearly defined and secured against chicane, against power, and authority, by written instruments and positive engagements, they are in a still better condition: they partake not only of the sanctity of the object so secured, but of that solemn public faith itself, which secures an object of such importance. Indeed this formal recognition, by the sovereign power, of an original right in the subject, can never be subverted, but by rooting up the holding radical (1) principles of government, and even of society itself. The charters, which we call by distinction *great*, are public instruments of this nature; I mean the charters of King John (2) and King Henry the Third. (3) The things secured by these instruments may, without any deceitful ambiguity, be very fitly called the *chartered rights of men*.

These charters have made the very name of a charter dear to the heart of every Englishman – But, Sir, there may be, and there are charters, not only different in nature, but formed on principles the *very reverse* of those of the great charter. Of this kind is the charter of the East India Company. *Magna carta* is a charter to restrain power, and to destroy monopoly. The East India charter is a charter to establish monopoly, and to create power. Political power and commercial monopoly are not the rights of men; and the rights to them derived from charters, it is fallacious and sophistical to call "the chartered rights of men". These chartered rights, (to speak of such charters and of their effects in terms of the greatest possible moderation) do at least suspend the natural rights of mankind at large; and in their very frame and constitution are liable to fall into a direct violation of them.

It is a charter of this latter description (that is to say a charter of power and monopoly) which is affected by the bill before you. The bill, Sir, does, without question, affect it; it does affect it essentially and substantially. But having stated to you of what description the chartered rights are which this bill touches, I feel no difficulty at all in acknowledging the existence of those chartered rights, in their fullest extent. They belong to the Company in the surest manner; and they are secured to that body by every sort of public sanction. They are stamped by the faith of the King; they are stamped by the faith of Parliament; they have been bought for money, for money honestly and fairly paid; they have been bought for valuable consideration, over and over again.

I therefore freely admit to the East India Company their claim to exclude their fellow-subjects from the commerce of half the globe. I admit their claim to administer an annual territorial revenue of seven millions sterling; to command an army of sixty thousand men; and to dispose, (under the control of a sovereign imperial discretion, and with the due observance of the natural and local law) of the lives and fortunes of thirty millions of their fellow-creatures. All this they possess by charter and by acts of parliament, (in my opinion) without a shadow of controversy.

Those who carry the rights and claims of the Company the furthest do not contend for more than this; and all this I freely grant. But granting all this, they must grant to me in my tum, that all political power which is set over men, and that all privilege claimed or exercised in exclusion of them, being wholly artificial, and for so much, a derogation from the natural equality of mankind at large, ought to be some way or other exercised ultimately for their benefit.

If this is true with regard to every species of political dominion, and every description of commercial privilege, none of which can be original self-derived rights, or grants for the mere private benefit of the holders, then such rights, or privileges, or whatever else you choose to call them, are all in the strictest sense a *trust*; and it is of the very essence of every trust to be *rendered accountable*; and even totally to cease, when it substantially varies from the purposes for which alone it could have a lawful existence.

This I conceive, Sir, to be true of trusts of power vested in the highest hands, and of such as seem to hold of no human creature. But about the application of this principle to subordinate *derivative trusts*, I do not see how a contreversy can be maintained. To whom then would I make the East India Company accountable? Why, to Parliament to be sure; to Parliament, from whom their trust was derived; to Parliament, which alone is capable of comprehending the magnitude of its object, and its abuse; and alone capable of an effectual legislative remedy. The very charter, which is held out to exclude Parliament from correcting malversation with regard to the high trust vested in the Company, is the very thing which at once gives a title and imposes a duty on us to interfere with effect, wherever power and authority originating from ourselves are perverted from their purposes, and become instruments of wrong and violence.

If Parliament, Sir, had nothing to do with this charter, we might have some sort of Epicurean excuse to stand aloof, indifferent spectators of what passes in the Company's name in India and in London. But if we are the very cause of the evil, we are in a special manner engaged to the redress; and for us passively to bear with oppressions committed under the sanction of our own authority, is in truth and reason for this House to be an active accomplice in the abuse.

That the power notoriously, grossly, abused has been bought from us is very certain. But this circumstance, which is urged against the bill, becomes an additional motive for our interference; lest we should be thought to have sold the blood of millions of men, for the base consideration of money. We sold, I admit, all that we had to sell; that is our authority, not our controul. We had not a right to make a market of our duties. [...]

This bill, and those connected with it, are intended to form the *Magna Carta* of Hindustan. Whatever the treaty of Westphalia (4) is to the liberty of the princes and free cities of the empire, and to the three religions there professed – Whatever the great charter, the statute of tallage (5), the petition of right and the declaration of right, are to Great Britain, these bills are to the people of India. Of this benefit, I am certain, their condition is capable; and when I know that they are capable of more, my vote shall most assuredly be for our giving to the full extent of their capacity of receiving; and no charter of dominion shall stand as a bar in my way to their charter of safety and protection.

The Writings and Speeches of Edmund Burke, vol. V, India, 1783 : Madras and Bengal. Oxford, Clarendon Press, 1981.

(1) **Radical**: fundamental.

(2) Magna Carta conceded by King John (c. 1167-1216) in 1215.

(3) Presumably the confirmation of charters in 1265 by Henry III (1207-1272).

(4) The treaties of Westphalia were signed in 1648 at the end of the Thirty Years War. In addition to territorial arrangements, they secured equal rights for Catholics (treaty of Munster) and Protestants (treaty of Osnabruck) in the Holy Roman Empire.

(5) Statute of *tallagio non concedendo* : tallage was a tax on the towns and some of the lands of the Crown. This text was not really a statute (it formed part of the "Confirmation of the Charters"), but it was held to be so by the Petition of Right (*see Ch. 2, text 6*) - no tallage or aid was to be levied without the consent of all.

18 – *Le bien et le mal*

En prônant les vertus de l'individualisme dans *The Wealth of Nations* (1776), Adam Smith pose les principes du libéralisme économique, parcours obligé, selon lui, de la prospérité. Comme lui économiste et philosophe, mais aussi juriste, Jeremy Bentham († 1832), poursuivra cette quête de l'idéal individuel en développant le concept de morale. Le titre de son ouvrage l'annonce, *An Introduction to the Principles of Morals and Legislation*, dont la première édition paraît en 1780 (l'édition reproduite ci-dessous date de 1824).

Pour Bentham, « l'humanité est gouvernée par la douleur et le plaisir ». En conséquence toute personne, dans sa vie personnelle, doit œuvrer pour rechercher ce plaisir et, ce faisant, éviter la douleur et le mal. De ce principe naîtra l'utilitarisme, mouvement de philosophie politique qui aura une grande influence sur les courants de pensée opposés à toute empreinte de l'État sur la vie économique. Les utilitaristes ont ainsi contribué de façon magistrale à la méfiance vis-à-vis de l'État, méfiance ancrée en Grande-Bretagne dans les esprits et qui aura des conséquences jusqu'à nos jours.

James Mill († 1836) et son fils John Stuart Mill († 1873) perpétueront le mouvement utilitariste au XIXe siècle.

I. MANKIND GOVERNED BY PAIN AND PLEASURE. Nature has placed mankind under the governance of two sovereign masters, pain and pleasure. It is for them alone to point out what we ought to do, as well as to determine what we shall do. On the one hand the standard of right and wrong, on the other the chain of causes and effects, are fastened to their throne. They govern us in all we do, in all we say, in all we think: every effort we can make to throw off our subjection, will serve but to demonstrate and confirm it. In words a man may pretend to abjure their empire: but in reality he will remain subject to it all the while. The principle of utility recognizes this subjection, and assumes it for the foundation of that system, the object of which is to rear the fabric of felicity by the hands of reason and of law. Systems which attempt to question it deal in sounds instead of sense, in caprice instead of reason, in darkness instead of light.

But enough of metaphor and declamation: it is not by such means that moral science is to be improved.

II. PRINCIPLE OF UTILITY, WHAT. The principle of utility is the foundation of the present work: it will be proper therefore at the outset to give an explicit and determinate account of what is meant by it. By the principle of utility is meant that principle which approves or disapproves of every action whatsoever, according to the tendency which it appears to have to augment or diminish the happiness of the party whose interest is in question: or, what is the same thing in other words, to promote or to oppose that happiness. I say of every action whatsoever; and therefore not only of every action of a private individual, but of every measure of government.

III. UTILITY, WHAT. By utility is meant that property in any object, whereby it tends to produce benefit, advantage, pleasure, good, or happiness (all this in the present case comes to the same thing) or (what comes again to the same thing) to prevent the happening of mischief, pain, evil, or unhappiness to the party whose interest is considered; if that party be the community in general, then the happiness of the community; if a particular individual, then the happiness of that individual.

IV. **Interest of the community, what.** The interest of the community is one of the most general expressions that can occur in the phraseology of morals: no wonder that the meaning of it is often lost. When it has a meaning, it is this. The community is a fictitious body, composed of the individual persons who are considered as constituting as it were its members. The interests of the community then is, what? – the sum of the interests of the several members who compose it.

V. It is in vain to talk of the interest of the community, without understanding what is the interest of the individual. A thing is said to promote the interest, or to be for the interest, of an individual, when it tends to add to the sum total of his pleasures: or, what comes to the same thing, to diminish the sum total of his pains.

VI. **An action conformable to the principle of utility, what.** An action then may be said to be conformable to the principle of utility, or, for shortness' sake, to utility, (meaning with respect to the community at large) when the tendency it has to augment the happiness of the community is greater than any it has to diminish it.

VII. **A measure of government conformable to the principle of utility, what.** A measure of government (which is but a particular kind of action, performed by a particular person or persons) may be said to be conformable to or dictated by the principle of utility, when in like manner the tendency which it has to augment the happiness of the community is greater than any which it has to diminish it.

VIII. **Laws or dictates of utility, what.** When an action, or in particular a measure of government, is supposed by a man to be conformable to the principle of utility, it may be convenient, for the purposes of discourse, to imagine a kind of law or dictate, called a law or dictate of utility: and to speak of the action in question, as being conformable to such law or dictate.

IX. **A partisan of the principle of utility, who.** A man may be said to be a partisan of the principle of utility, when the approbation or disapprobation he annexes to any action, or to any measure, is determined by and proportioned to the tendency which he conceives it to have to augment or to diminish the happiness of the community: or in other words, to its conformity or unconformity to the laws or dictates of utility.

X. **Ought, ought not, right and wrong, etc., how to be understood.** Of an action that is conformable to the principle of utility one may always say either that it is one that ought to be done, or at least that it is not one that ought not to be done. One may say also, that it is right it should be done; at least that it is not wrong it should be done: that it is a right action; at least that it is not a wrong action. When thus interpreted, the words ought, and right and wrong, and others of that stamp, have a meaning: when otherwise, they have none.

XI. To prove the rectitude of this principle is at once unnecessary and impossible. Has the rectitude of this principle been ever formally contested? It should seem that it had, by those who have not known what they have been meaning. Is it susceptible of any direct proof? It should seem not: for that which is used to prove every thing else, cannot itself be proved: a chain of proofs must have their commencement somewhere. To give such proof is as impossible as it is needless.

XII. It has seldom, however, as yet been consistently pursued. Not that there is or ever has been that human creature breathing, however stupid or perverse, who has not on many, perhaps on most occasions of his life, deferred to it. By the natural constitution of the human frame, on most occasions of their lives men in general embrace this principle, without thinking of it: if not for the ordering of their own actions, yet for the trying of their own actions, as well as those of other men. There have been, at the same time, not many, perhaps, even of the most intelligent, who have been disposed to embrace it purely and without reserve. There are even few who have not taken some occasion or other to quarrel with it, either on account of their not understanding always how to apply it, or on account of some prejudice or other which they were afraid to examine into, or could not bear to part with. For such is the stuff that man is made of: in principle and in practice, in a right track and in a wrong one, the rarest of all human qualities is consistency.

XIII. It can never be consistently combated. When a man attempts to combat the principle of utility, it is with reasons drawn, without his being aware of it, from that very principle itself. His arguments , if they prove anything, prove not that the principle is wrong, but that, according to the applications he supposes to be made of it, it is misapplied. Is it possible for a man to move the earth? Yes; but he must first find out another earth to stand upon.

J. Bentham, *An Introduction to the Principles of Morals and Legislation (1789) in J. S. Mill and J. Bentham, Utilitarianism and Other Essays,* (ed.) A. Ryan, Harmondsworth, Penguin, 1987.

19 – 1688-1789, d'une révolution à l'autre

Pasteur unitarien, Richard Price (1723-1791) a développé une doctrine philosophique dans le domaine de la morale, de l'économie et de la politique. Son premier écrit marquant a pour titre *Observations on Civil Liberty and the Justice and Policy of the War with America* (1776), où il prend le parti des révolutionnaires américains. Il tente d'en tirer les leçons théoriques et pratiques dans les *Observations on the Importance of the American Revolution, and the Means of Making it a Benefit to the World* (1785). Ce texte constitue, bien avant Tocqueville, une des premières tentatives de dégager les traits fondamentaux du système politique américain et de saisir en quoi ses caractéristiques les plus originales peuvent et doivent nourrir la pensée politique européenne. Soulignant l'atmosphère de liberté religieuse et civile, Price voit dans la Révolution de 1776 une étape cruciale dans le progrès de l'humanité. L'éloge de l'égalitarisme se mue en critique des hiérarchies économiques et sociales qui compartimentent les nations européennes.

C'est avec le sermon, *On the Love of Our Country*, prononcé le 4 novembre 1789, que les idées politiques de Price prennent une importance historique inattendue. Price impose le parallèle de la Révolution de 1789 et de celle de 1688. La Révolution française prolongerait la Glorieuse Révolution, dont il énonce les trois principes fondamentaux : "*First; the right to liberty of conscience in religious matters. Secondly; The right to resist power when abused. And, Thirdly; The right to choose our governors; to cashier them for misconduct; and to frame a government for ourselves*". Pour toute une génération, la réflexion politique sur la Révolution française engagera une prise de position sur la nature exacte de la Glorieuse Révolution et sur le lien à établir entre les deux événements.

I would farther direct you to remember, that though the Revolution [of 1688] was a great work, it was by no means a perfect work; and that all was not then gained which was necessary to put the kingdom in the secure and complete possession of the blessings of liberty. – In particular, you should recollect, that the toleration then obtained was imperfect. It included only those who could declare their faith in the doctrinal articles of the church of England. It has, indeed, been since extended, but not sufficiently; for there still exist penal laws on account of religious opinions, which (were they carried into execution) would shut up many of our places of worship, and silence and imprison some of our ablest and best men. – The TEST LAWS are also still in force; and deprive of eligibility to civil and military offices, all who cannot conform to the established worship. It is with great pleasure I find that the body of protestant dissenters, though defeated in two late attempts to deliver their country from this disgrace to it, have determined to persevere. Should they at last succeed, they will have the satisfaction, not only of removing from themselves a proscription they do not deserve, but of contributing to lessen the number of our public iniquities. For I cannot call by a gentler name, laws, which convert an ordinance appointed by our Saviour to commemorate his death, into an instrument of oppressive policy, and a qualification of rakes and atheists for civil posts. [...]

But the most important instance of the imperfect state in which the Revolution left our constitution, is the INEQUALITY OF OUR REPRESENTATION. I think, indeed, this defect in our constitution so gross and so palpable, as to make it excellent chiefly in form and theory. You should remember that a representation in the legislature of a kingdom is the *basis* of constitutional liberty in it, and of all legitimate government; and that without it a government is nothing but an usurpation. When the representation is fair and equal, and at the same time vested with such powers as our House of Commons possesses, a kingdom may be said to govern itself, and consequently to possess true liberty. When the representation is partial, a kingdom possesses liberty only partially; and if extremely partial, it only gives a *semblance* of liberty; but if not only extremely partial, but corruptly chosen, and under corrupt influence after being chosen, it becomes a *nuisance* and produces the worst of all forms of government – a government by corruption – a government carried on and supported by spreading venality and profligacy through a kingdom. May heaven preserve this kingdom from a calamity so dreadful! It is the point of depravity to which abuses under such a government as ours naturally tend, and the last stage of national unhappiness. We are, at present, I hope, at a great distance from it. But it cannot be pretended that there are no advances towards it, or that there is no reason for apprehension. [...]

What an eventful period is this! I am thankful that I have lived to it; and I could almost say, *Lord, now lettest thou thy servant depart in peace, for mine eyes have seen thy salvation.* I have lived to see a diffusion of knowledge, which has undermined superstition and error – I have lived to see the rights of men better understood than ever; and nations panting for liberty, which seemed to have lost the idea of it. – I have lived to see THIRTY MILLIONS of people, indignant and resolute, spurning at slavery, and demanding liberty with an irresistible voice; their king led in triumph, and an arbitrary monarch surrendering himself to his subjects. – After sharing in the benefits of one Revolution, I have been spared to be a witness to two other Revolutions, both glorious. – And now, methinks, I see the ardour for liberty catching and spreading; a general amendment beginning in human affairs; the dominion of kings changed for the dominion of laws, and the dominion of priests giving way to the dominion of reason and conscience.

Be encouraged, all ye friends of freedom, and writers in its defence! The times are auspicious. Your labours have not been in vain. Behold kingdoms, admonished by you, starting from sleep, breaking their fetters, and claiming justice from their oppressors! Behold, the light you have struck out, after setting AMERICA free, reflected to FRANCE, and there kindled into a blaze that lays despotism in ashes, and warms and illuminates Europe!

Tremble all ye oppressors of the world! Take warning all ye supporters of slavish governments, and slavish hierarchies! Call no more (absurdly and wickedly) reformation, innovation. You cannot now hold the world in darkness. Struggle no longer against increasing light and liberality. Restore to mankind their rights; and consent to the correction of abuses, before they and you are destroyed together.

R. Price, *A Discourse on the Love of our Country*, 1789.

20 – *Les droits réels des hommes*

Né à Dublin en 1729, Burke publie en 1756, *A Philosophical Enquiry into the Origin of Our Ideas of the Sublime and the Beautiful*, avant de s'engager dans une carrière politique aux côtés des *Whigs* à partir de 1765. Député de Bristol en 1774, il prend position en faveur des colons américains. Après 1784, il connaît une période de relatif isolement. La Révolution française commence par déclencher en Angleterre certaines réactions favorables, comme celle de Charles James Fox. Le sermon de Richard Price (*voir texte n° 19, p 232*) est le prétexte immédiat des *Reflections on the Revolution in France and on the Proceedings in Certain Societies in London Relative to that Event* (1790). Ce texte, rédigé et publié avant les épisodes les plus sanglants de la Révolution, contient un certain nombre d'éléments invariants qui en font l'un des grands manifestes contre-révolutionnaires : crainte de l'innovation, valorisation du passé présenté comme le privilège de l'expérience, sacralisation de la tradition, ancrage des hiérarchies politiques et sociales. Il ne faudrait pas négliger la dimension « esthétique » de la propagande burkienne, qui a souvent recours au registre du sublime.

Burke reproche aux révolutionnaires de sacrifier les droits concrets des individus, seuls véritables, sur l'autel des droits de l'Homme, jugés abstraits et par là-même inopérants. À la différence de Price, Burke souligne l'hétérogénéité radicale des révolutions anglaise et française : alors que les révolutionnaires de 1789 n'ont aucune expérience politique à faire valoir et qu'ils menacent de faire table rase d'un ordre vénérable parce qu'ancien, les Anglais, en 1688, ont restauré des droits acquis dans une révolution limitée et contrôlée.

Nothing is a due and adequate representation of a state, that does not represent its ability, as well as its property. But as ability is a vigorous and active principle, and as property is sluggish, inert, and timid, it never can be safe from the invasions of ability, unless it be, out of all proportion, predominant in the representation. It must be represented too in great masses of accumulation, or it is not rightly protected. The characteristic essence of property, formed out of the combined principles of its acquisition and conservation, is to be *unequal*. The great masses therefore which excite envy, and tempt rapacity, must be put out of the possibility of danger. Then they form a natural rampart about the lesser properties in all their gradations. The same quantity of property, which is by the natural course of things divided among many, has not the same operation. Its defensive power is weakened as it is diffused. In this diffusion each man's portion is less than what, in the eagerness of his desires, he may flatter himself to obtain by dissipating the accumulations of others. The plunder of the few would indeed give but a share inconveivably small in the distribution to the many.

But the many are not capable of making this calculation; and those who lead them to rapine, never intend this distribution.

The power of perpetuating our property in our families is one of the most valuable and interesting circumstances belonging to it, and that which tends the most to the perpetuation of society itself. It makes our weakness subservient to our virtue; it grafts benevolence even upon avarice. The possessors of family wealth, and of the distinction which attends hereditary possession (as most concerned in it) are the natural securities for this transmission. With us, the house of peers is formed upon this principle. It is wholly composed of hereditary property and hereditary distinction; and made therefore the third of the legislature; and in the last event, the sole judge of all property in all its subdivisions. The house of commons too, though not necessarily, yet in fact, is always so composed in the far greater part. Let those large proprietors be what they will, and they have their chance of being amongst the best, they are at the very worst, the ballast in the vessel of the commonwealth. For though hereditary wealth, and the rank which goes with it, are too much idolized by creeping sycophants, and the blind abject admirers of power, they are too rashly slighted in shallow speculations of the petulant, assuming, short-sighted coxcombs of philosophy. Some decent regulated pre-eminence, some preference (not exclusive appropriation) given to birth, is neither unnatural, nor unjust, nor impolitic. […]

Far am I from denying in theory; full as far is my heart from withholding in practice (if I were of power to give or to withhold) the real rights of men. In denying their false claims of right, I do not mean to injure those which are real, and are such as their pretended rights would totally destroy. If civil society be made for the advantage of man, all the advantages for which it is made become his right. It is an institution of beneficence; and law itself is only beneficence acting by a rule. Men have a right to live by that rule; they have a right to justice; as between their fellows, whether their fellows are in politic function or in ordinary occupation. They have a right to the fruits of their industry; and to the means of making their industry fruitful. They have a right to the acquisitions of their parents; to the nourishment and improvement of their off-spring; to instruction in life, and to consolation in death. Whatever each man can separately do, without trespassing upon others, he has a right to do for himself; and he has a right to a fair portion of all which society, with all its combinations of skill and force, can do in his favour. In this partnership all men have equal rights; but not to equal things. He that has but five shillings in the partnership, has as good a right to it, as he that has five hundred pounds has to his larger proportion. But he has not a right to an equal dividend in the product of the joint stock; and as to the share of power, authority, and direction which each individual ought to have in the management of the state, that I must deny to be amongst the direct original rights of man in civil society; for I have in my contemplation the civil social man, and no other. It is a thing to be settled by convention.

If civil society be the offspring of convention, that convention must be its law. That convention must limit and modify all the descriptions of constitution which are formed under it. Every sort of legislative judicial, or executory power are its creatures. They can have no being in any other state of things; and how can any man claim, under the conventions of civil society, rights which do not so much as suppose its existence? Rights which are absolutely repugnant to it? One of the first motives to civil society, and which becomes one of its fundamental rules, is, *that no man should be judge in his own cause.* By this each person has at once divested himself of the first fundamental right of uncovenanted man, that is, to judge for himself, and to assert his own cause. He abdicates all right to be his own governor. He inclusively, in a great measure, abandons the right of self-defence, the first law of nature. Men cannot enjoy the rights of an uncivil and of a civil state together. That he may obtain justice he gives up his right of determining what it is in points the most essential to him. That he may secure some liberty, he makes a surrender in trust of the whole of it.

Government is not made in virtue of natural rights, which may and do exist in total independence of it; and exist in much greater clearness, and in a much greater degree of abstract perfection: but their abstract perfection is their practical defect. By having a right to every thing they want every thing. Government is a contrivance of human wisdom to provide for human *wants.* Men have a right that these wants should be provided for by this wisdom. Among these wants is to be reckoned the want, out of civil society, of a sufficient restraint upon their passions. Society requires not only that the passions of individuals should be subjected, but that even in the mass and body as well as in the individuals, the inclinations of men should frequently be thwarted, their will controlled, and their passions brought into subjection. This can only be done *by a power out of themselves*; and not, in the exercise of its function, subject to that will and to those passions which it is its office to bridle and subdue. In this sense the restraints on men, as well as their liberties, are to be reckoned among their rights. But as the liberties and the restrictions vary with times and circumstances, and admit of infinite modifications, they cannot be settled upon any abstract rule; and nothing is so foolish as to discuss them upon that principle.

E. Burke, *Reflections*, 1790.

21 – *La libération des femmes*

Parmi les réactions au pamphlet de Burke figurent les *Observations on the Reflections of the Right Hon.* Edmund Burke (1790), de l'historienne et philosophe Catherine Macaulay (1731-1791) et surtout *A Vindication of the Rights of Men* (1790), de Mary Wollstonecraft (1759-1797). Cette dernière élabore sa pensée politique en partant de la question de l'éducation, qu'elle aborde soit de front, soit au cours de l'analyse concrète de deux objets neufs : la Révolution française et la place de la femme dans la société.

Lectrice sévère de Locke et de Rousseau, elle est convaincue de la nécessité de promouvoir une éducation nouvelle gouvernée par la raison, axée sur la notion de vertu et qui débouche sur une réelle autonomie des hommes et des femmes. Son expérience novatrice de gouvernante, d'éducatrice et de mère l'encourage à étendre sa réflexion dans ce domaine aux tout premiers mois de la vie, ce qu'elle fait dans les *Letters on the Management of Infants*, qu'elle laisse inachevées à sa mort.

Déjà dans les *Thoughts on the Education of Daughters* (1786) et les *Original Stories from Real Life* (1788) émerge la critique de pratiques éducatives accusées d'encourager le vice et, chez les femmes, la frivolité. C'est surtout dans *A Vindication of the Rights of Woman* (1791) que l'accent est mis sur l'émancipation réelle des femmes. Écartelée entre la tentation de s'abandonner aux rôles soumis auxquels sa propre éducation l'a prédisposée et l'aspiration à inventer la vie et la morale des femmes à venir, elle manifeste dans son œuvre une double tendance conflictuelle. Elle tâche d'explorer et de réhabiliter une identité féminine, centrée sur le rôle de mère, qu'il lui faut arracher à l'impensé de toute une tradition intellectuelle dominée par des hommes. Elle revendique une égalité des sexes sur le plan juridique, politique et social. Elle évite ainsi de tomber dans les deux pièges que sont la justification idéologique de l'enfermement des femmes dans un destin aliénant et l'imitation exclusive de modèles masculins qui nient la dignité des rôles féminins traditionnels. L'indispensable reprise en main de l'existence des femmes par elles-mêmes nécessite "*a revolution in female manners*" qui passe inévitablement par une nouvelle philosophie de l'éducation des deux sexes.

L'émancipation des femmes s'inscrit dans un progrès général de l'humanité. La *Vindication of the Rights of Men* ne donne de la position politique de M. Wollstonecraft qu'une image partielle, que doit compléter la lecture de son *Historical and Moral View of the Origin and Progress of the French Revolution and the Effect it has Produced in Europe* (1794). Riche d'une expérience de terrain (elle est présente en France au lendemain des Massacres de septembre), elle connaît de près les débordements d'une violence révolutionnaire qu'elle réprouve. Elle a fréquenté les milieux girondins et pris position contre l'exécution de Louis XVI. Sans illusions, elle s'efforce, par fidélité à un idéal de rationalisme politique volontariste, de dépassionner l'analyse afin de dégager l'héritage définitif de cette période controversée.

I speak of the improvement and emancipation of the whole sex, for I know that the behaviour of a few women, who, by accident, or following a strong bent of nature, have acquired a portion of knowledge superior to that of the rest of their sex, has often been overbearing; but there have been instances of women who, attaining knowledge, have not discarded modesty, nor have they always pedantically appeared to despise the ignorance which they laboured to disperse in their own minds. The exclamations then which any advice respecting female learning commonly produces, especially from pretty women, often arise from envy. When they chance to see that even the lustre of their eyes, and the flippant sportiveness of refined coquetry, will not always secure them attention during a whole evening, should a woman of a more cultivated understanding endeavour to give a rational turn to the conversation, the common source of consolation is that such women seldom get husbands. What arts have I not seen silly women use to interrupt by *flirtation* – a very significant word to describe such a manœuvre – a rational conversation, which made the men forget that they were pretty women.

But, allowing what is very natural to man, that the possession of rare abilities is really calculated to excite over-weening pride, disgusting in both men and women, in what a state of inferiority must the female faculties have rusted when such a small portion of knowledge as those women attained, who have sneeringly been termed learned women, could be singular? – sufficiently so to puff up the possessor, and excite envy in her contemporaries, and some of the other sex. Nay, has not a little rationality exposed many women to the severest censure? I advert to well-known facts, for I have frequently heard women ridiculed, and every little weakness exposed, only because they adopted the advice of some medical men, and deviated from the beaten track in their mode of treating their infants. I have actually heard this barbarous aversion to innovation carried still further, and a sensible woman stigmatized as an unnatural mother, who has thus been wisely solicitous to preserve the health of her children, when in the midst of her care she has lost one by some of the casualties of infancy, which no prudence can ward off. Her acquaintance have observed that this was the consequence of new-fangled notions – the new-fangled notions of ease and cleanliness. And those who pretending to experience, though they have long adhered to prejudices that have, according to the opinion of the most sagacious physicians, thinned the human race, almost rejoiced at the disaster that gave a kind of sanction to prescription.

Indeed, if it were only on this account, the national education of women is of the utmost consequence, for what a number of human sacrifices are made to that Moloch prejudice! And in how many ways are children destroyed by the lasciviousness of man? The want of natural affection in many women, who are drawn from their duty by the admiration of men, and the ignorance of others, render the infancy of man a much more perilous state than that of brutes; yet men are unwilling to place women in situations proper to enable them to acquire sufficient understanding to know how even to nurse their babes.

So forcibly does this truth strike me that I would rest the whole tendency of my reasoning upon it, for whatever tends to incapacitate the maternal character, takes woman out of her sphere.

But it is vain to expect the present race of weak mothers either to take that reasonable care of a child's body, which is necessary to lay the foundation of a good constitution, supposing that it do not suffer for the sins of its fathers; or to manage its temper so judiciously that the child will not have, as it grows up, to throw off all that its mother, its first instructor, directly or indirectly taught; and unless the mind have uncommon vigour, womanish follies will stick to the character throughout life. The weakness of the mother will be visited on the children. And whilst women are educated to rely on their husbands for judgement, this must ever be the consequence, for there is no improving an understanding by halves, nor can any being act wisely from imitation, because in every circumstance of life there is a kind of individuality, which requires an exertion of judgement to modify general rules. The being who can think justly in one track will soon extend its intellectual empire; and she who has sufficient judgement to manage her children will not submit, right or wrong, to her husband, or patiently to the social laws which make a nonentity of a wife.

In public schools women, to guard against the errors of ignorance, should be taught the elements of anatomy and medicine, not only to enable them to take proper care of their own health, but to make them rational nurses of their infants, parents, and husbands; for the bills of mortality are swelled by the blunders of self-willed old women, who give nostrums of their own without knowing anything of the human frame. It is likewise proper, only in a domestic view, to make women acquainted with the anatomy of the mind, by allowing the sexes to associate together in every pursuit, and by leading them to observe the progress of the human understanding in the improvement of the sciences and arts – never forgetting the science of morality, or the study of the political history of mankind.

A man has been termed a microcosm, and every family might also be called a state. States, it is true, have mostly been governed by arts that disgrace the character of man, and the want of a just constitution and equal laws have so perplexed the notions of the worldly wise, that they more than question the reasonableness of contending for the rights of humanity. Thus morality, polluted in the national reservoir, sends off streams of vice to corrupt the constituent parts of the body politic; but should more noble, or rather more just, principles regulate the laws, which ought to be the government of society, and not those who execute them, duty might become the rule of private conduct.

Besides, by the exercise of their bodies and minds women would acquire that mental activity so necessary in the maternal character, united with the fortitude that distinguishes steadiness of conduct from the obstinate perverseness of weakness. For it is dangerous to advise the indolent to be steady, because they instantly become rigorous, and to save themselves trouble punish with severity faults that the patient fortitude of reason might have prevented.

But fortitude presupposes strength of mind, and is strength of mind to be acquired by indolent acquiescence? by asking advice instead of exerting the judgement? by obeying through fear, instead of practising the forbearance which we all stand in need of ourselves? The conclusion which I wish to draw is obvious. Make women rational creatures and free citizens, and they will quickly become good wives and mothers – that is, if men do not neglect the duties of husbands and fathers.

M. Wollstonecraft, *A Vindication of the Rights of Woman*, 1791.

22 – *Démocratie et représentation*

Installé en Amérique en 1774 après avoir exercé divers métiers, Thomas Paine (1737-1809) partage tout de suite les préoccupations des colons. En 1776, il publie *Common Sense*, véritable manifeste de la Révolution américaine jouissant d'une large diffusion. En 1787, il retourne en Angleterre. Réfugié en France, il est élu à la Convention. Il vote contre l'exécution de Louis XVI. Hostile à la peine de mort, il est convaincu que le peuple français ne s'est pas révolté contre un individu mais contre le système monarchique. Emprisonné sous la Terreur en raison de ses sympathies girondines, il prend la fuite et passe ses dernières années en Amérique, dans une solitude qu'explique en partie le scandale suscité par la publication de *The Age of Reason* (1794), manifeste anticlérical où Paine tente de diffuser les doctrines déistes.

Son ouvrage le plus important demeure *The Rights of Man* (1791-1792), dont la première partie est une réfutation des *Reflections* de Burke. L'ouvrage connaît un succès spectaculaire. Paine affirme l'impossibilité de lier les générations à venir par une décision politique quelconque, et par conséquent l'absolue liberté de chaque génération de décider de son organisation politique.

Les traits généraux de sa pensée étaient déjà présents dans *Common Sense*. L'universalisme des droits de l'homme, dont il fait l'enjeu de la Révolution française, est également perceptible dans sa vision de la Révolution américaine : "*The cause of America is in a great measure the cause of all mankind.*" L'accent mis sur les libertés imprescriptibles de chaque génération relève d'une conception libérale, qui définit l'État comme un mal nécessaire. Cette même conception individualiste débouche sur une critique de la monarchie héréditaire, jugée illégitime, et sur une justification du régime républicain. Enfin, le choix d'un style simple et direct et la rareté des citations et références juridiques, historiques et philosophiques, témoignent du désir de démocratiser le débat politique.

Those who have said that a republic is not a *form* of government calculated for countries of great extent, mistook, in the first place, the *business* of a government, for a *form* of government; for the *respublica* equally appertains to every extent of territory and population. And, in the second place, if they meant anything with respect to *form*, it was the simple democratical form, such as was the mode of government in the ancient democracies, in which there was no representation. The case, therefore, is not, that a republic cannot be extensive, but that it cannot be extensive on the simple democratical form; and the question naturally presents itself, *What is the best form of government for conducting the RES-PUBLICA, or the PUBLIC BUSINESS of a nation, after it becomes too extensive and populous for the simple democratical form*?

It cannot be monarchy, because monarchy is subject to an objection of the same amount to which the simple democratical form was subject.

It is possible that an individual may lay down a system of principles, on which government shall be constitutionally established to any extent of territory. This is no more than an operation of the mind, acting by its own powers. But the practice upon those principles, as applying to the various and numerous circumstances of a nation, its agriculture, manufacture, trade, commerce, etc., requires a knowledge of a different kind, and which can be had only from the various parts of society. It is an assemblage of practical knowledge, which no one individual can possess; and therefore the monarchical form is as much limited, in useful practice, from the incompetency of knowledge, as was the democratical form, from the multiplicity of population. The one degenerates, by extension, into confusion; the other, into ignorance and incapacity, of which all the great monarchies are an evidence. The monarchical form, therefore, could not be a substitute for the democratical, because it has equal inconveniences.

Much less could it when made hereditary. This is the most effectual of all forms to preclude knowledge. Neither could the high democratical mind have voluntarily yielded itself to be governed by children and idiots, and all the motley insignificance of character, which attends such a mere animal system, the disgrace and the reproach of reason and of man.

As to the aristocratical form, it has the same vices and defects with the monarchical, except that the chance of abilities is better from the proportion of numbers, but there is still no security for the right use and application of them.

Referring, then, to the original simple democracy, it affords the true data from which government on a large scale can begin. It is incapable of extension, not from its principle, but from the inconvenience of its form; and monarchy and aristocracy, from their incapacity. Retaining, then, democracy as the ground, and rejecting the corrupt systems of monarchy and aristocracy, the representative system naturally presents itself; remedying at once the defects of the simple democracy as to form, and the incapacity of the other two with respect to knowledge.

Simple democracy was society governing itself without the aid of secondary means. By ingrafting representation upon democracy, we arrive at a system of government capable of embracing and confederating all the various interests and every extent of territory and population; and that also with advantages as much superior to hereditary government, as the republic of letters is to hereditary literature.

It is on this system that the American government is founded. It is representation ingrafted upon democracy. It has fixed the form by a scale parallel in all cases to the extent of the principle. What Athens was in miniature, America will be in magnitude. The one was the wonder of the ancient world; the other is becoming the admiration and model of the present. It is the easiest of all the forms of government to be understood, and the most eligible in practice; and excludes at once the ignorance and insecurity of the hereditary mode, and the inconvenience of the simple democracy.

T. Paine, *The Rights of Man*, 1791-1792.

23 – *Le jacobinisme aux couleurs de l'Angleterre*

Au lendemain de Valmy (20 septembre 1792), plusieurs radicaux anglais saluent officiellement la jeune république française et lui apportent leur soutien moral. On parle couramment de « jacobins anglais » pour qualifier les membres de ces sociétés constitutionnelles outre-Manche qui prennent fait et cause pour la Révolution.

Robespierre avait été le plus clairvoyant : il avait prédit que la guerre risquait d'entraîner la France dans une aventure de type cromwellien – La Fayette étant, selon lui, ce nouveau Cromwell tout désigné – et que l'Europe n'apprécierait guère les « missionnaires bottés ».

L'Angleterre n'est certes pas encore en guerre contre la France (il faut attendre février 1793). Mais la conflagration aura des effets importants sur le front intérieur, en jetant la suspicion sur les amis de la jeune révolution (arrestations dans les milieux radicaux, suspension de l'Habeas Corpus en 1794, interdiction enfin des sociétés populaires...).

Address to the French National Convention from the following societies of Britons, united in one common cause; namely the obtaining a fair, equal and impartial Representation in Parliament.

Manchester Constitutional Society	Tho. Walker, Pres. Sam. Jackson, Sec.
Manchester Reformation Society	John Stacey, Sec.
Norwich Revolution Society	Tho. Goff, Pres. John Cozens, Sec.
London Constitutional Whigs,	Geo. Puller, Chair.
Independent and Friends of the People	James Bly, Sec.

Authorized by our United Brethren above named, We the London Corresponding Society, for them as well as for ourselves, thus address you:

FRENCHMEN,

While foreign robbers are ravaging your Territories under the specious pretext of Justice, cruelty and devastation lead on their van, while perfidy with treachery bring up their rear, yet mercy and friendship are impudently held forth to the world as the sole motives of their incursions; the oppressed part of mankind, forgetting for a while their own sufferings, feel only for yours, and with an anxious eye watch the ultimate event, fervently supplicating the Supreme Ruler of the Universe to be favourable to your cause, so intimately blended with their own.

Frowned upon by an oppressive system of controul, whose gradual but continual encroachments have deprived this Nation of nearly all its boasted liberty, and brought us almost to that abject state of slavery from which you have so gloriously emerged, a few thousands of British Citizens indignant, manfully step forward to rescue their country from the opprobrium brought upon it by the supine conduct of those in powe; they conceive it to be the duty of Britons to countenance and to assist to the utmost of their power, the champions of human happiness, and to swear to a Nation proceeding on the plan which you have adopted, an inviolable Friendship, – sacred from this day be that friendship between us! and may vengeance to the uttermost overtake the man who shall hereafter attempt to cause a rupture!

Though we appear comparatively so few at present, be assured Frenchmen, that our number encreases daily – it is true that the stern uplifted arm of authority at present keeps back the timid, that busily circulated impostures hourly mislead the credulous, and that court intimacy with avowed French Traitors has some effect on the unwary and ambitious. But with certainty we can inform you, Friends and Freemen, that information makes a rapid progress among us; Curiosity has taken possession of the public mind; the conjoint reign of ignorance and despotism passes away. Men now ask each other, what is Freedom? What are our Rights? Frenchmen, you are already free, and Britons are preparing to become so.

Casting far from us the criminal prejudices artfully inculcated by evilminded men and wily Courtiers, we, instead of natural enemies, at length discover in Frenchmen our Fellow Citizens of the World, and our Brethren by the same heavenly Father, who created us for the purposes of loving, and mutually assisting each other; but not to hate, and to be ever ready to cut each other's throats at the command of weak or ambitious Kings, and corrupt Ministers.

Seeking our real enemies, we find them in our bosoms. We feel ourselves inwardly torn by, and ever the victims of a restless, all-consuming Aristocracy, hitherto the bane of every Nation under the Su: – Wisely have you acted in expelling it from France.

Warm as are our wishes for your success, eager as we are to behold Freedom triumphant, and Man everywhere restored to the enjoyment of his just rights, a sense of our duty as orderly Citizens forbids our flying in arms to your assistance; Our government has pledged the National Faith to remain neutral. In a struggle of Liberty against Despotism, Britons remain neutral. O shame! But we have entrusted our King with discretionary powers, we therefore must obey. Our hands are bound, but our hearts are free, and they are with you.

Let German Despots act as they please, we shall rejoice at their fall; compassionating, however, their enslaved subjects, we hope this tyranny of their Masters will prove the means of reinstating, in the full possession of their Rights and Liberties, millions of our Fellow Creatures. With unconcern, therefore, we might view the Elector of Hanover join his troops to Traitors and Robbers: But the King of Great Britain will do well to remember that this country is not Hanover – should he forget this distinction, we will not.

While you enjoy the envied glory of being the unaided Defenders of Freedom, we fondly anticipate in idea the numerous blessings, which mankind will enjoy, if you succeed, as we ardently wish. The Triple Alliance not of crowns, but of the people of America, France and Britain, will give Freedom to Europe and Peace to the World! Dear Friends, you combat for the advantage of the Human Race! how well purchased will be, though at the expence of much blood, the glorious, the unprecedented privilege of saying, "Mankind is free! Tyrants and Tyranny are no more! Peace reigns on the Earth! and this is the work of Frenchmen."

The desire of having the concurrence of different Country Societies to this Address, has occasioned a month's delay in presenting it. Success unparalleled has now attended your arms. We congratulate you thereon – that success has removed our anxiety, but it has no otherways influenced our sentiments in your behalf.

Remember, Frenchmen, that although this testimony of friendship only now reaches your Assembly, it bears date the 27th of September 1792.

(Signed by order) Maurice Margarot, President
Thomas Hardy, Secretary

London Corresponding Society, Joint Address to the French National Convention, 27 september 1792.

24 – The United Kingdom of Great Britain and Ireland

En 1782, une série de lois, votées par le Parlement anglais à l'initiative du Parlement irlandais et de son parti patriote, garantit à l'Irlande la souveraineté législative. Mais la Grande-Bretagne continue à exercer un contrôle strict sur les affaires d'Irlande. Cette situation peu satisfaisante provoque des réactions hostiles. Un mouvement nationaliste et républicain, inspiré par les idées de la Révolution française, prend naissance dans un climat grandissant d'anarchie. L'abrogation progressive de l'essentiel de la législation pénale à la même époque est à l'origine de tensions d'un autre type. Protestants et catholiques s'opposent, par sociétés secrètes interposées, en règlements de compte ou batailles rangées qui aggravent l'atmosphère insurrectionnelle du pays.

Toutes les animosités se retrouveront canalisées à grand-peine par le mouvement nationaliste des United Irishmen. Le très célèbre soulèvement de 1798 s'ensuit. Son chef le plus célèbre demeure Theobald Wolfe Tone, un républicain très proche des révolutionnaires français, dont il obtient le soutien militaire lors de la rébellion. Or la Grande-Bretagne est alors en guerre contre la France et ne peut tolérer la menace que représente une telle alliance. Elle ne peut non plus accepter que se diffusent à sa porte des doctrines révolutionnaires susceptibles de déstabiliser la Grande-Bretagne. Sa réaction sera donc très vive ; l'insurrection une fois matée, on tente de trouver une solution finale au problème irlandais. La réponse sera l'Acte d'union de 1799-1800 qui crée le Royaume-Uni de Grande-Bretagne et d'Irlande, en abolissant par là même le Parlement de Dublin. Si les parlementaires dublinois refusent tout d'abord de voter leur propre déchéance, pressions et corruption auront bientôt raison de leurs réticences. En 1801, l'Irlande est gouvernée directement depuis Londres.

An Act for the union of Great Britain and Ireland

Whereas in pursuance of his majesty's most gracious recommendation to the two houses of parliament in Great Britain and Ireland respectively, to consider of such measures as might best tend to strengthen and consolidate the connexion between the two kingdoms, the two houses of the parliament of Great Britain, and the two houses of the parliament of Ireland have severally agreed and resolved, that in order to promote and secure the essential interests of Great Britain and Ireland, and to consolidate the strength, power, and resources of the British empire, it will be advisable to concur in such measures as may best tend to unite the two kingdoms of Great Britain and Ireland, into one kingdom, in such manner, and on such terms and conditions, as may be established by the acts of the respective parliaments of Great Britain and Ireland.

And whereas in furtherance of the said revolution, both houses of the said two parliaments respectively have likewise agreed upon certain articles for effectuating and establishing the said purposes in the tenor following:

1. That it be the first article of the union of the kingdoms of Great Britain and Ireland, that the said kingdom of Great Britain and Ireland shall, upon the first day of January, which shall be in the year of our Lord 1801, and for ever, be united into one kingdom, by the name of "The United Kingdom of Great Britain and Ireland", and that the royal style and titles appertaining to the imperial crown of the said united kingdom and its dependencies, and also the ensigns, armorial flags, and banners thereof, shall be such as his majesty by his royal proclamation under the great seal of the united kingdom shall be pleased to appoint.

2. That it be the second article of union, that the succession to the imperial

crown of the said united kingdom, and of the dominions thereunto belonging, shall continue limited and settled in the same manner as the succession to the imperial crown of the said kingdoms of Great Britain and Ireland now stands limited and settled, according to the existing laws, and to the terms of union between England and Scotland.

3. That it be the third article of union, that the said united kingdom be represented in one and the same parliament, to be styled "the Parliament of the United Kingdom of Great Britain and Ireland".

4. That it be the fourth article of union that four lords spiritual of Ireland, by rotation of sessions, and twenty-eight lords temporal of Ireland, elected for life by the peers of Ireland, shall be the number to sit and vote on the part of Ireland in the house of lords of the parliament of the United Kingdom and one hundred commoners [...] be the number to sit and vote on the part of Ireland in the house of commons of the parliament of the United Kingdom. [...]

5. That it be the fifth article of union, that the churches of England and Ireland, as now by law established, be united into one protestant episcopal church, to be called "The united church of England and Ireland", and that the doctrine, worship, discipline and government of the said united church shall be, and shall remain in full force for ever, as the same are now by law established for the church of England; and that the continuance and preservation of the said united church, as the established church of England and Ireland, shall be deemed and taken to be an essential and fundamental part of the union; and that in like manner the doctrine, worship, discipline and government of the church of Scotland shall remain, and be preserved as the same are now established by law, and by the acts for the union of the two kingdoms of England and Scotland.

6. That it be the sixth article of union, that his majesty's subjects of Great Britain and Ireland shall, from and after the first day of January 1801, be entitled to the same privileges, and be on the same footing as to encouragements and bounties on the like articles, being the growth, produce, or manufacture of either country respectively, and generally in respect of trade and navigation in all ports and places in the united kingdom and its dependencies; and that in all treaties made by his majesty, his heirs and successors, with any foreign power, his majesty's subjects in Ireland shall have the same privileges and be on the same footing as his majesty's subjects of Great Britain. [...]

7. That it be the seventh article of union that the charge arising from the payment of the interest and the sinking fund for the reduction of the principal of the debt incurred in either kingdom before the union shall continue to be separately defrayed by Great Britain and Ireland respectively, except as herein-after provided. [...]

8. That it be the eighth article of union, that all laws in force at the time of the union, and all the courts of civil and ecclesiastical jurisdiction within the respective kingdoms, shall remain as now by law established within the same, subject only to such alterations and regulations from time to time as circumstances may appear to the parliament of the united kingdom to require, provided that all writs of error and appeals depending at the time of the union, or hereafter to be brought, and which might now be finally decided by the house of lords of either kingdom, shall from and after the union be finally decided by the house of lords of the united kingdom, and provided that from and after the union there shall remain in Ireland an instance court of admiralty for the determination of causes civil and maritime only. [...]

10. And be it enacted, that the great seal of Ireland may, if his majesty shall so think fit, after the union be used in like manner as before the union, except where it is otherwise provided by the foregoing articles, within that part of the united kingdom called Ireland, and that his majesty may, so long as he shall think fit, continue the privy council of Ireland, to be his privy council for that part of the united kingdom called Ireland.

40 Geo. III, c. 67.

Défenseur de la révolution américaine puis de la révolution française, Thomas Paine (1737-1809) fut un pionnier des droits de l'Homme.

Le XIXe siècle : Révolution industrielle et ère victorienne

4

La Reine Victoria, impératrice des Indes (1818-1901) : la grand-mère de l'Europe.

Le XIXe siècle représente sans aucun doute l'âge d'or pour l'Angleterre. Le pays y atteint son apogée, précisément au moment où la reine Victoria devient Impératrice des Indes, en 1876. Elle règne alors sur la nation la plus puissante de la terre, dotée d'une industrie triomphante, d'un commerce florissant, et d'un empire étendu sur toute la surface du globe.

Mais ce siècle de la gloire est aussi celui de tous les excès, avec cette population qui se met à enfler et vient grossir des cités industrielles vite trop pleines, ces statistiques économiques qui battent tous les records, l'argent qui sourd et afflue de partout, ces classes moyennes qui n'en finissent pas de monter en nombre et en puissance, jusqu'à rivaliser avec les classes supérieures, cette aristocratie et sa cousine, la *gentry*, détentrices d'un pouvoir politique qu'elles doivent se résigner à partager. Excès dans les richesses produites et empochées, excès aussi dans les détresses engendrées par ce capitalisme déchaîné. La pauvreté s'agglutine dans les quartiers misérables des grandes villes, où le bourgeois ne s'aventure que rarement, et avec le sentiment de pénétrer dans une jungle inconnue et effrayante. Excès encore dans la rudesse avec laquelle on traite publiquement cette misère, mise sur le compte de la mollesse morale et de la paresse, dans ces temps de bonne conscience victorienne. Karl Marx, réfugié à Londres, avait pensé que cette société, à force de gonfler et de se boursoufler, puis de trop vite tirer la corde entre les riches et les pauvres, allait finir par imploser : c'est là qu'éclaterait la révolution qu'il sentait gronder au loin. L'explosion sociale et le bouleversement politique, malgré tout cela, ne se produisent pas. Les conditions internes avaient beau sembler réunies, la contagion de la violence venue d'Europe (qu'on pense simplement à 1830 et 1848) pouvait bien risquer à tout moment de gagner le sol anglais, la montée vers la démocratie et le régime parlementaire se fait cahin-caha, par avancées et reculs successifs, mais elle se fait. Le bourgeois, puis un demi-siècle plus tard, l'ouvrier, obtiennent le droit de vote, dans des élections notablement plus réglementées qu'auparavant, où concussion et pots de vin étaient monnaie courante. Les classes laborieuses, agitées au moment du chartisme (qui s'éteint vers le milieu du siècle), voient leurs conditions s'améliorer, lorsque le pays s'enrichit et lorsqu'elles s'organisent. Ce siècle où le capitalisme règne en maître est aussi celui qui voit monter le syndicalisme et naître le socialisme : le parti travailliste actuel est conçu dans les ultimes années du XIXe siècle et voit le jour à l'aube du XXe.

Les textes réunis pour illustrer les aspects les plus saillants de l'époque ont été groupés selon un classement chronologique plutôt que thématique, afin tout simplement que le lecteur puisse se laisser conduire par le fil du temps. Les correspondances entre ces extraits peuvent être sans difficulté établies par chacun ensuite à sa guise. S'y mélangent le sombre et le clair, l'obscur et le radieux. C'est le noir le plus épais avec Malthus, que l'accroissement démographique affole, et qui voit les populations grimper à un rythme que n'atteindra jamais, selon lui, la capacité humaine à les nourrir. Le *Factory Act* légifère sur le travail des enfants dans le textile, ce qui rassure, mais laisse deviner entre les lignes une exploitation quotidienne éhontée de leurs jeunes organismes. Les Chartistes, par le biais de leur première pétition nationale, alignent leurs revendications sociales et politiques, qu'un parlement dédaigneux refusera de prendre en compte. Engels, qui a enquêté de près sur les conditions de travail des masses laborieuses, observé les foules grouillantes des grandes villes industrielles, et visité les taudis où l'on s'entasse, laisse exploser sa colère. Mayhew décrit la vie des gamins des rues avec le même soin scrupuleux qu'un explorateur exposant les mœurs des Zoulous. Gladstone s'échine à persuader ses propres partisans qu'il est grand temps d'accorder l'autonomie à l'Irlande – et il s'échine en vain. La tragédie qu'il pressent ne sera pas évitée, la voix de D. Hyde restera isolée, et le sang coulera longtemps encore.

L'obscurantisme et l'aveuglement volontaire, qui ont marqué ce siècle d'exception comme les autres, sont traversés à d'autres moments par des traits de lumière, des éclats de vérité. Les textes où brûle le feu de la conviction éclairée paraissent tous au même degré remplis d'une passion de montrer le chemin du meilleur avenir. Grey supplie en 1832 la Chambre des Lords de ne pas laisser passer l'occasion d'accorder dans la paix sociale le droit de vote à la bourgeoisie. La loi, un des événements majeurs du siècle, finira par passer, la même année. Quelque temps plus tard, Cobden, chantre du libre-échange, explique à une assistance sceptique que le proctectionnisme, incarné par les lois sur les céréales (*corn laws*), loin de protéger le fermier, le dessert totalement. Lui aussi l'emportera : le *free trade* sera adopté et deviendra le moteur principal du capitalisme anglais. Gladstone, qui souhaite engager une nouvelle réforme électorale et étendre un peu plus le droit de vote à d'autres couches sociales, dit la confiance que lui inspire ce qu'on appellera l'aristocratie de la classe ouvrière. C'est son rival, Disraeli, qui reprendra la combat, et assurera en 1867 la victoire de cette même idée. C'est le moment que choisit Bagehot pour disserter doctement sur les originalités de la constitution britannique et, Victoria presque à l'apogée de son règne, explique toute la différence qui sépare en vérité le pouvoir réel exercé par une monarchie faite pour s'attirer la révérence du bon peuple, et celui détenu par le gouvernement... qui gouverne pour de bon : constat à ce point lucide qu'on l'évoque encore aujourd'hui. Forster, à quelques courtes années de distance, assure les bases de l'école élémentaire publique ; il en profite pour faire le procès du laisser-faire, capable seulement d'aider ceux qui peuvent déjà s'aider eux-mêmes, et pour plaider en faveur de l'intervention des pouvoirs publics, qui ont besoin pour développer l'école de l'arme de la loi. Nous sommes alors en 1870. Deux années plus tard, Disraeli, qui anime l'opposition aux libéraux, prononce ses deux fameux discours de Manchester et du Crystal Palace, où il offre sa vision d'un conservatisme moderne.

Quelques dates

1800	Loi d'union avec l'Irlande.
1815	Bataille de Waterloo et fin des guerres napoléonniennes Vote des lois céréalières, protectionnistes, ou *Corn Laws*.
1820	Accession au trône de George IV.
1829	Émancipation des Catholiques.
1830	Accession au trône de William IV
1832	*Great Reform Act* élargissant la représentation électorale et le droit de vote.
1833	*Factory Act* réglementant le travail des enfants.
1830	*Poor Law Amendment Act*, réformant les lois antérieures sur les pauvres.
1837	Accession au trône de la reine Victoria.
1838	Pétition nationale des Chartistes.
1845	Début de la période de famine en Irlande.
1846	Abrogation des lois céréalières, instauration du libre-échange.
1851	Grande Exposition à Londres.
1861	Mort du Prince Consort, Albert.
1867	Réforme électorale.
1868	Premier congrès syndical TUC à Manchester.
1870	Loi Forster créant l'enseignement élémentaire public.
1871	*Trade Union Act* officialisant les syndicats ouvriers.
1884	Réforme électorale.
1888	Loi sur le gouvernement local.
1900	Création du comité représentatif travailliste (qui devient parti travailliste en 1906).

1 – Le pessimisme malthusien

Thomas Malthus (1766-1834) est connu principalement pour son *Essai sur le principe de la population*, qu'il publia de façon anonyme en 1798, puis sous son propre nom, dans une version modifiée, en 1803. Économiste de formation, passé par Cambridge, il était aussi prêtre anglican. La (fausse) doctrine qui l'a rendu célèbre est exposée ici. Il l'élabore à une époque où aucune étude vraiment sérieuse sur la natalité et la démographie n'existait, mais où il était apparent que le nombre des habitants, dans le pays, grossissait. L'idée maîtresse présentée par Malthus veut que la population s'accroisse plus vite que les « subsistances », selon une progression géométrique (2, 4, 6, 8, etc.), alors que la production de nourriture augmente, elle, de manière arithmétique (1, 2, 3, 4, etc.). Ce fossé qui s'élargit entre le nombre des bouches à nourrir et la capacité des hommes à le faire est selon lui la cause principale de la pauvreté. Certes, de grands malheurs collectifs, comme les famines, les épidémies ou les guerres, rétablissent bien un certain équilibre. Mais cela n'empêche pas que les hommes eux-mêmes doivent prendre d'urgence des mesures préventives. Malthus proposera dans cet esprit une restriction volontaire de la natalité – en retardant l'âge du mariage, et en pratiquant la continence entre époux.

I SAID THAT POPULATION, when unchecked, increased in a geometrical ratio, and subsistence for man in an arithmetical ratio.

Let us examine whether this position be just.

I think it will be allowed, that no state has hitherto existed (at least that we have any account of) where the manners were so pure and simple, and the means of subsistence so abundant, that no check whatever has existed to early marriages, among the lower classes, from a fear of not providing well for their families, or among the higher classes, from a fear of lowering their condition in life. Consequently in no state that we have yet known has the power of population been left to exert itself with perfect freedom.

Whether the law of marriage be instituted or not, the dictate of nature and virtue seems to be an early attachment to one woman. Supposing a liberty of changing in the case of an unfortunate choice, this liberty would not affect population till it arose to a height greatly vicious; and we are now supposing the existence of a society where vice is scarcely known.

In a state therefore of great equality and virtue, where pure and simple manners prevailed, and where the means of subsistence were so abundant that no part of the society could have any fears about providing amply for a family, the power of population being left to exert itself unchecked, the increase of the human species would evidently be much greater than any increase that has been hitherto known.

In the United States of America, where the means of subsistence have been more ample, the manners of the people more pure, and consequently the checks to early marriages fewer, than in any of the modern states of Europe, the population has been found to double itself in twenty-five years.

This ratio of increase, though short of the utmost power of population, yet as the result of actual experience, we will take as our rule, and say, that population, when unchecked, goes on doubling itself every twenty-five years or increases in a geometrical ratio.

Let us now take any spot of earth, this Island for instance, and see in what ratio the subsistence it affords can be supposed to increase. We will begin with it under its present state of cultivation.

If I allow that by the best possible policy, by breaking up more land and by great encouragements to agriculture, the produce of this Island may be doubled in the first twenty-five years, I think it will be allowing as much as any person can well demand.

In the next twenty-five years, it is impossible to suppose that the produce could be quadrupled. It would be contrary to all our knowledge of the qualities of land. The very utmost that we can conceive, is, that the increase in the second twenty-five years might equal the present produce. Let us then take this for our rule, though certainly far beyond the truth, and allow that, by great exertion, the whole produce of the Island might be increased every twenty-five years, by a quantity of subsistence equal to what it at present produces. The most enthusiastic speculator cannot suppose a greater increase than this. In a few centuries it would make every acre of land in the Island like a garden.

Yet this ratio of increase is evidently arithmetical.

It may be fairly said, therefore, that the means of subsistence increase in an arithmetical ratio. Let us now bring the effects of these two ratios together.

The population of the Island is computed to be about seven millions, and we will suppose the present produce equal to the support of such a number. In the first twenty-five years the population would be fourteen millions, and the food being also doubled, the means of subsistence would be equal to this increase. In the next twenty-five years the population would be twenty eight millions, and the means of subsistence only equal to the support of twenty one millions. In the next period, the population would be fifty-six millions, and the means of subsistence just sufficient for half that number. And at the conclusion of the first century the population would be one hundred and twelve millions, and the means of subsistence only equal to the support of thirty-five millions, which would leave a population of seventy-seven millions totally unprovided for.

A great emigration necessarily implies unhappiness of some kind or other in the country that is deserted. For few persons will leave their families, connections, friends, and native land, to seek a settlement in untried foreign climes, without some strong subsisting causes of uneasiness where they are, or the hope of some great advantages in the place to which they are going.

But to make the argument more general and less interrupted by the partial views of emigration, let us take the whole earth, instead of one spot, and suppose that the restraints to population were universally removed. If the subsistence for man that the earth affords was to be increased every twenty-five years by a quantity equal to what the whole world at present produces, this would allow the power of production in the earth to be absolutely unlimited, and its ratio of increase much greater than we can conceive that any possible exertions of mankind could make it.

Taking the population of the world at any number, a thousand millions, for instance, the human species would increase in the ratio of – 1, 2, 4, 8, 16, 32, 64, 128, 256, 512, etc. and subsistence as – 1, 2, 3, 4, 5, 6, 7, 8, 9, 10, etc. In two centuries and a quarter, the population would be to the means of subsistence as 512 to 10: in three centuries as 4096 to 13, and in two thousand years the difference would be almost incalculable, though the produce in that time would have increased to an immense extent.

No limits whatever are placed to the productions of the earth; they may increase for ever and be greater than any assignable quantity; yet still the power of population being a power of a superior order, the increase of the human species can only be kept commensurate to the increase of the means of subsistence by the constant operation of the strong law of necessity acting as a check upon the greater power.

The effects of this check remain now to be considered.

Among plants and animals the view of the subject is simple. They are all impelled by a powerful instinct to the increase of their species, and this instinct is interrupted by no reasoning or doubts about providing for their offspring. Wherever therefore there is liberty, the power of increase is exerted, and the superabundant effects are repressed afterwards by want of room and nourishment, which is common to animals and plants, and among animals by becoming the prey of others.

The effects of this check on man are more complicated. Impelled to the increase of his species by an equally powerful instinct, reason interrupts his career and asks him whether he may not bring beings into the world for whom he cannot provide the means of subsistence. In a state of equality, this would be the simple question. In the present state of society, other considerations occur. Will he not lower his rank in life? Will he not subject himself to greater difficulties than he at present feels? Will he not be obliged to labour harder? and if he has a large family, will his utmost exertions enable him to support them? May he not see his offspring in rags and misery, and clamouring for bread that he cannot give them? And may he not be reduced to the grating necessity of forfeiting his independence, and of being obliged to the sparing hand of charity for support?

These considerations are calculated to prevent, and certainly do prevent, a very great number in all civilized nations from pursuing the dictate of nature in an early attachment to one woman. And this restraints almost necessarily, though not absolutely so, produces vice. Yet in all societies, even those that are most vicious, the tendency to a virtuous attachment is so strong that there is a constant effort towards an increase of population. This constant effort as constantly tends to subject the lower classes of the society to distress and to prevent any great permanent amelioration of their condition.

Thomas Malthus, *Essay on the Principle of Population*, ch. II, 1798.

2 – Le premier pas vers le suffrage universel : la grande réforme de 1832

Lord Grey (1764-1845), Premier ministre libéral (*Whig*), s'adresse ici à la Chambre des Lords qui doit débattre du projet de loi destiné à réformer profondément le système électoral, resté inchangé depuis des lustres, et excluant de fait les classes moyennes. Il s'agit donc de briser le monopole de la représentation parlementaire, jalousement gardé par l'aristocratie et la *gentry*. L'ambition affichée est d'adapter les institutions aux réalités socio-économiques de l'époque, bouleversées par la révolution industrielle et la montée en puissance de la bourgeoisie, forte du pouvoir de l'argent, mais privée d'influence politique réelle. Depuis 1829, le mécontentement gronde dans le pays, et l'agitation se répand. La révolution qui vient d'éclater en France, en 1830, n'a pas franchi la Manche, mais Lord Grey, apparemment serein dans ses propos, n'en fait pas moins comprendre aux représentants de sa propre classe sociale que le divorce grandissant ressenti au dehors entre l'aristocratie et le peuple doit cesser. Les Lords ont déjà rejeté un texte de réforme l'année précédente. Cette fois, le roi va menacer de nommer un nombre suffisant de pairs de conviction libérale pour faire plier la Chambre. Les Lords abandonneront alors leur résistance. La loi passe le 4 juin 1832. C'est le *Reform Act* qui, en accordant le droit de vote aux classes moyennes, fait grimper le nombre des électeurs de 50 %. Avec la redistribution des sièges qui accompagne cette mesure, de nombreuses cités industrielles comme Leeds, Manchester ou Birmingham, peuvent enfin désigner leurs propres députés. Le déséquilibre entre l'Angleterre rurale et l'Angleterre urbaine commence à se corriger.

[...] I have now, my Lords, concluded all that I have to say with regard to the principles of this measure. In describing those principles I can assure the House that I have felt the vast importance of the task I have to perform, and the difficulties of the position in which I am placed. I have endeavoured, as far as I could (and if I have not executed that intention I regret it most sincerely, and ask pardon of your Lordships for the failure) – but I have endeavoured, as far as I could, to avoid any thing that could revive former unpleasant recollections, or give rise to any acrimonious or party feelings, which, I am sure, ought to have no admission here, or at least ought not to influence your Lordships in deciding one of the most important questions ever submitted to your judgement. It has been my most anxious wish to introduce this measure in such a tone and manner, that in entering upon the discussion of it we might divest our minds of all former prejudices, and of every thing like a feeling of personal animosity, and consider it with that calmness which so great and important a question deserves at our hands, losing all consideration of partial interest in the general desire to agree upon a measure as the wants and wishes of the country render necessary, and will best redound to the interests of the nation at large. This, my Lords, was the temper – this the mode in which I was desirous of performing my task. I am sensible that I must have done it inefficiently; and, indeed, of this I am the more sensible, when I advert to the extreme importance of the interests involved in this question. There are interests mixed up with it not only affecting the commercial, the manufacturing, and the agricultural classes, but involving our foreign relations, the security of property, and the general prosperity of the country. All these interests, I need not tell your Lordships, have been materially affected by the long and continuous suspense, and by the indescribable anxiety which has pervaded the public mind on this absorbing subject. My Lords, I am ready to maintain that his Majesty's Ministers are not to blame for this suspense or this anxiety, and the state of things which has led to the necessity of agitating this great question. I am far, however, from imputing the delay in settling this question as a master of blame to those who have thought it their duty to oppose the measure now under discussion: it has, perhaps, been the unavoidable result of a conflict of opinion where the subject under consideration has been one of the greatest constitutional importance. All that I desire is, that we should now proceed with this discussion in such a manner as may lead to a happy and to a speedy termination – speedy, indeed, I may well say, for happy it cannot be without that other ingredient being added. The opportunity of doing this is now afforded to your Lordships, and I hope that it will not be lost: I hope it, my Lords, the more as that opportunity once let slip, will not be easily recovered. My Lords, I have been accused on a former occasion of using the language of intimidation. I disclaim the intention of using any such language. Nothing can be further from my wish than to influence your Lordships to any improper or unworthy fears in deciding a question which should rest alone on your most deliberate judgment. But surely it is not the language of intimidation if I wished to address to your Lordships that which any honest counsellor might address to the most despotic sovereign on the face of the earth – my humble advice on the subject; and I am sure that all I ventured to state to you was, that no influence, no authority, no power was sufficient safely to set at defiance that unanimous demand which was founded on public opinion. My Lords, I never counselled to you to yield to any hasty or temporary outcry. I never advised you to give way to the exorbitant and unruly demands of clamour; but what I did then say, and what I now repeat, is, that the deliberate sentiment of a great and intelligent people, expressed after a long period allowed for reflection, is entitled to your Lordships' attention – and the House will give me leave to say also, to your Lordships' respect. I can assure the House that I feel the deep and vital consequence of this measure to the country, to your Lordships, and to myself: to your Lordships, because I have no doubt it is your wish, as it must be your interest – and indeed, I may add, that it is most necessary for the good government of this country, that the people should look up to you with respect and reverence. My Lords, I admit that we have of late heard none of that outcry on the part of the people, which first marked the progress of the Bill. In its place, a fearful silence at present prevails – a silence which may, perhaps, lead some persons foolishly to imagine that the people are no longer looking at this question with the same feelings of interest. But I caution your Lordships to beware how you form that opinion. You may rely upon it, that though the people are silent, they are looking at the deliberations of this night with no less intenseness of feeling than that which has marked them from the very first day of the agitation of this question. I know that it is pretended by some that the nation has no confidence in this House, because there is an opinion out of doors that the interests of the Aristocracy are separate from those of the people. On the part of this House, however, I disclaim all such separateness of interests; and, therefore, I am willing to believe that the silence of which I have spoken is the fruit of the latent hope still existing in the bosom of the people, that your Lordships will no longer oppose their often and loudly expressed wishes.

Hansard's Parliamentary Debates, 3rd Series, 1832, Vol. XII, 9 April 1832.

3 – *La protection de l'enfance laborieuse*

L'organisation du travail reste longtemps encore, même avec les progrès de la révolution industrielle, fondée sur l'unité familiale. Les nouvelles usines textiles, les mines, continuent donc d'employer, à côté des pères de famille, leurs épouses et leurs enfants – dont les horaires de labeur sont calqués sur ceux de leurs parents. Seuls des docteurs, des philanthropes ou des employeurs plus éclairés s'émeuvent tout d'abord de ces conditions de travail impitoyables imposées aux jeunes. Puis un mouvement poussant à la réforme et à la diminution des heures exigées prend corps. Il conduira à cette loi de 1833 qui s'applique tout particulièrement aux usines textiles (à l'exception des manufactures de soie et de dentelle).

La loi interdit d'employer tout enfant âgé de moins de neuf ans. Progressivement, pour les 9-13 ans, la journée de travail est réduite à 9 heures (48 heures par semaine). Pour les jeunes âgés de 13 à 18 ans, la journée ne peut plus excéder 12 heures (69 heures par semaine). Il est accordé une heure et demie de détente pour les repas, et des congés deviennent une obligation légale pour les employeurs : un jour pour Noël, un autre pour le Vendredi Saint, et 8 demi-journées dans l'année.

Les enfants obtiendront en outre un droit à deux heures de scolarisation par jour, l'employeur restant libre d'opérer sur le salaire un prélèvement, limité à un *penny* par *shilling*, pour se rembourser une partie des frais ainsi occasionnés.

Enfin, l'État nomme quatre inspecteurs chargés de veiller à la bonne application de la loi. On devine qu'ils ne suffiront jamais à la tâche. La loi de 1833 fut bien imparfaitement mise en œuvre, et il fallut encore légiférer tout au long du siècle pour améliorer peu à peu les conditions de travail de tous, et reculer l'âge auquel les enfants pouvaient être employés dans les usines.

An Act to regulate the Labour of Children and young Persons in the Mills and Factories of the United Kingdom

[29th August 1833]

WHEREAS IT IS NECESSARY that the Hours of Labour of Children and young Persons employed in Mills and Factories should be regulated, inasmuch as there are great Numbers of Children and young Persons now employed in Mills and Factories, and their Hours of Labour are longer than is desirable, due Regard being had to their Health and Means of Education; be it therefore enacted by the King's most Excellent Majesty, by and with the Advice and Consent of the Lords Spiritual and Temporal, and Commons, in this present Parliament assembled, and by the Authority of the same, That from and after the First Day of *January* One thousand eight hundred and thirty-four no Person under Eighteen Years of Age shall be allowed to work in the Night, (that is to say,) between the Hours of Half past Eight o'Clock in the Evening and Half past Five o'Clock in the Morning, except as herein provided, in or about any Cotton, Woollen, Worsted, Hemp, Flax, Tow, Linen, or Silk Mill or Factory wherein Steam or Water or any other mechanical Power is or shall be used to propel or work the Machinery in such Mill or Factory, either in scutching, carding, roving, spinning, piecing, twisting, winding, throwing, doubling, netting, making Thread, dressing or weaving of Cotton, Wool, Worsted, Hemp, Flax, Tow or Silk, either separately or mixed, in any such Mill or Factory situate in any Part of the United Kingdom of *Great Britain* and *Ireland*; Provided always, that nothing in this Act shall apply or extend to the working of any Steam or other Engine, Water-wheel, or other Power in or belonging to any Mill or Building or Machinery when used in that Part of the Process or Work commonly called fulling, roughing, or boiling of Woollens, nor to any Apprentices or other Persons employed therein, nor to the Labour of young Persons above the Age of Thirteen Years when employed in packing Goods in any Warehouse or Place attached to any Mill, and not used for any Manufacturing Process; provided also, that nothing in this Act shall apply or extend to any Mill or Factory used solely for the Manufacture of Lace. [...]

II. And be it further enacted, That no person under the Age of Eighteen Years shall be employed in any such Mill or Factory in such Description of Work as aforesaid more than Twelve Hours in any One Day, nor more than Sixty-nine Hours in any One Week, except as herein-after provided. [...]

VI. And be it further enacted, That there shall be allowed in the Course of every Day not less than One and a Half hours for Meals to every such person restricted as herein-before provided to the Performance of Twelve Hours Work daily.

VII. And be it further enacted, That from and after the First Day of *January* One thousand eight hundred and thirty-four it shall not be lawful for any Person whatsoever to employ in any Factory or Mill as aforesaid, except in Mills for the Manufacture of Silk, any Child who shall not have completed his or her Ninth Year of Age.

VIII. And be it further enacted, That from and after the Expiration of Six Months after the passing of this Act it shall not be lawful for any person whatsoever to employ, keep, or allow to remain in any Factory or Mill as aforesaid for a longer Time than Forty-eight Hours in any One Week, nor for a longer Time than Nine Hours in any One Day, except as therein provided, any Child who shall not have completed his or her Eleventh Year of Age, or after the Expiration of Eighteen months from the passing of this Act any Child who shall not have completed his or her Twelfth Year of Age, or after the Expiration of Thirty Months from the passing of this Act any

Child who shall not have completed his or her Thirteenth Year of Age: Provided nevertheless, that in Mills for the Manufacture of Silk, Children under the Age of Thirteen Years shall be allowed to work Ten Hours in any One Day.

IX. And be it further enacted, That all Children and Young Persons whose Hours of Work are regulated and limited by this Act, shall be entitled to the following Holidays; *videlicet*, on *Christmas Day* and *Good Friday*, the entire Day, and not fewer than Eight Half Days besides in every Year, such Half Days to be at such Period or Periods, together or separately, as may be most desirable and convenient, and as shall be determined on by the Master of such Children and Young Persons: Provided nevertheless, that in Scotland any other Days may be substituted for *Christmas Day* and for *Good Friday*, both or either, as such Master may determine. [...]

XVII. And whereas by an Act, intituled *An Act for the Preservation of the Health and Morals of Apprentices and others employed in Cotton and other Mills and Cotton and other Factories*, passed in the Forty-second Year of the Reign of His late Majesty George the Third, it was amongst other things provided, that the Justices of the Peace for every County or Place in which such Mill was situated should appoint yearly Two Persons not interested in or in any way connected with such Mills or Factories in such County to be Visitors of such Mills or Factories, which Visitors so appointed were empowered and required by the aforesaid Act to enter such Factories at any Time they might think fit, and examine and report in Writing whether the same were conducted according to the Laws of the Realm, and also to direct the Adoption of such sanitory Regulations as they might, on Advice, think proper: And whereas it appears that the Provisions of the said Act with relation to the Appointment of Inspectors were not duly carried into execution, and that the Laws for the Regulation of the Labour of Children in Factories have been evaded, partly in consequence of the Want of the Appointment of proper Visitors or Officers whose special Duty it was to enforce their Execution; be it therefore enacted, That upon the passing of this Act it shall be lawful for His Majesty by Warrant under his Sign Manual to appoint during His Majesty's Pleasure Four Persons to be Inspectors of Factories and Places where the Labour of Children and young Persons under Eighteen Years of Age is employed, and in the Case of the Death or Dismissal of any of them to appoint another in the Place of such deceased Inspector, which said several Inspectors shall carry into effect the Powers, Authorities, and Provisions of the present Act; and such Inspectors or any of them are hereby empowered to enter any Factory or Mill, and any School attached or belonging thereto, at all Times and Seasons, by Day or by Night, when such Mills or Factories are at work, and having so entered to examine therein the Children and any other Person or Persons employed therein, and to make Inquiry respecting their Condition, Employment, and Education; and such Inspectors or any of them are hereby empowered to take or to call to their Aid in such Examination and Inquiry such Persons as they may choose, and to summon and require any person upon the Spot or elsewhere to give Evidence upon such Examinations and Inquiry, and to administer to such Person an Oath. [...]

XIX. And be it further enacted, That it shall be lawful for one of His Majesty's Principal Secretaries of State, if he shall see fit, upon the Application of any Inspector, to appoint any One or more Persons to superintend, under the Direction of any Inspector, the Execution and Provisions of this Act, and of all Rules, Regulations, and Orders made upon the Authority thereof; and such Person shall be paid by such Salary as may be determined by one of His Majesty's Principal Secretaries of State; and such Person so appointed shall have Authority to enter any School-room, Counting-house, or any Part of any Factory or Mill, excepting such Part or Parts as may be used for manufacturing Processes; and if any Constable or Peace Officer shall be required by any Inspector to perform any continuous Service, it shall be lawful for such Inspector to allow a special Recompence to such Constable or Peace Officer for such Service; Provided nevertheless, that any such Orders may be altered or disallowed by One of His Majesty's Principal Secretaries of State, on Complaint made to him by Memorial from any Party interested.

XX. And be it further enacted, That from and after the Expiration of Six Months from the passing of this Act every Child herein-before restricted to the Performance of Forty-eight Hours of Labour in any One Week shall, so long as such Child shall be within the said restricted Age, attend some School to be chosen by the Parents or Guardians of such Child, or such School as may be appointed by any Inspector in case the Parents or Guardians of such Child shall omit to appoint any School, or in case such Child shall be without Parents or Guardians; and it shall and may be lawful, in such last-mentioned Case, for any Inspector to order the Employer of any such Child to make a Deduction from the weekly Wages of such Child as the same shall become due, not exceeding the Rate of One Penny in every Shilling, to pay for the Schooling of such Child; and such Employer is hereby required to pay the Sum so deducted according to the Order and Direction of such Inspector.

The Factory Act, 3 & 4 Will. IV, c.103, 1833.

4 – L'agitation extra-parlementaire : la pétition du mouvement chartiste

Mouvement politique ouvrier de protestation, le Chartisme naît en 1838 avec cette pétition nationale (la première d'une série de trois), Charte du Peuple, remise cette même année au Parlement de Westminster. L'agitation apparaît avec la crise économique qui s'est déclarée l'année précédente, et que les auteurs du texte (dont, pour l'essentiel, William Lovett) mettent au compte des gouvernants, jugés égoïstes, ignorants et dispendieux. Ils se disent aussi trompés par les fausses promesses qui leur avaient été faites avant 1832, lorsque la réforme électorale accorda le droit de vote à la bourgeoisie, mais oublia sciemment le peuple. Les lois céréalières protectionnistes, qui font augmenter le prix de la nourriture, sont condamnées elles aussi. Suit une liste de revendications précises : suffrage universel (pour les hommes), secret des votes, réunion annuelle du parlement, abolition du cens électoral, rémunération des députés. Le mouvement devait durer dix ans. Le parlement préféra ignorer les pétitions qui lui furent présentées. Le gouvernement pratiqua la répression. Les violentes émeutes de Newport en 1839 firent plusieurs morts dans les rangs des Chartistes. Le mouvement se fractura. Il finit par s'éteindre en 1848, alors que la révolution enflammait au contraire le Continent.

National petition

Unto the Honorable the Commons of the United Kingdom of Great Britain and Ireland in Parliament assembled, the Petition of the undersigned, their suffering countrymen,

HUMBLY SHEWETH,

That we, your petitioners, dwell in a land whose merchants are noted for enterprise, whose manufacturers are very skilful, and whose workmen are proverbial for their industry.

The land itself is goodly, the soil rich, and the temperature wholesome; it is abundantly furnished with the materials of commerce and trade; it has numerous and convenient harbors; in facility of internal communication it exceeds all others.

For three-and-twenty years we have enjoyed a profound peace.

Yet, with all these elements of national prosperity, and with every disposition and capacity to take advantage of them, we find ourselves overwhelmed with public and private suffering.

We are bowed down under a load of taxes; which, notwithstanding, fall greatly short of the wants of our rulers; our traders are trembling on the verge of bankruptcy; our workmen are starving; capital brings no profit, and labor no remuneration; the home of the artificer is desolate, and the warehouse of the pawnbroker is full; the workhouse is crowded, and the manufactory is deserted.

We have looked on every side, we have searched diligently in order to find out the causes of a distress so sore and so long continued.

We can discover none in nature, or in Providence.

Heaven has dealt graciously by the people; but the foolishness of our rulers has made the goodness of God of none effect.

The energies of a mighty kingdom have been wasted in building up the power of selfish and ignorant men, and its resources squandered for their aggrandisement. [...]

Our slavery has been exchanged for an apprenticeship to liberty, which has aggravated the painful feeling of our social degradation, by adding to it the sickening of still deferred hope.

We come before your Honorable House to tell you, with all humility, that this state of things must not be permitted to continue; that it cannot long continue without very seriously endangering the stability of the throne and the peace of the kingdom; and that if by God's help and all lawful and constitutional appliances an end can be put to it, we are fully resolved that it shall speedily come to an end.

We tell your Honorable House that the capital of the master must no longer be deprived of its due reward; that the laws which make food dear, and those which by making money scarce, make labor cheap, must be abolished; that taxation must be made to fall on property, not on industry; that the good of the many, as it is the only legitimate end, so must it be the sole study of the Government.

As a preliminary essential to these and other requisite changes; as means by which alone the interests of the people can be effectually vindicated and secured, we demand that those interests be confided to the keeping of the people.

When the state calls for defenders, when it calls for money, no consideration of poverty or ignorance can be pleaded in refusal or delay of the call.

Required as we are, universally, to support and obey the laws, nature and reason entitle us to demand that in the making of the laws, the universal voice should be implicitly listened to.

We perform the duties of freemen; we must have the privileges of freemen.

We DEMAND UNIVERSAL SUFFRAGE.

The suffrage, to be exempt from the corruption of the wealthy and the violence of the powerful, must be secret.

The assertion of our right necessarily involves the power of its uncontrolled exercise.

WE DEMAND THE BALLOT.

The connection between the representatives and the people, to be beneficial, must be intimate.

The legislative and constituent powers, for correction and for instruction, ought to be brought into frequent contact.

Errors which are comparatively light when susceptible of a speedy popular remedy, may produce the most disastrous effects when permitted to grow inveterate through years of compulsory endurance.

To public safety as well as public confidence, frequent elections are essential.

WE DEMAND ANNUAL PARLIAMENTS.

With power to choose, and freedom in choosing, the range of our choice must be unrestricted. [...]

The management of this mighty kingdom has hitherto been a subject for contending factions to try their selfish experiments upon.

We have felt the consequences in our sorrowful experience – short glimmerings of uncertain enjoyment swallowed up by long and dark seasons of suffering.

If the self-government of the people should not remove their distresses, it will at least remove their repinings.

Universal suffrage will, and it alone can, bring true and lasting peace to the nation; we firmly believe that it will also bring prosperity.

May it, therefore, please your Honorable House to take this our petition into your most serious consideration; and to use your utmost endeavors, by all constitutional means, to have a law passed granting to every male of lawful age, sane mind, and unconvicted of crime the right of voting for members of Parliament; and directing all future elections of members of Parliament to be in the way of secret ballot; and ordaining that the duration of Parliaments so chosen shall in no case exceed one year, and abolishing all property qualifications in the members; and providing for their due remuneration while in attendance on their Parliamentary duties.

And your petitioners, &c.

5 – *Richard Cobden contre le protectionnisme*

Le nom de Richard Cobden (1804-1865), industriel du textile et député, est étroitement associé à l'*Anti-Corn Law League*, puissant groupe de pression dont l'objectif était l'abrogation des lois céréalières, symbole du protectionnisme défendu et imposé par l'aristocratie terrienne. Cobden mène une campagne active pour l'instauration du libre-échange (*free trade*), qui permettrait à l'industrie et au commerce de l'Angleterre, déjà sans rivaux véritables, de se débarrasser des obstacles qui entravent encore son développement. En d'autres termes, il compte que la levée des tarifs douaniers, qui renchérissent le prix du blé, et réduisent les échanges, apportera l'oxygène qui manque encore à la croissance harmonieuse du capitalisme. Tel est, dit-il, l'esprit du temps. Ce grand bourgeois s'emploie donc ici à convaincre ses collègues parlementaires aristocrates de deux vérités [(a)] : tout d'abord, le protectionnisme qui permet de résister à la concurrence venue d'Europe et de maintenir un prix élevé des céréales, ne joue pas véritablement en faveur des intérêts de l'agriculture ; ensuite, les propriétaires terriens, s'ils ne veulent pas paraître archaïques et dépassés, sont invités à participer aux évolutions économiques modernes, qui font du commerce et de l'industrie les piliers de la nouvelle richesse nationale.

Les lois céréalières seront abolies en juin 1846, dans un contexte de grave crise agricole, marquée par une série de mauvaises récoltes en Angleterre, et la famine qui frappe si durement l'Irlande. Ce passage au libre-échange représenta une réforme majeure pour l'économie anglaise. Il fut aussi un événement politique de première grandeur. Le conservateur Peel, rallié à la cause, doit ensuite démissionner et son parti se brise sur cette question. Les historiens considèrent également qu'avec la réforme électorale de 1832, la date de 1846 symbolise la montée en puissance des classes moyennes.

NOTHING HAS BEEN BROUGHT FORWARD THIS YEAR, which I have heard, having for its object to benefit the great mass of the English population; nothing I have heard suggested which has at all tended to alleviate this condition. You admit that the farmer's capital is sinking from under him, and that he is in a worse state than ever. Have you distinctly provided some plan to give confidence to the farmer, to cause an influx of capital to be expended upon his land, and so bring increased employment to the labourer? How is this to be met? I cannot believe that you are going to make this a political game. You must set up some specific object to benefit the agri-

(a) Cobden présenta une pétition en faveur de sa Motion à une Commision d'enquête, "to inquire into the present condition of the agricultural interests; and, at the same time, to ascertain how the laws regulating the importation of agricultural produce have affected the agriculturists of this country".

cultural interest. It is well said, that the last election was an electoral triumph. There are 200 county Members sitting behind the Prime Minister who prove that it was so. What, then, is your plan for this distressing state of things? That is what I want to ask you. Do not, as you have done before, quarrel with me because I have imperfectly stated my case. I have done my best; and again I ask you what you have to propose? I tell you that this "Protection", as it has been called, is a failure. It was so when you had the prohibition up to 80s. You know the state of your farming tenantry in 1821. It was a failure when you had a protection price of 60s.; for you know what was the condition of your farm tenantry in 1835. It is a failure now with your last amendment, for you have admitted and proclaimed it to us; and what is the condition of your agricultural population at this time, I ask, what is your plan? I hope it is not a pretence; a mere political game that has been played throughout the last election, and that you have not all come up here as mere politicians. There are politicians in the House; men who look with an ambition – probably a justifiable one – to the honours of office. There may be men who – with thirty years of continuous service, having been pressed into a groove from which they can neither escape nor retreat – may be holding office, and high office, maintained there, probably, at the expense of their present convictions, which do not harmonize very well with their early opinions. I make allowances for them; but the great body of the hon. Gentlemen opposite came up to this House, not as politicians, but as the farmers' friends, and protectors of the agricultural interests. Well, what do you propose to do? You have heard the Prime Minister declare that, if he could restore all the protection which you have had, that protection would not benefit agriculturists. Is that your belief? If so, why not proclaim it; and if it is not your conviction, you will have falsified your mission in this House, by following the right hon. Baronet out into the lobby, and opposing inquiry into the condition of the very men who sent you here. With mere politicians I have no right to expect to succeed in this Motion. But I have no hesitation in telling you, that, if you give me a Committee of this House, I will explode the delusion of agricultural protection! I will bring forward such a mass of evidence, and give you such a preponderance of talent and of authority, that when the Blue Book is published and sent forth to the world, as we can now send it, by our vehicles of information, your system of protection shall not live in the public opinion for two years afterwards. Politicians do not want that. This cry of protection has been a very convenient handle for politicians. The cry of protection carried the counties at the last election, and politicians gained honours, emoluments, and place by it. But is that old tattered flag of protection, tarnished and torn as it is already, to be kept hoisted still in the counties for the benefit of politicians; or will you come forward honestly and fairly to inquire into this question? Why, I cannot believe that the gentry of England will be made drumheads to be sounded upon by a Prime Minister to give forth unmeaning and empty sounds, and to have no articulate voice of their own. No, You are the gentry of England who represent the counties. You are the aristocracy of England. Your fathers led our fathers; you may lead us if you go the right way. But, although you have retained your influence with this country longer than any other aristocracy, it has not been by opposing popular opinion, or by setting yourselves against the spirit of the age. In other days, when the battle and the hunting-fields were the tests of manly vigour, why, your fathers were first and foremost there. The aristocracy of England were not like the noblesse of France, the mere minions of a court; nor were they like the hidalgos of Madrid, who dwindled into pigmies. You have been Englishmen. You have not shown a want of courage and firmness when any call has been made upon you. This is a new era. It is the age of improvement, it is the age of social advancement, not the age for war or for feudal sports. You live in mercantile age, when the whole wealth of the world is poured into your lap. You cannot have the advantages of commercial rents and feudal privileges; but you may be what you always have been, if you will identify yourselves with the spirit of the age. The English people look to the gentry and aristocracy of their country as their leaders. I, who am not one of you, have no hesitation in telling you, that there is a deep-rooted, an hereditary prejudice, if I may so call it, in your favour in this country. But you never got it, and you will not keep it, by obstructing the spirit of the age. If you are indifferent to enlightened means of finding employment to your own peasantry; if you are found obstructing that advance which is calculated to knit nations more together in the bonds of peace by means of commercial intercourse; if you are found fighting against the discoveries which have almost given breath and life to material nature, and setting up yourselves as obstructives of that which destiny has decreed shall go on, – why, then, you will be the gentry of England no longer, and others will be found to take your place. And I have no hesitation in saying that you stand just now in a very critical position. There is a wide-spread suspicion that you have been tampering with the best feelings and with the honest confidence of your constituents in this cause. Everywhere you are doubted and suspected. Read your own organs, and you will see that this is the case. Well, then, this is the time to show that you are not the mere party politicians which you are said to be. I have said that we shall be opposed in this measure by politicians; they do not want inquiry. But I ask you to go into this Committee with me.

Hansard's Parliamentary Debates, 3rd Series, 1845, Vol. LXXVIII, 13 March 1845.

6 – La dissolution de la commune humanité dans les grandes villes

Friedrich Engels, né en Rhénanie en 1820, est mort à Londres en 1895. Il y avait séjourné une première fois entre 1842 et 1844 (et observé de près à cette époque le mouvement chartiste) ; puis, en même temps que Karl Marx, son ami, à qui il apporta son précieux soutien financier, il était venu s'installer en Angleterre à partir de 1850. Il était le fils d'un riche industriel du textile. Il possédait lui-même ses propres entreprises de filature à Manchester. Patron, il était en même temps, et curieusement, communiste et révolutionnaire.

La Situation des classes laborieuses en Angleterre, ouvrage demeuré célèbre, publié en 1844, lorsque F. Engels n'avait encore que 24 ans, fut rédigé au cours du premier séjour. Il est le résultat de ses observations directes ainsi que de ses réflexions sur les effets de la révolution industrielle et les méfaits du capitalisme en Angleterre. Engels s'indigne du sort désastreux réservé aux pauvres, unis cependant dans un prolétariat qui s'éloigne de plus en plus de la bourgeoisie et de son emprise : ce sont désormais comme deux nations qui se tournent le dos, deux races devenues étrangères l'une à l'autre. Dans les grandes cités industrielles comme Londres, Manchester, Birmingham ou Leeds, il voit la crasse, les taudis, la surpopulation, l'infinie pauvreté, mais aussi la constitution de ces deux blocs ennemis, qui se sont déclaré la guerre, *the social war*.

L'extrait suivant contient au moins deux passages qui méritent de rester dans les mémoires : les impressions du port de Londres, fourmillant de bateaux, serrés coque contre coque [(a)], et les repoussants taudis de St Giles dans la capitale. Ces images offrent une représentation partielle, mais authentique, de la réalité victorienne.

A TOWN, SUCH AS LONDON, where a man may wander for hours together without reaching the beginning of the end, without meeting the slightest hint which could lead to the inference that there is open country within reach, is a strange thing. This colossal centralization, this heaping together of two and a half millions of human beings at one point, has multiplied the power of this two and a half millions a hundredfold; has raised London to the commercial capital of the world, created the giant docks and assembled the thousand vessels that continually cover the Thames. I know nothing more imposing than the view which the Thames offers during the ascent from the sea to London Bridge. The masses of buildings, the wharves on

(a) Engels fait la remarque suivante : "*This applies to the time of sailing vessels. The Thames now is a dreary collection of ugly steamers*".

both sides, especially from Woolwich upwards, the countless ships along both shores, crowding ever closer and closer together, until, at last, only a narrow passage remains in the middle of the river, a passage through which hundreds of steamers shoot by one another; all this is so vast, so impressive, that a man cannot collect himself, but is lost in the marvel of England's greatness before he sets foot Upon English soil. (1)

But the sacrifices which all this has cost become apparent later. After roaming the streets of the capital a day or two, making headway with difficulty through the human turmoil and the endless lines of vehicles, after visiting the slums of the metropolis, one realizes for the first time that these Londoners have been forced to sacrifice the best qualities of their human nature, to bring to pass all the marvels of civilization which crowd their city; that a hundred powers which slumbered within them have remained inactive, have been suppressed in order that a few might be developed more fully and multiply through union with those of others. The very turmoil of the streets has something repulsive, something against which human nature rebels. The hundreds of thousands of all classes and ranks crowding past each other, are they not all human beings with the same qualities and powers, and with the same interest in being happy? And have they not, in the end, to seek happiness in the same way, by the same means? And still they crowd by one another as though they had nothing in common, nothing to do with one another, and their only agreement is the tacit one, that each keep to his own side of the pavement, so as not to delay the opposing streams of the crowd, while it occurs to no man to honour another with so much as a glance. The brutal indifference, the unfeeling isolation of each in his private interest becomes the more repellent and offensive, the more these individuals are crowded together, within a limited space. And, however much one may be aware that this isolation of the individual, this narrow self-seeking, is the fundamental principle of our society everywhere, it is nowhere so shamelessly barefaced, so self-conscious as just here in the crowd-ing of the great city. The dissolution of mankind into monads, of which each one has a separate essence, and a separate purpose, the world of atoms, is here carried out to its utmost extreme.

Hence it comes, too, that the social war, the war of each against all, is here openly declared. Just as in Stirner's recent book, people regard each other only as useful objects; each exploits the other, and the end of it all is, that the stronger treads the weaker under foot, and that the powerful few, the capitalists, seize everything for themselves, while to the weak many, the poor, scarcely a bare existence remains.

What is true of London, is true of Manchester, Birmingham, Leeds, is true of all great towns. Everywhere barbarous indifference, hard egotism on one hand, and nameless misery on the other, everywhere social warfare, every man's house in a state of siege, everywhere reciprocal plundering under the protection of the law, and all so shameless, so openly avowed that one shrinks before the consequences of our social state as they manifest themselves here undisguised, and can only wonder that the whole crazy fabric still hangs together. [...]

True, it is only individuals who starve, but what security has the working man that it may not be his turn tomorrow? Who assures him employment, who vouches for it that, if for any reason or no reason his lord and master discharges him tomorrow, he can struggle along with those dependent upon him, until he may find some one else "to give him bread"? Who guarantees that willingness to work shall suffice to obtain work, that uprightness, industry, thrift, and the rest of the virtues recommended by the bourgeoisie, are really his road to happiness? No one. He knows that he has something today, and that it does not depend upon himself whether he shall have something tomorrow. He knows that every breeze that blows, every whim of his employer, every bad turn of trade may hurl him back into the fierce whirlpool from which he has temporarily saved himself, and in which it is hard and often impossible to keep his head above water. He knows that, though he may have the means of living today, it is very uncertain whether he shall tomorrow.

Meanwhile, let us proceed to a more detailed investigation of the position, in which the social war has placed the non-possessing class. Let us see what pay for his work society gives the working man in the form of dwelling, clothing, food, what sort of subsistence it grants those who contribute most to the maintenance of society; and, first, let us consider the dwellings.

Every great city has one or more slums, where the working class is crowded together. True, poverty often dwells in hidden alleys close to the palaces of the rich; but, in general, a separate territory has been assigned to it, where, removed from the sight of the happier classes, it may struggle along as it can. These slums are pretty equally arranged in all the great towns of England, the worst houses in the worst quarters of the towns; usually one or two-storied cottages in long rows, perhaps with cellars used as dwellings, almost always irregularly built. These houses of three or four rooms and a kitchen form, throughout England, some parts of London excepted, the general dwellings of the working class. The streets are generally unpaved, rough, dirty, filled with vegetable and animal refuse, without sewers or gutters, but supplied with foul, stagnant pools instead. Moreover, ventilation is impeded by the bad, confused method of building of the whole quarter, and since many human beings here live crowded into a small space, the atmosphere that prevails in these working-men's quarters may readily be imagined. Further, the streets serve as drying grounds in fine weather; lines are stretched across from house to house, and hung with wet clothing.

Let us investigate some of the slums in their order. London comes first, and in London the famous rookery of St Giles which is now, at last, about to be penetrated by a couple of broad streets. St Giles is in the midst of the most populous part of the town, surrounded by broad, splendid avenues in which the gay world of London idles about, in the immediate neighbourhood of Oxford Street, Regent Street, of Trafalgar Square and the Strand. It is a disorderly collection of tall, three or four-storied houses, with narrow, crooked, filthy streets, in which there is quite as much life as in the great thoroughfares of the town, except that, here, people of the working class only are to be seen. A vegetable market is held in the street, baskets with vegetables and fruits, naturally all bad and hardly fit to use, obstruct the sidewalk still further, and from these, as well as from the fish-dealers' stalls, arises a horrible smell. The houses are occupied from cellar to garret, filthy within and without, and their appearance is such that no human being could possibly wish to live in them. But all this is nothing in comparison with the dwellings in the narrow courts and alleys between the streets, entered by covered passages between the houses, in which the filth and tottering ruin surpass all description. Scarcely a whole window-pane can be found, the walls are crumbling, door-posts and window-frames loose and broken, doors of old boards nailed together, or altogether wanting in this thieves' quarter, where no doors are needed, there being nothing to steal. Heaps of garbage and ashes lie in all directions, and the foul liquids emptied before the doors gather in stinking pools. Here live the poorest of the poor, the worst paid workers with thieves and the victims of prostitution indiscriminately huddled together, the majority Irish, or of Irish extraction, and those who have not yet sunk in the whirlpool of moral ruin, which surrounds them, sinking daily deeper, losing daily more and more of their power to resist the demoralizing influence of want, filth, and evil surroundings.

F. Engels, *The Condition of the English Working Classes*, 1844.

7 – *Les misérables*

Henry Mayhew (né et mort à Londres, 1812-1887) était sociologue et journaliste. C'est à lui qu'on doit le lancement du magazine satirique *Punch* en 1841. Il est mieux connu, cependant, comme l'auteur de *London Labour and the London Poor*, ouvrage tiré de lettres envoyées au *London Morning Chronicle* entre 1849 et 1850, et réuni en quatre volumes publiés entre 1851 et 1862. Le Londres qu'il décrit et qui inspirera Dickens, c'est celui de la première période de l'ère victorienne. Si Engels peignait les taudis et le sinistre décor de la pauvreté, Mayhew s'intéresse de plus près aux gens eux-mêmes. Comme un explorateur muni de son crayon et de son carnet à dessin, il réalise des tableaux minutieux des hommes qu'il rencontre, des activités qu'ils exercent, et des mœurs qu'il découvre. Son sujet, ce sont les misérables. Dans cette multitude observée avec tant d'intérêt et d'attention, il essaie d'introduire un ordre, et il en livre une typologie complexe avec des classifications en groupes et sous-groupes – comme un entomologiste le ferait avec des papillons ou des scarabées. Ainsi les marchands ambulants font-ils l'objet de descriptions particulières selon qu'ils vendent du poisson, des légumes, des livres, des articles manufacturés, des objets d'occasion, des animaux vivants, de la brocante... Le volume IV est consacré à ceux qui ne travaillent point, mais cette catégorie générique, selon Mayhew, recouvre des populations diverses : à côté de ceux qui refusent le travail parce qu'ils ne le peuvent pas, il existe ceux qui ne le veulent pas, puis ceux, différents encore, qui n'en éprouvent pas la nécessité. L'extrait présenté ici s'intéresse à la vie et aux mœurs des gosses des rues, qui s'emploient à y gagner quatre sous.

[...] In the following details I shall consider all to be children who are under fifteen years of age. It is just beyond that age (or the age of puberty) that, as our prison statistics and other returns show, criminal dispositions are developed, "self-will" becomes more imperious and headstrong, that destructive propensity, or taste, which we term the ruling passion or character of the individual is educed, and the density of the human being especially when apart from the moulding and well-directed care of parents or friends, is influenced perhaps for life.

The Causes, then, which fill our streets with children who either manifest the keen and sometimes roguish propensity of a precocious trader, the daring and adroitness of the thief, or the loutish indifference of the mere dull vagabond, content if he can only eat and sleep, I consider to be these:

1. The conduct of parents, masters, and mistresses.
2. The companionship and associations formed in tender years.
3. The employment of children by costermongers and others who live by street traffic, and the training of costermongers' children to a street life.
4. Orphanhood, friendlessness, and utter destitution.
5. Vagrant dispositions and tastes on the part of children, which cause them to be runaways.

After this I shall treat of *(a)* the pursuits of the street-trading children; *(b)* their earnings; *(c)* the causes or influences which have induced children to adopt some especial branch of a street life; *(d)* their state of education; *(e)* their morals, religion, opinions, and conduct; *(f)* places and character of dwellings; *(g)* diet; *(h)* amusements; *(i)* clothing; *(j)* propensities.

Concerning cause I, *viz.*, "The conduct of parents, masters, and mistresses", I should have more to say were I treating of the juvenile criminals, instead of sellers in the streets. The brute tyranny of parents, manifested in the wreaking of any annoyances or disappointments they may have endured, in the passionate beating and cursing of their children, for trifling or for no causes, is among the worst symptoms of a depraved nature. This conduct may be the most common among the poor, for among them are fewer conventional restraints; but it exists among and debases other classes. Some parents only exercise this tyranny in their fits of drunkenness, and make that their plea in mitigation; but their dispositions are then only the more undisguisedly developed, and they would be equally unjust or tyrannical when sober, but for some selfish fear which checks them. A boy perhaps endures this course of tyranny some time, and then finding it increase he feels its further endurance intolerable, and runs away. If he have no friends with whom he can hope to find a shelter, the streets only are open to him. He soon meets with comrades, some of whom perhaps had been circumstanced like himself, and, if not strongly disposed to idleness and vicious indulgencies, goes through a course of horseholding, errand-running, parcel-carrying, and such like, and so becomes, if honestly or prudently inclined, a street-seller, beginning with fuzees, or nuts, or some unexpensive stock. The where to buy and the how to sell he will find plenty to teach him at the lodging-houses, where he must sleep when he can pay for a bed.

When I was collecting information concerning brace-selling I met with a youth of sixteen who about two years previously had run away from Birmingham, and made his way to London, with 2*s*. 6*d*. Although he earned something weekly, he was so pinched and beaten by a step-mother (his father was seldom at home except on Sunday) that his life was miserable. This went on for nearly a year, until the boy began to resist, and one Saturday evening, when beaten as usual, he struck in return, drawing blood from his step-mother's face. The father came home before the fray was well ended; listened to his wife's statement, and would not listen to the boy's, and in his turn chastised the lad mercilessly. In five minutes after the boy, with aching bones and a bitter spirit, left his father's house and made his way to London, where he was then vending cheap braces. This youth could neither read nor write, and seemed to possess no quickness or intelligence. The only thing of which he cared to talk was his step-mother's treatment of him; all else was a blank with him, in comparison; this was the one burning recollection.

I may here observe, that I heard of several instances of children having run away and adopted a street life in consequence of the violence of step-mothers far more than of step-fathers.

I cite the foregoing instance, as the boy's career was exactly that I have described; but the reader will remember, that in the many and curious narratives I have collected, how often the adult street-seller had begun such a life by being a runaway from domestic tyranny. Had this Birmingham boy been less honest, or perhaps less dull, it would have been far easier for him to have become a thief than a street-trader. To the gangs of young thieves, a new boy, who is not known to the police is often (as a smart young pickpocket, then known as the Cocksparrow, described it to me) "a God-send".

My readers will remember that in the collected statements of the street-folk, there are several accounts of runaways, but they were generally older than the age I have fixed, and it was necessary to give an account of one who comes within my classification of a child.

I did not hear of any girls who had run away from their homes having become street-sellers merely. They more generally fall into a course of prostitution, or sometimes may be ostensibly street-sellers as a means of accosting men, and perhaps, for an attractive pretence to the depraved, that they are poor, innocent girls, struggling for an honest penny. If they resort to the low lodging-houses, where the sexes are lodged indiscriminately, their ruin seems inevitable.

2. That the "companionship and associations fortified in tender years" lead many children to a street life is so evident, that I may be brief on the subject. There are few who are in the habit of noting what they may observe of poor children in the streets and quieter localities, who have not seen little boys playing at marbles, or gambling with halfpennies, farthings, or buttons, with other lads, and who have laid down their basket of nuts or oranges to take part in the play. The young street-seller has probably more halfpence at his command, or, at any rate, in his possession, than his non-dealing playmates: he is also in the undoubted possession of what appears a large store of things for which poor boys have generally a craving and a relish. Thus the little itinerant trader is envied and imitated.

This attraction to a street career is very strong, I have ascertained, among the neglected children of the poor, when the parents are absent at their work. On a Saturday morning, some little time since, I was in a flagged court near Drury-lane, a wretched place, which was full of children of all ages. The parents were nearly all, I believe, then at work, or "on the look out for a job", as porters in Covent Garden-market, and the children played in the court until their return. In one corner was a group of four or five little boys gambling and squabbling for nuts, of which one of the number was a vendor. A sharp-looking lad was gazing enviously on, and I asked him to guide me to the room of a man whom I wished to see. He did so, and I gave him a penny. On my leaving the court I found this boy the most eager of the players, gambling with the penny I had given him. I had occasion to return there a few hours after, and the same lad was leaning against the wall, with his hands in his pockets, as if suffering from listlessness. He had had no luck with the nut covey, he told me, but he hoped before long to sell nuts himself. He did not know his age, but he appeared to be about eleven. Only last week I saw this same lad hawking a basket, very indifferently stocked with oranges. He had raised a shilling, he said, and the "Early Bird" (the nick-name of a young street-seller) had put him up to the way to lay it out. On my asking if his father (a journeyman butcher) knew what he was doing, he replied that so long as he didn't bother his father he could do what he pleased, and the more he kept out of his (the father's) way the better he would be liked and treated. The association of poor boys and girls with the children of the costermongers, and of the Irish fruit-sellers, who are employed in itinerant vending, is often productive of a strong degree of envy on the part of unemployed little ones, who look upon having the charge of a basket of fruit, to be carried in any direction, as a species of independence.

3. 'The employment of children by costermongers, and others who live by street traffic; and the training of costermongers' children to a street life, is the ordinary means of increase among the street-folk.

The children of the costermongers become necessarily, as I have already intimated, street-dealers, and perhaps more innocently than in any other manner, by being required, as soon as their strength enables them, to assist their parents in their work, or sell trifles, single-handed, for the behoof of their parents. The child does but obey his father and the father does but rear the child to the calling by which his daily bread is won. This is the case particularly with the Irish, who often have large families, and bring them with them to London. [...]

John Mayhew, *London Labour and the London Poor*, 1851-1862.

8 – *La fin du monopole de l'*East India Company

John Stuart Mill (1806-1873) est le fils de James Mill (1773-1836), l'auteur en 1818 d'une très célèbre *History of British India*, qui lui vaut d'entrer au service de la Compagnie des Indes l'année suivante. En disciple de Jeremy Bentham (1748-1832) – le philosophe et théoricien utilitariste qui fonde la science du gouvernement sur une théorie de la morale selon laquelle l'être humain cherche toujours, en dernière analyse, à maximiser ses plaisirs et minimiser ses peines, et fait de la législation l'instrument de cette science – James Mill y propose une refonte radicale de l'appareil de gouvernement de l'Inde. En cela, il rejette l'éducation et l'extension du droit et des libertés de l'Angleterre (droit de la propriété et administration de la justice) comme les deux vecteurs généralement reconnus de la régénération de l'Inde anglaise et, selon les préjugés de l'époque, de son assimilation au monde civilisé.

Mill fils devait assez tôt prendre du recul par rapport à l'éducation utilitariste qu'il avait reçue de son père et s'engager, au fil d'une œuvre abondante et riche (citons *On Liberty*, 1859 ; *Considerations on Representative Government*, 1861 ;

The Subjection of Women, 1869), dans une réflexion sur la démocratie, ses limites, mais aussi les dangers qui la menacent, et singulièrement le despotisme d'un pouvoir exécutif omnipotent.

L'année 1857 avait vu éclater au Bengale une révolte, mélange de mutinerie de certains régiments indigènes de l'armée des Indes et de soulèvement paysan encadré par des élites locales malmenées par les réformes britanniques. La réputation de l'*East India Company* en avait été gravement affectée, mais la révolte fut un prétexte à la remise en cause de son autorité et de sa capacité à gouverner l'Inde. Dès 1813, en effet, il avait été mis fin à son monopole commercial en Inde au terme d'âpres débats. En 1834, sa maîtrise exclusive du commerce britannique avec la Chine lui avait été, elle aussi, retirée. Le Royaume-Uni avait en outre abrogé en 1846 les lois protectionnistes sur les céréales (*Corn Laws*) et en 1849 les lois protectionnistes sur le transport maritime (*Navigation Acts*). Les jours de la compagnie monopolistique dotée de pouvoirs régaliens étaient comptés, et l'année même où parut ce texte elle fut dissoute.

La structure administrative en place avant 1858, celle mise en place par l'*India Act* de Pitt en 1784, rendait les présidences du Bengale (siège en outre du gouverneur-général ayant autorité sur les autres présidences), de Madras et de Bombay, comptables devant un conseil de direction (*Court of Directors*) siégeant à Londres, lui-même placé sous le contrôle d'un conseil de surveillance (*Board of Control*). La réforme de 1858, contre laquelle s'élève la voix de Mill, substituera à ce dernier conseil un ministre chargé de l'administration de l'Inde britannique. Ses territoires, considérablement accrus par des guerres de conquête depuis un demi-siècle, passaient sous l'autorité directe de Londres.

Dans ce texte, John Stuart Mill révèle les multiples facettes de sa carrière. Entré en 1823 au service de l'*East India Company*, à la suite de son père, il y fut pour l'essentiel chargé des relations politiques avec les Etats indigènes (l'Inde non britannique) et il avait en 1858 gravi les échelons menant au sommet de la hiérarchie métropolitaine de son administration. Il bâtit donc une défense raisonnée de cette administration. Il manifeste aussi, à l'instar de Burke, son souci que le gouvernement de l'empire n'affecte pas les libertés constitutionnelles britanniques, mais en tire une conclusion diamétralement opposée : l'administration de l'Inde ne saurait être abandonnée au gouvernement métropolitain, émanation partisane de la législature, sans faire avancer le despotisme de l'exécutif. Le prix de cette protection des libertés britanniques, enfin, c'est le gouvernement despotique, c'est-à-dire non responsable devant une législature nationale, de l'Inde. L'employé de l'*East India Company*, le défenseur des libertés de l'individu, était aussi le fils de son père...

THE PROPOSAL TO EXTINGUISH THE EAST-INDIA COMPANY, and to place the whole administration of India in the hands of a Minister and a Council, without any substantial power, is an ominous advance in that centralisation of all the functions of Government in the hands of the Cabinet, so justly deprecated by the soundest thinkers, whether of Liberal or Conservative opinions.

Next to a national representation, the most important of all political principles is that the only affairs directly administered by the Imperial Government should be the general affairs of the nation; and that all local affairs, whether they be those of any particular part of the United Kingdom or of any foreign dependency, should, if possible, be administered by some intermediate body, constituted expressly for the purpose.

The general concerns of the empire are sufficient to occupy the whole time and thoughts of her Majesty's Ministers. They cannot possibly make themselves acquainted with the affairs of every separate locality or dependency of the empire. They are not, and cannot be, appointed to office on account of their knowledge of the affairs of localities or dependencies.

Besides, it is admitted that the only security for the good conduct of any portion of the national affairs which is entrusted to Ministers, lies in the control of Parliament. And with regard to the general affairs of the empire, this control is efficacious. But Parliament, no more than Ministers, has time either to study or to deliberate on local affairs; and it is not in the nature of things that more than a few members of Parliament should be well acquainted with, or feel any strong interest in, the affairs of any particular locality. Local affairs, therefore, unless when private interests were concerned, would generally be left entirely to Ministers; and not only would they be almost sure to be mismanaged, but the power and patronage which their management would confer, and the habit engendered of looking entirely to the Ministers of the Crown as the source of all authority, would be dangerous to the liberty and safety of the nation. These are not new doctrines, but the acknowledged principles of the Constitution. All sound thinkers in other countries are sensible of their value, and declare with one accord that the power which the central Governments of the Continent exercise in local affairs, and the dependence upon the Government of every intermediate body which discharges important administrative functions, are the great cause why the principal nations of the Continent, among all their revolutions, have never yet succeeded in acquiring liberty.

In England this evil bas hitherto been avoided. The English people have always managed their local affairs for themselves, without the interference of the Govemment. Almost all the British Colonies have, from their first foundation or acquisition, enjoyed in a great degree the same advantage. They have had local Parliaments for their domestic administration; and though a Minister in London long continued to control and thwart the action of those local bodies, each colony as it advanced in prosperity showed such a determination to emancipate itself from the interference of the Imperial Government in affairs not of Imperial interest, that they at last succeeded in attaining their object.

The greatest dependency of the Crown, India, is, by general admission, capable of administering its own affairs by a representative system. This, however, does not diminish, but increases, the mischief and danger of its administration by the unchecked power of a Cabinet Minister. There is far more danger in India than in any Colony, of the ignorant or corrupt misuse of Ministerial power; because India is less understood than any Colony, because its people are less capable of making their voice heard, and because it is more difficult for Parliament to interfere in its administration with adequate knowledge, than in the affairs of any Colony.

India has hitherto been administered, under the general control of Parliament, by a body, who holding aloof from the party conflicts of English politics, devoted their whole time and energies to Indian affairs. The great Corporation, which gained India for this country, has hitherto been considered the best qualified to conduct its administration, under the authority of the Crown, subject, when necessary, to the veto of the Board of Control.

It is now proposed to abolish this intermediate body, and to impose upon India the exclusive government of a Cabinet Minister, which every important Colony has found it impossible to bear. The yoke of the old Colonial Office, which the Colonies, one after another, have rejected and thrown off, is to be laid upon India.

The reason assigned is, the supposed evil of double government and divided responsibility.

Without discussing what is the value of these objections in the case of India, it is sufficient to observe that they are applicable to every British institution, under which any of the affairs of the public are administered by an authority independent of the Cabinet.

Already the management of the Light-houses of Great Britain by the Corporation of the Trinity-House, a management which is the admiration of Europe, is assailed as a "double government", by (among others) a member of the late Administration. The Trinity-House is apparently marked out as the next victim.

The management of the poor, and the control of the poor-rates, are shared between a Govemment Board and the local Boards of the various Poor Law Unions. Double govemment; divided responsibility. Abolish the Boards of Guardians. Concentrate all power in the Central Board. Let the Crown appoint all overseers; and let them, under the Board's orders, fix the parochial rates, and exclusively control their expenditure.

The sanitary administration of towns is shared between a Government Board, Corporations and other local authorities. Double government; divided responsibility. Give all the power to the Board of Health; allow the Board to construct works and establish sanitary regulations at its pleasure, and to tax the inhabitants of the towns for defraying the expense.

The popular education of the country is partly administered by the

Committee of Council for Education, and partly by private trustees or voluntary associations. The schools of the country are mostly supported by the one authority, and inspected by the other. Double government; divided responsibility. Let no trustees or voluntary associations have anything to do with schools. Place the whole responsibility on the Committee of Council: let them maintain schools for the whole country, levy school-rates to pay their expenses, appoint the teachers, and fix the course of instruction.

There was lately a Railway Board; and its powers still exist, though transferred to the Board of Trade. The general Government interferes largely in the affairs of railway companies. Parliament sanctions the lines, and fixes a maximum of rates. A Government officer inquires into all accidents, and no line can be opened until declared safe by a Government engineer. Double government; divided responsibility. Let the Government take possession of all the railways; or let it appoint the chairman of every railway company, and let him govern, consulting or not the directors and proprietors, as he pleases.

The highways, the gaols, the county rates, and the administration of justice at sessions, are conducted by intermediate bodies – the Justices of Peace. These are already nominated by the Minister (on the recommandation of the Lord Lieutenant), and removable by him; but as it is not usual to remove them except for proved misconduct, they are practically independent, and in the exercise of their functions they are not obliged to be the instruments of a Minister. This, in the opinion of the enemies of double govermnent, must be a great evil. Why should not magistrales be appointed for six years only? Why should not the chairman of sessions be appointed by the Crown, and all county business be transacted by him and a few clerks; the other magistrates being only sumnoned when he thinks fit, and, when summoned, their opinion being only attended to if he chooses?

The general administration of justice is shared between a judge appointed by the Crown, and a jury of citizens. Double government; divided responsibility. Let the judge alone decide: if he pleases, he may consuit a jury; and if he pleases, he may adopt their verdict.

It is superfluous to carry the illustration further. If the cry of Double Government is to prevail, none of the free institutions of this country, except perhaps the House of Commons, are safe; and we may be thankful if the principle is not applied to Parliament too. All government, except the single government of one man, is double government, or treble government, or quadruple government, and if the people of England, in a case of such magnitude as India, allow this plea to be successful, and the intermediate body which administers that country under the Crown to be superseded by the undivided power of a Minister and his subordinates, they will sanction a principle and establish a precedent which they may before long have reason to regret.

John S. Mill, *Collected Works*, Toronto, University of Toronto Press, 1990.

9 – Doit-on avoir peur de la démocratie ?

Les classes moyennes ont obtenu le droit de vote (*franchise*) en 1832, grâce en partie à une agitation menée parmi les classes laborieuses, qui n'ont pas été payées de retour. Les Chartistes ont réclamé le suffrage universel pour les hommes et le secret du vote, mais ils s'effondrent en 1848 sans avoir rien obtenu. La question de la réforme électorale reste néanmoins à l'ordre du jour, bon an mal an. Comme l'agitation populaire se calme après 1850, et que les plus qualifiés sont portés à s'accommoder des méthodes du capitalisme et à se réconcilier avec la bourgeoisie, certains se disent que le droit de vote pourrait, sans danger pour les institutions, être étendu au moins à cette « aristocratie de la classe ouvrière ». Cette évolution des esprits, bien entendu, prend du temps. C'est dans les années soixante que, sous Lord Russell, Premier ministre libéral, un projet de loi allant dans ce sens de l'élargissement du corps électoral est présenté aux Communes. Nous voyons ici Gladstone, auteur principal du texte, le défendre devant la Chambre.

La richesse du pays a profité à tous et les classes laborieuses sont apaisées et plutôt satisfaites de leur sort, argumente-t-il. Où se situe la ligne qui sépare désormais la petite bourgeoisie et les strates supérieures de la classe ouvrière ? Quelles vertus morales les distinguent ? Pourquoi l'une détiendrait-elle le droit de vote, et pas les autres ?

Gladstone, malgré tout, échouera dans son entreprise. C'est son rival Disraeli (dans le gouvernement conservateur de Lord Derby), qui reprendra le projet en le modifiant sensiblement. Le *Reform Act* voté en 1867, qui accorde entre autres choses le droit de vote dans les bourgs (*boroughs*) aux locataires d'un logement valant dix livres, crée un million de nouveaux électeurs, et double ainsi le corps électoral. Un homme sur trois, maintenant, peut aux élections exprimer son suffrage. Les ouvriers des villes obtenaient enfin ce qui leur avait été refusé plus de trente ans plus tôt. Mais pour beaucoup de dirigeants, il s'agissait là d'un saut dans l'inconnu, "*a leap in the dark*".

[...] I SHOULD LIKE TO USE THE WORDS of the working classes themselves. In an address which, in company with my right hon. Friend the Member for Staffordshire, I heard read at a meeting which was held at the Potteries last autumn, they say, of their own spontaneous Motion, uninfluenced by the action of their employers, in relation to the legislation of late years –

> "The great measures that have been passed during the last twenty years by the British legislature have conferred incalculable blessings on the whole community, and particularly on the working classes, by unfettering the trade and commerce of the country, cheapening the essentials of our daily sustenance, placing a large proportion of the comforts and

> luxuries of life within our reach, and rendering the obtainment of knowledge comparatively easy among the great mass of the sons of toil."

And this is the mode in which they then proceed to describe their view of the conduct of the upper classes towards them –

> "Pardon us for alluding to the kindly conduct now so commonly evinced by the wealthier portions of the community to assist in the physical and moral improvement of the working classes. The well-being of the toiling mass is now generally admitted to be an essential to the national weal. This forms a pleasing contrast to the opinions cherished half a century ago. The humbler classes also are duly mindful of the happy change, and, without any abatement of manly independence, fully appreciate the benefits resulting therefrom, contentedly fostering a hopeful expectation of the future. May heaven favour and promote this happy mutuality! as we feel confident that all such kindly interchange materially contributes to the general good."

Now, such language does, in my opinion, the greatest credit to the parties from whom it proceeds. This is a point on which no difference of opinion can prevail. I think I may go a step further, and consider these statements as indicating not only the sentiments of a particular body at the particular place from which they proceeded, but the general sentiments of the best-conducted and most enlightened working men of the country. It may, however, be said, that such statements prove the existing state of things to be satisfactory. But surely this is no sufficient answer. Is it right, I ask, that in the face of such dispositions, the present law of almost entire exclusion should continue to prevail? Again, I call upon the adversary to show cause. And I venture to say that every man who is not presumably incapacitated by some consideration of personal unfitness or of political danger is morally entitled to come within the pale of the Constitution. Of course, in giving utterance to such a proposition, I do not recede from the protest I have previously made against sudden, or violent, or excessive, or intoxicating change; but I apply it with confidence to this effect, that fitness for the franchise, when it is shown to exist – as I say it is shown to exist in the case of a select portion of the working class – is not repelled on sufficient grounds from the portals of the Constitution by the allegation that things are as well as they are. I contend, moreover, that persons who have prompted the expression of such sentiments as those to which I have referred, and whom I know to have been Members of the working class, are to be presumed worthy and fit to discharge the duties of citizenship, and that to admission to the discharge of those duties they are well and justly entitled. The present franchise, I may add, on the whole – subject, of course, to some exceptions – draws the line between the lower middle class and the upper order of the working class. As a general rule, the lower stratum of the middle class is admitted to the exercise of the franchise, while the upper stratum of the working class is excluded. That I believe to be a fair general description of the present formation of the constituencies in boroughs and towns. Is it a state of things, I would ask, recommended by clear principles of reason? Is the upper portion of the working class inferior to the lowest portion of the middle? That is a question I should wish to be considered on both sides of the House. For my own part, it appears to me that the negative of the proposition may be held with the greatest confidence. Whenever this Question comes to be discussed, with the view to an immediate issue, the conduct of the general body of the operatives of Lancashire cannot be forgotten. What are the qualities which fit a man for the exercise of a privilege such as the franchise? Self-command, self-control, respect for order, patience under suffering, confidence in the law, regard for superiors; and when, I should like to ask, were all these great qualities exhibited in a manner more signal, I would even say more illustrious, than under the profound affliction of the winter of 1862? I admit the danger of dealing with enormous masses of men; but I am now speaking only of a limited portion of the working class and I, for one, cannot admit that there is that special virtue in the nature of the middle class which ought to lead to our drawing a marked distinction, a distinction almost purporting to be one of principle, between them and a select portion of the working classes, so far as relates to the exercise of the franchise.

But, Sir, this Question has received a very remarkable illustration from the experience of the last few years. So far as Lancashire is concerned, we have the most extraordinary evidence – evidence amounting almost to mathematical demonstration – of the competency of the working man to discharge those duties of retail trade and the distribution of commodities, which are commonly intrusted to the longer part of the middle classes. I allude to the evidence afforded by the marvellous success in that particular county (and I hope the example of that county may not be too eagerly followed elsewhere) of the co-operative system.

Hansard's Parliamentary Debates, 3rd Series, 1864, Vol. CLXXV, 11 May 1864.

10 – L'ancien et le moderne

Walter Bagehot (1826-1877), économiste, sociologue, observateur éclairé du champ politique, rédacteur en chef de l'*Economist* (de 1860 jusqu'a sa mort précoce), figure parmi les journalistes les plus remarqués du milieu de la période victorienne. Sa contribution majeure est représentée par son étude de la Constitution anglaise, publiée en 1867 et devenue un grand classique, amplement cité et commenté encore de nos jours.

L'analyse qu'il nous offre vise à déterminer l'endroit où s'exerce le véritable pouvoir politique à son époque. Il y établit la distinction restée fameuse selon laquelle il existe, dans les institutions du royaume, des éléments de prestige, qu'il qualifie de *dignified*, et d'autres éléments plus fonctionnels, qu'il nomme *efficient*. Il conclut qu'avec le soutien d'une majorité effective à la Chambre des Communes, c'est le Cabinet qui détient la réalité du pouvoir – plus que l'aristocratie, les Lords, à la Chambre Haute, et plus que la reine elle-même. La monarchie n'est pas que symbolique, et la reine a préservé au moins trois droits : être informée, encourager et avertir. Mais si sa relation à ses sujets fait appel au cœur, aux émotions et aux sentiments, si elle impose bien une éthique et une religion, le recours à l'intelligence et à la raison est nécessaire pour le gouvernement réel du pays. Au peuple donc, au niveau d'éducation resté très bas, les attraits et la fascination de la monarchie. Mais ce sont les élites gouvernantes qui font en vérité tourner la machine.

No one can approach to an understanding of the English institutions, or of others, which, being the growth of many centuries, exercise a wide sway over mixed populations, unless he divide them into two classes. In such constitutions there are two parts (not indeed separable with microscopic accuracy, for the genius of great affairs abhors nicety of division): first, those which excite and preserve the reverence of the population – the *dignified* parts, it I may so call them; and next, the *efficient* parts – those by which it, in fact, works and rules. There are two great objects which every constitution must attain to be successful, which every old and celebrated one must have wonderfully achieved: every constitution must first *gain* authority, and then *use* authority; it must first win the loyalty and confidence of mankind, and then employ that homage in the work of government.

There are indeed practical men who reject the dignified parts of Government. They say, we want only to attain results, to do business: a constitution is a collection of political means for political ends, and if you admit that any part of a constitution does no business, or that a simpler machine would do equally well what it does, you admit that this part of the constitution, however dignified or awful it may be, is nevertheless in truth useless.

And other reasoners, who distrust this bare philosophy, have propounded subtle arguments to prove that these dignified parts of old Governments are cardinal components of the essential apparatus, great pivots of substantial utility; and so they manufactured fallacies which the plainer school have well exposed. But both schools are in error. The dignified parts of Government are those which bring it force – which attract its motive power. The efficient parts only employ that power. The comely parts of a Government *have* need, for they are those upon which its vital strength depends. They may not do anything definite that a simpler polity would not do better; but they are the preliminaries, the needful prerequisites of *all* work. They raise the army, though they do not win the battle.

Doubtless, if all subjects of the same Government only thought of what was useful to them, and if they all thought the same thing useful, and all thought that same thing could be attained in the same way, the efficient members of a constitution would suffice, and no impressive adjuncts would be needed. But the world in which we live is organized far otherwise.

The most strange fact, though the most certain in nature, is the unequal development of the human race. If we look back to the early ages of mankind, such as we seem in the faint distance to see them – if we call up the image of those dismal tribes in lake villages, or on wretched beaches – scarcely equal to the commonest material needs, cutting down trees slowly and painfully with stone tools, hardly resisting the attacks of huge, fierce animals – without culture, without leisure, without poetry, almost without thought – destitute of morality, with only a sort of magic for religion; and if we compare that imagined life with the actual life of Europe now, we are overwhelmed at the wide contrast – we can scarcely conceive ourselves to be of the same race as those in the far distance. There used to be a notion – not so much widely asserted as deeply implanted, rather pervadingly latent than commonly apparent in political philosophy – that in a little while, perhaps ten years or so, all human beings might, without extraordinary appliances, be brought to the same level. But now, when we see by the painful history of mankind at what point we began by what slow toil, what favourable circumstances, what accumulated achievements, civilized man has become at all worthy in any degree so to call himself – when we realize the tedium of history and the painfulness of results – our perceptions are sharpened as to the relative steps of our long and gradual progress. We have in a great community like England crowds of people scarcely more civilized than the majority of two thousand years ago; we have others, even more numerous, such as the best people were a thousand years since. The lower orders, the middle orders, are still, when tried by what is the standard of the educated "ten thousand", narrow-minded, unintelligent, incurious. It is useless to pile up abstract words. Those who doubt should go out into their kitchens. Let an accomplished man try what seems to him most obvious, most certain, most palpable in intellectual matters, upon the housemaid and the footman, and he will find that what he says seems unintelligible, confused, and erroneous – that his audience think him mad and wild when he is speaking what is in his own sphere of thought the dullest platitude of cautious soberness. Great communities are like great mountains – they have in them the primary, secondary, and tertiary strata of human progress; the characteristics of the lower regions resemble the life of old times rather than the present life of the higher regions. And a philosophy which does not ceaselessly remember, which does not continually obtrude, the palpable differences of the various parts, will be a theory radically false, because it has omitted a capital reality – will be a theory essentially misleading, because it will lead men to expect what does not exist, and not to anticipate that which they will find.

Every one knows these plain facts, but by no means every one has traced their political importance. When a State is constituted thus, it is not true that the lower classes will be wholly absorbed in the useful; on the contrary, they do not like anything so poor. No orator ever made an impression by appealing to men as to their plainest physical wants, except when he could allege that those wants were caused by some one's tyranny. But thousands have made the greatest impression by appealing to some vague dream of glory, or empire, or nationality. The ruder sort of men – that is, men at *one* stage of rudeness – will sacrifice all they hope for, all they have, *themselves*, for what is called an idea – for some attraction which seems to transcend reality, which aspires to elevate men by an interest higher, deeper, wider than that of ordinary life. But this order of men are uninterested in the plain palpable ends of government; they do not prize them; they do not in the least comprehend how they should be attained. It is very natural, therefore, that the most useful parts of the structure of government should by no means be those which excite the most reverence. The elements which excite the most easy reverence will be the *theatrical* elements – those which appeal to the senses, which claim to be embodiments of the greatest human ideas, which boast in some cases of far more than human origin. That which is mystic in its claims; that which is occult in its mode of action; that which is brilliant to the eye; that which is seen vividly for a moment, and then is seen no more; that which is hidden and unhidden, that which is specious, and yet interesting, palpable in its seeming, and yet professing to be more than palpable in its results; this howsoever its form may change, or however we may define it or describe it, is the sort of thing – the only sort – which yet comes home to the mass of men. So far from the dignified parts of a constitution being necessarily the most useful, they are likely, according to outside presumptions, to be the least so; for they are likely to be adjusted to the lowest orders – those likely to care least and judge worst about what *is* useful.

There is another reason which, in an old constitution like that of England, is hardly less important. The most intellectual of men are moved quite as much by the circumstances which they are used to as by their own will. The active voluntary part of a man is very small, and if it were not economized by a sleepy kind of habit, its results would be null. We could not do every day out of our own heads all we have to do. We should accomplish nothing, for all our energies would be frittered away in minor attempts at petty improvement. One man, too, would go off from the known track in one direction, and one in another, so that when a crisis came requiring massed combination, no two men would be near enough to act together. It is the dull traditional habit of mankind that guides men's actions, and is the steady frame in which each new artist must set the picture that he paints. And all this traditional part of human nature is, *ex vi termini*, most easily impressed and acted on by that which is handed down. Other things being equal, yesterday's institutions are by far the best for today; they are the most ready, the most influential, the most easy to get obeyed, the most likely to retain the reverence which they alone inherit, and which every other must win. The most imposing institutions of mankind are the oldest; and yet so changing is the world, so fluctuating are its needs, so apt to lose inward force, though retaining outward strength, are its best instruments, that we must not expect the oldest institutions to be now the most efficient. We must expect what is venerable to acquire influence because of its inherent dignity; but we must not expect it to use that influence so well as new creations apt for the modern world, instinct with its spirit, and fitting closely to its life.

The brief description of the characteristic merit of the English Constitution is, that its dignified parts are very complicated and somewhat imposing, very old and rather venerable; while its efficient part, at least when in great and critical action, is decidedly simple and rather modern. We have made, or rather stumbled on, a constitution which – though full of every species of incidental defect, though of the worst *workmanship* in all out-of-the-way *masters* of any constitution in the world – yet has two capital merits: it contains a simple efficient part which, on occasion, and when wanted, *can* work more simply and easily, and better, than any instrument of government that has yet been tried; and it contains likewise historical, complex, august, theatrical parts, which it has inherited from a long past – which *take* the multitude – which guide by an insensible but an omnipotent influence the associations of its subjects. Its essence is strong with the strength of modern simplicity; its exterior is august with the Gothic grandeur of a more imposing age. Its simple essence may, *mutatis mutandis*, be transplanted to many very various countries, but its august outside – what most men think it is – is narrowly confined to nations with an analogous history and similar political materials.

Walter Bagehot, *The English Constitution*, London, Fontana Press, 1993, (1st ed., 1867).

11 – *Pour l'école publique*

W. E. Forster (1818-1886), membre du gouvernement libéral de Gladstone, prononça ce discours resté fameux à la Chambre des communes le 17 février 1870. Il y défendait le projet de loi qu'il présentait à ses collègues parlementaires, et dont l'objet était de mettre sur pied un réseau d'écoles élémentaires publiques. On abordait ainsi un tournant historique : jusque-là, l'enseignement élémentaire était demeuré l'affaire, pour l'essentiel, des églises et d'initiatives privées. Le rôle de l'État se limitait à verser de maigres subventions (*government grants*), principalement aux écoles confessionnelles. L'idéologie du laisser-faire, qui avait marqué la période, interdisait en quelque sorte que cet État prît lui-même en charge l'instruction publique. L'hégémonie économique de l'Angleterre et sa prospérité paraissaient justifier ce point de vue : pourquoi intervenir et instruire davantage, puisque tout semblait se dérouler pour le mieux ?

Le ton change avec Forster en 1870 : il brosse un tableau calamiteux de l'état de l'école élémentaire dans le pays; il condamne l'idéologie du laisser-faire qui, selon lui, ne vient en aide qu'à ceux qui peuvent s'aider eux-mêmes, et laisse pour compte la majorité des enfants, en particulier ceux des classes laborieuses dans les grandes villes industrielles.

La grande réforme accomplie par la loi Forster de 1870 sera de créer un réseau d'écoles (*Board Schools* : écoles des conseils) mises en place par des conseils scolaires élus (*School Boards*) grâce aux ressources apportées par des impôts locaux spécifiques (*school rates*).

Ce secteur public ainsi créé ne vient pas cependant se substituer au système libre et bénévole (*voluntary*) qui existait jusque-là : il se contente d'en combler les lacunes, et les deux secteurs vont dès lors coexister en se faisant concurrence. La loi de 1870 n'instaure pas non plus la gratuité ni l'obligation scolaires : il faudra attendre la fin du siècle pour cela.

I AM NOT GOING TO DETAIN THE HOUSE with any long statement of facts, and still less do I intend to weary you with statistics; but there are two great categories of facts which I would beg you to bear in mind. The first is the broad fact of what we have existing at this moment in regard to primary education. I shall confine myself to that, respecting which we are pretty accurately informed, because it relates to the schools to which we vote Government money. Last year I moved the Education Estimate, and in addition to the money required for the central office, for Inspectors, and for normal schools, I asked for an annual grant of about £415,000 for primary schools in England and Wales. Of those schools about 11,000 were day schools and 2,000 night schools. The number of children upon the registers of those schools was about 1,450,000, and the average attendance about 1,000,000, representing, therefore, the education more or less imperfect of nearly 1,500,000 children. I say the education, according to these Returns, is very imperfect, because the attendance is very irregular, nevertheless the figures I have just referred to represent also a great amount of voluntary zeal, and much willingness on the part of parents to send their children to school. Now, while alluding to voluntary zeal, I must be allowed to state that I think no one could occupy my office without being fully aware of what the country owes to the managers of the schools at present in receipt of Government grants. Both before and during my tenure of that office I have had many opportunities of seeing those gentlemen at work, particularly ministers of religion of all denominations, though perhaps it has been my lot to see more of the clergy of the Church of England than of others. I have seen them at their work, and tried to help them occasionally; I know the sacrifices they have made, and not for a moment do I believe it possible that anyone who considers this question will disregard what they have already done, or will wish to do without their aid in the future. I sometimes hear it objected that they gain great influence by their efforts in promoting education. I believe they have not worked in order to attain that object, though far distant be the time when, in England, self-denying exertions, such as many of these gentlemen have made, will not give them influence!

Having alluded to what we already have, I will now ask – "What is it that we have not?" More or less imperfectly about 1,500,000 children are educated in the schools that we help – that is, they are simply on the registers. But, as I had the honour of stating last year, only two-fifths of the children of the working classes between the ages of six and ten years are on the registers of the Government schools, and only one-third of those between the ages of ten and twelve. Consequently, of those between six and ten, we have helped about 700,000, more or less, but we have left unhelped 1,000,000; while of those between ten and twelve, we have helped 250,000, and left unhelped at least 500,000. Some hon. Members will think, I daresay, that I leave out of consideration the unaided schools. I do not, however, leave them out of consideration; but it so happens – and we cannot blame them for it – that the schools which do not receive Government assistance are, generally speaking, the worst schools, and those least fitted to give a good education to the children of the working classes. That is the effect of the present system. Exceptions, no doubt, may be picked out; but, speaking generally, my assertion is borne out by the Reports presented annually by the Report of last Session. I may also refer to the Report which will be speedily in the hands of hon. Members, in consequence of the Motion made last year by the hon. Member for Stoke (Mr. Melly), concerning the educational condition of four great towns – Liverpool, Manchester, Leeds, and Birmingham. That Report, I have reason to believe, will abundantly confirm my statement that we cannot depend upon the unaided and uninspected schools. I have not myself had the opportunity of reading that Report, for I was so anxious that it should be laid before the House with the least possible delay that I did not keep it in my hands for a single hour. But I have had the privilege of corresponding with the two gentlemen who conducted the inquiries; and therefore I believe I can give pretty correctly the figures with regard, at all events, to Liverpool, and they are figures which may well alarm us. It is calculated that in Liverpool the number of children between five and thirteen who ought to receive an elementary education is 80,000; but, as far as we can ascertain, 20,000 of them attend no school whatever, while at least another 20,000 attend schools where they get an education not worth having. In Manchester – that is, in the borough of Manchester, not including Salford, there are about 65,000 children who might be at school, and of this number about 16,000 go to no school at all. I must, however, add that Manchester appears to be better than Liverpool in one respect, that there are fewer schools where the education is not worth having. As a Yorkshireman, I am sorry to say that, from what I hear, Leeds appears to be as bad as Liverpool; and so also, I fear, is Birmingham.

I am not going to deal with facts at any length to-night. My noble Friend my predecessor (Lord Robert Montagu) takes a sanguine view of the present state of education, and quotes a deficiency in attendance of only 300,000 children. I will not now dispute his figures, which, indeed, would make out a case for a Bill; but I am afraid it is a far too sanguine view of the case. It is not, however, necessary to detain the House with any dispute as to the amount of education destitution, because hon. Members will see, when they read the Bill, that the practical action of it will be limited to the proved need.

I have stated to the House what now exists, and I have endeavoured to form an estimate of what does not exist in regard to the education of the people. Now, what are the results? They are what we might have expected; much imperfect education and much absolute ignorance; good schools become bad schools for children who attend them for only two or three days in the week, or for only a few weeks in the year; and though we have done well in assisting the benevolent gentlemen who have established schools, yet the result of the State leaving the initiative to volunteers, is, that where State help has been most wanted, State help has been least given, and that where it was desirable that State power should be most felt it was not felt at all. In helping those only who help themselves, or who can get others to help them, we have left unhelped those who most need help. Therefore, notwithstanding the large sums of money we have voted, we find a vast number of children badly taught, or utterly untaught, because there are too few schools and too many bad schools, and because there are large numbers of parents in this country who cannot, or will not, send their children to school. Hence comes a demand from all parts of the country for a complete system of national education, and I think it would be as well for us at once to consider the extent of that demand. I believe that the country demands from us that we should at least try to do two things, and that it shall be no fault of ours if we do not succeed in doing them – namely, cover the country with good schools, and get the parents to send their children to those schools. I am aware, indeed, that to hope to arrive at these two results may be thought Utopian; but our only hope of getting over the difficulties before us, is to keep a high ideal before our minds, and to realize to ourselves what it is we are expected to try to do.

The first problem, then, is, "How can we cover the country with good schools?" Now, in trying to solve that problem there are certain conditions which I think hon. Members on both sides of the House will acknowledge we must abide by. First of all, we must not forget the duty of the parents. Then we must not forget our duty to our constituencies, our duty to the tax-payers. Though our constituencies almost, I believe, to a man would spend money, and large sums of money, rather than not do the work, still we must remember that it is upon them that the burden will fall. And thirdly, we must take care not to destroy in building up – not to destroy the existing system in introducing a new one. In solving this problem there must be, consistently with the attainment of our object, the least possible expenditure of public money, the utmost endeavour not to injure existing and efficient schools and the most careful absence of all encouragement to parents to neglect their children. I trust I have taken the House thus far with me. Our object is to complete the present voluntary system, to fill up gaps, sparing the public money where it can be done without, procuring as much as we can assistance of the parents, and welcoming as much as we rightly can the co-operation and aid of those benevolent men who desire to assist their neighbours.

Now, I will at once proceed to the main principles that run through all our clauses for securing efficient school provision. They are two in number. Legal enactment, that there shall be efficient schools everywhere throughout the kingdom. Compulsory provision of such schools if and where needed, but not unless proved to be needed. These being the principles, I now come to the actual provisions. [...]

Now I come to a very interesting part of the matter. The school Boards are to provide the education. Who are to pay for it? In the first place, shall we give up the school fees? I know that some earnest friends of education would do that. I at once say that the Government are not prepared to do it. If we did so the sacrifice would be enormous. The parents paid in school fees last year about £420,000. If this scheme works, as I have said we hope it will work, it will very soon cover the country, and that £420,000 per annum would have to be doubled, or even trebled. Nor would it stop there. This would apply to the elementary education chiefly of the working classes. The middle classes would step in – the best portion of the working classes would step in – and say – "There must be free education also for us, and that free education must not be confined to elementary schools." The illustration and example, so often quoted, of America, would be quoted again, and we should be told that in the New England States education is free not only in the elementary schools, but free also up to the very highest education of the State. The cost would be such as really might well alarm my right hon. Friend the Chancellor of the Exchequer. I hope the country would be ready to incur that cost if necessary; but I think it would be not only unnecessary, but mischievous. Why should we relieve the parent from all payments for the education of his child? We come in and help the parents in all possible ways; but, generally speaking, the enormous majority of them are able, and will continue to be able, to pay these fees. Nevertheless, we do take two powers. We give the school Board power to establish special free schools under special circumstances, which chiefly apply to large towns, where, from the exceeding poverty of the district, or for other very special reasons, they prove to the satisfaction of the Government that such a school is needed, and ought to be established. We require the approval of the Government to be obtained, upon the ground that it would not be fair to the existing schools to allow a free school to be set up unless on very special grounds. On the other hand, it would not be fair to impose on the Town Council of large places like Liverpool or Manchester the duty of meeting the fearful educational destitution that exists by electing a school Board, and not to give them power, if they think it necessary, to establish special schools for special cases. We also empower the school Board to give free tickets to parents who they think really cannot afford to pay for the education of their children; and we take care that those free tickets shall have no stigma of pauperism attached to them. We do not give up the school fees, and indeed we keep to the present proportions – namely, of about one-third raised from the parents, one-third out of the public taxes, and one-third out of local funds.

Hansard's Parliamentary Debates, 3rd series, CXCIX, 8 Feb. to 15 March 1870.

12 – Professions de foi : Disraeli – les discours de Manchester, 3 avril 1872, et du Crystal Palace, *24 juin 1872*

Benjamin Disraeli (1804-1881), comte de Beaconsfield (1876), fut d'abord avocat et homme de lettres avant de se lancer dans une carrière politique. Député conservateur aux Communes en 1837, puis leader de cette chambre, il fut Premier ministre brièvement en 1868, puis plus longuement entre 1874 et 1880.

Lorsqu'il prononce les deux discours historiques de Manchester et du *Crystal Palace*, il est rentré dans l'opposition, et mène un combat public acharné contre la politique libérale de son rival Gladstone (*voir document suivant*).

Le premier exprime la conception du conservatisme que Disraeli veut faire passer auprès de la nation. Le programme conservateur, commence-t-il par dire, a pour objet de sauvegarder la constitution. La monarchie d'abord, puis la Chambre des Lords, dans leur conception traditionnelle, sont déclarées intouchables. Vient ici, dans l'extrait proposé, la défense et l'illustration du rôle historique de la Chambre des Communes. Disraeli en profite pour attaquer les libéraux – injustes envers les classes laborieuses, dira-t-il, lorsqu'ils promulguèrent le fameux *Reform Act* de 1832. Il donne alors en exemple sa propre réforme électorale – celle de 1867, qui avait étendu le droit de vote aux ouvriers des villes, porté le nombre des électeurs d'1,3 million à plus de 2 millions, et préservé selon lui l'Angleterre des remous révolutionnaires – comme ceux de 1870 en France où, horreur !, la République venait d'être proclamée. L'union entre l'Église et l'État est également l'objet d'un développement enthousiaste.

Si le premier discours concerne essentiellement les institutions, celui du *Crystal Palace* se fixe un objet plus large. Les trois ambitions du parti conservateur, selon Disraeli, reposent sur une certaine idée de la constitution, de l'empire et du peuple. Il existe pour sauvegarder les institutions, défendre l'empire (contre les libéraux qui chercheraient à le brader), élever la condition du peuple. Dans l'extrait ci-dessous, Disraeli expose sa conception de la politique impériale – qu'il suivra lorsqu'il sera de nouveau Premier ministre deux ans plus tard, à partir de 1874. Un peu plus loin, il offre une vision historiquement intéressante de la condition des ouvriers – « multitude laborieuse » – dans la Grande-Bretagne de 1872.

The Manchester speech, April 3, 1872

[...] Gentlemen, you will perhaps not be surprised that, having made some remarks upon the Monarchy and the House of Lords, I should say something respecting that House in which I have literally passed the greater part of my life and to which I am devotedly attached. It is not likely, therefore, that I should say anything to depreciate the legitimate position and influence of the House of Commons. Gentlemen, it is said that the diminished power of the Throne and the assailed authority of the House of Lords are owing to the increased power of the House of Commons, and the new position which of late years, and especially during the last forty years, it has assumed in the English Constitution. Gentlemen, the main power of the House of Commons depends upon its command over the public purse and its control of the public expenditure; and if that power is possessed by a party which has a large majority in the House of Commons, the influence of the House of Commons is proportionately increased, and, under some circumstances, becomes more predominant. But, gentlemen, this power of the House of Commons is not a power which has been created by any Reform Act, from the days of Lord Grey in 1832 to 1867. It is the power which the House of Commons has enjoyed for centuries – which it has frequently asserted and sometimes even tyrannically exercised. Gentlemen, the House of Commons represents the constituencies of England, and I am here to show you that no addition to the elements of that constituency has placed the House of Commons in a different position with regard to the Throne and the House of Lords that it has always constitutionally occupied.

Gentlemen, we speak now on this subject with great advantage. We recently have had published authentic documents upon this matter which are highly instructive. We have, for example, just published the Census of Great Britain, and we are now in possession of the last registration of voters for the United Kingdom. Gentlemen, it appears that by the census the population at this time is about 32,000,000. It is shown by the last registration that, after making the usual deductions for deaths, removals, double entries, and so on, the constituency of the United Kingdom may be placed at 2,200,000. So, gentlemen, it at once appears that there are 30,000,000 people in this country who are as much represented by the House of Lords as by the House of Commons, and who, for the protection of their rights, must depend upon them and the majesty of the Throne. And now, gentlemen, I will tell you what was done by the last Reform Act.

Lord Grey, in his measure of 1832, which was no doubt a statesmanlike measure, committed a great and for a time it appeared an irretrievable error. By that measure he fortified the legitimate influence of the aristocracy; and accorded to the middle classes great and salutary franchises; but he not only made no provision for the representation of the working classes in the

Constitution, but he absolutely abolished those ancient franchises which the working classes had peculiarly enjoyed and exercised from time immemorial. Gentlemen, that was the origin of Chartism, and of that electoral uneasiness which existed in this country more or less for thirty years. The Liberal party, I feel it my duty to say, had not acted fairly by this question. In their adversity they held out hopes to the working classes, but when they had a strong Government they laughed their vows to scorn. In 1848 there was a French Revolution and a Republic was established. No one can have forgotten what the effect was in this country. I remember the day when not a woman could leave her house in London, and when cannon were planted on Westminster Bridge. When Lord Derby became Prime Minister affairs had arrived at such a point that it was of the first moment that the question should be sincerely dealt with. He had to encounter great difficulties, but he accomplished his purpose with the support of a united party. And, gentlemen, what has been the result? A year ago there was another revolution in France, and a Republic was again established of the most menacing character. What happened in this country? You could not get half a dozen men to assemble in a street and grumble. Why? Because the people had got what they wanted. They were content and they were grateful.

But, gentlemen, the Constitution of England is not merely a Constitution in State, it is a Constitution in Church and State. The wisest Sovereigns and statesmen have ever been anxious to connect authority with religion – some to increase their power, some, perhaps, to mitigate its exercise. But the same difficulty has been experienced in effecting this union which has been experienced in forming a Second Chamber – either the spiritual power has usurped upon the civil and established a sacerdotal society, or the civil power has invaded successfully the rights of the spiritual, and the ministers of religion have been degraded into stipendiaries of the State and instruments of the Government. In England we accomplish this great result by an alliance between Church and State, between two originally independent powers. I will not go into the history of that alliance, which is rather a question for those archælogical societies which occasionally amuse and instruct the people of this city. Enough for me that this union was made and has contributed for centuries to the civilisation of this country. Gentlemen, there is the same assault against the Church of England and the union between the State and the Church as there is against the Monarchy and against the House of Lords. It is said that the existence of Nonconformity proves that the Church is a failure. I draw from these premises an exactly contrary conclusion; and I maintain that to have secured a national profession of faith with the unlimited enjoyment of private judgment in matters spiritual is the solution of the most difficult problem, and one of the triumphs, of civilisation. [...]

T. E. Kebbel (ed.), *Selected Speeches of the Late Right Hon. The Earl of Beaconsfield*, 2, Londres, Longman, Green & Co, 1882.

The Crystal Palace speech, June 24, 1872

[...] Gentlemen, there is another and second great object of the Tory party. If the first is to maintain the institutions of the country, the second is, in my opinion, to uphold the Empire of England. If you look to the history of this country since the advent of Liberalism – forty years ago – you will find that there has been no effort so continuous, so subtle, supported by so much energy, and carried on with so much ability and acumen, as the attempts of Liberalism to effect the disintegration of the Empire of England.

And, gentlemen, of all its efforts, this is the one which has been the nearest to success. Statesmen of the highest character, writers of the most distinguished ability, the most organised and efficient means, have been employed in this endeavour. It has been proved to all of us that we have lost money by our colonies. It has been shown with precise, with mathematical demonstration, that there never was a jewel in the Crown of England that was so truly costly as the possession of India. How often has it been suggested that we should at once emancipate ourselves from this incubus. Well, that result was nearly accomplished. When those subtle views were adopted by the country under the plausible plea of granting self-government to the Colonies, I confess that I myself thought that the tie was broken. Not that I for one object to self-government. I cannot conceive how our distant colonies can have their affairs administered except by self-government. But self-government, in my opinion, when it was conceded, ought to have been conceded as part of a great policy of Imperial consolidation. It ought to have been accompanied by an Imperial tariff, by securities for the people of England for the enjoyment of the unappropriated lands which belonged to the Sovereign as their trustee, and by a military code which should have precisely defined the means and the responsibilities by which the colonies should be defended, and by which, if necessary, this country should call for aid from the colonies themselves. It ought, further, to have been accompanied by the institution of some representative council in the metropolis, which would have brought the Colonies into constant and continuous relations with the Home Government. All this, however, was omitted because those who advised that policy – and I believe their convictions were sincere – looked upon the Colonies of England, looked even upon our connection with India, as a burden upon this country, viewing everything in a financial aspect, and totally passing by those moral and political considerations which make nations great, and by the influence of which alone men are distinguished from animals.

Well, what has been the result of this attempt during the reign of Liberalism for the disintegration of the Empire? It has entirely failed. But how has it failed? Through the sympathy of the Colonies with the Mother Country.

They have decided that the Empire shall not be destroyed, and in my opinion no minister in this country will do his duty who neglects any opportunity of reconstructing as much as possible our Colonial Empire, and of responding to those distant sympathies which may become the source of incalculable strength and happiness to this land. Therefore, gentlemen, with respect to the second great object of the Tory party also – the maintenance of the Empire – public opinion appears to be in favour of our principles – that public opinion which, I am bound to say, thirty years ago, was not favourable to our principles, and which, during a long interval of controversy, in the interval had been doubtful.

Gentlemen, another great object of the Tory party, and one not inferior to the maintenance of the Empire, or the upholding of our institutions, is the elevation of the condition of the people. Let us see in this great struggle between Toryism and Liberalism that has prevailed in this country during the last forty years what are the salient features. It must be obvious to all who consider the condition of the multitude with a desire to improve and elevate it, that no important step can be gained unless you can effect some reduction of their hours of labour and humanise their toil. The great problem is to be able to achieve such results without violating those principles of economic truth upon which the prosperity of all States depends. You recollect well that many years ago the Tory party believed that these two results might be obtained – that you might elevate the condition of the people by the reduction of their toil and the mitigation of their labour, and at the same time inflict no injury on the wealth of the nation. You know how that effort was encountered – how these views and principles were met by the triumphant statesmen of Liberalism. They told you that the inevitable consequence of your policy was to diminish capital, that this, again, would lead to the lowering of wages, to a great diminution of the employment of the people, and ultimately to the impoverishment of the kingdom.

These were not merely the opinions of Ministers of State, but those of the most blatant and loud-mouthed leaders of the Liberal party. And what has been the result? Those measures were carried, but carried, as I can bear witness, with great difficulty and after much labour and a long struggle. Yet they were carried; and what do we now find? That capital was never accumulated so quickly, that wages were never higher, that the employment of the people was never greater, and the country never wealthier. [...]

[...] Consider the condition of the great body of the working classes of this country. They are in possession of personal privileges – of personal rights and liberties – which are not enjoyed by the aristocracies of other countries. Recently they have obtained – and wisely obtained – a great extension of political rights; and when the people of England see that under the constitution of this country, by means of the constitutional cause which my right honourable friend the Lord Mayor has proposed, they possess every personal right of freedom, and, according to the conviction of the whole country, also an adequate concession of political rights, is it at all wonderful that they should wish to elevate and improve their condition, and is it unreasonable that they should ask the Legislature to assist them in that behest as far as it is consistent with the general welfare of the realm?

Why, the people of England would be greater idiots than the Jacobinical leaders of London even suppose, if, with their experience and acuteness, they should not long have seen that the time had arrived when social, and not political improvement is the object which they ought to pursue. [...]

T.E. Kebbel (ed.), *Selected Speeches of the late Right Hon. The Earl of Beaconsfield*, Londres, Longman, Green & Co., 1882.

13 – *Home Rule*

W. E. Gladstone (1809-1898), chef du parti libéral, grand rival du conservateur Disraeli, fut l'un des hommes politiques les plus éminents de la période victorienne. Il fut Premier ministre à plusieurs reprises, et au total, de nombreuses années : entre 1868 et 1874, 1880 et 1885, en 1886, puis encore entre 1892 et 1894.

Dès son arrivée au poste de Premier ministre en 1868, il chercha à résoudre, par un processus de réformes, le problème irlandais : en séparant, par exemple, l'Église anglicane d'Irlande de l'État (1869), en faisant voter deux lois agraires en 1870 et 1881, ou bien encore en élargissant le droit de vote (1885). Revenu au pouvoir en 1886, il voulut accorder à l'Irlande le *Home Rule* (autonomie), revendication qui existait depuis une quinzaine d'années, et qu'il pensait pouvoir satisfaire.

L'extrait ci-dessous reproduit la fin du discours qu'il prononça à la Chambre des Communes le 7 Juin 1886 pour justifier son *Ireland Bill* et appeler les députés à l'adopter. Il savait les conservateurs hostiles, et sa plaidoirie ardente s'adresse plus particulièrement à certains parlementaires de son propre parti qu'il sait opposés à l'idée d'autonomie pour l'Irlande. Mieux vaut donner librement que sous la contrainte, leur dira-t-il. Les partisans du *Home Rule* vont dans le sens de l'histoire, les adversaires lui tournent le dos : ce qu'il exprimera par la métaphore du flux et du reflux.

L'histoire a donné raison à Gladstone ; mais ses contemporains furent plus forts que lui : le projet de loi fut rejeté par une majorité de 341 voix contre 311. Parmi les voix hostiles, comptèrent celles de ses amis libéraux qui lui retirèrent leur soutien sur cette question. Gladstone perdit les élections qui suivirent la même année. Il ne revint au pouvoir que six ans plus tard, à l'âge de 83 ans.

What is the case of Ireland at this moment? Have hon. Gentlemen considered that they are coming into conflict with a nation? Can anything stop a nation's demand, except its being proved to be immoderate and unsafe? But here are multitudes, and, I believe, millions upon millions, out-of-doors, who feel this demand to be neither immoderate nor unsafe. In our opinion, there is but one question before us about this demand. It is as to the time and circumstances of granting it. There is no question in our minds that it will be granted. We wish it to be granted in the mode prescribed by Mr. Burke. Mr. Burke said, in his first speech at Bristol –

> "I was true to my old-standing invariable principle, that all things which came from Great Britain should issue as a gift of her bounty and beneficence rather than as claims recovered against struggling litigants, or at least, if your beneficence obtained no credit in your concessions, yet that they should appear the salutary provisions of your wisdom and foresight – not as things wrung from you with your blood by the cruel gripe of a rigid necessity."

The difference between giving with freedom and dignity on the one side, with acknowledgment and gratitude on the other, and giving under compulsion – giving with disgrace, giving with resentment dogging you at every step of your path – this difference is, in our eyes, fundamental, and this is the main reason not only why we have acted, but why we have acted now. This, if I understand it, is one of the golden moments of our history – one of those opportunities which may come and may go, but which rarely return, or, if they return, return at long intervals, and under circumstances which no man can forecast.

There have been such golden moments even in the tragic history of Ireland, as her poet says –

> "One time the harp of Innisfail
> Was tuned to notes of gladness."
> And then he goes on to say –
> "But yet did oftener tell a tale
> Of more prevailing sadness."[...]

There has been no great day of hope for Ireland, no day when you might hope completely and definitely to end the controversy till now – more than 90 years. The long periodic time has at last run out, and the star has again mounted into the heavens. What Ireland was doing for herself in 1795 we at length have done. The Roman Catholics have been emancipated – emancipated after a woeful disregard of solemn promises through 29 years, emancipated slowly, sullenly, not from goodwill, but from abject terror, with all the fruits and consequences which will always follow that method of legislation. The second problem has been also solved, and the representation of Ireland has been thoroughly reformed; and I am thankful to say that the franchise was given to Ireland on the re-adjustment of last year with a free heart, with an open hand, and the gift of that franchise was the last act required to make the success of Ireland in her final effort absolutely sure. We have given Ireland a voice : we must all listen for a moment to what she says. We must all listen – both sides, both Parties, I mean as they are, divided on this question – divided, I am afraid, by an almost immeasurable gap. We do not undervalue or despise the forces opposed to us. I have described them as the forces of class and its dependents; and that as a general description – as a slight and rude outline of a description – is, I believe, perfectly true. I do not deny that many are against us whom we should have expected to be for us. I do not deny that some whom we see against us have caused us by their conscientious action the bitterest disappointment. You have power, you have wealth, you have rank, you have station, you have organization. What have we? We think that we have the people's heart; we believe and we know we have the promise of the harvest of the future. As to the people's heart, you may dispute it, and dispute it with perfect sincerity. Let that matter make its own proof. As to the harvest of the future, I doubt if you have so much confidence, and I believe that there is in the breast of many a man who means to vote against us tonight a profound misgiving, approaching even to a deep conviction, that the end will be as we foresee, and not as you do – that the ebbing tide is with you and the flowing tide is with us. Ireland stands at your bar expectant, hopeful, almost suppliant. Her words are the words of truth and soberness. She asks a blessed oblivion of the past, and in that oblivion our interest is deeper than even hers. My right hon. Friend the Member for East Edinburgh (Mr. Goschen) asks us to-night to abide by the traditions of which we are the heirs. What traditions? By the Irish traditions? Go into the length and breadth of the world, ransack the literature of all countries, find, if you can, a single voice, a single book, find, I would almost say, as much as a single newspaper article, unless the product of the day, in which the conduct of England towards Ireland is anywhere treated except with profound and bitter condemnation. Are these the traditions by which we are exhorted to stand? No : they are a sad exception to the glory of our country. They are a broad and black blot upon the pages of its history; and what we want to do is to stand by the traditions of which we are the heirs in all matters except our relations with Ireland, and to make our relations with Ireland to conform to the other traditions of our country. So we treat our traditions – so we hail the demand of Ireland for what I call a blessed oblivion of the past. She asks also a boon for the future; and that boon for the future, unless we are much mistaken, will be a boon to us in respect of honour, no less than a boon to her in respect of happiness, prosperity, and peace. Such, Sir, is her prayer. Think, I beseech you, think well, think wisely, think, not for the moment, but for the years that are to come, before you reject this Bill.

Hansard's Parliamentary Debates, CCCVI - 25 May to 19 June 1886.

14 – *Identité gaélique et nationalisme*

Charles Stuart Parnell, *"the Uncrowned King of Ireland"*, espoir de la province pendant toutes les années 1880, a obtenu de Gladstone le premier projet de loi en faveur du *Home Rule*. Il est mort en 1891, discrédité et déshonoré par une affaire d'adultère. Le mouvement nationaliste irlandais est en pleine crise. Une tendance qui s'était fait jour dès la première moitié du siècle se développe alors, donnant au nationalisme une nouvelle justification essentielle : l'identité culturelle, présentée sur un ton aux accents presque raciaux. Douglas Hyde, protestant du sud, érudit, s'est très tôt intéressé aux traditions et à la langue gaéliques. Il sera l'un des acteurs privilégiés de la Renaissance gaélique, mouvement visant à faire revivre la culture de l'Irlande ancienne dans un but fondamentalement politique.

Dans les années 1840, le mouvement de la Jeune Irlande avait déjà, à l'instar d'autres groupes nationalistes d'une Europe des peuples en construction, tenté de promouvoir la culture irlandaise traditionnelle comme base de revendication nationaliste. Dans les années 1860, les *Fenians* avaient repris ce flambeau identitaire, affirmant, par la bouche d'un des leurs (O'Leary) : *"Literature must be national and nationalism must be literary."*

C'est toutefois à partir des années 1880-1890 que cet axiome prend toute sa valeur et s'exprime dans un mouvement de grande ampleur. Recherche d'antiques manuscrits, traductions, création littéraire à thème identitaire, rencontres et séminaires culturels formeront l'essentiel de l'activité nationaliste de cette époque. Ces travaux seront le fait d'associations créées à cet effet, dont la *Irish National Literary Society* de Dublin, fondée en 1892, devant laquelle Hyde tient la conférence dont cet extrait est tiré.

WHEN WE SPEAK OF "The Necessity for De-Anglicising the Irish Nation", we mean it, not as a protest against imitating what is best in the English people, for that would be absurd, but rather to show the folly of neglecting what is Irish, and hastening to adopt, pell-mell, and indiscriminately, everything that is English, simply because it is English.

This is a question which most Irishmen will naturally look at from a National point of view, but it is one which ought also to claim the sympathies of every intelligent Unionist, and which, as I know, does claim the sympathy of many.

If we take a bird's-eye view of our Island to-day, and compare it with what it used to be, we must be struck by the extraordinary fact that the nation which once was, as every one admits, one of the most classically learned and cultured nations in Europe, is now one of the least so; how one of the most reading and literary peoples has become one of the least studious and most un-literary, and how the present art products of one of the quickest, most sensitive, and most artistic races on earth are now only distinguished for their hideousness.

I shall endeavour to show that this failure of the Irish people in recent times has been largely brought about by the race diverging during this century from the right path, and ceasing to be Irish without becoming English. I shall attempt to show that with the bulk of the people this change took place quite recently, much more recently than most people imagine, and is, in fact, still going on. I should also like to call attention to the illogical position of men who drop their own language to speak English, of men who translate their euphonious Irish names into English monosyllables, of men who read English books, and know nothing about Gaelic literature, nevertheless protesting as a matter of sentiment that they hate the country which at every hand's turn they rush to imitate.

I wish to show you that in Anglicising ourselves wholesale we have thrown away with a light heart the best claim which we have upon the world's recognition of us as a separate nationality. What did Mazzini say? What is Goldwin Smith never tired of declaiming? What do the *Spectator* and *Saturday Review* harp on? That we ought to be content as an integral part of the United Kingdom because we have lost the notes of nationality, our language and customs.

It has always been very curious to me how Irish sentiment sticks in this half-way house – how it continues to apparently hate the English, and at the same time continues to imitate them; how it continues to clamour for recognition as a distinct nationality, and at the same time throws away with both hands what would make it so. If Irishmen only went a little farther they would become good Englishmen in sentiment also. But – illogical as it appears – there seems not the slightest sign or probability of their taking that step. It is the curious certainty that come what may Irishmen will continue to resist English rule, even though it should be for their good, which prevents many of our nation from becoming Unionists upon the spot. It is a fact, and we must face it as a fact, that although they adopt English habits and copy England in every way, the great bulk of Irishmen and Irishwomen over the whole world are known to be filled with a dull, ever-abiding animosity against her, and – right or wrong – to grieve when she prospers, and joy when she is hurt. Such movements as Young Irelandism, Fenianism, Land Leagueism, and Parliamentary obstruction seem always to gain their sympathy and support. It is just because there appears no earthly chance of their becoming good members of the Empire that I urge that they become the other, cultivate what they have rejected, and build up an Irish nation on Irish lines.

But you ask, why should we wish to make Ireland more Celtic than it is – why should we de-Anglicise it at all?

I answer because the Irish race is at present in a most anomalous position, imitating England and yet apparently hating it. How can it produce anything good in literature, art, or institutions as long as it is actuated by motives so contradictory? Besides, I believe it is our Gaelic past which, though the Irish race does not recognise it just at present, is really at the bottom of the Irish heart, and prevents us becoming citizens of the Empire, as, I think, can be easily proved.

To say that Ireland has not prospered under English rule is simply a truism: all the world admits it, England does not deny it. But the English retort is ready. You have not prospered, they say, because you would not settle down contentedly, like the Scotch, and form part of the Empire. "Twenty years of good, resolute, grandfatherly government", said a well-known Englishman, will solve the Irish question. He possibly made the period too short, but let us suppose this. Let us suppose for a moment – which is impossible – that there were to arise a series of Cromwells in England for the space of one hundred years, able administrators of the Empire, careful rulers of Ireland, developing to the utmost our national resources, whilst they unremittingly stamped out every spark of national feeling, making Ireland a land of wealth and factories, whilst they extinguished every thought and every idea that was Irish, and left us, at last, after a hundred years of good government, fat, wealthy, and populous, but with all our characteristics gone, with every external that at present differentiates us from the English lost or dropped; all our Irish names of places and people turned into English names; the Irish language completely extinct; the O's and the Macs dropped; our Irish intonation changed, as far as possible by English schoolmasters into something English; our history no longer remembered or taught; the names of our rebels and martyrs blotted out; our battlefields and traditions forgotten; the fact that we were not of Saxon origin dropped out of sight and memory, and let me now put the question – How many Irishmen are there who would purchase material prosperity at such a price? It is exactly such a question as this and the answer to it that shows the difference between the English and Irish race. Nine Englishmen out of ten would jump to make the exchange, and I as firmly believe that nine Irishmen out of ten would indignantly refuse it.

And yet this awful idea of complete Anglicisation, which I have here put before you in all its crudity, is, and has been, making silent inroads upon us for nearly a century.

Its inroads have been silent, because, had the Gaelic race perceived what was being done, or had they been once warned of what was taking place in their own midst, they would, I think, never have allowed it. When the picture of complete Anglicisation is drawn for them in all its nakedness Irish sentimentality becomes suddenly a power and refuses to surrender its birthright. [...]

What we must endeavour to never forget is this, that the Ireland of to-day is the descendant of the Ireland of the seventh century, then the school of Europe and the torch of learning. It is true that Northmen made some minor settlements in it in the ninth and tenth centuries, it is true that the Normans made extensive settlements during the succeeding centuries, but none of those broke the continuity of the social life of the island. Dane and Norman drawn to the kindly Irish breast issued forth in a generation or two fully Irishised, and more Hibernian than the Hibernians themselves, and even after the Cromwellian plantation the children of numbers of the English soldiers who settled in the south and midlands were, after forty years' residence, and after marrying Irish wives, turned into good Irishmen, and unable to speak a word of English, the most unmistakably English names. In two points only was the continuity of the Irishism of Ireland damaged. First, in the north-east of Ulster, where the Gaelic race was expelled and the land planted with aliens, whom our dear mother Erin, assimilative as she is, has hitherto found it difficult to absorb, and in the ownership of the land, eight-ninths of which belongs to people many of whom always lived, or live, abroad, and not half of whom Ireland can be said to have assimilated.

During all this time the continuation of Erin's national life centred, according to our way of looking at it, not so much in the Cromwellian or Williamite landholders who sat in College Green, and governed the country, as in the mass of the people whom Dean Swift considered might be entirely neglected, and looked upon as hewers of wood and drawers of water; the men who, nevertheless, constituted the real working population, and who were living on in the hopes of better days; the men who have since made America, and have within the last ten years proved what an important factor they may be in wrecking or in building the British Empire. These are the men of whom our merchants, artisans, and farmers mostly consist, and in whose hands is to-day the making or marring of an Irish nation. But, alas, *quantum mutatus ab illo*! What the battleaxe of the Dane, the sword of the Norman, the wile of the Saxon was unable to perform, we have accomplished ourselves. We have at last broken the continuity of Irish life, and just at the moment when the Celtic race is presumably about to largely recover possession of its own country, it finds itself deprived and stripped of its Celtic characteristics, cut off from the past, yet scarcely in touch with the present. It has lost since the beginning of this century almost all that connected it with the era of Cuchullain and of Ossian, that connected it with the Christianisers of Europe, that connected it with Brian Boru and the heroes of Clontarf, with the O'Neills and O'Donnells, with Rory O'More, with the Wild Geese, and even to some extent with the men of '98. It has lost all that they had – language, traditions, music, genius, and ideas. Just when we should be starting to build up anew the Irish race and the Gaelic nation – as within our own recollection Greece has been built up anew – we find ourselves despoiled of the bricks of nationality. The old bricks that lasted eighteen hundred years are destroyed; we must now set to, to bake new ones, if we can, on other ground and of other clay. Imagine for a moment the restoration of a German-speaking Greece.

[...] We must teach ourselves not to be ashamed of ourselves, because the Gaelic people can never produce its best before the world as long as it remains tied to the apron-strings of another race and another island, within for it to move before it will venture to take any step itself.

In conclusion, I would earnestly appeal to every one, whether Unionist or Nationalist, who wishes to see the Irish nation produce its best – and surely whatever our politics are we all wish that – to set his face against this constant running to England for our books, literature, music, games, fashions, and ideas. I appeal to every one whatever his politics – for this is no political matter – to do his best to help the Irish race to develop in future upon Irish lines, even at the rist of encouraging national aspirations, because upon Irish lines alone can the Irish race once more become what it was of yore – one of the most original, artistic, literary, and charming peoples of Europe.

D. Hyde, *Language, Lore and Lyrics*, 1892, (ed.), Brean-dán O'Conaire, Dublin, 1986.

Le XXe siècle : apogée, déclin et renouveau

5

Cliché Bibliothèque nationale de France

Juillet 1940 : au cœur de sa capitale, l'Angleterre affiche sa détermination à défendre la démocratie.

Avec une population de 38 millions d'habitants en 1901, la Grande-Bretagne est la première puissance économique, militaire et diplomatique de la planète au début du XXe siècle. La révolution industrielle, entamée au siècle précédent, la conquête de l'empire et une insatiable recherche de la nouveauté technique et technologique font de ce pays un État respecté, sans être, il est vrai, aimé, ce qui le distingue des ambitions françaises. Mais les chiffres parlent d'eux-mêmes : en cent ans, depuis 1800, le revenu national a triplé, la richesse nationale a sextuplé, l'industrie britannique produit un tiers des biens manufacturés, et le commerce de la Grande-Bretagne représente un quart du commerce mondial. Au début de ce siècle, la Grande-Bretagne est donc une puissance globale, mais cette puissance ne prétend pas à l'universalité. Sa présence dans le monde, en Amérique, en Afrique et en Asie est économique, militaire et diplomatique. Elle s'étend à la culture et au droit, elle repose sur l'idée de liberté, mais elle n'a pas une prétention d'évangélisation morale ou universelle.

Symboliquement l'image institutionnelle et physique de cette puissance, la reine Victoria, s'éteint en 1901 ; c'est déjà la fin d'un monde, même si cet achèvement prend forme plus tard, au terme de la première guerre mondiale qui voit la suprématie britannique supplantée par les États-Unis d'Amérique. La transition et ce changement de siècle n'ont pas été brutales car beaucoup des réformes substantielles de la société britannique avaient été commencées au XIXe siècle : instauration partielle du droit de vote (qui aboutit en 1969 au *Representation of the People Act*) et, dans ce pays riche, réflexion sur la pauvreté, même si on peut dire sans se tromper que la conscience sociale n'est pas une vertu britannique. (On pense bien sûr à la réflexion française qui dit qu'à cette époque il n'y a pas plus grande misère que la misère anglaise). Il reste que la conscience sociale, si l'on peut parler en Grande-Bretagne de conscience sociale, émerge avec Lloyd George, qui pense à ce qui deviendra, après la deuxième guerre mondiale, l'État-providence, salutaire et exemplaire, mais trop généreux et ambitieux pour être réussi.

La tragédie de la deuxième guerre mondiale, qui montre le courage de la Grande-Bretagne, de son peuple et de son Premier ministre, Winston Churchill, change une compréhension du monde initalement fondée sur la suprématie d'un État et de ses classes dirigeantes. Les réformes sociales, inspirées des idées présentées par Beveridge dans son rapport en 1942, ont fait initialement de la Grande-Bretagne un exemple social et humanitaire. Car la Grande-Bretagne de l'après-guerre, tout au moins jusqu'à la fin des années soixante-dix, est bien un exemple de réussite sociale, fondé sur le consensus politique. Juste après la deuxième guerre mondiale, le nouveau gouvernement travailliste avait fondé l'État-providence qui donnait à tout Britannique la protection sociale, l'enseignement et la santé, programme ambitieux que le temps n'a pas vraiment consacré. L'intendance et sa triste réalité ont eu raison des idéaux qui initialement auraient pu rivaliser avec d'autres systèmes. Le consensus social et économique de l'après-guerre ne pouvait durer et résister à l'épreuve des faits.

Dans le même temps, les bouleversements et les changements du monde avaient finalement raison de la suprématie militaire et diplomatique de la Grande-Bretagne. Il est toujours difficile d'identifier les événements ou les moments significatifs qui illustrent le mieux l'évolution d'un pays. Pour la Grande-Bretagne, il n'y a que l'embarras du choix. Un moment crucial est sans conteste la décolonisation ouverte par l'indépendance du joyau de l'empire, l'Inde, en 1947, après un long combat de ceux qui sont désormais devenus des personnages de légende, Gandhi et Nehru. L'indépendance de l'Inde, emblématique, est suivie par celle du Pakistan et de la Birmanie, puis, dans les années soixante, par celle des colonies africaines peu après le discours d'Harold Macmillan en Afrique du Sud le 3 février 1960. C'est une grande partie de l'Afrique et de l'Asie qui se libère de la domination britannique. La dernière colonie, Hong Kong, retourne à la Chine à la fin du siècle. La décolonisation n'est pas sans séquelles psychologiques, économiques et sociales, comme l'illustre le discours prononcé à Birmingham par Enoch Powell. Il existe d'autres dates et événements symboliques de cette évolution : la crise de Suez (1956), qui voit l'intervention militaire franco-britannique en Égypte échouer sous la pression des deux nouvelles grandes puissances, les États-Unis et l'Union soviétique et, à la fin des années soixante, le retrait de ce qu'on dénomme l'est de Suez, c'est -à- dire le Moyen Orient et l'Asie du sud-est.

Reste l'Europe. Contrairement à ce qu'on laisse entendre chez ses voisins, la Grande-Bretagne est bien un pays européen. Sa géographie, son histoire, sa culture en font un pays européen, même si des liens privilégiés l'unissent avec le monde de langue anglaise. Ces liens seront, il est vrai, au centre de la relation difficile de la Grande-Bretagne avec ses partenaires européens. Il faut attendre les efforts et la conviction du Premier ministre conservateur Edward Heath pour voir les tentatives européennes de la Grande-Bretagne récompensées par une adhésion tardive en 1973. Après de vives polémiques, le référendum organisé par le gouvernement travailliste de Harold Wilson deux ans plus tard, confirme l'adhésion qui demeure aujourd'hui objet de débat. Arrivée au pouvoir en 1979, Margaret Thatcher ne se départit pas de quelques réserves. Le discours de Bruges, le 20 septembre 1988, en est la parfaite illustration. Il pose le problème de la souveraineté, si chère aux Britanniques – comme aux autres européens, même s'ils n'osent pas toujours l'exprimer avec autant de vigueur.

Le discours de Margaret Thatcher, sur l'Europe comme sur la politique économique de la Grande-Bretagne, aura une influence qui dépassera les îles britanniques. Peu de premiers ministres marqueront autant le devenir de la Grande-Bretagne, comme l'évolution des politiques économiques des pays occidentaux : privatisations, dérégulation, insistance sur les lois du marché, héritage des théories d'Adam Smith, diminution du pouvoir syndical, très présent pendant les années soixante-dix, sont reprises un peu partout en Europe et dans le monde où le président américain Reagan prône des mesures semblables. D'aucuns contesteront ces convergences, mais la Dame de Fer n'en a pas moins exercé une action réelle et, sans aucun doute, irréversible. L'arrivée au pouvoir en 1997 de Tony Blair, avec sa volonté de promouvoir un « nouveau travaillisme », ne change rien à cette évolution. Le discours de Blair est fondé sur le concept de modernité qui rappelle les élans modernistes d'Harold Wilson dans les années 1960. Les « valeurs » avouées du *New Labour*, si elles différent de la philosophie explicite du précédent gouvernement conservateur, ne renouent pas pour autant avec le travaillisme d'antan : plus de relations privilégiées avec le monde syndical comme autrefois, les principes d'un capitalisme concurrentiel ne sont plus contestés, la politique européeenne de la Grande-Bretagne, en dépit d'un discours qui insiste sur le rôle central du gouvernement travailliste dans l'Union européenne, est toujours marquée par la volonté de se démarquer des autres pays . Tout au plus émerge un réaménagement du discours social (illustré par l'acceptation de la charte sociale européenne). Le gouvernement de Tony Blair a pourtant entrepris une réforme institutionnelle substantielle, la dévolution, décentralisation institutionnelle pour l'Écosse et le Pays de Galles instaurée par référendum.

La Grande-Bretagne n'est plus le même pays qu'en 1900. Sa population, comparable à la population française, a atteint cinquante-neuf millions d'habitants. La Grande-Bretagne est devenue une puissance moyenne, mais il semble, à la fin de ce siècle, que ce pays ait enfin retrouvé, après le cauchemar du déclin, un autre rôle, et peut être une fierté, que l'évolution du temps lui a imposé : son économie a acquis une bonne santé, son armée a prouvé, aux Falklands (1982), dans le Golfe (1991) ou au Kosovo (1998), qu'elle savait encore gagner des batailles ; sa culture, même populaire, tient dans le monde une place disproportionnée avec la taille du pays ; sa tradition institutionnelle, remodelée et contestée, reste vive. Aux *Proms*, ces concerts donnés à Londres et réputés notamment pour la jovialité de la dernière séance, les auditeurs entonnent chaque année un tonitruant *Rule Britannia, Britannia rules the waves*. Ils savent tous que la Grande-Bretagne ne règne plus sur les mers.

Quelques dates

1901	Mort de la reine Victoria.
1904	Entente Cordiale entre la France et la Grande-Bretagne.
1914-1918	Première guerre mondiale.
1921-1922	Création de l'Etat libre d'Irlande.
1931	Statut de Westminster créant un Commonwealth britannique des nations.
1939-1945	Deuxième guerre mondiale.
1945	Le parti travailliste au pouvoir instaure l'État-providence.
1947	Indépendance de l'Inde.
1949	Création de la république d'Irlande.
1956	Affaire de Suez.
1960	Accélération de la décolonisation.
1967	Retrait de l'est de Suez.
1973	Entrée du Royaume-Uni et de la république d'Irlande dans la Communauté économique européenne.
1979	Margaret Thatcher devient Premier ministre (démission en 1990)
1982	Guerre des Malouines (Falklands).
1985	Accords anglo-irlandais de Hillsborough.
1990	Guerre du Golfe, suite à l'invasion du Koweit par l'Irak.
	John Major Premier ministre.
1997	Victoire des travaillistes aux élections. Tony Blair devient Premier ministre.
	Référendum sur la dévolution en Ecosse et aux pays de Galles.
	Mort de Diana, Princesse de Galles.
	Retour de Hong Kong à la République populaire de Chine.
1998	Accords du Vendredi Saint sur l'Irlande du nord

1 – Un degré de plus pour l'école : le discours de Balfour, 13 décembre 1902

La loi éducative de 1902 marque une étape aussi importante que la loi Forster de 1870. Celle-ci installait l'école élémentaire publique ; celle-là réunit sous une même autorité – la *LEA*, *Local Education Authority*, terme toujours en vigueur – les trois secteurs scolaires : élémentaire, secondaire et technique. Elle marque le véritable début d'un enseignement secondaire public.

Son auteur, A. J. Balfour, conservateur, devait occuper la même année le poste de Premier ministre, qu'il conserva jusqu'en 1905.

L'importance historique de la loi ne doit pas faire oublier les réactions violemment hostiles qu'elle a suscitées à l'époque chez les Libéraux, les syndicalistes et les non-conformistes. Deux raisons au moins expliquent l'agitation qui eut lieu pendant les débats au Parlement. D'une part, la loi abolissait les commissions scolaires (*School Boards*) créées en 1870, qui avaient permis la participation locale des représentants de la classe ouvrière ; les conseils de comté qui devaient remplir la fonction d'autorités locales pour l'éducation seraient, à l'inverse, dominés par les conservateurs. C'était un peu la guerre de l'école du peuple contre l'école bourgeoise. D'autre part, un nouveau mode de financement des établissements publics, par l'impôt local (*rate*), était institué. Les écoles confessionnelles recevaient désormais leur part de subventions. Les non-conformistes crièrent : "*Rome on the Rates*". Les écoles catholiques n'allaient elles pas aussi profiter de l'aubaine ? C'était inacceptable...

[...] I hope the House will see what I am coming to. If this bill is bad, it is bad in comparison with the existing system, or else in comparison with some other system proposed. No other system is proposed, and I am therefore reduced to asking, and asking alone, whether this bill is bad as compared with the system which it replaces. Is this, or is it not as compared with the system under which we live, a great reform? I do not ask whether it is a great reform as compared with some plan which the right hon. member for South Aberdeen (Mr Bryce) has in the recesses of his conscience. I do not ask whether it is a great plan as compared with a scheme half suggested by the hon. member for North Camberwell (Dr Macnamara), because those schemes have not been developed and cannot be compared. I ask one question only, and on the answer ought to depend the vote of every man who votes tonight. Is this scheme of the government a great educational reform compared with the existing system which it is destined to replace? At the present moment our elementary education is carried on by isolated schools unconnected with each other, unconnected with the locality in which they exist; unorganised into any coherent whole to serve the interests of the population. That is, at any rate, changed. All schools are now put under a coordinating authority, and, so far, a great reform is established. Secondly, the great majority of these schools, or a large number of them – I do not wish to put it too high – are ill-equipped for want of funds. Is this bill or is it not a great reform in that? Nobody can deny and nobody does deny, that it is a great reform. In the third place, under our existing system a large number of these elementary schools are imperfectly staffed, and the staffs which have to work them are imperfectly and inadequately paid. Is that denied? It is not denied, nor can it be denied that that evil is remedied by the present bill. In the fourth place, there is at the present time a competition, between two kinds of schools, under wholly different management, yet carrying out the same great objects, and educating the same classes. That competition is put an end to by this bill. Can it be denied by any educational reformer that that also is an enormous educational improvement? In the fifth place, there is under our existing system a most imperfect machinery for educating the teachers of the rising generation. Many of them get no proper training at all. Those who do get a proper training are very commonly persons belonging to one denomination which has had the public spirit or the power to obtain training for them. Is that an admirable system? Is it a system which we ought to permit or which any other civilised country in the world would permit? But if you carry the rejection of the third reading you will permit it, and permit it indefinitely. Is it not a great thing to have provided, at all events, the machinery by which this great defect can be remedied? In the sixth place, as has been admitted on every side of the House, there is no provision at all under our existing system for secondary education properly considered. There is provision no doubt for technical education, but for secondary education in its full sense our educational machinery at the present time is wholly and utterly inadequate. Is that not a great defect, and is that not remedied? It is, if the public authorities do their duty, absolutely remedied, and that, again, I claim as a reason why the House should accept the third reading of this bill. These are great educational interests. But there is then the coordination of education, the combination of primary, secondary, and higher education in one general scheme; and there is, last of all, a matter on which I confess I think the present government have received but very scant gratitude from those who in this House profess to represent the Nonconformists of this country – I mean what is known as the pupil teacher grievance and the general teacher grievance. I remember well enough, many years ago, when I was newer to these educational problems than I am now, the member for Carnarvon drawing my attention in this House to the pupil teacher grievance. We have remedied that absolutely. [Hon. members: No, no.] The pupil teacher grievance is absolutely remedied. There is no child of a Nonconformist now who desires to enter the teaching profession who will be precluded, because he or she is a Nonconformist, from obtaining the requisite training of a pupil teacher. That grievance having been entirely swept away, we are now told that that is a matter which nobody need thank us for, because, after all, when you train these Nonconformist pupils they will not find a place any-where. Yes, but that was not the Nonconformist teacher grievance. The Nonconformist teacher grievance was the one which I have described and the one which we have swept away. But even this second-ary grievance which has now been discovered and added to the old pupil teacher grievance – even that has been largely mitigated, because the teacherships other than the head teacherships in denominational schools are now thrown open, if the management are prepared to use the powers given to them by the bill, to Nonconformists. Of course I do not want in the least to exaggerate. I have no doubt whatever that the great majority of teachers in denominational schools will remain denominational – I do not in the least wish to pretend or suggest to the House that any other result will ensue – but it does make a difference, and there will be a large number of schools in which another policy will be pursued.

I do not say that I have completed the list of changes in our educational system, which are great and admitted changes for the better, produced by this bill, but I think every candid man will find it impossible in his heart and conscience to deny that, in every one of the great examples I have mentioned, we have made a revolution, and a revolution for the better. If this revolution were not carried out, if the amendment of the leader of the Opposition were to find a majority in the lobbies, what would be the result? Every one of these great reforms would be postponed, and, as I venture to think, indefinitely postponed. It is perfectly easy for hon. gentlemen opposite, criticising our bill, to say, "Oh, how much better it would be if you could do this, that or the other thing". If they came into power tomorrow, if we had that general election from which they hope so much, next week, and if the most sanguine estimate of the most sanguine of hon. gentlemen opposite were carried into effect, is there a single serious politician on that side who thinks that the government that would then be formed could come down to this House and go to the country with a great scheme of educational reform with any hope of carrying it? Why, it is nonsense, and everybody knows it is nonsense. I remember reading a document, called the "British Weekly" Catechism, which was directed against this bill, in which the hope, the avowed expectation, was that if this bill could be defeated then the educational system of the country would go on until by the mere difficulty of getting subscriptions, by the slow starvation of the voluntary schools, we might gradually, year after year, see the board schools increase, the voluntary schools diminish, until there was what they were pleased to term a national system of education entirely founded on the board school system. And I believe that is absolutely the only policy that would be open to the hon. gentlemen opposite, not because I believe them to be insincere in their desire for educational reform, but simply because the difficulties of this task, and Heaven knows every one who has tried to deal with it must be prepared to admit them, are so great that it would be absolutely out of their power to carry out any of the schemes which they so airily suggest in the irresponsibility of opposition.

Let the House and the country realise that we have this night to choose whether we accept a great educational reform, which in the opinion of some may have defects or demerits, which in the opinion of some may give too much to this sect or to that, and which may not deal with all the speculative questions which some would desire to see treated according to some theoretical plan of perfection; and that it is the only practical scheme that has been placed before the country for putting our educational system upon a national basis. I admit that it has many opponents, I admit that it is looked at with suspicion by large classes in the country, I admit that the militant Nonconformists have denounced it with extreme, and I would almost have said with unscrupulous violence. [Hon. members: Oh.]

Hansard's Parliamentary Debates, 4th series, CXV, 1902.

2 – *Les pairs contre le peuple*

A) Lloyd George: "They have slain the Budget", 3 december 1909

David Lloyd George (1863-1945), grand homme d'état libéral et futur Premier ministre (1916-1922), était en 1908 chancelier de l'Échiquier dans le gouvernement dirigé par Asquith. À ce poste, il fut l'artisan d'importantes réformes sociales (comme les lois sur les pensions de vieillesse ou les assurances sociales). C'est lui qui présenta en 1909 ce fameux budget qu'il avait lui-même dénommé le « budget du peuple » (*People's Budget*). Pour financer ses réformes sociales, Lloyd George eut besoin d'une rentrée accrue d'impôts, et il conçut l'idée de taxer directement les classes supérieures britanniques : droits sur les grosses successions, les gros revenus, les plus-values des propriétés foncières urbaines...

Si la Chambre des Communes, après des débats houleux, accepta de voter le budget, les Lords, en revanche, le repoussèrent. D'où l'indignation que Lloyd George exprime dans un discours prononcé à Londres devant le *National Liberal Club* le 3 décembre 1909. Lloyd George n'aimait pas les aristocrates, et il le fit savoir dans plus d'une déclaration. L'intérêt de ce texte est qu'il devance de deux ans la réforme que les libéraux imposeront en 1911 à la Chambre des Lords, dont ils rognèrent sérieusement les ailes. Massivement conservatrice, la chambre haute paraissait aux libéraux un obstacle au progrès social : les « pairs » brimaient le « peuple ».

They have slain the Budget. In doing so they have killed the Bill which if you will permit me to say so, had in it more promise of better things for the people of this country than most Bills that have been submitted to the House of Commons. It made provision against the inevitable evils which befall such large masses of our poor population – their old age, infirmity, sickness, and unemployment. The schemes of which it was the foundation would, in my judgment, if they had been allowed to fructify, have eliminated at least hunger from the terrors that haunt the workman's cottage.

And yet here you have an order of men blessed with every fortune which Providence can bestow on them grudging a small pittance out of their superabundance in order to protect those who have built up their wealth against the haunting terrors of misery and despair. They have thrown out the Budget, and, in doing so, have initiated one of the greatest, gravest, and most promising struggles of the time. Liberty owes as much to the foolhardiness of its foes as it does to the sapience and wisdom of its friends. I wish for no better illustration of that than this incident.

Here, for years, for generations, Liberal statesmen have striven to bring to an issue these great forces. Their Bills were mutilated, torn, and devitalised by this machine, and they were never able to bring the cause to any sort of decision. It has been done at last, and I am proud that I have had a small share in it. At last the cause between the Peers and the people has been set down for trial in the great assize of the people, and the verdict will soon come. The Assembly which has delayed, denied, and mutilated justice for so long has at last been brought to justice.

Well, now, we are on the eve of a General Election, which will decide this great question. There may be the usual attempt to divert the attention of the jury by turning their minds on to other and irrelevant questions. I have no doubt the stale old question of Protection will be brought up. Any one who has read carefully the modern political history of this country can recall many instances where the Tory party, hard pressed, has always resorted to Protection. They will try it again. It will fail. It is not that we are afraid of them. In fact, it raises in a very clear way the issue which we will be delighted to get the mind of the country upon: whether the service of the country, whether the money for the service of the country is to be raised by taxing the unearned increment upon land and by taxing luxuries, or by taxing the bread and meat of the people.

But, after all, there will be one great dominant question submitted to the electors, one that will absorb all others. What is that? [A voice: "The House of Lords."] That's it – the question which was put by the Prime Minister in his great speech yesterday. Here are you a nation of nearly 45 millions, one of the greatest nations the world has ever seen, a nation whose proficiency in the art of government is unrivalled, a nation which has no superior in commerce or in industry. It has established the greatest merchant fleets that ever rode the waves. It has got the greatest international commerce in the world. It has founded the greatest and the most extensive empire the world has ever witnessed.

And yet we are told that this great nation, with such a record of splendid achievements in the past and in the present, is unfit to make its own laws, is unfit to control its own finance, and that it is to be placed as if it were a nation of children or lunatics, under the tutelage and guardianship of some other body – and what body? Who are the guardians of this mighty people? Who are they? With all respect – I shall have to make exceptions; but I am speaking of them as a whole, and I shall come to the analysis later on. They are men who have neither the training, the qualifications, nor the experience which would fit them for such a gigantic task. They are men whose sole qualification – speaking in the main, and for the majority of them – they are simply men whose sole qualification is that they are the first born of persons who had just as little qualifications as themselves.

To invite this Imperial race, this, the greatest commercial nation in the world; this, the nation that has taught the world the principles of self-government and liberty; to invite this nation itself to sign the decree that declares it unfit to govern itself without the guardianship of such people, is an insult which I hope will be flung back with ignominy. This is a great issue. It is this: Is this nation to be a free nation and to become a freer one, or is it for all time to be schackled and tethered by tariffs and trusts and monopolies and privileges? That is the issue, and no Liberal will shirk it.

David Lloyd George, *War Memoirs*, London, Odhams Press, 1938.

B) Parliament Act, 1911

Pour repousser le « budget du peuple » de Lloyd George, la Chambre des Lords avait, conformément aux procédures constitutionnelles, utilisé son droit de veto.

Ce refus provoqua une crise politique, qu'Asquith voulut dénoncer en provoquant de nouvelles élections. Les libéraux gagnèrent – d'un cheveu – et le Premier ministre réussit à faire approuver par les Communes le *Parliament Bill*.

Le texte stipule que les Lords ne peuvent plus opposer leur veto à l'encontre d'une loi des finances (*Money Bill*) ; pour toute autre loi, le veto n'est plus que suspensif pour un maximum de trois sessions parlementaires.

Il est intéressant de noter deux autres caractéristiques de cette loi : elle réduit de sept à cinq ans l'intervalle qui peut s'écouler entre deux élections législatives – disposition qui s'applique encore aujourd'hui. Elle promet, dans son deuxième paragraphe, une réforme de la Chambre des Lords dont les membres seront recrutés sur une base populaire plutôt qu'héréditaire : cela, en revanche, est en Grande-Bretagne, un serpent de mer.

La crise ne s'arrêta pas avec l'adoption du projet à la Chambre des Communes ; tant que les règles constitutionnelles n'étaient pas modifiées, les Lords conservaient le droit d'opposer leur veto, ce qu'ils firent. Il fallut de nouvelles élections, la victoire des libéraux, un nouveau vote favorable des Communes en mai 1911 et la menace du roi George V de nommer autant de Lords qu'il en fallait pour faire passer la réforme, avant que la chambre haute ne consentît à s'incliner en août 1911.

Whereas it is expedient that provision should be made for regulating the relations between the two Houses of Parliament:

And whereas it is intended to substitute for the House of Lords as it at present exists a Second Chamber constituted on a popular instead of hereditary basis, but such substitution cannot be immediately brought into operation:

And whereas provision will require hereafter to be made by Parliament in a measure effecting such substitution for limiting and defining the powers of the new Second Chamber, but it is expedient to make such provision as in this Act appears for restricting the existing powers of the House of Lords:

Be it therefore enacted…

1. – (1) If a Money Bill, having been passed by the House of Commons, and sent up to the House of Lords at least one month before the end of the session, is not passed by the House of Lords without amendment within one month after it is sent up to that House, the Bill shall, unless the House of Commons direct to the contrary, be presented to His Majesty and become an Act of Parliament on the Royal Assent being signified, notwithstanding that the House of Lords have not consented to the Bill.

(2) A Money Bill means a Public Bill which in the opinion of the Speaker of the House of Commons contains only provisions dealing with all or any of the following subjects, namely, the imposition, repeal, remission, alteration, or regulation of taxation; the imposition for the payment of debt or other financial purposes of charges on the Consolidated Fund, or on money provided by Parliament, or the variation or repeal of any such charges; supply; the appropriation, receipt, custody, issue or audit of accounts of public money; the raising or guarantee of any loan or the repayment thereof; or subordinate matters incidental to those subjects or any of them. In this subsection the expressions "taxation", "public money" and "loan" respectively do not include any taxation, money, or loan raised by local authorities or bodies for local purposes.

(3) There shall be endorsed on every Money Bill when it is sent up to the

House of Lords and when it is presented to His Majesty for assent the certificate of the Speaker of the House of Commons signed by him that it is a Money Bill. Before giving his certificate, the Speaker shall consult, if practicable, two members to be appointed from the Chairmen's Panel at the beginning of each Session by the Committee of Selection.

2. – (1) If any Public Bill (other than a Money Bill or a Bill containing any provision to extend the maximum duration of Parliament beyond five years) is passed by the House of Commons in three successive sessions (whether of the same Parliament or not), and, having been sent up to the House of Lords at least one month before the end of the session, is rejected by the House of Lords in each of those sessions, that Bill shall, on its rejection for the third time by the House of Lords, unless the House of Commons direct to the contrary, be presented to His Majesty and become an Act of Parliament on the Royal Assent being signified thereto, notwithstanding that the House of Lords have not consented to the Bill: Provided that this provision shall not take effect unless two years have elapsed between the date of the second reading in the first of those sessions of the Bill in the House of Commons and the date on which it passes the House of Commons in the third of those sessions.

(2) When a Bill is presented to His Majesty for assent in pursuance of the provisions of this section, there shall be endorsed on the Bill the certificate of the Speaker of the House of Commons signed by him that the provisions of this section have been duly complied with.

(3) A Bill shall be deemed to be rejected by the House of Lords if it is not passed by the House of Lords either without amendment or with such amendments only as may be agreed to by both Houses.

(4) A Bill shall be deemed to be the same Bill as a former Bill sent up to the House of Lords in the preceding session if, when it is sent up to the House of Lords, it is identical with the former Bill or contains only such alterations as are certified by the Speaker of the House of Commons to be necessary owing to the time which has elapsed since the date of the former Bill, or to represent any amendments which have been made by the House of Lords in the former Bill in the preceding session, and any amendments which are certified by the Speaker to have been made by the House of Lords in the third session and agreed to by the House of Commons shall be inserted in the Bill as presented for Royal Assent in pursuance of this section:

Provided that the House of Commons may, if they think fit, on the passage of such a Bill through the House in the second or third session, suggest any further amendments without inserting the amendments in the Bill, and any such suggested amendments shall be considered by the House of Lords, and, if agreed to by that House, shall be treated as amendments made by the House of Lords and agreed to by the House of Commons; but the exercise of this power by the House of Commons shall not affect the operation of this section in the event of the Bill being rejected by the House of Lords.

3. Any certificate of the Speaker of the House of Commons given under this Act shall be conclusive for all purposes, and shall not be questioned in any court of law.

4. – (1) In every Bill presented to His Majesty under the preceding provisions of this Act, the words of enactment shall be as follows, that is to say: – "Be it enacted by the King's most Excellent Majesty, by and with the advice and consent of the Commons in this present Parliament assembled, in accordance with the provisions of the Parliament Act, 1911, and by authority of the same, as follows."

(2) Any alteration of a Bill necessary to give effect to this section shall not be deemed to be an amendment of the Bill.

5. In this Act the expression "Public Bill" does not include any Bill for confirming a Provisional Order.

6. Nothing in this Act shall diminish or qualify the existing rights and privileges of the House of Commons.

7. Five years shall be substituted for seven years as the time fixed for the maximum duration of Parliament under the Septennial Act, 1715.

8. This Act may be cited as the Parliament Act, 1911.

1 & 2 Geo. V, c. 13.

3 – *Institutions et politique*

Les constitutions sont les marques historiques de l'âme des peuples. On peut y sonder les mécanismes du pouvoir et y voir les valeurs des sociétés et des civilisations. Dans la plupart des États, toute réflexion sur la lettre et la pratique des institutions se fonde sur la lecture d'un texte écrit et sur une évaluation de la réalité politique par rapport au texte. Dans le cas de la Grande-Bretagne, cette évaluation est difficile. Tout commentaire doit d'abord se fonder sur la pratique puisque les grands textes sont rares. Quand ils existent, ils mettent en priorité l'accent sur l'idée de liberté individuelle. Ainsi l'*Habeas Corpus* de 1679 interdit toute détention arbitraire et le *Bill of Rights* de 1689 inscrit dans le texte le caractère impérieux de la loi (*voir Chapitre 2*).

En l'absence d'une codification rigide, il faut rechercher les principes de la constitution anglaise là où ils se trouvent, c'est-à-dire chez les constitutionnalistes. Leurs analyses et commentaires ont survécu aux siècles. C'est là encore une différence avec les autres États, dont les constitutions sont le plus souvent datées. Pour illustrer l'idée de liberté institutionnelle, nous avons choisi deux auteurs qui, à leur manière, ont eu une grande influence sur la pratique de la constitution anglaise. Albert Venn Dicey, dans *Introduction to the Study of the Law of the Constitution* (1885), poursuit l'œuvre de Bagehot. Mais c'est dans *Law and Public Opinion in England in the Nineteenth Century* (1914), texte que nous avons choisi ici, qu'il définit, non sans esprit polémique, l'idée de liberté.

On ne peut oublier que la conception des institutions, dans leur sens moderne, définie par Bagehot et Dicey, n'est pas partagée par tous. Parmi tous les contestataires, qui affirment que la constitution anglaise n'est pas après tout, dénuée d'ambiguïté, Harold Laski est le plus illustre, même s'il n'est pas le seul (nous pensons notamment à Tony Benn). Laski, dans *The State in Theory and Practice* (1935), dénonce « la foi dans le constitutionnalisme » qui semble prédominante depuis Bagehot. Il annonce donc le débat sur une éventuelle réforme de la constitution.

A) Albert Venn Dicey

What [...] are the inferences which can be drawn from the rapid growth of collectivism and the force of the circumstances, feelings, or beliefs which in England oppose its further progress?

One assertion may be made with confidence. It is that the prevalence of inconsistent social and political ideals (which often by the way co-exist in the mind of one and the same person) is full of peril to our country. For it is more than possible that English legislation may, through this inconsistency of thought, combine disastrously the defects of socialism with the defects of democratic government. Any grand scheme of social reform, based on the real or supposed truths of socialism, ought to be carried out by slow and well-considered steps taken under the guidance of the best and the most impartial of experts. But the democratic idea that the people, or any large number of the people, ought to have whatever they desire simply because they desire it, and ought to have it quickly, is absolutely fatal to that slow and sure kind of progress which alone has the remotest chance of producing fundamental and beneficial social changes. Democratic legislation, on the other hand, ought to have the advantage of harmonising with, or at any rate not going much beyond, the public opinion of a given time. But this harmony between law and sentiment is easily condemned by socialists, who feel that they know better than do the electors of England what is really for the good of the English people. Hence it is all but certain that great changes planned by enthusiasts will, if they seem to be popular, be carried out with haste and without due consideration as to the choice of the means proper to obtain a given end, and, on the other hand, that on some occasions a party of self-called reformers will force on the electors changes which, whether good or bad, are opposed to the genuine convictions of the people. All that is necessary to insist upon is that either blunder is likely to cause huge loss, and it may be ruin, to England. This is a matter of ominous significance.

Another line of reflection is absolutely forced upon a student of recent legislation. The socialists of England who desire "the abolition of the wage system" are, he will see, aiming at a fundamental revolution in the whole condition of English society. The change may be the most beneficial of reforms or the most impracticable of ideals. But in any case it will involve a severe conflict, and a conflict which may last not for years, but for generations. The arduousness of the fight is certain. Englishmen, and especially that class of Englishmen who will have to pay the immense sums, and make the large sacrifices required for carrying out the revolution longed for by enthusiastic socialists, will offer the most stubborn opposition to a change which touches the very foundation of existing society. To Englishmen at least it is one thing to assent to the removal of definite and assignable grievances, it is quite another thing to sanction a course of unlimited innovation justified rather by the feelings and the hopes than by the arguments of its advocates. It is equally certain that the revolution to which socialism points cannot be worked out until the lapse of a long period of time. The social transformation of the modern world must be compared both in its importance and in its difficulty with the Reformation of the sixteenth and seventeenth centuries, or with the French Revolution. The Reformation represented a conflict extending over at least 130 years, the French Revolution can hardly even now be said to have reached its close, and, if we consider it as ended, has covered more than 100 years. In 1789 the best and wisest men in Europe expected from political reforms results as fundamental and as beneficial as any Englishman with leanings towards socialism can expect from social reforms. In the one case we know, and in the other case we may conjecture that the expectations of reformers have been based to a large extent on the failure to understand the nature of man.

The last reflection which I will venture to suggest inevitably takes the form of a question. What are the hopes which a reasonable man may cherish with regard to the progres of collectivism in England? Unless he be a person of astoundingly sanguine temperament it would be difficult for him not to perceive that the combination of socialistic and democratic legislation threatens the gravest danger to the country. One may go a step further than this, and point out that if you look to the course of English history, founded as it is on individualism, or to the actual condition of English society, based, as it is, on the ideas suitable to the greatest of commercial communities, the transformation of England into a socialistic State looks like an absolute impossibility. But his fact does not preclude – it really favours – the anticipation that definite reforms of law or custom, and still more of feeling, which are now advocated on more or less socialistic grounds, may be adopted with success by Englishmen. The possible fulfilment of this hope rests upon the assumption that democracy in its best form can become a government which at any rate tries to look, not to the interest of a class, even though the class be made up of the greater number and the poorest among the inhabitants of England, but to the interest of the whole nation. We must assume, we must indeed hope, that the socialists of England will accept the profoundly true dictum of Gabrielle Tarde that "a socialist party can, but a working man's party cannot, be in the great current of progress". For a party of socialists may aim at the benefit of the whole State, a labour party seeks the benefit of a class. English democracy now knows its power, as English kings knew their power in the Middle Ages, as the English nobility knew its power after the Revolution of 1688, as the middle class knew its power between 1832 and 1866. This historical retrospect suggests much hope. The best of our kings, the most sagacious of our nobility, the most humane and the most prudent of our middle class did, though they each often displayed gross ignorance and marked selfishness, try honestly to govern with a view to the welfare of the whole country. It is to be hoped rather than expected that the English democracy may, under great temptations to err, display as much public virtue as the nobles of 1688 or the ten-pound householders of 1832. On the question whether our hope is well founded the opinion of intelligent and not unsympathetic foreigners is better worth attention than can be the judgment of any Englishman affected, as it must be, by the political sympathies and conflicts of the day. Mr. Lowell has studied the English Constitution more thoroughly than have most Englishmen. He has also carried the analysis of public opinion in England and in the United States a step further than any recent writer. Now of our country he says, "the political system of England, which was never that of an absolute monarchy, and has never become quite a democracy of the traditional type but has ever carried the forms of one age over into the next, and thus combined some of their virtues." These words hint at the aspirations of a reasonable Englishman; it may be hoped that we may carry the individualistic virtues and laws of the nineteenth century into the twentieth century, and there blend them with the socialistic virtues of a coming age. Mr. Charles W. Eliot, the eminent predecessor at Harvard of President Lowell, suggests to a certain extent the mode by which this end may be accomplished. He believes and preaches that, without any tremendous legal change, the social unrest, the existence whereof every one acknowledges, can gradually be put an end to, if we come to the conclusion arrived at by him after studying for a good many years the question of content in labour, that "the conditions of content in labour, which I have enjoyed personally, are those which all labouring people ought to enjoy." Weigh now the words of an eminent German professor who has carefully studied the economic history of England and recognises the development of socialistic ideas among modern Englishmen: "Economic liberalism taught England to believe in the rights and greatest possible development of the individual; to regard each man as equal before the Law, and to display toleration towards the opinions of others, whether in politics or in religion; to place the same social value on all professions, and to respect what other nations and races hold holy. To other nations these and other characteristics of Liberal culture are still novel and unfamiliar. The Englishman will not lose them even under a new social system, for they have become an integral part of his national character." The hopes suggested by these foreign observers of our public life are confirmed by the whole history of England. It has condemned violent revolution, but has favoured the gradual reform or abolition of admitted defects in a tolerable state of society. Englishmen are likely, therefore, to favour the gradual amendment of a social condition as good as, and possibly sounder than, the condition of any other large European country. To this consideration may be added the confidence that the increased sympathy assuredly now felt by the best men and women of England with the wants of the poorer classes will facilitate wise legislation, and create or restore "the conditions of labour under which the labourer may reasonably be expected to be contented, efficient, and happy." Here, however, we approach the realm of prophecy.

A.V. Dicey, "Lecture on the Relation between Law and Public Opinion" in *England during the Nineteenth Century, Londres*, Macmillan, 1905, « Introduction à la 2e édition », 1914.

B) Harold Laski

In Anglo-Saxon countries, and, very notably, in Scandinavia, the proletariat is still deeply influenced by the tradition of democratic success. He has seen the ambit of state-function widen by the pressure he has put upon it. His tendency is to assume his power to continue that pressure. Revolution, for him, is a violation, not a continuation, of the methods in which he places reliance by reason of his own historic past. The Russian communist, for example, who is astonished at the conservatism of the British worker judges his outlook by Russian standards instead of British standards; he ignores the category of time in his assessment of the impact of experience.

That is, I think, particularly the case in countries so comparatively rich as the United States and Great Britain. In the first, the illusion of an infinitely mobile society, the tradition of the worker with the millionaire's baton in his knapsack, the legend of infinite wealth to be exploited, still dominate the multitude. That has, so far, prevented any effective trade unionism in the United States.

It has also made socialism, to the American Federation of Labor, very largely seem an exotic growth unsuited to the specially favourable conditions the working-class there has enjoyed. How profoundly rooted in American soil is the historic psychology of the *petite bourgeoisie* has been revealed remarkably by the great depression. It is clear enough that only immense catastrophe in America could cause any rapid erosion of that outlook. More, it is further clear that its operation there makes the tendency of American development much more likely to be towards the safeguarding of the existing class-structure by a Fascist growth than by a striking swing-over to a revolutionary position.

In a lesser degree this is true of Great Britain also. The faith in constitutionalism among the working-class is profound; and trade unions whose habits have been framed by so long a record of the economic success of capitalism not unnaturally cling to a belief in the possibilities of profiting from the pressure they can exert upon it. They are unwilling to jeopardize their own safety by what appears to them, especially in the light of German and Italian events, a gamble with revolution. The whole ethos of the British attitude is set by the realization that the electoral defeat of Conservatism now means the victory of Labour. This, to most, means not only the prospect of peaceful transformation. It means also the right, if a Labour government is unconstitutionally challenged, to utilize the state-power for its defence.

Now it is the inescapable necessity of any revolutionary strategy that hopes for success to be able to count upon the support of the masses. This support is absent in both England and America. It is not absent, as the proponents of revolution are inclined to argue, because of the cowardice of non-revolutionary socialists, on the one hand, and the superior demagogy of their capitalist opponents on the other. It is absent because the historic experience of these countries has not produced the conditions, and, therefore, the psychology, which successful revolution requires. Defeat in war might have that effect; or it might be produced by a catastrophic decline in the standard of living which continued long enough to persuade the masses that hope of recovery was futile; or, in England, it might be produced by a juggling with the Constitution which broke the workers' faith in constitutionalism. The essential point is, I think, the simple one that the slow erosion of capitalism is not dramatic enough to have either an intense or wide effect in a short space of time. From this angle, clearly, the obvious technique of anyone who desires to change the existing class-structure of society in these countries lies in the fullest possible exploration of the constitutional opportunities they offer.

H. Laski, *The State in Theory and Practice*, New York, The Viking Press, 1935.

4 – Un pays où il fait bon vivre

La fin de la première guerre mondiale et de ses souffrances a profondément influencé la classe politique britannique. Face à une dramatique adversité, toute société ne peut que prendre conscience des réalités sociales. La Grande-Bretagne, depuis la révolution industrielle plus marquée que ses voisines par le réalisme social, a réfléchi elle aussi au bien commun.

Lloyd George confirme dans ce discours prononcé à Wolverhampton le 24 novembre 1918 qu'il est un précurseur de la réflexion sociale qui prend forme avec les propositions émises bien plus tard par William Beveridge et mises en place après la deuxième guerre mondiale. Dans ce discours le libéral montre son souci d'une communauté sociale, du bien de tous, de la santé, du logement. Ce souci l'a marqué toute sa carrière politique. Il remonte certainement à son adolescence dans un milieu modeste du pays de Galles. On pourrait voir des raisons plus sournoises à cet intérêt pour le sort des classes populaires et des plus démunis: l'émergence du parti travailliste, né en 1900, et de sa clientèle électorale. Mais ce serait dénaturer la pensée de Lloyd George, ce serait contredire son cheminement politique, que d'y voir une simple réponse à une menace politique.

There is, as I never witnessed before, a new comradeship of classes, and I am glad, as an old political fighter – who has been hard hit and has been able to return the blows, always in a spirit of meekness – that we are approaching the new problems in a spirit of comradeship. Let us keep it as long as we can. I have no doubt human nature will prevail yet, but for the moment let us finish the task together, and when we have finished it, then let us play political football. You can afford to do it then. But the work is not over yet – the work of the nation, the work of the people, the work of those who have sacrificed. Let us work together first.

What is our task? To make Britain a fit country for heroes to live in. I am not using the word "heroes" in any spirit of boastfulness, but in the spirit of humble recognition of the fact. I cannot think what these men have gone through. I have been there at the door of the furnace and witnessed it, but that is not being in it, and I saw them march into the furnace. There are millions of men who will come back. Let us make this a land fit for such men to live in. There is no time to lose. I want us to take advantage of this new spirit. Don't let us waste this victory merely in ringing joybells. Let us make victory the motive power to link the old land up in such measure that it will be nearer the sunshine than ever before, and that at any rate it will lift those who have been living in the dark places to a plateau where they will get the rays of the sun. We cannot undertake that without a new Parliament. Those of you who have been at the front have seen the star shells, how they light up the darkness and illuminate all the obscure places. The Great War has been like a gigantic star shell, flashing all over the land, illuminating the country and showing up the dark, deep places. We have seen places that we have never noticed before, and we mean to put these things right.

What is the first thing the Great War has shown us? The appalling waste of human material in the country. There is hardly any material placed by Providence in this country which is so much wasted as human life and human strength and human intellect – the most precious and irreplaceable material of all. I have previously said something about the figures of the recruiting officers. Those who were in charge of recruiting came to the conclusion that if the people of this country had lived under proper conditions, were properly fed and housed, had lived under healthy conditions – had lived their lives in their full vigour – you could have had a million more men available and fit to put into the army. It is not merely that. When life has not been lost, its vitality has been depressed. There are millions who are below par. You cannot keep even animals in their full vigour unless you give them good conditions. You cannot do it with men and women, and you cannot bring up children under bad conditions. There are millions of men's lives which have been lost as a result of the war, but there are millions more of maimed lives in the sense of undermined constitutions through atrocious social conditions in consequence of the terrors of this Great War. You must put that right. Put it at its lowest – trade, commerce and industry all suffer through it. A vigorous community of strong, healthy men and women is more valuable even from the commercial and industrial point of view than a community which is below par in consequence of bad conditions. Treat it if you like not as a human proposition, but as a business proposition. It is good business to see that the men, the women and the children of this country are brought up and sustained under conditions that will give strength and vigour to their frames, more penetration and endurance to their intelligence, and more spirit and heart than ever to face the problems of life which will always be problems that will require fighting right from the cradle to the tomb. That is the first problem. One of the ways of dealing with that is, of course, to deal with housing conditions. Slums are not fit homes for the men who have won this war or for their children. They are not fit nurseries for the children who are to make an Imperial race, and there must be no patching up. This problem has got to be undertaken in a way never undertaken before, as a great national charge and duty. The housing of the people must be a national concern.

Brian Macarthur (ed.), *The Penguin Book of Twentieth-Century Speeches*, Harmondsworth, Penguin, 1993.

5 – *L'Irlande, naissance d'un état libre*

Après deux tentatives malheureuses en 1886 et 1893, le rétablissement du Parlement irlandais est voté par les Communes en 1912. Si les Lords continuent de s'opposer à une telle mesure, ils ont perdu leur droit de veto. La loi est donc théoriquement applicable au bout de deux ans. Mais, en 1914, la déclaration de guerre rend impossible la mise en place de la nouvelle institution, retardée jusqu'à la fin des hostilités.

Pendant la guerre, le ton change en Irlande. La brutalité de la répression britannique lors du soulèvement de 1916 et la volonté gouvernementale d'étendre la conscription à l'Irlande en 1918 ulcèrent la population du sud qui accorde un soutien grandissant aux républicains. Aux élections législatives de 1918, elle votera en masse pour le Sinn Féin dont les élus, refusant de siéger à Westminster, créeront le premier *Dáil* (Parlement irlandais indépendant) à Dublin. Les relations anglo-irlandaises iront ensuite se détériorant, pour aboutir à une véritable guerre de libération nationale à partir de 1919.

Dans le même temps, en Ulster, la majorité protestante s'est clairement opposée à toute idée de *Home Rule* (autonomie), son hostilité et sa détermination croissant à mesure que son institution paraissait plus probable. En 1912, les unionistes militants se vouent, par leur *Solemn League and Covenant*, à une résistance farouche contre toute tentative de rétablissement d'un Parlement irlandais.

Confronté à des revendications aussi contradictoires, le gouvernement britannique fait une première offre de conciliation en proposant, dans son *Government of Ireland Act* la création de deux parlements, l'un à Dublin et l'autre à Belfast. Mais au sud, l'indépendance paraît seule désormais acceptable. En décembre 1921, la Grande-Bretagne se voit contrainte de ratifier un traité qui consent à la création de l'État libre d'Irlande membre du *British Commonwealth of Nations*, mais elle conserve l'Ulster dans son giron. La partition est consommée.

Articles of Agreement for a Treaty between Great Britain and Ireland, Dated the Sixth of December 1921

1. Ireland shall have the same constitutional status in the community of nations known as the British Empire as the Dominion of Canada, the Commonwealth of Australia, the Dominion of New Zealand, and the Union of South Africa, with a parliament having powers to make laws for the peace and good government of Ireland and an executive responsible to that parliament, and shall be styled and known as the Irish Free State.

2. Subject to the provisions hereinafter set out the position of the Irish Free State in relation to the imperial parliament and government and otherwise

shall be that of the Dominion of Canada, and the law, practice and constitutional usage governing the relationship of the crown or the representative of the crown and of the imperial parliament to the Dominion of Canada shall govern their relationship to the Irish Free State.

3. The representative of the crown in Ireland shall be appointed in like manner as the governor-general of Canada, and in accordance with the practice observed in the making of such appointments.

4. The oath to be taken by members of the parliament of the Irish Free State shall be in the following form: I do solemnly swear true faith and allegiance to the constitution of the Irish Free State as by law established and that I will be faithful to H.M. King George V, his heirs and successors by law in virtue of the common citizenship of Ireland with Great Britain and her adherence to and membership of the group of nations forming the British Commonwealth of nations.

5. The Irish Free State shall assume liability for the service of the public debt of the United Kingdom as existing at the date hereof and towards the payment of war pensions as existing at that date in such proportion as may be fair and equitable, having regard to any just claims on the part of Ireland by way of set off or counterclaim, the amount of such sums being determined in default of agreement by the arbitration of one or more independent persons being citizens of the British empire.

6. Until an arrangement has been made between the British and Irish governments whereby the Irish Free State undertakes her own coastal defence, the defence by sea of Great Britain and Ireland shall be undertaken by His Majesty's imperial forces, but this shall not prevent the construction or maintenance by the government of the Irish Free State of such vessels as are necessary for the protection of the revenue or the fisheries.

The foregoing provisions of this article shall be reviewed at a conference of representatives of the British and Irish governments to be held at the expiration of five years from the date hereof with a view to the undertaking by Ireland of a share in her own coastal defence.

7. The government of the Irish Free State shall afford to his majesty's imperial forces:

(a) In time of peace such harbour and other facilities as are indicated in the annex hereto, or such other facilities as may from time to time be agreed between the British government and the government of the Irish Free State; and

(b) In time of war or of strained relations with a foreign power such harbour and other facilities as the British government may require for the purposes of such defence as aforesaid.

8. With a view to securing the observance of the principle of international limitation of armaments, if the government of the Irish Free State establishes and maintains a military defence force, the establishments thereof shall not

exceed in size such proportion of the military establishments maintained in Great Britain as that which the population of Ireland bears to the population of Great Britain.

9. The ports of Great Britain and the Irish Free State shall be freely open to the ships of the other country on payment of the customary port and other dues.

10. The government of the Irish Free State agrees to pay fair compensation on terms not less favourable than those accorded by the act of 1920 to judges, officials, members of police forces, and other public servants who are discharged by it or who retire in consequence of the change of government effected in pursuance hereof.

Provided that this agreement shall not apply to members of the Auxiliary Police Force or to persons recruited in Great Britain for the Royal Irish Constabulary during the two years next preceding the date hereof. The British government will assume responsibility for such compensation or pensions as may be payable to any of these excepted persons.

11. Until the expiration of one month from the passing of the act of parliament for the ratification of this instrument, the powers of the parliament and the government of the Irish Free State shall not be exercisable as respects Northern Ireland, and the provisions of the Government of Ireland Act, 1920, shall, so far as they relate to Northern Ireland, remain of full force and effect, and no election shall be held for the return of members to serve in the parliament of the Irish Free State for constituencies in Northern Ireland, unless a resolution is passed by both houses of the parliament of Northern Ireland in favour of the holding of such elections before the end of the said month.

12. If before the expiration of the said month, an address is presented to His Majesty by both houses of the parliament of Northern Ireland to that effect, the powers of the parliament and government of the Irish Free State shall no longer extend to Northern Ireland, and the provisions of the Government of Ireland Act, 1920 (including those relating to the council of Ireland), shall so far as they relate to Northern Ireland, continue to be of full force and effect, and this instrument shall have effect subject to the necessary modifications.

Provided that if such an adress is so presented a commission, consisting of three persons, one to be appointed by the government of the Irish State, one to be appointed by the government of Northern Ireland, and one who shall be chairman to be appointed by the British government shall determine in accordance with the wishes of the inhabitants, so far as may compatible with economic and geographic conditions the boundaries between Northern Ireland and the rest of Ireland, and for the purposes of the Government of Ireland Act, 1920, and of this instrument, the boundary of Northern Ireland shall be such as may be determined by such commission.

13. For the purpose of the last foregoing article, the powers of the parlia-

ment of Southern Ireland under the Government of Ireland Act, 1920, to elect members of the council of Ireland shall after the parliament of the Irish Free State is constituted be exercised by that parliament.

14. After the expiration of the said month, if no such address as is mentioned in article 12 hereof is presented, the parliament and government of Northern Ireland shall continue to exercise as respects Northern Ireland the powers conferred on them by the Government of Ireland Act, 1920, but the parliament and government of the Irish Free State shall in Northern Ireland have in relation to matters in respect of which the parliament of Northern Ireland has not the power to make laws under that act (including matters which under the said act are within the jurisdiction of the council of Ireland) the same powers as in the rest of Ireland, subject to such other provisions as may be agreed in manner hereinafter appearing.

15. At any time after the date hereof the government of Northern Ireland and the provisional government of Southern Ireland hereinafter constituted may meet for the purpose of discussing the provisions subject to which the last foregoing article is to operate in the event of no such address as is therein mentioned being presented, and those provisions may include:

(a) Safeguards with regard to patronage in Northern Ireland.

(b) Safeguards with regards to the collection of revenue in Northern Ireland.

(c) Safeguards with regard to import and export duties affecting the trade or industry of Northern Ireland.

(e) The settlement of the financial relations between Northern Ireland and the Irish Free State.

(f) The establishment and powers of a local militia in Northern Ireland and the relation of the defence forces of the Irish Free State and of Northern Ireland respectively. [...]

16. Neither the parliament of the Irish Free State nor the parliament of Northern Ireland shall make any law so as to either directly or indirectly to endow any religion or prohibit or restrict the free exercicse thereof or give any preference or impose any disability on account of religious belief or religious status or affect prejudically the right of any child to attend a school receiving public money without attending the religious instruction at the school or make any discrimination as respects state aid between schools under the management of different religious denominations or divert from any religious denomination or any educational institution any of its property except for public utility purposes and on payment of compensation.

17. By way of provisional arrangement for the administration of Southern Ireland during the interval which must elapse between the date hereof and the constitution of a parliament and government in accordance therewith, steps shall be taken forthwith for summoning a meeting of members of parliament elected for constituencies in Southern Ireland since the passing

of the Government of Ireland Act, 1920, and for constituting a provisional government, and the British government shall take the steps necessary to transfer to such provisional government the powers and machinery requisite for the discharge of its duties, provided that every member of such provisional government shall have signified in writing his or her acceptance of this instrument. But this arrangement shall not continue in force beyond the expiration of twelve months from the date hereof.

18. This instrument shall be submitted forthwith by His Majesty's government for the approval of parliament and by the Irish signatories to a meeting summoned for the purpose of the members elected to sit in the house of commons of Southern Ireland, and if approved shall be ratified by the necessary legislation.

(Signed)

On behalf of the British Delegation,
D. Lloyd George
Austen Chamberlain Birkenhead
Winston S. Churchill
L. Worthington-Evans
Hamar Greenwood
Gordon Hewart

On behalf of the Irish Delegation,
Art O Griobhtha (Arthur Griffith)
Micheal O Coileáin
Riobárd Bartún
Eudhmenn S. O. Dugáin
Seórsa Ghabháin Uí
Dhubhthaigh.

6th December 1921.

Saorstat Éireann, Public General Acts, 1922, 44-8.

6 - Le désir d'autonomie : Nehru et le nationalisme indien

Fils de Motilal Nehru (1861-1931) – lui-même avocat et ami proche de Mohandas Karamchand Gandhi (1869-1948), le *Mahatma*, président du Congrès national indien fondé en 1885 pour faire avancer la cause de l'autonomie en Inde, fondateur de l'éphémère *Swaraj Party*, parti du *self-government* – Jawaharlal Nehru (1889-1964) est par sa naissance membre de cette élite intellectuelle et sociale qui, formée dans les écoles anglaises, va s'employer à obtenir pour l'Inde le droit de se gouverner elle-même. Avocat, comme son père (et comme Gandhi), militant nationaliste, il œuvre à l'émancipation de son pays de la tutelle britannique. A la différence de Gandhi, toutefois, il adopte dans les années 1930 une perspective internationaliste influencée par le socialisme, qui doit assurer à l'Inde une place sur la scène mondiale et aider à surmonter les divisions internes à la société indienne – celle principalement entre hindous (la majorité) et musulmans (la minorité dans la plupart des régions).

Nehru, comme certains théoriciens anglais, a retenu de l'histoire de l'Angleterre et de son empire que la liberté consistait en la participation de l'individu au gouvernement de la nation. Pour lui, la nation doit trouver à s'exprimer dans et par un État détaché des querelles communautaires et qui, s'élevant au-dessus des clivages culturels et religieux, maintiendra l'unité. L'idéal de liberté de ce nationalisme laïque est un idéal de citoyenneté. C'est déjà l'analyse que dégage ce texte de 1927, écrit sur fond de conférence impériale à Londres, où les colonies blanches de peuplement (Canada, Australie, Nouvelle-Zélande, Afrique du Sud, Terre-Neuve) et l'Irlande se virent reconnaître leur autonomie sous le statut de Dominions.

THAT INDIA DESIRES TO CONTROL her own affairs and to regain her lost dignity is natural enough and requires no explanation or justification. The psychology of Indian nationalism is fundamentally the same as that of any other nation striving to rid itself of alien domination. But perhaps it is worth while to enquire how the nationalist movement in India took its present shape and gathered the impetus which it has had in recent years. To an outsider India appears today to be rent with faction and strife – the Hindu and Muslim fighting, and various political parties bitterly opposing each other. This is largely true, and yet the dominant fact remains that almost every thinking Indian is thoroughly distrustful of England and desirous of getting rid of her rule. Never before was there so much and so widespread hostility to British rule and want of faith in the bona fides of the English. Every political party of any standing and even the great communal organizations have declared that India must have responsible government. Some people want independence, while others lay stress on dominion rule, knowing well that a thin line divides the two. The methods of political parties differ and they may quarrel among themselves about achieving their goal, but the fact remains that in essentials the goal of all is the same.

An individual or country in adversity always looks back to its more prosperous days and usually magnifies them. The Indian of today is no exception to this and not without reason he can feel and express pride for many of the achievements of his ancestors. It is necessary thus to look back on Indian history to understand the mentality of new India. This will also help us to see what truth there is in the oft-repeated charge that India has never been a nation and was always a prey to anarchy and invasion till the British came.

The modern idea of nationhood is of recent growth even in the West and India in the past certainly was not, and is not even now wholly, a nation like France or England is today. It was too vast a country to develop on those lines before the advent of modern methods of communication. But even in the remote past there has always been a fundamental unity of India – a unity of a common faith and culture. India was Bharata, the holy land of the Hindus, and it is not without significance that the great places of Hindu pilgrimage are situated in the four corners of India – the extreme south overlooking Ceylon, the extreme west washed by the Arabian Sea, the east facing the Bay of Bengal and the north in the Himalayas. Sanskrit was the language of the learned throughout the length and breadth of the country and the provincial languages in the north were all derived from Sanskrit and were closely allied, the four principal southern languages being greatly influenced by Sanskrit. Every resident of the country felt a certain kinship with all others who lived in the great sub-continent, and those who came from outside India were the foreigners, the barbarians. Nonetheless India was not a modern nation. It was a group of closely allied people with a common culture and religion. There were usually separate kingdoms and occasionally a powerful ruler brought most of them under one imperial sway. It must not be forgotten that Asoka the Great had an empire greater in extent than the present British Indian Empire, and subsequently the great Gupta Dynasty ruled for many generations over a vast empire which comprised the whole of northern and central India. The Mughal Empire of later times is well known. India by reason of her size must be compared to the whole of western and central and southern Europe and in this comparison it will be seen that India had right through the ancient and mediaeval period far more peace and orderly goverment than Europe. The coming of the Muslims brought a foreign element into India but they came in comparatively small numbers and they did not disturb the culture and the institutions of the country. These institutions were partly influenced by them but on the whole they adapted themselves to them. One fact is noteworthy. During all the troubles and invasions the village system of local self-government, which was the backbone of the Indian system of government, endured and was little affected.

The gradual disintegration and fall of the Mughal Empire produced unstable conditions in India and there was a period of internecine conflict. This was peculiarly favourable to foreign adventurers and the English took full advantage of it and gradually, by playing off one ruler against the other, established their sway.

It is not possible to mention here the achievements in art and literature and thought and even the science of government during the Hindu and Muslim periods. But they should be borne in mind to understand the Indian's pride in his past and his contemptuous rejection of the British claim that they rescued India from anarchy and barbarism.

This, in briefest outline, is the picture of the past which the Indian has in his mind. Very naturally be exaggerates the good in it and forgets the bad.

But making all allowance, the past of India has a great deal worthy of a great country and compares very favourably with the squabbles and incessant conflicts of the little countries of Europe. She fell an easy prey to the conquerors from the west owing undoubtedly to decadence and want of cohesion and specially to her not having made sufficient progress in the science of war. [...]

Why does an Indian desire freedom for his country? Is it strange that he should do so? What is the present position in the so-called British Commonwealth of Nations? India is an original member of the League of Nations, but the men who claim to represent her are nominated by the British Government and represent the government alone. In this Imperial Conference she finds a place by courtesy and the noble gentleman who has recently been "representing" her appeared to be overwhelmed in the high and distinguished company and all he could do was to express repeatedly his gratitude for being allowed to sit on the doorstep. In the British Dominions an Indian is treated as a pariah, and in South Africa especially, colour legislation has repeatedly humiliated him and made his lot terrible to bear. Even in parts of the Empire directly administered by the British Colonial Office, like Kenya, he is tolerated as an inferior being and not permitted to own property in the highlands which are the peculiar preserve of the few British settlers.

In his own country his lot is no better. He is cribbed and confined and has no opportunities for growth. All creative and artistic effort has largely died out of him under the uncongenial and stifling atmosphere and a third-rate literary education has made him fit only for the office stool. After 150 years or more of British rule the magnificent result is a bare 8 per cent of literates. There are no funds, so says the government, for increasing education or more sanitation, or hospitals, or other nation-building services. For most of the revenue is swallowed up by an enormous expenditure on an army one of whose chief purposes is to keep down turbulent nationalists. Indians are charged with being unable to undertake the defence of their country after a deliberate policy of depriving them of their arms and refusing to admit them, except recently in a very small measure, to commissioned ranks. Interminable enquiries go on as to how further commissions can be given, but when it comes to increasing the pay of the Indian Civil Service, the highest paid service in the world, a Royal Commission is hurried through in the teeth of unanimous Indian protest and the pay is increased and free passage to England granted. Funds were not lacking for this.

If an Indian turns to commerce and industry he finds the policy of the British Government is always, and perhaps naturally, partial to British interests and firms. Highly inadequate arrangements exist in the country for imparting technical education and the Government of India did not even have a department for commerce and industry till Lord Curzon's time. The exchange and financial policy of government has admittedly done tremendous injury to Indian interests, the corresponding gain going to British firms. Till last year there was the unique spectacle of the Government of India taxing cotton goods manufactured in India itself. The cotton industry in India nearly broke down under this burden and ultimately the excise duty was removed.

In the Government of India, the Indian has little influence. The decisions of the new councils in vital matters are overridden or ignored by the Viceroy. The Viceroy and his council have powers to initiate legislation or to certify any measure although the legislative assembly or provincial council may deliberately vote against it. In the assembly the Swarajists adopted the old constitutional method of protest and voted down supplies but the Viceroy could and did forthwith reverse their decision.

But the terrible fact which stares every one in India is the appalling poverty of the people. India is not a country of gaily bedecked Maharajahs displaying themselves and their jewels periodically in the West after the manner of star artists of the cinema world as many people seem to imagine, but a grim land full of millions of poverty-stricken peasants and labourers for whom the next meal is always a problem, a problem which is often not solved. Competent observers have come to the conclusion that poverty has increased greatly since the coming of the British and is still increasing. But indeed statistics are hardly necessary to establish this for he who leaves the few towns with their thin veneer of activity and prosperity and goes deep into the villages, can see it for himself in the sunken eyes and the hopeless looks of the people. What will India be like in the future if this continues?

Meanwhile, many of the best of India's sons lie in jail or in forced detention. Many of them are exiles in foreign lands unable to return to their motherland. Under the Bengal Regulation, one of the gifts of Lord Reading and the last British Labour Cabinet to India, a large number of young men have been in jail without trial or without even the formulation of any charge. Conspiracy trials are frequent and young men whose chief fault was that they loved their country too ardently, if rashly and foolishly, suffer the extreme penalty of the law. This is the Pax Britannica in India and it is not surprising that the Indian is thoroughly dissatisfied with it and looks forward to the day when he will have no more of it.

What the future will bring it will be vain to prophesy but it is clear that no settlement short of complete self-rule will solve the problem. That self-rule may mean complete independence or it may mean what is called Dominion Status. Most Indian politicians talk about Dominion Status but perhaps they do so because it is apparently easier to achieve. In reality the vast majority desire independence and some have the courage to say so. The British

Empire does not appear to be in good health and daily it becomes more and more nebulous. The chief link between England and the Dominions is one of the sentiment but sentiment does not carry one far when interests clash. If India were a Dominion there would be little of this sentiment, in fact at present there is something very much the reverse of it, and her economic interests are bound to clash with those of England. It is thus a little difficult to see how India could continue as a free member of the British Commonwealth. But perhaps the future may bring its surprises and India may find a place there. For India has no desire to nourish past grievances. She looks to the future.

Jawaharlal Nehru, "The Review of Nations", Geneva (January 1927), in S. Copal (ed.), *Jawaharlal Nehru. An Anthology*, Delhi, Oxford University Press, 1981.

7 – *Le keynésianisme*

John Maynard Keynes est l'un des économistes les plus influents du XXe siècle. Son ouvrage *The General Theory of Employment, Interest and Money*, écrit alors qu'il enseigne à Cambridge, est publié en 1936. Il répond aux graves préoccupations de son temps : déclin de l'environnement industriel, chômage, pauvreté. On se souvient qu'au même moment, en 1934, le gouvernement national de Ramsay MacDonald instaure un système de protection sociale pour les sans-travail. Avec le rapport Beveridge de 1942, qui préconise la création d'un système national de sécurité sociale, amorçant une révolution qui sera à l'origine de la loi sur la santé publique de 1946, l'ouvrage de Keynes s'inscrit dans un courant de réflexion qui aura d'importantes répercussions sur les politiques sociales et économiques des gouvernements travaillistes et conservateurs de l'après-guerre, en vérité jusqu'à l'arrivée au pouvoir de Margaret Thatcher en 1979. On pourrait situer Keynes dans la tradition libérale, au sens anglais, mais lui-même, dans une conférence à Cambridge en 1925 (publiée dans *Essays in Persuasion* en 1931) se pose la question. Sa théorie est désormais bien connue : elle explique la relation entre plein emploi, richesse et revenus. Pour renverser le déclin industriel et économique, Keynes propose l'augmentation des dépenses publiques, augmentation qui a pour effet, selon lui, de relancer la demande et de stimuler la production, aboutissant ainsi au plein emploi et à la croissance économique.

THE OUTSTANDING FAULTS of the economic society in which we live are its failure to provide for full employment and its arbitrary and inequitable distribution of wealth and incomes. The bearing of the foregoing theory on the first of these is obvious. But there are also two important respects in which it is relevant to the second.

Since the end of the nineteenth century significant progress towards the removal of very great disparities of wealth and income has been achieved through the instrument of direct taxation – income tax and surtax and death duties – especially in Great Britain. Many people would wish to see this process carried much further, but they are deterred by two considerations; partly by the fear of making skilful evasions too much worth while and also of diminishing unduly the motive towards risk-taking, but mainly, I think, by the belief that the growth of capital depends upon the strength of the motive towards individual saving and that for a large proportion of this growth we are dependent on the savings of the rich out of their superfluity. Our argument does not affect the first of these considerations. But it may considerably modify our attitude towards the second. For we have seen that, up to the point where full employment prevails, the growth of capital depends not at all on a low propensity to consume but is, on the contrary, held back by it; and only in conditions of full employment is a low propensity to consume conducive to the growth of capital. Moreover, experience suggests that in existing conditions saving by institutions and through sinking funds is more than adequate, and that measures for the redistribution of incomes in a way likely to raise the propensity to consume may prove positively favourable to the growth of capital.

The existing confusion of the public mind on the matter is well illustrated by the very common belief that the death duties are responsible for a reduction in the capital wealth of the country. Assuming that the State applies the proceeds of these duties to its ordinary outgoings so that taxes on incomes and consumption are correspondingly reduced or avoided, it is, of course, true that a fiscal policy of heavy death duties has the effect of increasing the community's propensity to consume. But inasmuch as an increase in the habitual propensity to consume will in general (i.e. except in conditions of full employment) serve to increase at the same time the inducement to invest, the inference commonly drawn is the exact opposite of the truth.

Thus our argument leads towards the conclusion that in contemporary conditions the growth of wealth, so far from being dependent on the abstinence of the rich, as is commonly supposed, is more likely to be impeded by it. One of the chief social justifications of great inequality of wealth is, therefore, removed. I am not saying that there are no other reasons, unaffected by our theory, capable of justifying some measure of inequality in some circumstances. But it does dispose of the most important of the reasons why hitherto we have thought it prudent to move carefuly. This particularly affects our attitude towards death duties; for there are certain justifications for inequality of incomes which do not apply equally to inequality of inheritances.

For my own part, I believe that there is social and psychological justification for significant inequalities of incomes and wealth, but not for such large disparities as exist to-day. There are valuable human activities which require the motive of money-making and the environment of private wealth-ownership for their full fruition. Moreover, dangerous human proclivities can be canalised into comparatively harmless channels by the existence of opportunities for money-making and private wealth, which, if they cannot be satisfied in this way, may find their outlet in cruelty, the reckless pursuit of personal power and authority, and other forms of self-aggrandisement. It is better that a man should tyrannise over his bank balance than over his fellow-citizens; and whilst the former is sometimes denounced as being but a means to the latter, sometimes at least it is an alternative. But it is not necessary for the stimulation of these activities and the satisfaction of these proclivities that the game should be played for such high stakes as at present. Much lower stakes will serve the purpose equally well, as soon as the players are accustomed to them. The task of transmuting human nature must not be confused with the task of managing it. Though in the ideal commonwealth men may have been taught or inspired or bred to take no interest in the stakes, it may still be wise and prudent statesmanship to allow the game to be played, subject to rules and limitations, so long as the average man, or even a significant section of the community, is in fact strongly addicted to the money-making passion.

J.M. Keynes, *The General Theory of Employment, Interest and Money*, New York, Harcourt, Brace and Company, 1936.

8 – Liberté et souveraineté : le grand large

La géographie et l'exiguïté du territoire, le climat et son influence sur les mentalités, le besoin de commercer ou tout simplement celui d'aventures, la volonté de puissance, sont autant d'éléments qui ont longtemps pu expliquer l'extraordinaire destin de ce royaume qui a laissé son empreinte économique, culturelle et institutionnelle aux quatre coins de la planète. Ces éléments illustrent certainement, en outre, la particularité de la Grande-Bretagne dans le concert international. Certes, le Royaume-Uni a tôt essayé de maintenir son influence en Europe en jouant sur l'équilibre des puissances. Cependant, son intérêt premier est ailleurs, jusqu'aux années soixante (en Amérique, en Afrique ou en Asie). L'accusation d'insularité, si souvent et si complaisamment prononcée à son encontre, est donc erronée. C'est plutôt l'attirance pour les grands espaces, puis la défense de la liberté et de la souveraineté nationale, qui peuvent nous permettre de comprendre pourquoi le Royaume-Uni se distingue entre tous les États européens. Parmi les nombreux commentaires du rôle historique de la Grande-Bretagne dans le monde, celui d'Harold Nicolson, historien et diplomate, dans *Diplomacy* (1939), est l'un des plus éclairants, en particulier dans le contexte de sa publication.

BRITISH DIPLOMACY is generally regarded by foreign observers with bewildered, and sometimes with indignant, admiration. On the one hand they notice that professional British diplomatists display little initiative, take no pains to impress others with their intellectual brilliance, and are to all appearance unimaginative, uninformative, lethargic and slow. On the other hand it is impossible to ignore the fact that the British diplomatist is exceptionally well informed, manages to acquire and to retain the confidence of foreign governments, is imperturbable in times of crisis, and almost always succeeds.

Foreign critics are apt to explain this anomaly by many fantastic theories. Sometimes they will contend that the British diplomatist is a man of diabolical cunning who, under the disguise of stolid respectability, conceals a mind which is nimble and treacherous in the extreme. At other times they will swing round to the opposite pole and contend that the success of British diplomacy is due to the eternal moral principles upon which it is founded. At other times, and with greater justification, they will explain the contradiction between apparent British ineptitude and their evident success, by contending that a diplomacy which is backed by such enormous potential power must always be almost fool-proof. And there are moments of enlightenment when they recognize that the art of negotiation is essentially a mercantile art, and that the success of British diplomacy is to be explained by the fact that it is founded on the sound business principles of moderation, fair-dealing, reasonableness, credit, compromise, and a distrust of all surprises or sensational extremes.

Essentially, British diplomacy is but the expression, in terms of international contacts, of those principles of policy which, owing to history, geographical position, imperial responsibilities, liberal institutions and national character, have, in the course of centuries, been found best suited to British requirements. What are those principles?

On January 1, 1907, Sir Eyre Crowe, at that time head of the Western Department of the Foreign Office, wrote for the Cabinet a confidential memorandum upon Anglo-German relations. That memorandum, which contains incidentally an acute analysis of German aims, embodies a careful definition of the historical principles of British policy.

Sir Eyre Crowe took as his axiom the incontestable premise that British policy was determined by geography. On the one hand you had a small island situated on the exposed flank of Europe. On the other hand you had a vast Empire stretching across the world. The law of self-preservation necessitated the maintenance of the food-supplies of the island and the safety of its communications with its Empire overseas. This dual necessity implied preponderance of sea-power against any possible enemy. The United States are not a possible enemy.

It is the corollary of this proposition which applies to my present argument. Sir Eyre Crowe argued that this maritime supremacy would, if pressed, arouse feelings of resentment and jealousy throughout the world. It must therefore be exercised with the utmost benevolence and with the minimum of provocation. It must be "closely identified with the primary and vital interests of a majority of other nations".

What were these primary interests? The first was independence; the second was trade. British policy must therefore maintain the open door and must at the same time display "a direct and positive interest in the independence of small nations". Great Britain must therefore recognize herself as "the natural enemy of any nation which threatened the independence of smaller countries". The doctrine of the "Balance of power" thus assumed for Great Britain a peculiar form. It meant that she must be "opposed to the political dictatorship of the strongest single State or group of States at any given time". This opposition, Sir Eyre Crowe stated, was for Great Britain "a law of nature".

Historians may question the validity of the latter assumption and may contend that the British instinct for self-preservation is not aroused by the threat of some continental dictatorship as such, but only when such dictatorships threaten the Channel ports or the Empire's maritime communications. Yet they would accept his former premise, namely that it is a principle of policy, rather than any special human virtue, that makes Great Britain see herself as the champion of the rights of small nations. And they would agree that this necessity, coupled with a democratic system, has tended during the last hundred years to render British policy, and therefore British diplomacy, more "liberal" than those of certain other powers.

If, therefore, we accept this general formula, it is useful to examine how in the last century it has expressed itself in international affairs and what are the particular precepts of policy which can be recognized as most specifically British.

The constant motive or principle which runs through all British foreign policy is the principle of the Balance of Power. That principle has in recent years acquired a bad reputation and has been much misunderstood. It does not, as its critics suppose, imply that British policy is constantly directed towards organizing coalitions against whatever country may at any time be the strongest Power in Europe; it means that the general trend of policy is opposed to any single Power or group of Powers who may seek to use their strength in order to deprive other European countries of their liberty and independence. "The Balance of Power", wrote Lord John Russell in 1859, "in Europe means in effect the independence of its several States."

It is evident that the doctrine of the Balance of Power has imposed upon British policy a peculiar quality of empiricism, or even of opportunism. The British system is not governed, as is the policy of Germany and Italy, by any planned ambitions, even as it is not determined (as French policy is determined) by preoccupation with any hereditary enemy: it depends upon combinations of events.

"And how," inquired a visitor to Sans Souci in 1768, "would Your Majesty define the English System?"

"The English," snapped Frederick the Great, "have no system."

This opportunism is fortified by the temperamental insularity of the British character and necessitated by the democratic nature of British institutions. It is for this reason that for the last hundred years British statesmen have done their best to avoid any planned or long-term foreign policy and to eschew as far as possible all precise continental commitments.

Canning and Palmerston were equally opposed to laying down "fixed resolutions for eventual probabilities".

"It is not usual," wrote the latter to our Ambassador in Russia, "for England to enter into engagements with reference to cases which have not actually arisen, or which are not immediately in prospect; and this for a plain reason. All formal engagements of the Crown, which involve the questions of peace and war, must be submitted to Parliament; and Parliament might probably not approve of an engagement which should bind England prospectively to take up arms in a contingency which could not as yet be foreseen."

The general precept underlying this principle has never been more lucidly expressed than in the letter which Gladstone wrote to Queen Victoria on April 17, 1869:

> "England should keep entire in her own hands the means of estimating her own obligations upon the various states of facts as they arise; she should not foreclose and narrow her own liberty of choice by declarations made to other Powers, in their real or supposed interests, of which they would claim to be at least joint interpreters; it is dangerous for her to assume alone an advanced and therefore isolated position, in regard to European controversies; come what may it is better for her to promise too little than too much; she should not encourage the weak by giving expectation of aid to resist the strong, but should rather seek to deter the strong by firm but moderate language from aggression of the weak; she should seek to develop and mature the action of a common, or public, or European opinion, as the best standing bulwark against wrong, but should beware of seeming to lay down the law of that opinion by her own authority, and thus running the risk of setting against her, and against right and justice, the general sentiment we ought to be, and generally would be, arrayed in their favour. "

Such, for more than one hundred years, have been the directives of British foreign policy. It is possible, now that Great Britain may appear to have lost her invulnerability, that these principles may be modified. It is probable that the former policy of alternating isolation with intervention may have to be supplanted by some more planned system of collective security and that to this extent the old doctrine of the Balance of Power will be abandoned. Yet it may be questioned whether the final decision in warfare has yet passed from the sea to the air, and it may be suggested that for many years Great Britain should adhere, with only slight modifications, to her old traditions. Whether her position in international affairs should best be described as that of "the honest broker", "the final arbiter", "the world's peace-maker", "the *tertius gaudens*" or "The God in the machine", is a matter of individual opinion.

H. Nicolson, *Diplomacy*, Londres, Thornton Butterworth, 1939.

9 – *Le Vieux Lion et la guerre : Winston Churchill*

A) "Blood, Toil, Tears and Sweat", *13 mai 1940*

Le 13 mai 1940, Winston Churchill est Premier ministre d'un gouvernement de coalition depuis seulement trois jours. Neville Chamberlain, celui qui avait signé avec Hitler l'accord de Munich, en croyant éviter la guerre, a donné sa démission. Churchill semble faire ici un simple compte rendu devant la Chambre des Communes et lui demande de lui accorder sa confiance. Il veut faire court. Et voici que résonnent, dans un bref message, les paroles que l'histoire retiendra : "*I have nothing to offer but blood, toil, tears and sweat*". Elle déclenchent alors le lyrisme combatif et guerrier de la partie finale du discours. Un demi siècle plus tard, il faut se garder de croire que ces propos étaient pure rhétorique parlementaire : si l'on songe à la controverse suscitée par certains historiens en Angleterre pour savoir si Winston Churchill n'aurait pas mieux fait d'accepter les offres de paix de Hitler plutôt que de plonger la nation dans une longue guerre, certes victorieuse, mais aussi ruineuse pour son économie, il est intéressant de relire le message : « Sans victoire (contre le nazisme) il n'est pas de survie ».

On Friday evening last I received His Majesty's Commission to form a new Administration. It was the evident wish and will of Parliament and the nation that this should be conceived on the broadest possible basis and that it should include all parties, both those who supported the late Government and also the parties of the Opposition. I have completed the most important part of this task. A War Cabinet has been formed of five Members, representing, with the Opposition Liberals, the unity of the nation. The three party Leaders have agreed to serve, either in the War Cabinet or in high executive office. The three Fighting Services have been filled. It was necessary that this should be done in one single day, on account of the extreme urgency and rigour of events. A number of other key positions were filled yesterday, and I am submitting a further list to His Majesty tonight. I hope to complete the appointment of the principal Ministers during tomorrow. The appointment of the other Ministers usually takes a little longer, but I trust that when Parliament meets again this part of my task will be completed, and that the administration will be complete in all respects.

I considered it in the public interest to suggest that the House should be summoned to meet today. Mr Speaker agreed, and took the necessary steps, in accordance with the powers conferred upon him by the Resolution of the House. At the end of the proceedings today, the Adjournment of the House will be proposed until Tuesday, 21 May, with, of course, provision for earlier meeting if need be. The business to be considered during that week will be notified to Members at the earliest opportunity. I now invite the House, by the Resolution which stands in my name, to record its approval of the steps taken and to declare its confidence in the new Government.

To form an administration of this scale and complexity is a serious undertaking in itself, but it must be remembered that we are in the preliminary stage of one of the greatest battles in history, that we are in action at many points in Norway and in Holland, that we have to be prepared in the Mediterranean, that the air battle is continuous and that many preparations have to be made here at home. In this crisis I hope I may be pardoned if I do not address the House at any length today. I hope that any of my friends and colleagues, or former colleagues, who are affected by the political reconstruction, will make all allowance for any lack of ceremony with which it has been necessary to act. I would say to the House, as I said to those who have joined the Government: "I have nothing to offer but blood, toil, tears and sweat."

We have before us an ordeal of the most grievous kind. We have before us many, many long months of struggle and of suffering. You ask, what is our policy? I will say: It is to wage war, by sea, land and air, with all our might and with all the strength that God can give us: to wage war against a monstrous tyranny, never surpassed in the dark, lamentable catalogue of human crime. That is our policy. You ask, what is our aim? I can answer in one word: Victory – victory at all costs, victory in spite of all terror, victory, however long and hard the road may be; for without victory, there is no survival. Let that be realized; no survival for the British Empire; no survival for all that the British Empire has stood for, no survival for the urge and impulse of the ages, that mankind will move forward towards its goal. But I take up my task with buoyancy and hope. I feel sure that our cause will not be suffered to fail among men. At this time I feel entitled to claim the aid of all, and I say, "Come, then, let us go forward together with our united strength".

D. Cannadine (ed.), *The Speeches of Winston Churchill*,
Harmondsworth, Penguin, 1990.

B) "Their Finest Hour", *18 juin 1940*

La victoire des forces alliées en 1945 sur l'Allemagne et le Japon a donné raison à Winston Churchill et immortalisé ses propos. Mais la mémoire trahit et on est porté à oublier que les exhortations de ce gros homme bourru – qui s'était souvent trompé dans sa carrière, au point de devenir une source d'embarras pour son propre parti – étaient lancées à un moment où rien ne semblait plus incertain que cette victoire. Il fallait une détermination d'acier pour croire que le verbe serait plus fort que le canon.

Prenons le discours célèbre du 18 juin 1940 prononcé le même jour que le fameux appel du général de Gaulle. La mémoire collective en a retenu la fin : "*This was their finest hour*". Winston Churchill en fit la lecture d'abord à la Chambre des Communes, puis sur les ondes de la radio. Ce fut un jour où rien n'allait plus, en apparence : la France était vaincue ; le gouvernement avait quitté Paris le 10 ; le 16, le maréchal Pétain s'installait ; le 17, il demandait la paix à l'Allemagne nazie. À Londres, Winston Churchill dit que si la bataille de France est terminée, alors commence celle de l'Angleterre : la survie de la civilisation chrétienne en dépend – rien de moins. La guerre à laquelle il prépare le pays, c'est le combat de la lumière contre la nuit.

During the first four years of the last war the Allies experienced nothing but disaster and disappointment. That was our constant fear: one blow after another, terrible losses, frightful dangers. Everything miscarried. And yet at the end of those four years the morale of the Allies was higher than that of the Germans, who had moved from one aggressive triumph to another, and who stood everywhere triumphant invaders of the lands into which they had broken. During that war we repeatedly asked ourselves the question: How are we going to win? And no one was able ever to answer it with much precision, until at the end, quite suddenly, quite unexpectedly, our terrible foe collapsed before us, and we were so glutted with victory that in our folly we threw it away.

We do not yet know what will happen in France or whether the French resistance will be prolonged, both in France and in the French Empire overseas. The French Government will be throwing away great opportunities and casting adrift their future if they do not continue the war in accordance with their Treaty obligations, from which we have not felt able to release them. The House will have read the historic declaration in which, at the desire of many Frenchmen – and of our own hearts – we have proclaimed our willingness at the darkest hour in French history to conclude a union of common citizenship in this struggle. However matters may go in France or with the French Government, or other French Governments, we in this island and in the British Empire will never lose our sense of comradeship with the French people. If we are now called upon to endure what they have been suffering, we shall emulate their courage, and if final victory rewards our toils they shall share the gains, aye, and freedom shall be restored to all. We abate nothing of our just demands; not one jot or tittle do we recede. Czechs, Poles, Norwegians, Dutch, Belgians have joined their causes to our own. All these shall be restored.

What General Weygand called the Battle of France is over. I expect that the Battle of Britain is about to begin. Upon this battle depends the survival of

Christian civilization. Upon it depends our own British life, and the long continuity of our institutions and our Empire. The whole fury and might of the enemy must very soon be turned on us. Hitler knows that he will have to break us in this island or lose the war. If we can stand up to him, all Europe may be free and the life of the world may move forward into broad, sunlit uplands. But if we fail, then the whole world, including the United States, including all that we have known and cared for, will sink into the abyss of a new Dark Age made more sinister, and perhaps more protracted, by the lights of perverted science. Let us therefore brace ourselves to our duties and so bear ourselves that, if the British Empire and its Commonwealth last for a thousand years, men will still say, "This was their finest hour".

D. Cannadine (ed.), *The Speeches of Winston Churchill*, Harmondsworth, Penguin, 1990.

C) "The Few", *20 août 1940*

Le discours du 20 août 1940, lu également à la Chambre des Communes, concerne la grande bataille aérienne qui fait rage dans le ciel britannique. Winston Churchill ne cache pas que les Allemands sont supérieurs en nombre et que l'opération vise à préparer l'invasion de l'Angleterre. Les armes et les avions anglais se forgent dans les usines ; mais l'important aussi est de répondre à la propagande nazie par le verbe et de donner quelques frissons à Hitler. La mémoire a retenu surtout de ce discours, l'hommage rendu aux pilotes : "*Never in the field of human conflict was so much owed by so many to so few*". La formule, à distance, peut paraître grandiloquente ; en août 1940, dans le déchaînement de l'attaque allemande, elle a galvanisé les énergies.

THE GREAT AIR BATTLE which has been in progress over this Island for the last few weeks has recently attained a high intensity. It is too soon to attempt to assign limits either to its scale or to its duration. We must certainly expect that greater efforts will be made by the enemy than any he has so far put forth. Hostile air fields are still being developed in France and the Low Countries, and the movement of squadrons and material for attacking us is still proceeding. It is quite plain that Herr Hitler could not admit defeat in his air attack on Great Britain without sustaining most serious injury. If, after all his boastings and blood-curdling threats and lurid accounts trumpeted round the world of the damage he has inflicted, of the vast numbers of our Air Force he has shot down, so he says, with so little loss to himself; if after tales of the panic-stricken British crushed in their holes cursing the plutocratic Parliament which has led them to such a plight; if after all this his whole air onslaught were forced after a while tamely to peter out, the Führer's reputation for veracity of statement might be seriously impugned.

We may be sure, therefore, that he will continue as long as he has the strength to do so, and as long as any preoccupations he may have in respect of the Russian Air Force allow him to do so.

On the other hand, the conditions and course of the fighting have so far been favourable to us. I told the House two months ago that whereas in France our fighter aircraft were wont to inflict a loss of two or three to one upon the Germans, and in the fighting at Dunkirk, which was a kind of no-man's land, a loss of about three or four to one, we expected that in an attack on this Island we should achieve a larger ratio. This has certainly come true. It must also be remembered that all the enemy machines and pilots which are shot down over our Island, or over the seas which surround it, are either destroyed or captured; whereas a considerable proportion of our machines, and also of our pilots, are saved, and soon again in many cases come into action.

A vast and admirable system of salvage, directed by the Ministry of Aircraft Production, ensures the speediest return to the fighting line of damaged machines, and the most provident and speedy use of all the spare parts and material. At the same time the splendid, nay, astounding increase in the output and repair of British aircraft and engines which Lord Beaverbrook has achieved by a genius of organization and drive, which looks like magic, has given us overflowing reserves of every type of aircraft, and an ever-mounting stream of production both in quantity and quality. The enemy is, of course, far more numerous than we are. But our new production already, as I am advised, largely exceeds his, and the American production is only just beginning to flow in. It is a fact, as I see from my daily returns, that our bomber and fighter strength now, after all this fighting, are larger than they have ever been. We believe that we shall be able to continue the air struggle indefinitely and as long as the enemy pleases, and the longer it continues the more rapid will be our approach, first towards that parity, and then into that superiority in the air, upon which in a large measure the decision of the war depends.

The gratitude of every home in our Island, in our Empire, and indeed through-out the world, except in the abodes of the guilty, goes out to the British airmen who, undaunted by odds, unwearied in their constant challenge and mortal danger, are turning the tide of the world war by their prowess and by their devotion. Never in the field of human conflict was so much owed by so many to so few. All hearts go out to the fighter pilots, whose brilliant actions we see with our own eyes day after day; but we must never forget that all the time, night after night, month after month, our bomber squadrons travel far into Germany, find their targets in the darkness by the highest navigational skill, aim their attacks, often under the heaviest fire, often with serious loss, with deliberate careful discrimination, and inflict shattering blows upon the whole of the technical and war-making structure of the Nazi power. On no part of the Royal Air Force does the weight of the war fall more heavily than on the daylight bombers who will play an invaluable part in the case of invasion and whose unflinching zeal it has been necessary in the meanwhile on numerous occasions to restrain.

D. Cannadine (ed.), *The Speeches of Winston Churchill*, Harmondsworth, Penguin, 1990.

10 – L'État-providence

Passé le moment du péril, l'organisation de la nation en guerre se poursuit. Parmi les chantiers mis en train, celui d'une réforme de l'appareil de protection sociale. En juin 1941, un petit comité inter-ministériel est formé pour réfléchir à la rationalisation des dispositions existantes en matière de santé et d'indemnisation pour les ouvriers. C'est pour le gouvernement de coalition, engagé dans une guerre totale, le moyen de retirer du débat politique une question épineuse et complexe. Il met à la tête de ce comité un libéral, haut fonctionnaire au passé universitaire, William Beveridge (1879-1963). Beveridge s'intéresse depuis quarante ans au chômage et à la pauvreté, il a trouvé dans la théorie générale de l'emploi de Keynes (*voir texte 7, p 340*) matière à justifier l'intervention de l'Etat pour prévenir la misère en assurant le plein emploi. Il détourne le comité inter-ministériel au profit de ses thèses audacieuses. Il faut, dit-il, à la faveur d'une guerre mondiale, penser à construire la société à venir et lutter contre les cinq grands maux (les « cinq géants ») que sont le besoin, la maladie, l'ignorance, la misère et le chômage.

Beveridge élève le débat du rapiéçage administratif à l'esquisse d'un plan ambitieux de protection sociale et, isolé, devient le seul auteur d'un rapport sur l'assurance sociale (*On Social Insurance and Allied Services*) qui devient rapidement un best-seller (100 000 exemplaires vendus le premier mois).

Peu de rapports ont sans doute eu une telle influence que celui de Beveridge, même si ses propositions ne furent pas toujours suivies. L'État-providence de la Grande-Bretagne de l'après-guerre, qui s'inspire des idées de Beveridge, a été un modèle. Il s'articule autour d'un appareil législatif conséquent : la loi Butler sur l'enseignement de 1944 (*Butler Education Act*) met sur pied un système scolaire public et moderne qui fixe l'âge de fin de scolarité à 15 ans; la loi sur la santé de 1946 (*National Health Service Act*) prévoit une couverture médicale et sociale et garantit un système de services publics accepté par tous les partis politiques jusqu'à la fin du consensus, rompu à la fin des années soixante-dix par le poids des dépenses. La loi sur le logement de 1949 (*Housing Act*) s'attache à remédier au problème des logements sociaux. Idéologie et pragmatisme ont eu raison de ces dispositions. Le financement des services publics, leur efficacité ont été mis en cause à la fin des années soixante-dix, les services publics ont été réformés au point d'être, pour certains, dénaturés. Ce qui est certain, c'est que l'État-providence de l'après guerre, le *Welfare State*, n'existe plus.

There are some to whom pursuit of security appears to be a wrong aim. They think of security as something inconsistent with initiative, adventure, personal responsibility. That is not a just view of social security as planned in this Report. The plan is not one for giving to everybody something for nothing and without trouble, – or something that will free the recipients for ever thereafter from personal responsibilities. The plan is one to secure income for subsistence on condition of service and contribution and in order to make and keep men fit for service. It cannot be got without thought and effort. It can be carried through only by a concentrated determination of the British democracy to free itself once for all of the scandal of physical want for which there is no economic or moral justification. When that effort has been made, the plan leaves room and encouragement to all individuals to win for themselves something above the national minimum, to find and to satisfy and to produce the means of satisfying new and higher needs than bare physical needs.

There are some who will say that pursuit of security as defined in this Report, that is to say income security, is a wholly inadequate aim. Their view is not merely admitted but asserted in the Report itself. The Plan for Social Security is put forward as part of a general programme of social policy. It is one part only of an attack upon five giant evils: upon the physical Want with which it is directly concerned, upon Disease which often causes that Want and brings many other troubles in its train, upon Ignorance which no democracy can afford among its citizens, upon the Squalor which arises mainly through haphazard distribution of industry and population, and upon the Idleness which destroys wealth and corrupts men, whether they are well fed or not, when they are idle. In seeking security not merely against physical want, but against all these evils in all their forms, and in showing that security can be combined with freedom and enterprise and responsibility of the individual for his own life, the British community and those who in other lands have inherited the British tradition have a vital service to render to human progress.

There are others who, not through lack of faith in Britain's ultimate future, but as a measure of prudence will say that, before committing itself to a scheme as large in total expenditure as that outlined in this Report, the nation should wait to see if in fact its resources grow after the war sufficiently to meet the expenditure. This is natural caution. Those who feel it may, nevertheless, support the plan as a method of organisation, irrespective of the precise rates of benefit and contribution to be written into it or of the number of years chosen for the transition period, during which contributory pensions will rise to adequacy; that number can be varied and the speed at which expenditure will rise can be increased or decreased. The Plan for Social Security is first and foremost a method of redistributing income so as to put the first and most urgent needs first, so as to make the best possible use of whatever resources are available. That is worth doing, even if the resources as a whole are insufficient for the standard of life that is desired. But it must be realised that nothing materially below the scales of benefit and pension suggested here can be justified on scientific grounds as adequate for human subsistence. Benefits, allowances or pensions below the proposals of this Report may merely mean that the cost of unemployment or sickness or childhood is being borne not directly in cash, but indirectly in privation and lowered human efficiency.

There are yet others who will say that, however desirable it may appear to reconstruct social insurance or to make other plans for a better world of peace, all such concerns must now be put on one side, so that Britain may concentrate upon the urgent tasks of war. There is no need to spend words today in emphasising the urgency or the difficulty of the task that faces the British people and their Allies. Only by surviving victoriously in the present struggle can they enable freedom and happiness and kindliness to survive in the world. Only by obtaining from every individual citizen his maximum of effort, concentrated upon the purposes of war, can they hope for early victory. This does not alter three facts: that the purpose of victory is to live into a better world than the old world; that each individual citizen is more likely to concentrate upon his war effort if he feels that his Government will be ready in time with plans for that better world; that, if these plans are to be ready in time, they must be made now.

Statement of a reconstruction policy by a nation at war is statement of the uses to which that nation means to put victory, when victory is achieved. In a war which many nations must wage together as whole-hearted allies, if they are to win victory, such a statement of the uses of victory may be vital. This was recognised by the leaders of the democracies east and west of the Atlantic in putting their hands to a charter which, in general terms, set out the nature of the world which they desired to establish after the war. The Atlantic Charter has since then been signed on behalf of all the United Nations. The fifth clause of the charter declares the desire of the American and the British leaders "to bring about the fullest collaboration between all nations in the economic field, with the object of securing for all improved labour standards, economic advancement, and social security". The proposals of this Report are designed as a practical contribution towards the achievement of the social security which is named in the closing words. The proposals cover ground which must be covered, in one way or another, in translating the words of the Atlantic Charter into deeds. They represent, not an attempt by one nation to gain for its citizens advantages at the cost of their fellow fighters in a common cause, but a contribution to that common cause. They are concerned not with increasing the wealth of the British people, but with so distributing whatever wealth is available to them in total, as to deal first with first things, with essential physical needs. They are a sign of the belief that the object of government in peace and in war is not the glory of rulers or of races, but the happiness of the common man. That is a belief which, through all differences in forms of government, unites not only the democracies whose leaders first put their hands to the Atlantic Charter, but those democracies and all their Allies. It unites the United Nations and divides them from their enemies.

At the request of His Majesty's Government, the Inter-departmental Committee have pursued the task of surveying the social services of Britain and examining plans for their reconstruction during the most savage, most universal and most critical war in which Britain has ever been engaged. It would be wrong to conclude this Report without expressing gratitude to all those who in such a crisis have, nevertheless, found time and energy to assist the Committee in this task, who, triumphing over difficulties of dispersal, of loss of staff, of absorption in urgent tasks of war, have prepared memoranda, attended to give evidence, and have discussed their problems with so much frankness and public spirit. Naturally the question has arisen at times whether it is possible to give to such problems in war the consideration that they need, whether, both for the sake of concentration on war effort and to make the best in reconstruction, the work of the Committee should not have been postponed to a more leisured season. The question may be asked and can be answered. The interest that has been shown in the problems of the Committee, by nearly all those who have come before the Committee or have prepared memoranda, is probably a true reflection of the state of public feeling and represents probably a right judgment of the time when reconstruction should be taken in hand. There are difficulties in planning reconstruction of the social services during the height of war, but there are also advantages in doing so. The prevention of want and the diminution and relief of disease – the special aim of the social services – are in fact a common interest of all citizens. It may be possible to secure a keener realisation of that fact in war than it is in peace, because war breeds national unity. It may be possible, through sense of national unity and readiness to sacrifice personal interests to the common cause, to bring about changes which, when they are made, will be accepted on all hands as advances, but which it might be difficult to make at other times. There appears at any rate to be no doubt of the determination of the British people, however hard pressed in war, not to live wholly for war, not to abandon care of what may come after. That, after all, is in accord with the nature of democracies of the spirit in which they fight and of the purpose for which they fight. They make war, today more consciously than ever, not for the sake of war, not for dominion or revenge, but war for peace. If the united democracies today can show strength and courage and imagination equal to their manifest desire, can plan for a better peace even while waging total war, they will win together two victories which in truth are indivisible.

Freedom from want cannot be forced on a democracy or given to a democracy. It must be won by them. Winning it needs courage and faith and a sense of national unity: courage to face facts and difficulties and overcome them; faith in our future and in the ideals of fair-play and freedom for which century after century our forefathers were prepared to die; a sense of national unity overriding the interests of any class or section. The Plan for Social Security in this Report is submitted by one who believes that in this supreme crisis the British people will not be found wanting, of courage and faith and national unity, of material and spiritual power to play their part in achieving both social security and the victory of justice among nations upon which security depends.

Report on Social Insurance and Allied Services, Londres, HMSO, 1942.

11 – La loi du marché

Keynes et Beveridge emportèrent tout devant eux, mais ce n'est pas à dire que le consensus était parfait. Une voix, en particulier, résonne encore, qui dès 1944 mettait en garde contre la menace d'un Etat interventionniste. Friedrich von Hayek (1899-1992), économiste britannique d'origine autrichienne, enseignant renommé de la *London School of Economics*, met l'accent sur la grande tradition du libéralisme économique et conduit une sévère critique du collectivisme dans *The Road to Serfdom* (1944).

Le parti conservateur, qui revient au pouvoir en 1979 avec Margaret Thatcher comme Premier ministre, s'inspirera des idées d'Adam Smith, de Milton Friedman – chef de file de l'École de Chicago, qui lui aussi met en avant la logique des lois du marché, notamment dans *Free to choose* (1979) – mais aussi de Hayek. Avant d'être ainsi accaparé, Hayek s'est de façon prémonitoire défendu d'une telle filiation en écrivant dans *The Constitution of Liberty*, dès 1960, pourquoi il était proche du libéralisme des origines.

The Road to Serfdom, 1944

There is one aspect of the change in moral values brought about by the advance of collectivism which at the present time provides special food for thought. It is that the virtues which are held less and less in esteem and which consequently become rarer are precisely those on which Anglo-Saxons justly prided themselves and in which they were generally recognized to excel. The virtues these people possessed – in a higher degree than most other people, excepting only a few of the smaller nations, like the Swiss and the Dutch – were independence and self-reliance, individual initiative and local responsibility, the successful reliance on voluntary activity, noninterference with one's neighbor and tolerance of the different and queer, respect for custom and tradition, and a healthy suspicion of power and authority. Almost all the traditions and institutions in which democratic moral genius has found its most characteristic expression, and which in turn have molded the national character and the whole moral climate of England and America, are those which the progress of collectivism and its inherently centralistic tendencies are progressively destroying.

A foreign background is sometimes helpful in seeing more clearly to what circumstances the peculiar excellencies of the moral atmosphere of a nation are due. And if one who, whatever the law may say, must forever remain a foreigner, may be allowed to say so, it is one of the most disheartening spectacles of our time to see to what extent some of the most precious things which England, for example, has given to the world are now held in contempt in England herself. The English hardly know to what degree they differ from most other people in that they all, irrespective of party, hold to a greater or less extent the ideas which in their most pronounced form are known as liberalism. Compared with most other peoples only twenty years ago almost all Englishmen were liberals – however much they may have differed from party liberalism. And even today the English conservative or socialist, no less than the liberal, if he travels abroad, though he may find the ideas and writings of Carlyle or Disraeli, of the Webbs or H. G. Wells, exceedingly popular in circles with which he has little in common among Nazis and other totalitarians, if he finds an intellectual island where the tradition of Macaulay and Gladstone, of J. S. Mill or John Morley, lives, will find kindred spirits who "talk the same language" as himself – however much he himself may differ from the ideals for which these men specifically stood.

Nowhere is the loss of the belief in the specific values of British civilization more manifest, and nowhere has it had a more paralyzing effect on the pursuit of our immediate great purpose, than in the fatuous ineffectiveness of most British propaganda. The first prerequisite for success in propaganda directed to other people is the proud acknowledgment of the characteristic values and distinguishing traits for which the country attempting it is known to the other peoples. The main cause of the ineffectiveness of British propaganda is that those directing it seem to have lost their own belief in the peculiar values of English civilization or to be completely ignorant of the main points on which it differs from that of other people. The Left intelligentsia, indeed, have so long worshiped foreign gods that they seem to have become almost incapable of seeing any good in the characteristic English institutions and traditions. That the moral values on which most of them pride themselves are largely the product of the institutions they are out to destroy, these socialists cannot, of course, admit. And this attitude is unfortunately not confined to avowed socialists. Though one must hope that this is not true of the less vocal but more numerous cultivated Englishmen, if one were to judge by the ideas which find expression in current political discussion and propaganda, the Englishmen who not only "the language speak that Shakespeare spake" but also "the faith and morals hold that Milton held" seem to have almost vanished.

To believe, however, that the kind of propaganda produced by this attitude can have the desired effect on our enemies and particularly on the Germans, is a fatal blunder. The Germans know England and America, not well, perhaps, yet sufficiently to know what are the characteristic traditional values of democratic life, and what for the last two or three generations has increasingly separated the minds of the countries. If we wish to convince them, not only of our sincerity, but also that we have to offer a real alternative to the way they have gone, it will not be by concessions to their system of thought. We shall not delude them with a stale reproduction of the ideas of their fathers which we have borrowed from them – be it state socialism, Realpolitik, "scientific" planning, or corporativism. We shall not persuade them by following them half the way which leads to totalitarianism. If the democracies themselves abandon the supreme ideal of the freedom and happiness of the individual, if they implicitly admit that their civilization is not worth preserving, and that they know nothing better than to follow the path along which the Germans have led, they have indeed nothing to offer. To the Germans all these are merely belated admissions that the liberals have been wrong all the way through and that they themselves are leading the way to a new and better world, however appalling the period of transition may be. The Germans know that what they still regard as the British and American traditions and their own new ideals are fundamentally opposed and irreconcilable views of life. They might be convinced that the way they have chosen was wrong – but nothing will ever convince them that the British or Americans will be better guides on the German path.

Least of all will that type of propaganda appeal to those Germans on whose help we must ultimately count in rebuilding Europe because their values are nearest to our own. For experience has made them wiser and sadder men: they have learned that neither good intentions nor efficiency of organization can preserve decency in a system in which personal freedom and individual responsibility are destroyed. What the German and Italian who have learned the lesson want above all is protection against the monster state – not grandiose schemes for organization on a colossal scale, but opportunity peacefully and in freedom to build up once more their own little worlds. It is not because they believe that to be ordered about by British or Americans is preferable to being ordered about by the Prussians, but because they believe that in a world where democratic ideals have been victorious they will be less ordered about and left in peace to pursue their own concerns, that we can hope for support from some of the nationals of the enemy countries.

If we are to succeed in the war of ideologies and to win over the decent elements in the enemy countries, we must, first of all, regain the belief in the traditional values for which we have stood in the past and must have the moral courage stoutly to defend the ideals which our enemies attack. Not by shamefaced apologies and by assurances that we are rapidly reforming, not by explaining that we are seeking some compromise between the traditional liberal values and the new totalitarian ideas, shall we win confidence and support. Not the latest improvements we may have effected in our social institutions, which count but little compared with the basic differences of two opposed ways of life, but our unwavering faith in those traditions which have made England and America countries of free and upright, tolerant and independent, people is the thing that counts.

F. A. Hayek, *The Road to Serfdom*, Chicago,
The University of Chicago Press, 1944.

The Constitution of Liberty, 1960

THOUGH I HAVE ALL MY LIFE DESCRIBED myself as a liberal, I have done so more recently with increasing misgivings – not only because in the United States this term constantly gives rise to misunderstanding, but also because I have become more and more aware of the great gulf that exists between my position and the rationalistic Continental liberalism or even the English liberalism of the utilitarians.

If liberalism still meant what it meant to an English historian who in 1827 could speak of the revolution of 1688 as "the triumph of those principles which in the language of the present day are denominated liberal or constitutional" or if one could still, with Lord Acton, speak of Burke, Macaulay, and Gladstone as the three greatest liberals, or if one could still, with Harold Laski, regard Tocqueville and Lord Acton as "the essential liberals of the nineteenth century," I should indeed be only too proud to describe myself by that name. But, much as I am tempted to call their liberalism true liberalism, I must recognize that the majority of Continental liberals stood for ideas to which these men were strongly opposed, and that they were led more by a desire to impose upon the world a preconceived rational pattern than to provide opportunity for free growth. The same is largely true of what has called itself Liberalism in England at least since the time of Lloyd George.

It is thus necessary to recognize that what I have called "liberalism" has little to do with any political movement that goes under that name today. It is also questionable whether the historical associations which that name carries today are conducive to the success of any movement. Whether in these circumstances one ought to make an effort to rescue the term from what one feels is its misuse is a question on which opinions may well differ. I myself feel more and more that to use it without long explanations causes too much confusion and that as a label it has become more of a ballast than a source of strength.

In the United States, where it has become almost impossible to use "liberal" in the sense in which I have used it, the terme "libertarian" has been used instead. It may be the answer; but for my part I find it singularly unattract ive. For my taste it carries too much the flavor of a manufactured term and of a substitute. What I should want is a word which describes the party of life, the party that favors free growth and spontaneous evolution. But I have racked my brain unsuccessfully to find a descriptive term which commends itself.

We should remember, however, that when the ideals which I have been trying to restate first began to spread through the Western world, the party which represented them had a generally recognized name. It was the ideals of the English Whigs that inspired what later came to be known as the liberal movement in the whole of Europe and that provided the conceptions that the American colonists carried with them and which guided them in their struggle for independence and in the establishment of their constitution. Indeed, until the character of this tradition was altered by the accretions due to the French Revolution, with its totalitarian democracy and socialist leanings, "Whig" was the name by which the party of liberty was generally known.

The name died in the country of its birth partly because for a time the principles for which it stood were no longer distinctive of a particular party, and partly because the men who bore the name did not remain true to those principles. The Whig parties of the nineteenth century, in both Britain and the United States, finally brought discredit to the name among the radicals. But it is still true that, since liberalism took the place of Whiggism only after the movement for liberty had absorbed the crude and militant rationalism of the French Revolution, and since our task must largely be to free that tradition from the overrationalistic, nationalistic, and socialistic influences which have intruded into it, Whiggism is historically the correct name for the ideas in which I believe. The more I learn about the evolution of ideas, the more I have become aware that I am simply an unrepentant Old Whig – with the stress on the "old".

To confess one's self an Old Whig does not mean, of course, that one wants to go back to where we were at the end of the seventeenth century. It has been one of the purposes of this book to show that the doctrines then first stated continued to grow and develop until about seventy or eighty years ago, even though they were no longer the chief aim of a distinct party. We have since learned much that should enable us to restate them in a more satisfactory and effective form. But, though they require restatement in the light of our present knowledge, the basic principles are still those of the Old Whigs. True, the later history of the party that bore that name has made some historians doubt where there was a distinct body of Whig principles; but I can but agree with Lord Acton that, though some of the patriarchs of the doctrine were the most infamous of men, the notion of a higher law above municipal codes, with which Whiggism began, is the supreme achievement of Englishmen and their bequest to the nation" – and, we may add, to the world. It is the doctrine which is at the basis of the common tradition of the Anglo-Saxon countries. It is the doctrine from which Continental liberalism took what is valuable in it. It is the doctrine on which the American system of government is based. In its pure form it is represented in the United States, not by the radicalism of Jefferson, nor by the conservatism of Hamilton or even of John Adams, but by the ideas of James Madison, the "father of the Constitution".

I do not know whether to revive that old name is practical politics. That to the mass of people, both in the Anglo-Saxon world and elsewhere, it is today probably a term without definite associations is perhaps more an advantage than a drawback. To those familiar with the history of ideas it is probably the only name that quite expresses what the tradition means. That, both for the genuine conservative and still more for the many socialists turned conservative, Whiggism is the name for their pet aversion shows a sound instinct on their part. It has been the name for the only set of ideals that has consistently opposed all arbitrary power.

F. A. Hayek, *The Constitution of Liberty*, Chicago, The University of Chicago Press, 1960.

12 - *Le rideau de fer*

C'est à Winston Churchill que l'on doit l'image du « rideau de fer ». En 1946, le « vieux lion », héros victorieux de la seconde guerre mondiale, négociateur à Yalta à côté de Roosevelt et de Staline, n'est plus Premier ministre. L'année précédente, les travaillistes l'ont emporté et il doit se contenter du rôle ingrat de chef de l'opposition. Mais il n'a rien perdu, en fait, de sa carrure d'homme d'État, et le discours qu'il prononce au Westminster College de Fulton (Missouri) en présence du Président Truman acquiert immédiatement une résonance mondiale.

La métaphore du « rideau de fer », il l'a employée une première fois le 12 mai 1945 dans un télégramme adressé au même Président Truman. Mais c'est ce discours qui la consacre. Moins d'un an après la capitulation de l'Allemagne suivie de celle du Japon, Churchill lance au monde un avertissement angoissant : les alliés d'hier sont en passe de devenir les adversaires de demain. Certes, il rend hommage à son camarade de guerre, le maréchal Staline, et il exprime son admiration pour la grande nation de l'Union soviétique. Mais il a compris que l'URSS et son organisation communiste internationale ont des vues expansionnistes et hégémoniques. Derrière le rideau de fer qui s'est abattu sur le continent, les communistes cherchent partout à imposer un contrôle totalitaire. La démocratie y est morte. « Ce n'est certainement pas là – ajoute-t-il – l'Europe libérée que nous avons voulu forger dans nos combats ».

Avec le recul, il apparaît sur bien des points prophétique. En mars 1946 il suscita de vives oppositions. Pas simplement de la part de Staline. Une grande partie de la presse américaine et même le vénérable *Times* se montrèrent fort critiques.

[...] A SHADOW HAS FALLEN UPON THE SCENES so lately lighted by the Allied victory. Nobody knows what Soviet Russia and its Communist international organization intends to do in the immediate future, or what are the limits, if any, to their expansive and proselytizing tendencies. I have a strong admiration and regard for the valiant Russian people and for my wartime comrade, Marshal Stalin. There is deep sympathy and goodwill in Britain – and I doubt not here also – towards the peoples of all the Russias and a resolve to persevere through many differences and rebuffs in establishing lasting friendships. We understand the Russian need to be secure on her western frontiers by the removal of all possibility of German aggression. We welcome Russia to her rightful place among the leading nations of the world. We welcome her flag upon the seas. Above all, we welcome constant, frequent and growing contacts between the Russian people and our own people on both sides of the Atlantic. It is my duty, however, for I am sure you would wish me to state the facts as I see them to you, to place before you certain facts about the present position in Europe.

From Stettin in the Baltic to Trieste in the Adriatic, an iron curtain has descended across the Continent. Behind that line lie all the capitals of the ancient states of Central and Eastern Europe. Warsaw, Berlin, Prague, Vienna, Budapest, Belgrade, Bucharest and Sofia, all these famous cities and the populations around them lie in what I must call the Soviet sphere, and all are subject in one form or another, not only to Soviet influence but to a very high and, in many cases, increasing measure of control from Moscow. Athens alone – Greece with its immortal glories – is free to decide its future at an election under British American and French observation. The Russian-dominated Polish Government has been encouraged to make enormous and wrongful inroads upon Germany, and mass expulsions of millions of Germans on a scale grievous and undreamed-of are now taking place. The Communist parties, which were very small in all these Eastern States of Europe, have been raised to pre-eminence and power far beyond their numbers and are seeking everywhere to obtain totalitarian control. Police governments are prevailing in nearly every case, and so far, except in Czechoslovakia, there is no true democracy.

Turkey and Persia [Iran] are both profoundly alarmed and disturbed at the claims which are being made upon them and at the pressure being exerted by the Moscow Government. An attempt is being made by the Russians in Berlin to build up a quasi-Communist party in their zone of Occupied Germany by showing special favours to groups of left-wing German leaders. At the end of the fighting last June, the American and British Armies withdrew westwards, in accordance with an earlier agreement, to a depth at some points of 150 miles upon a front of nearly four hundred miles, in order to allow our Russian allies to occupy this vast expanse of territory which the Western Democracies had conquered.

If now the Soviet Government tries, by separate action, to build up a pro-Communist Germany in their areas, this will cause new serious difficulties in the British and American zones, and will give the defeated Germans the power of putting themselves up to auction between the Soviets and the Western Democracies. Whatever conclusions may be drawn from these facts – and facts they are – this is certainly not the Liberated Europe we fought to build up. Nor is it one which contains the essentials of permanent peace. The safety of the world requires a new unity in Europe, from which no nation should be permanently outcast. It is from the quarrels of the strong parent races in Europe that the world wars we have witnessed, or which occurred in former times, have sprung. Twice in our own lifetime we have seen the United States, against their wishes and their traditions, against arguments, the force of which it is impossible not to comprehend, drawn by irresistible forces, into these wars in time to secure the victory of the good cause, but only after frightful slaughter and devastation had occurred. Twice the United States has had to send several millions of its young men across the

Atlantic to find the war; but now war can find any nation, wherever it may dwell between dusk and dawn. Surely we should work with conscious purpose for a grand pacification of Europe, within the structure of the United Nations and in accordance with its Charter. That I feel is an open cause of policy of very great importance.

In front of the iron curtain which lies across Europe are other causes for anxiety. In Italy the Communist Party is seriously hampered by having to support the Communist-trained Marshal Tito's claims to former Italian territory at the head of the Adriatic. Nevertheless, the future of Italy hangs in the balance. Again one cannot imagine a regenerated Europe without a strong France. All my public life I have worked for a strong France and I never lost faith in her destiny, even in the darkest hours. I will not lose faith now. However, in a great number of countries, far from the Russian frontiers and throughout the world, Communist fifth columns are established and work in complete unity and absolute obedience to the directions they receive from the Communist centre. Except in the British Commonwealth and in the United States where Communism is in its infancy, the Communist parties or fifth columns constitute a growing challenge and peril to Christian civilization.

These are sombre facts for anyone to have to recite on the morrow of a victory gained by so much splendid comradeship in arms and in the cause of freedom and democracy; but we should be most unwise not to face them squarely while time remains.

The outlook is also anxious in the Far East and especially in Manchuria. The Agreement which was made at Yalta, to which I was a party, was extremely favourable to Soviet Russia, but it was made at a time when no one could say that the German war might not extend all through the summer and autumn of 1945 and when the Japanese war was expected to last for a further eighteen months from the end of the German war. In this country you are all so well informed about the Far East, and such devoted friends of China, that I do not need to expatiate on the situation there.

I have felt bound to portray the shadow which, alike in the west and in the east, falls upon the world. I was a high minister at the time of the Versailles Treaty and a close friend of Mr Lloyd George, who was the head of the British delegation at Versailles. I did not myself agree with many things that were done, but I have a very strong impression in my mind of that situation, and I find it painful to contrast it with that which prevails now. In those days there were high hopes and unbounded confidence that the wars were over, and that the League of Nations would become all-powerful. I do not see or feel that same confidence or even the same hopes in the haggard world at the present time.

On the other hand I repulse the idea that a new war is inevitable; still more that it is imminent. It is because I am sure that our fortunes are still in our hands and that we hold the power to save the future, that I feel the duty to speak out now that I have the occasion and the opportunity to do so. I do not believe that Soviet Russia desires war. What they desire is the fruits of war and the indefinite expansion of their power and doctrines. But what we have to consider here today while time remains, is the permanent prevention of war and the establishment of conditions of freedom and democracy as rapidly as possible in all countries. Our difficulties and dangers will not be removed by closing our eyes to them. They will not be removed by mere waiting to see what happens; nor will they be removed by a policy of appeasement. What is needed is a settlement, and the longer this is delayed, the more difficult it will be and the greater our dangers will become.

From what I have seen of our Russian friends and Allies during the war, I am convinced that there is nothing they admire so much as strength, and there is nothing for which they have less respect than for weakness, especially military weakness. For that reason the old doctrine of a balance of power is unsound. We cannot afford, if we can help it, to work on narrow margins, offering temptations to a trial of strength. If the Western Democracies stand together in strict adherence to the principles of the United Nations Charter, their influence for furthering those principles will be immense and no one is likely to molest them. If, however, they become divided or falter in their duty and if these all-important years are allowed to slip away then indeed catastrophe may overwhelm us all.

D. Cannadine (ed.), *The Speeches of Winston Churchill*, Harmondsworth, Penguin, 1990.

13 – Nehru, premier ministre de l'indépendance

Grande figure, avec le *Mahatma* Gandhi, du combat pour l'émancipation de l'Inde, Nehru fut aussi celui à qui il fut donné de présider, comme Premier ministre de 1947 à 1964, aux destinées du pays nouvellement indépendant. Cette indépendance prit effet le 14 août 1947 à minuit (d'où le titre du très beau roman de Salman Rushdie, *Midnight's Children*) au terme d'un long processus dans lequel l'historiographie impériale a longtemps voulu voir la préparation avisée et bienveillante par la métropole d'une séparation gracieusement concédée. La réalité est différente.

Diverses réformes, de 1892 (*Indian Councils Act*) à 1935 (*Government of India Act*), avaient certes progressivement étendu la participation indienne au gouvernement du sous-continent. Mais le nationalisme indien, qu'il s'exprimât par la voix du Congrès national indien ou celle de la Ligue musulmane (fondée en 1906), n'était pas si fort, ni la puissance britannique si diminuée, que l'on pût dire que la séparation était imminente, ni même envisagée. A la vérité, c'est la seconde guerre mondiale qui accélère le processus. La valeur stratégique de l'Inde, menacée par le Japon, amène Londres à proposer des concessions. La guerre s'achève sans qu'aient été surmontés certains désaccords, en particulier sur la partition du sous-continent, dont la Ligue musulmane a fait son objectif depuis 1940, faute d'entente sur une structure confédérale à laquelle le Congrès est hostile. Dans l'impasse, les Britanniques choisissent finalement de se désengager, laissant se faire la partition entre Inde et Pakistan au moment de l'indépendance.

Moins exultant que son célèbre discours de la veille (*"Long years ago we made a tryst with destiny, and now the time has come to redeem our pledge* [...]"), ce texte de Nehru publié le jour-même de l'indépendance est aussi plus poignant, plus inquiet, car déjà la responsabilité d'accomplir une œuvre historique pèse sur son auteur.

THE APPOINTED DAY HAS COME the day appointed by destiny and India stands forth again, after long slumber and struggle, awake, vital, free and independent. The past clings on to us still in some measure and we have to do much before we redeem the pledges we have so often taken. Yet the turning point is past, and history begins anew for us, the history which we shall live and act and others will write about.

It is a fateful moment for us in India, for all Asia and for the world. A new star rises, the star of freedom in the East, a new hope comes into being, a vision long cherished materializes. May the star never set and that hope never be betrayed!

We rejoice in that freedom, even though clouds surround us, and many of our people are sorrow-stricken and difficult problems encompass us. But freedom brings responsibilities and burdens and we have to face them in the spirit of a free and disciplined people.

On this day our first thoughts go to the architect of this freedom, the Father of our Nation, who, embodying the old spirit of India, held aloft the torch of freedom and lighted up the darkness that surrounded us. We have often been unworthy followers of his and have strayed from his message, but not only we but succeeding generations will remember this message and bear the imprint in their hearts of this great son of India, magnificent in his faith and strength and courage and humility. We shall never allow that torch of freedom to be blown out, however high the wind or stormy the tempest.

Our next thoughts must be of the unknown volunteers and soldiers of freedom who, without praise or reward, have served India even unto death.

We think also of our brothers and sisters who have been cut off from us by political boundaries and who unhappily cannot share at present in the freedom that has come. They are of us and will remain of us whatever may happen and we shall be sharers in their good and ill fortune alike.

The future beckons to us. Whither do we go and what shall be our endeavour? To bring freedom and opportunity to the common man, to the peasants and workers of India; to fight and end poverty and ignorance and disease; to build up a prosperous, democratic and progressive nation, and to create social, economic and political institutions which will ensure justice and fullness of life to every man and woman.

We have hard work ahead. There is no resting for any one of us till we redeem our pledge in full, till we make all the people of India what destiny intended them to be. We are citizens of a great country, on the verge of bold advance, and we have to live up to that high standard. All of us, to whatever religion we may belong, are equally the children of India with equal rights, privileges and obligations. We cannot encourage communalism or narrow-mindedness, for no nation can be great whose people are narrow in thought or in action.

To the nations and peoples of the world we send greetings and pledge ourselves to co-operate with them in furthering peace, freedom and democracy.

And to India, our much-loved motherland, the ancient, the eternal and the ever-new, we pay our reverent homage and we bind ourselves afresh to her service. Jai Hind.

"A Message to the Press", *The Statesman*, (15 August 1947), in S. Copal, *Jawaharlal Nehru. An Anthology*, Delhi, Oxford University Press, 1981.

14 – Le vent de la décolonisation

Le discours du « vent du changement » – "*The wind of change is blowing through the continent*" – prononcé au Cap devant le parlement sud-africain le 3 février 1960 par Harold Macmillan marque une étape importante : le Premier ministre britannique, au milieu de son mandat (1957-1963), annonce la fin de l'empire et présente une analyse politique du monde où il invite l'Afrique du sud à renoncer à l'apartheid pour se ranger du côté de l'Ouest, qui condamne le racisme et défend les libertés.

Les années 1960 seront celles de la décolonisation en Afrique. Macmillan le pressent et le dit. Déjà le Ghana, avec N'Krumah, a accédé à l'indépendance en 1957, et en cette même année 1960, se proclame république. La vaste fédération du Nigéria lui emboîte le pas quelque temps plus tard. Macmillan voit là une évolution historique naturelle, d'où les métaphores du vent et de la marée, forces auxquelles les hommes doivent se soumettre, et qu'ils peuvent au mieux apprivoiser. Cette évolution naturelle, c'est l'éveil des consciences nationales : l'Europe l'a connue, puis l'Asie ; voici venu le tour de l'Afrique.

L'un des intérêts de ce discours, c'est que Macmillan ait choisi de le prononcer dans l'un des lieux les moins réceptifs à ce type d'analyse : le parlement d'une Afrique du sud qui, sous l'autorité de H. F. Verwoerd – mort assassiné six ans plus tard – pratique un apartheid féroce.

À long terme, Macmillan avait raison sur le fond. Les Sud-Africains ont attendu trente ans pour finalement entendre le message. En 1960, ils sont restés sourds à la mise en garde de Macmillan. Quelques semaines plus tard, se déroulait le massacre de Sharpeville qui fit des dizaines de morts et des centaines de blessés parmi les noirs. L'année suivante, l'Afrique du sud se déclarait république indépendante et quittait le Commonwealth.

Macmillan, né en 1894, est mort en 1986. Jusqu'au terme de sa longue vie, il a siégé à la Chambre des Lords où, bien que conservateur, il s'est souvent opposé, en tant qu'Earl Stockton, aux initiatives de Margaret Thatcher.

Growing Nationalism

Ever since the break-up of the Roman Empire one of the constant facts of political life in Europe has been the emergence of independent nations. They have come into existence over the centuries in different shapes with different forms of government. But all have been inspired with a keen feeling of nationalism, which has grown as nations have grown.

In the twentieth century, and especially since the end of the war, the processes which gave birth to the nation-states of Europe have been repeated all over the world. We have seen the awakening of national consciousness in peoples who have for centuries lived in dependence on some other power.

Fifteen years ago this movement spread through Asia. Many countries there, of different races and civilizations, pressed their claim to an independent national life.

To-day, the same thing is happening in Africa. The most striking of all the impressions I have formed since I left London a month ago is of the strength of this African national consciousness. In different places it may take different forms, but it is happening everywhere. The wind of change is blowing through the continent.

Whether we like it or not, this growth of national consciousness is a political fact. We must all accept it as a fact. Our national policies must take account of it.

Of course, you understand this as well as anyone. You are sprung from

Europe, the home of nationalism. And here in Africa you have yourselves created a full nation – a new nation. Indeed, in the history of our times yours will be recorded as the first of the African nationalism.

And this tide of national consciousness which is now rising in Africa is a fact for which you and we and the other nations of the western world are ultimately responsible.

For its causes are to be found in the achievements of western civilization in pushing forward the frontiers of knowledge, applying science in the service of human needs, expanding food production, speeding and multiplying means of communication, and, above all, spreading education.

As I have said, the growth of national consciousness in Africa is a political fact and we must accept it as such. I sincerely believe that if we cannot do so, we may imperil the precarious balance of east and west on which the peace of the world depends.

Example of freedom

The world to-day is divided into three great groups. First, there are what we call the western Powers. You in South Africa and we in Britain belong to this group, together with our friends and allies in other parts of the Commonwealth, in the United States of America, and in Europe.

Secondly, there are the Communists – Russia and her satellites in Europe and China, whose population will rise by 1970 to the staggering total of 800 million. Thirdly, there are those parts of the world whose people are at present uncommitted either to Communism or to our western ideas. In this context we think first of Asia and of Africa.

As I see it, the great issue in this second half of the twentieth century is whether the uncommitted peoples of Asia and Africa will swing to the east or to the west. Will they be drawn into the Communist camp? Or will the great experiments in self-government that are now being made in Asia and Africa, especially within the Commonwealth, prove so successful, and by their example so compelling, that the balance will come down in favour of freedom and order and justice?

"Struggle is joined"

The struggle is joined and it is a struggle for the minds of men. What is now on trial is much more than our military strength or our diplomatic and administrative skill. It is our way of life.

The uncommitted nations want to see before they choose. What can we show them to help them choose aright? Each of the independent members of the Commonwealth must answer that question for itself.

It is the basic principle for our modern Commonwealth that we respect each other's sovereignty in matters of internal policy. At the same time, we must recognize that, in this shrinking world in which we live to-day, the internal policies of one nation may have effects outside it. We may sometimes be tempted to say to each other, "Mind your own business". But in these days I would myself expand the old saying so that it runs, "Mind your own business, but mind how it affects my business, too".

Let me be very frank with you, my friends. What Governments and Parliament in the United Kingdom have done since the war in according independence to India, Pakistan, Ceylon, Malaya, and Ghana, and what they will do for Nigeria and the other countries now nearing independence – all this, though we take full and sole responsibility for it, we do in the belief that it is the only way to establish the future of the Commonwealth and of the free world on sound foundations.

Respect for rights

ALL THIS, OF COURSE, is also of deep and close concern to you, for nothing we do in this small world can be done in a corner or remain hidden. What we do to-day in West, Central, and East Africa becomes known to everyone in the Union, whatever his language, colour or tradition.

Let me assure you in all friendliness that we are well aware of this, and that we have acted and will act with full knowledge of the responsibility we have to you and to all our friends. Nevertheless, I am sure you will agree that in our own areas of responsibility we must each do what we think right. What we think right derives from long experience, both of failure and success in the management of our own affairs.

We have tried to learn and apply the lessons of both. Our judgment of right and wrong and of justice is rooted in the same soil as yours – in Christianity and in the rule of law as the basis of a free society.

This experience of our own explains why it has been our aim, in countries for which we have borne responsibility, not only to raise the material standards of living but to create a society which respects the rights of individuals – a society in which men are given the opportunity to grow to their full stature, and that must in our view include the opportunity to have an increasing share in political power and responsibility; a society in which individual merit, and individual merit alone, is the criterion for man's advancement whether political or economic.

Minority problem

FINALLY, in countries inhabited by several different races, it has been our aim to find the means by which the community can become more of a community, and fellowship can be fostered between its various parts.

This problem is by no means confined to Africa, nor is it always the problem of the European minority. In Malaya, for instance, though there are Indian and European minorities, Malays and Chinese make up the great bulk of the population, and the Chinese are not much fewer in numbers than Malays. Yet these two peoples must learn to live together in harmony and unity, and the strength of Malaya as a nation will depend on the different contributions which the two races can make.

The attitude of the United Kingdom towards this problem was clearly expressed by the Foreign Secretary, Mr. Selwyn Lloyd, speaking at the United Nations General Assembly on September 17, 1959. These are his words: –

> "In those territories where different races or tribes live side by side, the task is to ensure that all the people may enjoy security and freedom and the chance to contribute as individuals to the progress and well being of these countries. We reject the idea of any inherent superiority of one race over another. Our policy therefore is non-racial. It offers a future in which Africans, Europeans, Asians, the peoples of the Pacific, and others with whom we are concerned, will all play their full part as citizens in the countries where they live and in which feelings of race will be submerged in loyalty to the new nations."

I have thought you would wish me to state plainly and with full candour the policy for which we in Britain stand.

It may well be that in trying to do our duty as we see it, we shall sometimes make difficulties for you. If this proves to be so, we shall regret it.

But I know that even so, you would not ask us to flinch from doing our duty. You, too, will do your duty as you see it.

Baffling issues

I am well aware of the peculiar nature of the problems with which you are faced here in the Union of South Africa. I know the differences between your situation and that of most of the other states in Africa.

You have here some three million people of European origin. This country is their home. It has been their home for many generations. They have no other. The same is true of the Europeans in Central and East Africa.

In most other African states, those who have come from Europe have come to work, to contribute their skills, perhaps to teach, but not to make a home.

The problems to which you members of the Union Parliament have to address yourselves are very different from those which face the parliaments of countries with homogeneous populations. These are complicated and baffling problems. It would be surprising if your interpretation of your duty did not sometimes produce very different results from ours in terms of government policies and actions.

As a fellow member of the Commonwealth, it is our earnest desire to give

South Africa our support and encouragement, but I hope you won't mind my saying frankly that there are some aspects of your policies which make it impossible for us to do this without being false to our own deep convictions about the political destinies of free men, to which in our own territories we are trying to give effect.

I think we ought as friends to face together – without seeking to apportion credit or blame – the fact that in the world of to-day this difference of outlook lies between us. […]

In conclusion, may I say this, I have spoken frankly about the differences between our two countries in their approach to one of the great current problems with which each has to deal within its own sphere of responsibility. These differences are well known, they are matters of public knowledge – indeed, of public controversy. And I should have been less than honest if, by remaining silent on them, I had seemed to imply that they did not exist.

But differences on one subject, important though it is, need not and should not impair our capacity to cooperate with one another in furthering the many practical interests which we share in common. The independent members of the Commonwealth do not always agree on every subject. It is not a condition of their association that they should do so. On the contrary, the strength of our Commonwealth lies largely in the fact that it is a free association of independent sovereign States, each responsible for ordering its own affairs but cooperating in the pursuit of common aims and purposes in world affairs.

Moreover, these differences may be transitory. In time, they may be resolved. Our duty is to see them in perspective against the background of our long association.

Of this, at any rate, I am certain. Those of us, who, by the grace of the electorate, are temporarily in charge of affairs in my country and in yours have no right to sweep aside on this account the friendship that exists between our two countries. For that is the legacy of history. It is not ours alone to deal with as we wish.

Resolving to build

We must face the differences. But let us try to see beyond them down the long vista of the future. I hope – indeed I am confident – that in another 50 years we shall look back on the differences that exist between us now as matters of historical interest.

For as time passes and one generation yields to another, human problems change and fade. Let us remember these truths. Let us resolve to build, not to destroy. And let us remember always that weakness comes from division and strength from unity.

The Times, 4 February 1960.

15 – *La fée technologie*

L'extrait qui suit est tiré d'un discours de Harold Wilson prononcé en 1963, alors qu'il était tout nouveau leader du parti travailliste, après la mort de Hugh Gaitskell, et qu'il préparait le retour au pouvoir des travaillistes après une longue traversée du désert. Ce discours marque un tournant dans l'évolution du parti travailliste, si divisé peu de temps auparavant entre son aile droite et son aile gauche, et si habité par le besoin d'une unité à reforger. Il est donc souvent mentionné, mais plus rarement cité : si le thème principal qu'il aborde survit dans la mémoire historique de la nation, les phrases et les mots réels ont pour la plupart été oubliés.

L'idée de base : la révolution technologique et scientifique est lancée, et le rôle du socialisme nouveau que le parti travailliste doit incarner est de servir et de nourrir cette révolution pour faire profiter de ses fruits la nation tout entière. C'est la célébration du mariage du socialisme et de la science.

Il est intéressant de noter comment Harold Wilson utilise le thème de la révolution technologique pour prendre ses distances tout à la fois avec la bourgeoisie capitaliste – caricaturée comme obsolète et dépassée – et l'Union soviétique – certes toujours vue comme un géant scientifique, mais vouée à un communisme inhumain. Entre les deux, le travaillisme de Wilson se présente comme un socialisme moderne et démocratique, et la seule force de progrès. Il y eut certes loin de la coupe aux lèvres en 1970, mais cette image d'un travaillisme à la pointe de la modernité ne fut pas étrangère au double succès de Wilson en 1964 : étant parvenu à resserrer les rangs du parti, il reprit le pouvoir aux conservateurs après treize ans dans l'opposition.

Last month the Ministry of Labour told us that 38,000 boys and girls, who left school in July, had not found work. This figure, as we all know, excluded many who, unable to find work, had returned to schools unfitted and ill-equipped to take them back. It excludes, too, the many who found temporary employment in blind-alley jobs. That this country should not be able to provide employment for boys and girls leaving school and going out into the world for the first time is an intolerable reflection of our so-called civilisation. Galbraith warned the world a few years ago that social imbalance is the inevitable consequence of the unplanned affluent society, and we are finding this imbalance in the growing number of young people and of old people who cannot find employment. That is why we need the new industries, the revitalisation of declining industries and declining areas, to provide new hope for the nation's youth.

Again we must relate our scientific planning to the problems of the war on world poverty. In a system of society beset by the delirium of advertising and the ceaseless drive to produce new and different variants of existing consumer goods and services, there is no thought being given to the research that is needed to find the means of increasing food production for those millions in Asia and Africa who are living on the poverty line and below the poverty line.

It is very nice that we should be putting so much research into colour television, it is very nice that we should be putting all our energies into producing bigger and better washing machines to sell in Düsseldorf. What we should be doing is to be developing the means of mass producing simple tractors and ploughs to increase food production. In an advanced world which has long by-passed the steam engine in favour of oil and electricity as a means of propulsion we ought to be giving more thought to developing the research of this country for producing little simple one – or two – horsepower steam engines, because that is what the world needs, able to use local fuels, and capable of lifting water from that ditch to those fields a few hundred yards away. Swift saw the answer and the problem in *Gulliver's Travels* 250 years ago when he said: "Whoever could make two ears of corn or two blades of grass to grow upon a spot of ground where only one grew before, would deserve better of mankind and do more essential service to his country than the whole race of politicians put together."

Again, I should like to see the scientific departments of the new universities that we have been talking about mobilised to direct their scientific research to the special problems of underdeveloped countries, the needs of biological research to provide new break-throughs in plant breeding, in the use of fertilisers, and in animal husbandry; in all the things that are needed to increase crops and to increase food.

Then again, what is the sense of closing down railway workshops that could provide the transport equipment that would make all the difference between poverty and solvency in newly developing countries?

Labour means business about world development. We are going to establish a full-scale Ministry of Overseas Development, with a Minister of Cabinet rank, to join with the Ministry of Science in mobilising Britain's scientific wealth for the task of creating, not the means of human destruction, but the munitions of peace.

Let me conclude with what I think the message of all this is for this Conference, because in this Conference, in all our plans for the future, we are re-defining and we are re-stating our Socialism in terms of the scientific revolution. But that revolution cannot become a reality unless we are prepared to make far-reaching changes in economic and social attitudes which permeate our whole system of society.

The Britain that is going to be forged in the white heat of this revolution will be no place for restrictive practices or for outdated methods on either side of industry. We shall need a totally new attitude to the problems of apprenticeship, of training and re-training for skill. If there is one thing where the traditional philosophy of capitalism breaks down it is in training for apprenticeship, because quite frankly it does not pay any individual firm, unless it is very altruistic or quixotic or farsighted, to train apprentices if it knows at the end of the period of training they will be snapped up by some unscrupulous firm that makes no contribution to apprenticeship training. That is what economists mean when they talk about the difference between marginal private cost and net social cost.

So we are going to need a new attitude. In some industries we shall have to get right away from the idea of apprenticeship to a single firm. There will have to be apprenticeship with the industry as a whole, and the industry will have to take responsibility for it. Indeed, if we are going to end demarcation and snobbery in our training for skill and for science why should not these apprenticeship contracts be signed with the State itself? Then again, in the Cabinet room and the board room alike those charged with the control of our affairs must be ready to think and to speak in the language of our scientific age.

For the commanding heights of British industry to be controlled today by men whose only claim is their aristocratic connections or the power of inherited wealth or speculative finance is as irrelevant to the twentieth century as would be the continued purchase of commissions in the armed forces by lordly amateurs. At the very time that even the MCC has abolished the distinction between amateurs and professionals, in science and industry we are content to remain a nation of Gentlemen in a world of Players.

For those of us who have studied the formidable Soviet challenge in the education of scientists and technologists, and above all, in the ruthless application of scientific techniques in Soviet industry, know that our future lies not in military strength alone but in the efforts, the sacrifices, and above all the energies which a free people can mobilise for the future greatness of our country. Because we are democrats, we reject the methods which communist countries are deploying in applying the results of scientific research to industrial life. But because we care deeply about the future of Britain, we must use all the resources of democratic planning, all the latent and under-developed energies and skills of our people, to ensure Britain's standing in the world. That is the message which I believe will go out from this Conference to the people of Britain and to the people of the world.

Harold Wilson, *Purpose in Politics*, Selected Speeches by the Rt Hon. Harold Wilson, Londres, Weidenfeld & Nicolson, 1964.

16 – *Les Anglais d'abord*

Ce discours d'Enoch Powell fut prononcé à Birmingham le 20 avril 1968. Il est donc connu, soit sous le nom de discours de Birmingham, soit comme discours du «fleuve de sang» (*river of blood*), pour reprendre la métaphore qui figure à la fin du texte. Il créa une émotion intense et valut à son auteur des dizaines de milliers de lettres envoyées soit pour lui donner raison, soit pour dénoncer le contenu ouvertement raciste du propos.

Enoch Powell, né en 1912, était un universitaire – il avait enseigné le grec dès l'âge de 24 ans – qui avait rejoint les rangs des conservateurs en 1946 après avoir quitté l'armée. En 1968, il restait un cacique du parti *tory*. Il avait occupé des fonctions gouvernementales au ministère de la Santé entre 1960 et 1963, et il était membre, à l'époque de ce discours, du cabinet-fantôme dirigé par Edward Heath. Ce fut donc un intellectuel raffiné et un dirigeant politique distingué qui s'exprima ce 20 avril 1968 à Manchester sur le thème de l'immigration. On comprend, à la lecture du texte, la violence du coup de tonnerre qu'il provoqua. L'immigration est brandie comme un épouvantail et Enoch Powell suscite le cauchemar d'une Angleterre blanche, noyée sous le flot d'immigrants de couleur. Il prédit à terme un cataclysme social si l'immigration n'est pas stoppée et si des mesures énergiques de retour au pays pour les immigrants actuels ne sont pas prises.

Le discours marqua le début d'un désaccord profond avec Edward Heath et le parti conservateur, qu'il finit par quitter peu de temps après pour protester contre la politique conduite par les *Tories* à la fois en Irlande du Nord et vis-à-vis de l'Europe, où la Grande-Bretagne fit son entrée en 1973. Enoch Powell resta malgré tout député, dans les rangs unionistes de l'Ulster, jusqu'en 1987.

[...] A WEEK OR TWO AGO I fell into conversation with a constituent, a middle-aged, quite ordinary working man employed in one of our nationalised industries. After a sentence or two about the weather, he suddenly said: "If I had the money to go, I wouldn't stay in this country." I made some deprecatory reply, to the effect that even this government wouldn't last for ever; but he took no notice, and continued: "I have three children, all of them been through grammar school and two of them married now, with family. I shan't be satisfied till I have seen them all settled overseas. In this country in fifteen or twenty years time the black man will have the whip-hand over the white man."

I can already hear the chorus of execration. How dare I say such a horrible thing? How dare I stir up trouble and inflame feelings by repeating such a conversation? The answer is that I do not have the right not to do so. Here is the decent, ordinary fellow-Englishman, who in broad daylight in my own town says to me, his member of Parliament, that this country will not be worth living in for his children. I simply do not have the right to shrug my shoulders and think about something else. What he is saying, thousands and hundreds of thousands are saying and thinking – not throughout Great Britain, perhaps, but in the areas that are already undergoing the total transformation to which there is no parallel in a thousand years of English history.

In fifteen or twenty years, on present trends, there will be in this country 3 million 1/2 Commonwealth immigrants and their descendants. That is not my figure. That is the official figure given to Parliament by the spokesman of the Registrar General's office. There is no comparable official figure for the year 2000; but it must be in the region of five to seven million, approximately one-tenth of the whole population, and approaching that of Greater London. Of course, it will not be evenly distributed from Margate to Aberystwyth and from Penzance to Aberdeen. Whole areas, towns and parts of towns across England will be occupied by different sections of immigrants and immigrant-descended population.

As time goes on, the proportion of this total who are immigrant descendants, those born in England, who arrived here by exactly the same route as the rest of us, will rapidly increase. Already by 1985 the native-born would constitute the majority. It is this fact above all which creates the extreme urgency of action now, of just that kind of action which is hardest for politicians to take, action where the difficulties lie in the present but the evils to be prevented or minimised lie several parliaments ahead.

The natural and rational first question with a nation confronted by such a prospect is to ask: "How can its dimension be reduced?" Granted it be not wholly preventable, can it be limited, bearing in mind that numbers are of the essence: the significance and consequences of an alien element introduced into a country or population are profoundly different according to whether that element is 1 per cent or 10 per cent. The answers to the simple and rational question are equally simple and rational: by stopping, or virtually stopping, further inflow, and by promoting the maximum outflow. Both answers are part of the official policy of the Conservative Party.

It almost passes belief that at this moment twenty or thirty additional immigrant children are arriving from overseas in Wolverhampton alone every week-end that means fifteen or twenty additional families of a decade or two hence. Those whom the gods wish to destroy, they first make mad. We must be mad, literally mad, as a nation to be permitting the annual inflow of some 50,000 dependants, who are for the most part the material of the future growth of the immigrant-descended population. It is like watching a nation busily engaged in heaping up his own funeral pyre. So insane are we that we actually permit unmarried persons to immigrate for the purpose of founding a family with spouses and fiancés whom they have never seen. Let no one suppose that the flow of dependants will automatically tail off. On the contrary, even at the present admission rate of only 5,000 a year by voucher, there is sufficient for a further 25,000 dependants per annum *ad infinitum*, without taking into account the huge reservoir of existing relations in this country – and I am making no allowance at all for fraudulent entry. In these circumstances nothing will suffice but that the total inflow for settlement should be reduced at once to negligible proportions, and that the necessary legislative and administrative measures be taken without delay. I stress the words "for settlement". This has nothing to do with the entry of Commonwealth citizens, any more than of aliens, into this country, for the purposes of study or of improving their qualifications, like (for instance) the Commonwealth doctors who, to the advantage of their own countries, have enabled our hospital service to be expanded faster than would otherwise have been possible. These are not, and never have been, immigrants. [...]

We are on the verge here of a change. Hitherto it has been force of circumstance and of background which has rendered the very idea of integration inaccessible to the greater part of the immigrant population – that they never conceived or intended such a thing, and that their numbers and physical concentration meant the pressures towards integration which normally bear upon any small minority did not operate. Now we are seeing the growth of positive forces acting against integration, of vested interests in the preservation and sharpening of racial and religious differences, with a view to the exercise of actual domination, first over fellow-immigrants and then over the rest of the population. The cloud no bigger than a man's hand, that can so rapidly overcast the sky, has been visible recently in Wolverhampton and has shown signs of spreading quickly. The words I am about to use, verbatim as they appeared in the local press on February 17, are not mine, but those of a Labour Member of Parliament who is a Minister in the present government. "The Sikh community's campaign to maintain customs inappropriate in Britain is much to be regretted. Working in Britain, particularly in the public services they should be prepared to accept the terms and conditions of their employment. To claim special communal rights (or should one say rites?) leads to a dangerous fragmentation within society. This communalism is a canker; whether practised by one colour or another it is to be strongly condemned." All credit to John Stonehouse for having had the insight to perceive that, and the courage to say it.

For these dangerous and divisive elements the legislation proposed in the Race Relations Bill is the very pabulum they need to flourish. Here is the means of showing that the immigrant communities can organise to consolidate their members, to agitate campaign against their fellow-citizens, and to overawe and dominate the rest with the legal weapons which the ignorant and the ill-informed have provided. As I look ahead, I am filled with foreboding. Like the Roman, I seem to see "the River Tiber foaming with much blood". That tragic and intractable phenomenon which we watch with horror on the other side of the Atlantic but which there is interwoven with the history and existence of the States itself, is coming upon us here by our own volition and our own neglect. Indeed, it has all but come. In numerical terms, it will be of American proportions long before the end of the century. Only resolute and urgent action will avert it even now. Whether there will be the public will to demand and obtain the action, I do not know. All I know is that to see, and not to speak, would be the great betrayal.

Enoch Powell, *Freedom and Reality*, Kingswood, Elliot Right Way Books, 1969.

17 – Travaillistes et syndicalistes : In Place of Strife, *1969*

Il peut paraitre paradoxal de mettre ici en relief un texte qui resta sans effets. Le passage qui suit est un extrait du livre blanc *In Place Of Strife*, publié en 1969 par le gouvernement travailliste. Il avait pour objet d'analyser l'état des « relations industrielles » (c'est-à-dire les rapports entre syndicats et patronat), d'en relever les défauts, et de proposer des remèdes. L'exercice est toujours difficile. Lorsque c'est le parti travailliste – créé historiquement par les syndicats – qui s'attelle à cette tâche, l'entreprise devient plus ardue et délicate encore. D'ailleurs, elle capotera : le livre blanc, préparé par Barbara Castle, devait ouvrir la voie à un texte législatif, qui ne vit jamais le jour. Les débats internes au parti travailliste furent houleux – au point que James Callaghan, qui devait devenir Premier ministre après Wilson en 1976, fit connaître son opposition au texte. La défaite du *Labour* aux élections de 1970 mit le point final.

Pourquoi alors extraire ce texte des archives ? Parce qu'il a laissé des traces dans la mémoire collective, et pas simplement dans celle des travaillistes. Parce qu'aussi il témoigne de la complexité des rapports entre le gouvernement et les syndicats, et de la marge étroite dont Wilson disposait pour, d'un côté, garantir des droits nouveaux aux travailleurs et affirmer le caractère légitime du droit de grève, et de l'autre protéger l'économie du pays contre les grèves sauvages, devenues fréquentes dans les années 1960. Les controverses suscitées par *In Place of Strife* annoncent aussi, d'une certaine manière, la crise de confiance entre une partie du monde syndical et le gouvernement travailliste qui se traduisit par les grèves du *Winter of Discontent* de 1978-1979. Peu de temps après, les travaillistes perdaient le pouvoir pour dix-huit années consécutives.

À l'origine du livre blanc, on trouve le rapport de la Commission Donovan créée par Wilson en 1965, qui recommandait une réforme du système des négociations collectives pour diminuer l'importance du phénomène des grèves. Wilson et Barbara Castle s'en inspirèrent et, devant le nombre accru de conflits difficiles (dockers, cheminots etc...), cherchèrent à accorder à l'État des pouvoirs discrétionnaires, comme celui d'ordonner un vote à bulletin secret avant de lancer une grève officielle, ou celui encore, dans certaines circonstances, d'obliger à une pause pour conciliation. Autant de mesures qui paraîtront timides après les années Thatcher, où les syndicats ont dû se soumettre à bien d'autres règlements ; mais des mesures qui, dans le climat de revendication de la fin des années 1960, apparurent excessives au *Trades Union Congress* (*TUC*) et à certains dirigeants du parti travailliste.

The present state of industrial relations

10. [...] THE REPORT OF THE ROYAL COMMISSION on Trade Unions and Employers Associations contains the essential material to enable both the Government and the country to decide what changes are needed for the 1970s.

11. It shows that at its best our system works well, and that many criticisms which have been made of it are largely unjustified. There are many companies, and even industries, in which industrial relations are well conducted. In general, managers who recognise and deal with union officials and shop stewards testify to their reason and good sense. Similar tributes to managements are made by many union officials and shop stewards. Research for the Royal Commission revealed few signs that trade union members were dissatisfied with their unions. Most unions officials said they appreciated the work of shop stewards and the relationship between them and their stewards appeared to be good.

12. It is not even true to say that the Royal Commission's inquiries and surveys reveal a state of general complacency and disinclination to change. Managements have in recent years successfully carried through some remarkable experiments in the field of collective bargaining – many of them connected with the growth of productivity agreements. Changes are taking place in trade union organisation. Indeed, there has probably never been a time when more amalgamation schemes and mergers have been under discussion by the trade unions of this country. On both sides of industry there is a growing awareness of the need for change, and many managers and trade union officials are making strenuous efforts to bring this about. The measures proposed in this White Paper should not be interpreted as a criticism of their efforts. The Government's proposals are designed to assist the forces of change and to direct them into the most constructive channels.

13. Nevertheless our present system of industrial relations has serious deficiencies – both from the point of view of the community and of the individual employee. The disparity of power between employee and employer, though much reduced, still persists, particularly in areas where trade unionism is weak. Lock-outs are now almost unknown, but in their place has come the new threat of widespread redundancies as industry is re-structured and mergers multiply. New disparities of power have grown up between one group of employees and another. For example, imperfect competition in many industries may enable unions and employers to combine to exploit their market power at the expense of other members of the community.
14. Again the growing interdependence of modern industry means that the use of the strike weapon in certain circumstances can inflict disproportionate harm on the rest of society. The right of an employee to withdraw his labour is one of the essential freedoms in a democracy and the existence of this right has undoubtedly contributed to industrial progress and to the development of a more just society. But it is also true that in certain situations today, strikes by groups in key positions can damage the interests of other people so seriously – including the interests of other trade unionists – that they should only be resorted to when all other alternatives have failed.
15. The deficiencies of Britain's system of industrial relations are reflected in the character of our strike problem. It is true that, in comparison with many other countries, Britain's strike record, if measured by the number of employees directly involved and the number of working days directly lost, is relatively good. But this does not mean that the industrial effects may not be more serious. As the Donovan Report pointed out: "That tally gives a very imperfect measure of the economic consequences of a strike." Compared with other countries we have a large number of strikes in relation to our workforce and in industries other than coal-mining the number of strikes has gone up considerably in recent years. The typical British strike is unofficial and usually in breach of agreed procedure. Although it is often soon over, it comes with little warning and the disruptive effect can be serious. It is commonest in a small number of industries such as motor assembly and components, the docks and shipbuilding. Other industries often have long periods without strikes, but they may suffer indirectly because of a strike at a key point of their supplies or services. This type of strike can cause far-reaching dislocation of work and at times takes place in complete disregard of its consequences for the community. These indirect effects are not reflected in the strike statistics.

16. Finally, our organised system of collective bargaining has not got to grips with a number of economic and social problems. As the Donovan Report indicated, it has often failed to provide for effective and acceptable collective bargaining arrangements covering matters of common concern to employees and employers. Little has been done to reform outdated and

generally condemned procedural agreements – such as those now existing in the engineering industry. Too often employees have felt that major decisions directly concerning them were being taken at such a high level that the decision-makers were out of reach and unable to understand the human consequences of their actions. Decisions have been taken to close down plants without consultation and with inadequate fore-warning to the employees. Outdated social distinctions between hourly-paid employees and those on staff conditions have been perpetuated. At the same time some employers have opposed and obstructed the spread of collective bargaining to new sections of the work force, especially those increasing numbers employed in "white-collar" jobs. Unions too have often failed to involve their members closely enough in their work, or to tackle with sufficient urgency the problems of overlapping membership and unnecessary rivalry, which always diminish their effectiveness and sometimes their reputation. Many employers' relations with unions have been greatly complicated by the large number of unions that may have members in a single factory.

17. The combined effect of such defects is to increase the feeling of many employees that they have no real stake in the enterprise for which they work. There are of course other factors too. Britain is passing through a period of rapid technological change. New processes and methods of production are combined with changing patterns of company ownership and management structure. Established jobs and ways of work are disappearing to be replaced by unusual and unfamiliar tasks in surroundings often equally strange. This naturally reinforces feelings of insecurity among employees and even management itself, and results in lack of co-operation and resistance to change, especially if systems for dealing with legitimate grievances and problems of all kinds do not adapt themselves to the demands placed upon them. Efficiency suffers and the community pays.

18. Yet there can be no reversal of the forces of change. On the contrary, the Government has taken action to accelerate change. This is necessary if Britain is to survive and prosper. But it means that we must make sure that employees have the opportunity to participate in influencing the direction of change, that we must overhaul arrangements for dealing with the consequences of change as they affect all who work in industry, and that we must remedy the defects described in the preceding paragraph. This requires policies to secure four objectives:

(i) the reform of collective bargaining;

(ii) the extension of the role and rights of trade unions;

(iii) new aids to those who are involved in collective bargaining; and

(iv) new safeguards for the community and individuals.

The next four sections of this White Paper explain the major measures proposed by the Government to deal with each of these questions.

Parliamentary Accounts and Papers, vol. LIII, 1968-1969.

18 – À quoi sert l'école ?

Plus de vingt-cinq ans après, le discours prononcé par James Callaghan, Premier ministre travailliste, au Ruskin College, Oxford, en octobre 1976, continue d'être cité et mentionné comme un texte charnière. Son thème : l'état de l'enseignement public en Angleterre, les défauts à corriger, les nouvelles orientations à donner. Pourquoi accorder tant d'importance à un discours sur l'éducation ? Trois raisons au moins existent.

La première tient au fait que, dans une grande mesure, ce fut pour les travaillistes un discours auto-critique. Le système éducatif, depuis 1945, et plus encore depuis 1965, avait été remodelé par la gauche anglaise. Dans le primaire, elle avait soutenu une pédagogie centrée sur l'enfant plus que sur les savoirs à assimiler (*progressive*), lancé, pour le second degré, le mouvement de l'école unique (*comprehensive*), et créé les instituts polytechniques dans l'enseignement supérieur pour y ancrer l'enseignement technologique. Or, voilà qu'au milieu des années 70, où les premiers signes du chômage sont apparus, le Premier ministre travailliste lance une mise en garde : n'aurait-on pas trop négligé la fonction économique de l'école, celle qui sert à préparer élèves et étudiants aux réalités du travail et aux besoins de l'industrie ? Stupéfaction dans les rangs travaillistes, stupeur chez les enseignants : depuis plus de dix ans, un consensus semblait s'être forgé sur la nécessité de privilégier la fonction sociale de l'école, chargée de réduire les inégalités criantes dans le pays.

La deuxième raison tient à la thématique du discours : les patrons de l'industrie se plaignent du niveau des jeunes qu'ils recrutent; les étudiants, même ceux formés par les instituts polytechniques, boudent les emplois industriels ; l'enseignement supérieur privilégie les humanités aux dépens des sciences ou de l'ingénierie ; les parents se plaignent des méthodes pédagogiques adoptées à l'école, et leurs craintes sont légitimes. Que faire, pour redresser la barre, et resserrer les liens entre le monde de l'école et celui du travail ? Élaborer un tronc commun d'enseignement – plutôt que de laisser les enseignants seuls, dans les établissements, décider des programmes ; cesser de penser en termes de moyens toujours accrus : plutôt que de réclamer des crédits supplémentaires, le système éducatif a besoin d'être soumis à une évaluation rigoureuse ; réexaminer les finalités de l'enseignement : il ne s'agit plus simplement de favoriser l'éclosion heureuse d'esprits juvéniles, mais d'inculquer aux élèves des compétences solides et utiles.

La troisième raison découle logiquement de la seconde : ce discours travailliste rompt avec le consensus précédent, et annonce la politique scolaire des conservateurs. La loi de réforme éducative votée en 1988 a voulu corriger les défauts signalés par James Callaghan et s'inscrit dans une logique voisine, tout en poussant beaucoup plus loin, à l'évidence, la réflexion et les réformes.

FIRST LET ME SAY, so that there should be no misunderstanding, that I have been very impressed in the schools I have visited by the enthusiasm and dedication of the teaching profession, by the variety of courses that are offered in our comprehensive schools, especially in arts and crafts as well as in other subjects; and by the alertness and keenness of many of the pupils. Clearly, life at school is far more full and creative than it was many years ago. I would also like to thank the children who have been kind enough to write to me after I visited their schools: and well-written letters they were. I recognise that teachers occupy a special place in these discussions because of their real sense of professionalism and vocation about their work. But I am concerned on my journeys to find complaints from industry that new recruits from the schools sometimes do not have the basic tools to do the job that is required.

I have been concerned to find that many of our best trained students who have completed the higher levels of education at university or polytechnic have no desire to join industry. Their preferences are to stay in academic life or to find their way into the Civil Service. There seems to be a need for a more technological bias in science teaching that will lead towards practical applications in industry rather than towards academic studies. Or, to take other examples, why is it that such a high proportion of girls abandon science before leaving school? Then there is concern about the standards of numeracy of school leavers. Is there not a case for a professional review of the mathematics needed by industry at different levels? To what extent are these deficiencies the result of insufficient co-ordination between schools and industry? Indeed how much of the criticism about basic skills and attitudes is due to industry's own shortcomings rather than to the educational system? Why is it that 30,000 vacancies for students in science and engineering in our universities and polytechnics were not taken up last year while the humanities courses were full?

On another aspect there is the unease felt by parents and others about the new informal methods of teaching which seem to produce excellent results when they are in well-qualified hands but are much more dubious when they are not. They seem to be best accepted where strong Parent/Teacher links exist. There is little wrong with the range and diversity of our courses. But is there sufficient thoroughness and depth in those required in after-life to make a living?

These are proper subjects for discussion and debate. And it should be a rational debate based on the facts. My remarks are not a clarion call to black paper prejudices. We all know those who claim to defend standards but who in reality are simply seeking to defend old privileges and inequalities.

It is not my intention to become enmeshed in such problems as whether there should be a basic curriculum with universal standards – although I am inclined to think that there should be – nor about other issues on which there is a divided professional opinion such as the position and role of the Inspectorate. Shirley Williams, the new Secretary of State, is well qualified to take care of these issues and speak for the Government. What I am saying is that where there is legitimate public concern it will be to the advantage of all involved in the education field if these concerns are aired and shortcomings righted or fears put at rest.

To the critics I would say that we must carry the teaching profession with us. They have the expertise and the professional approach. To the teachers I would say that you must satisfy the parents and industry that what you are doing meets their requirements and the needs of our children. For if the public is not convinced then the profession will be laying up trouble for itself in the future.

The goals of our education, from nursery school through to adult education, are clear enough. They are to equip children to the best of their ability for a lively, constructive place in society and also to fit them to do a job of work. Not one or the other, but both. For many years the accent was simply on fitting a so-called inferior group of children with just enough learning to earn their living in the factory. Labour has attacked that attitude consistently, during sixty or seventy years and throughout my childhood. There is now widespread recognition of the need to cater for a child's personality, to let it flower in the fullest possible way.

The balance was wrong in the past. We have a responsibility now to see that we do not get it wrong in the other direction. There is no virtue in producing socially well-adjusted members of society who are unemployed because they do not have the skills. Nor at the other extreme must they be technically efficient robots. Both of the basic purposes of education require the same essential tools. These are basic literacy, basic numeracy, the understanding of how to live and work together, respect for others; respect for the individual. This means acquiring certain basic knowledge, and skills and reasoning ability. It means developing lively inquiring minds and an appetite for further knowledge that will last a lifetime. It means mitigating as far as possible the disadvantages that may be suffered through poor home conditions or physical or mental handicap. Are we aiming in the right direction in these matters?

I do not join those who paint a lurid picture of educational decline because I do not believe it is generally true, although there are examples which give cause for concern. I am raising a further question. It is this. In today's world higher standards are demanded than were required yesterday and there are simply fewer jobs for those without skill. Therefore we demand more from our schools than did our grandparents.

There has been a massive injection of resources into education, mainly to meet increased numbers and partly to raise standards. But in present circumstances there can be little expectation of further increased resources being made available, at any rate for the time being. I fear that those whose only answer to these problems is to call for more money will be disappointed. But that surely cannot be the end of the matter. There is a challenge to us all in these days and a challenge in education is to examine its priorities and to secure as high efficiency as possible by the skilful use of existing resources.

10, Downing Street, Whitehall, 13 October 1976.

19 – « Travaillez, prenez de la peine » – ou le « sermon sur la montagne » de Margaret Thatcher, mai 1988

Les deux discours de Mme Thatcher présentés ici – celui qu'elle a prononcé en 1988 devant l'Assemblée générale de l'Église d'Écosse (*Kirk*), et le discours de Bruges, quelques mois plus tard, sur sa conception de l'Europe, figurent parmi les plus célèbres. Mme Thatcher y présente l'essentiel de sa philosophie politique et de son éthique.

Le premier justifie la définition parfois donnée du thatchérisme : une révolution économique fondée sur une éthique. Margaret Thatcher profite de l'occasion qui lui est donnée de s'adresser au millier de délégués presbytériens pour justifier sa politique à partir de références chrétiennes. Le thatchérisme serait en quelque sorte issu tout droit des enseignements de la Bible. Au centre de l'argument, cette admonestation de saint Paul aux Thessaloniciens que Margaret Thatcher cite de façon approximative : "*Neither did we eat any man's bread for nought*" (2 Th 3,8). Ce discours appelle au sens de l'effort, de la responsabilité de l'individu et des familles, et plaide en faveur de l'existence d'un État discret. En d'autres termes, Mme Thatcher cherche à fonder sur la tradition judéo-chrétienne son refus de l'État-providence tel que les travaillistes l'avaient fondé en Grande-Bretagne après la seconde guerre mondiale.

Le second constitue une réponse aux efforts prodigués par Jacques Delors, président de la Commission européenne, pour réaliser une intégration européenne plus poussée : à l'horizon 1992 et 1993, se profilent en effet le marché unique et le futur traité de Maastricht. Margaret Thatcher souhaite ralentir le processus. Son discours s'articule autour de deux thèmes principaux : l'Europe doit demeurer une « famille de nations » indépendantes ; l'Europe doit se garder de toute tentation protectionniste et socialisante – avec son cortège de planification et de contrôles étatiques – pour adopter résolument la philosophie du marché.

This is the text of the Prime Minister's address to the General Assembly of the Church of Scotland in Edinburgh yesterday:

Perhaps it would be best if I began by speaking personally as a Christian, as well as a politician, about the way I see things. Reading recently, I came across the starkly simple phrase: "Christianity is about spiritual redemption, not social reform."

Sometimes the debate on these matters has become too polarised and given the impression that the two are quite separate.

Most Christians would regard it as their personal Christian duty to help their fellow men and women. They would regard the lives of children as a precious trust.

These duties come not from any secular legislation passed by Parliament, but from being a Christian.

But there are a number of people who are not Christians who would also accept those responsibilities.

What then are the distinctive marks of Christianity?

They stem not from the social but from the spiritual side of our lives. I would identify three beliefs in particular:

First, that from the beginning man has been endowed by God with the fundamental right to choose between good and evil.

Second, that we were made in God's own image and therefore we are expected to use all our own power of thought and judgment in exercising that choice; and further, if we open our hearts to God, he has promised to work within us.

And third, that Our Lord Jesus Christ, the Son of God, when faced with his terrible choice and lonely vigil, chose to lay down his life that our sins may be forgiven. I remember very well a sermon on an Armistice Sunday when our preacher said: "No one took away the life of Jesus, he chose to lay it down."

I think back to many discussions in my early life when we all agreed that if you try to take the fruits of Christianity without its roots, the fruits will wither. And they will not come again unless you nurture the roots.

But we must not profess the Christian faith and go to Church simply because we want social reforms and benefits or a better standard of behaviour – but because we accept the sanctity of life, the responsibility that comes with freedom and the supreme sacrifice of Christ expressed so well in the hymn: "When I survey the wondrous Cross On which the Prince of Glory died,

My richest gain I count but loss, And pour contempt on all my pride."

May I also say a few words about my personal belief in the relevance of Christianity to public policy – to the things that are Caesar's?

The Old Testament lays down in Exodus the Ten Commandments as given to Moses, the injunction in Leviticus to love our neighbour as ourselves and generally the importance of observing a strict code of law.

The New Testament is a record of the Incarnation, the teachings of Christ and the establishment of the Kingdom of God. Again we have the emphasis on loving our neighbour as ourselves and to "Do-as-you-would-be-done-by".

I believe that by taking together these key elements from the Old and New Testaments, we gain: a view of the universe, a proper attitude to work and principles to shape economic and social life.

We are told we must work and use our talents to create wealth. "If a man will not work he shall not eat", wrote St Paul to the Thessalonians. Indeed, abundance rather than poverty has a legitimacy which derives from the very nature of Creation.

Nevertheless, the Tenth Commandment – Thou shalt not covet – recognises that making money and owning things could become selfish activities. But it is not the creation of wealth that is wrong but love of money for its own sake.

The spiritual dimension comes in deciding what one does with the wealth. How could we respond to the many calls for help, or invest for the future, or support the wonderful artists and craftsmen whose work also glorifies God, unless we had first worked hard and used our talents to create the necessary wealth? And remember the woman with the alabaster jar of ointment.

I confess that I always had difficulty with interpreting the Biblical precept to love our neighbours "as ourselves" until I read some of the words of C.S. Lewis. He pointed out that we don't exactly love ourselves when we fall below the standards and beliefs we have accepted. Indeed we might even hate ourselves for some unworthy deed.

None of this, of course, tells us exactly what kind of political and social institutions we should have.

On this point, Christians will very often genuinely disagree, though it is a mark of Christian manners that they will do so with courtesy and mutual respect.

What is certain, however, is that any set of social and economic arrangements which is not founded on the acceptance of individual responsibility will do nothing but harm.

We are all responsible for our own actions. We cannot blame society if we disobey the law. We simply cannot delegate the exercise of mercy and generosity to others.

The politicians and other secular powers should strive by their measures to bring out the good in people and to fight down the bad: but they can't create the one or abolish the other.

They can only see that the laws encourage the best instincts and convictions of the people, instincts and convictions which I am convinced are far more deeply rooted than is often supposed.

Nowhere is this more evident than the basic ties of the family which are at the heart of our society and are the very nursery of civic virtue.

It is on the family that we in government build our own policies for welfare, education and care.

You recall that Timothy was warned by St Paul that anyone who neglects to provide for his own house (meaning his own family) has discovered the faith and is "worse than an infidel".

We must recognise that modern society is infinitely more complex than that of Biblical times and of course new occasions teach new duties.

In our generation, the only way we can ensure that no-one is left without sustenance, help or opportunity, is to have laws to provide for health and education, pensions for the elderly, succour for the sick and disabled.

But intervention by the State must never become so great that it effectively removes personal responsibility. The same applies to taxation for while you and I would work extremely hard whatever the circumstances, there are undoubtedly some who would not unless the incentive was there. And we need their efforts too.

Recently there have been great debates about religious education. I believe politicians must see that religious education has a proper place in the school curriculum.

The Christian religion – which, of course, embodies many of the great spiritual and moral truths of Judaism – is a fundamental part of our national heritage. For centuries it has been our very lifeblood.

Indeed we are a nation whose ideals are founded on the Bible.

Also, it is quite impossible to understand our history or literature without grasping this fact.

That is the strong practical case for ensuring that children at school are given adequate instruction in the part which the Judaic-Christian tradition has played in moulding our laws, manners and institutions.

How can you make sense of Shakespeare and Sir Walter Scott, or of the constitutional conflicts of the seventeenth century in both Scotland and England, without some such knowledge?

But I go further than this. The truths of the Judaic-Christian tradition are infinitely precious, not only, as I believe, because they are true, but also because they provide the moral impulse which alone can lead to that peace, in the true meaning of the word, for which we all long.

To assert absolute moral values is not to claim perfection for ourselves. No true Christian could do that. What is more, one of the great principles of our Judaic-Christian inheritance is tolerance.

People with other faiths and cultures have always been welcomed in our land, assured of equality under the law, of proper respect and of open friends.

There is absolutely nothing incompatible between this and our desire to maintain the essence of our own identity. There is no place for racial or religious intolerance in our creed.

When Abraham Lincoln spoke in his famous Gettysburg speech of 1863 of "government of the people, by the people, and for the people", he gave the world a neat definition of democracy which has since been widely and enthusiastically adopted.

But what he enunciated as a form of government was not in itself especially Christian, for nowhere in the Bible is the word democracy mentioned.

Ideally, when Christians meet, as Christians, to take counsel together their purpose is not (or should not be) to ascertain what is the mind of the majority but what is the mind of the Holy Spirit – something which may be quite different.

Nevertheless I am an enthusiast for democracy. And I take that position, not because I believe majority opinion is inevitably right or true, indeed no majority can take away God-given human rights.

But because I believe it most effectively safeguards the value of the individual, and, more than any other system, restrains the abuse of power by the few. And that is a Christian concept.

But there is little hope for democracy if the hearts of men and women in democratic societies cannot be touched by a call to something greater than themselves. Political structures, state institutions, collective ideals are not enough.

We Parliamentarians can legislate for the rule of law. You the Church can teach the life of faith.

When all is said and done, a politician's role is a humble one. I always think that the whole debate about the Church and the State has never yielded anything comparable in insight to that beautiful hymn "I vow to thee my country".

It begins with a triumphant assertion of what might be described as secular patriotism, a noble thing indeed in a country like ours: "I vow to thee my country all earthly things above; entire, whole and perfect the service of my love."

It goes on to speak of "another country I heard of long ago" whose King cannot be seen and whose armies cannot be counted, but "soul by soul and silently her shining bounds increase".

No group by group or party by party or even church by church – but soul by soul – and each one counts.

The Observer, 22 mai 1988.

20 – L'Europe, l'Europe, l'Europe ?
Margaret Thatcher - le discours de Bruges, 20 septembre 1988

Le Royaume-Uni n'a pas fini de chercher sa place dans l'Europe communautaire. Initialement indifférente, puis hostile, au projet de construction européenne inscrit dans le traité de Rome (1957), elle s'y rallie au début des années soixante. Las, le général de Gaulle oppose par deux fois (en 1963 et 1967) son veto à l'adhésion britannique. Le pays rejoindra la CEE au 1er janvier 1973. La question continue néanmoins de diviser les grands partis. Le gouvernement travailliste organise un référendum en 1975, qui confirme l'adhésion et réduit au silence l'aile gauche du parti. Les conservateurs, depuis 1979, ne cessent eux aussi de vivre sur le mode de la crise, la division entre une aile souverainiste et une aile pro-européenne. Dans ce débat interne, la figure de Margaret Thatcher reste emblématique – emblématique de la résistance à une Europe perçue comme un super-Etat, mais aussi de l'ambiguïté d'une position qui oblige le Royaume-Uni à ne pas se marginaliser en Europe. Ce fut la « Dame de fer » qui renégocia la contribution du Royaume-Uni à l'Europe, mais aussi les termes de l'Acte unique (1986) qui limitait la souveraineté du pays. Dans ce discours de Bruges, prononcé le 20 septembre 1988, elle exprime en termes de pragmatisme une certaine hostilité à l'édifice communautaire, et une certaine difficulté à se réconcilier avec le projet politique qui fait son fondement.

This evening I want to set out some guiding principles for the future which I believe will ensure that Europe does succeed, not just in economic and defence terms but also in the quality of life and the influence of its peoples.

My first guiding principle is this: willing and active cooperation between independent sovereign States is the best way to build a successful European Community.

To try to suppress nationhood and concentrate power at the centre of a European conglomerate would be highly damaging and would jeopardize the objectives we seek to achieve.

Europe will be stronger precisely because it has France as France, Spain as Spain, Britain as Britain, each with its own customs, traditions and identity. It would be folly to try to fit them into some sort of identikit European personality.

Some of the founding fathers of the Community thought that the United States of America might be its model.

But the whole history of America is quite different from Europe. People went there to get away from the intolerance and constraints of life in Europe. They sought liberty and opportunity; and their strong sense of purpose has, over two centuries, helped create a new unity and pride in being American – just as our pride lies in being British or Belgian or Dutch or German.

I am the first to say that on many great issues the countries of Europe should try to speak with a single voice. I want to see us work more closely on the things we can do better together than alone. Europe is stronger when we do so, whether it be in trade, in defence, or in our relations with the rest of the world.

But working more closely together does not require power to be centralized in Brussels or decisions to be taken by an appointed bureaucracy.

Indeed, it is ironic that just when those countries such as the Soviet Union, which have tried to run everything from the centre, are learning that success depends on dispersing power and decisions away from the centre, some in the Community seem to want to move in the opposite direction.

We have not successfully rolled back the frontiers of the State in Britain only to see them reimposed at a European level, with a European super-State exercising a new dominance from Brussels.

Certainly we want to see Europe more united and with a greater sense of common purpose. But it must be in a way which preserves the different traditions, parliamentary powers and sense of national pride in one's country; for these have been the source of Europe's vitality through the centuries.

My second guiding principle is this: Community policies must tackle present problems in a practical way, however difficult that may be. If we cannot reform those Community policies which are patently wrong or ineffective and which are rightly causing public disquiet, then we shall not get the public's support for the Community's future development.

That is why the achievements of the European Council in Brussels last February are so important.

It wasn't right that half the total Community budget was being spent on storing and disposing of surplus food. Now those stocks are being sharply reduced.

It was absolutely right to decide that agriculture's share of the budget should be cut in order to free resources for other policies, such as helping the less well-off regions and training for jobs. It was right too to introduce tighter budgetary discipline to enforce these decisions and to bring total EC spending under better control.

Those who complained that the Community was spending so much time on financial detail missed the point. You cannot build on unsound foundations, financial or otherwise; and it was the fundamental reforms agreed last winter which paved the way for the remarkable progress which we have since made on the Single Market.

But we cannot rest on what we have achieved to date. For example, the task of reforming the Common Agricultural Policy is far from complete.

Certainly, Europe needs a stable and efficient farming industry. But the CAP has become unwieldy, inefficient and grossly expensive. Production of unwanted surpluses safeguards neither the income nor the future of farmers themselves.

We must continue to pursue policies which relate supply more closely to market requirements, and which will reduce overproduction and limit costs.

Of course, we must protect the villages and rural areas which are such an important part of our national life – but not by the instrument of agricultural prices.

Tackling these problems requires political courage. The Community will only damage itself in the eyes of its own people and the outside world, if that courage is lacking.

My third guiding principle is the need for Community policies which encourage enterprise. If Europe is to flourish and create the jobs of the future, enterprise is the key.

The basic framework is there: the Treaty of Rome itself was intended as a Charter for Economic Liberty. But that is not how it has always been read, still less applied.

The lesson of the economic history of Europe in the 1970s and 1980s is that central planning and detailed control don't work, and that personal endeavour and initiative do; that a State-controlled economy is a recipe for low growth; and that free enterprise within a framework of law brings better results.

The aim of a Europe open to enterprise is the moving force behing the creation of the Single European Market by 1992. By getting rid of barriers, by making it possible for companies to operate on a Europe-wide scale, we can best compete with the United States, Japan and the other new economic powers emerging in Asia and elsewhere.

And that means action to free markets, action to widen choice, action to reduce Government intervention.

Our aim should not be more and more detailed regulation from the centre: it should be to deregulate and to remove the constraints on trade.

Britain has been in the lead in opening its markets to others.

The City of London has long welcomed financial institutions from all over the world, which is why it is the biggest and most successful financial centre in Europe.

We have opened our market for telecommunications equipment, introduced competition into the market for services and even into the network itself – steps which others in Europe are only now beginning to face.

In air transport, we have taken the lead in liberalization and seen the benefits in cheaper fares and wider choice.

Our coastal shipping trade is open to the merchant navies of Europe. I wish I could say the same of many other Community members.

Regarding monetary matters, let me say this. The key issue is not whether there should be a European Central Bank. The immediate and practical requirements are: to implement the Community's commitment to free movement of capital – in Britain we have it – and to the abolition throughout the Community of the exchange controls – in Britain we abolished them in 1979; to establish a genuinely free market in financial services, in banking, insurance, investment; to make greater use of the ECU. Britain is this autumn issuing ECU-denominated Treasury bills, and hopes to see other Community Governments increasingly do the same.

These are the real requirements because they are what Community business and industry need, if they are to compete effectively in the wider world. And they are what the European consumer wants, for they will widen his choice and lower his costs.

It is to such basic practical steps that the Community's attention should be devoted.

When those have been achieved, and sustained over a period of time, we shall be in a better position to judge the next moves.

It is the same with the frontiers between our countries. Or course we must make it easier for goods to pass through frontiers. Of course we must make it easier for our people to travel throughout the Community. But it is a matter of plain common sense that we cannot totally abolish frontier control if we are also to protect our citizens from crime and stop the movement of drugs, of terrorists, and of illegal immigrants.

That was underlined graphically only three weeks ago, when one brave German customs officer, doing his duty on the frontier between Holland and Germany, struck a major blow against the terrorists of the IRA.

And before I leave the subject of the Single Market, may I say that we certainly do not need new regulations which raise the cost of employment and make Europe's labour markets less flexible and less competitive with overseas suppliers.

If we are to have a European Company Statute, it should contain the minimum regulations. And certainly we in Britain would fight attempts to introduce collectivism and corporatism at the European level – although what people wish to do in their own countries is a matter for them.

My fourth guiding principle is that Europe should not be protectionist. The expansion of the world economy requires us to continue the process of removing barriers to trade, and to do so in the multilateral negotiations in the GATT.

It would be a betrayal if, while breaking down constraints on trade within Europe, the Community were to erect greater external protection. We must ensure that our approach to world trade is consistent with the liberalization we preach at home [...]

Margaret Thatcher, *Speeches on Home and European Affairs, 1975-1988*, (ed.) Alistair B. Cooke, Londres, Aurum Press Ltd, 1989.

21 - *La nouvelle Grande-Bretagne*

Les clivages et les valeurs politiques en Grande-Bretagne ont longtemps été tranchés. Pour les conservateurs le pragmatisme, le réalisme économique, l'État de droit (*rule of law*), l'idée de nation; pour les travaillistes, historiquement du moins, la critique du capitalisme, l'État-providence avant tout, et la recherche du social. Ces clivages se sont accentués au début des années quatre-vingt, l'idéologie de la libre entreprise, inspirée d'Adam Smith, puis développée par les théories économiques de Hayek et de Friedman, ayant influencé les politiques sociales et économiques du parti conservateur de Margaret Thatcher. Minimiser cette influence serait dénaturer la réalité. Quand Tony Blair devient Premier ministre, après tant d'années de pouvoir conservateur, il a déja changé son parti qui est pour beaucoup déjà devenu méconnaissable. La rupture avec un ancien travaillisme, qui avait déjà édulcoré à sa manière les grands principes du socialisme, est consommée avant le triomphe électoral de 1997 quand Tony Blair impose l'abolition de la Clause IV du parti qui prévoyait la propriété commune des moyens de production, de distribution et d'échange. Les valeurs du nouveau travaillisme ne sont donc pas socialistes ; elles empruntent, plus que beaucoup ne le veulent, au libéralisme historique et au conservatisme des années quatre-vingt qui ont marqué la Grande-Bretagne au point d'avoir influencé ceux qui en détestent la nature. Mais cet emprunt s'accompagne d'une nouvelle approche, la « troisième voie », inspirée du sociologue Giddens, approche fondée sur le concept de modernité, de consensus et d'équilibre social. Son pivot est l'esprit de réforme, manifesté par la réforme institutionnelle de la Chambre des Lords, mise en place de la dévolution pour l'Écosse, pour le pays de Galles et, de façon plus hasardeuse, pour l'Irlande du nord ; et une réforme sociale un peu à la française avec une référence au concept d'exclusion. Un changement dans la continuité. Ce texte de Tony Blair, prononcé en 1995 avant qu'il ne devienne Premier ministre situe l'évolution du parti travailliste et le chemin parcouru depuis 1900.

The phrase "New Labour, New Britain" which the party is using today is therefore intended to be more than a slogan. It describes where we are in British politics today. It embodies a concept of national renewal led by a renewed Labour Party. It has three elements: ideology, organisation and programme.

The ideological refoundation of the party took place through the revision of Clause IV. The party clearly said that we are in politics to pursue certain values, not to implement an economic dogma. Since the collapse of communism, the ethical basis of socialism is the only one that has stood the test of time. This socialism is based on a moral assertion that individuals are interdependent, that they owe duties to one another as well as to themselves, that the good society backs up the efforts of the individuals within it, and that common humanity demands that everyone be given a platform on which to stand. It has an objective basis too, rooted in the belief that only by recognising their interdependence will individuals flourish, because the good of each does depend on the good of all. This concept of socialism requires a form of politics in which we share responsibility both to fight poverty, prejudice and unemployment, and to create the conditions in which we can truly build one nation – tolerant, fair, enterprising, inclusive. That, fundamentally, was Attlee's kind of socialism, and it is also mine.

Once socialism is defined in this way – as social-ism – we can be liberated from our history and not chained by it. We can avoid the confusion of means and ends inherent in the 1918 definition of socialist purpose. Most important, by reestablishing our identity on our terms, we can regain the intellectual confidence to take on and win the battle of ideas, because, as I have said again and again since becoming leader, the choice is not between principle and power. That was the foolishness of the early 1980s.

But to be a people's party we must also look at the kind of party we are. The party was born out of the desire of working people to gain a voice in the government of the country. That is why Labour was founded as the Labour Representation Committee. But the bedrock of the party in the hopes and aspirations of trade unionists was quickly broadened to include people who joined out of belief in Labour's aims and values.

In organisational terms the consequence of the origins of the party was the block vote, which sustained the leadership of the party until the 1960s and 1970s, when the structure of the accountability and organisation broke down. The party lost contact with the electorate, and in the name of internal party democracy gave away its ultimate source of accountability – the people at large. That is why the change to One Member One Vote and the changes in the organisation of party conference are so important.

The nature of the party – who is in it, how their interests are articulated, how the decisions are made, the boundaries of what is possible and desirable, even how we behave towards each other – help define the politics and the policies of the party. That is why I attach such importance to mass membership. In 1945 we were truly representative of the country at large: we had candidates from all classes, all professions, all regions. George Orwell spoke of the "skilled workers, technical experts, airmen, scientists, architects and journalists, the people who feel at home in the radio and ferro-concrete age" who would lead Labour's drive for change after the war. Today, I want Labour to be a party which has in its membership the self-employed and the unemployed, small businesspeople and their customers, managers and workers, home-owners and council tenants, skilled engineers as well as skilled doctors and teachers. [...]

Our values do not change. Our commitment to a different vision of society stands intact. But the ways of achieving that vision must change. The programme we are it the process of constructing entirely reflects our values. Its objectives would be instantly recognisable to our founders:

* to equip our country for massive economic and technological change;

* to provide jobs and security for all in this new world;

* to ensure that there are available to all strong public services that depend on the needs and not the wealth of those who use them;

* to attack poverty by reform of the welfare state and the labour market;

* to rebuild a sense of civic pride and responsibility out of the chaos of lawlessness and social breakdown around us and

* to define Britain's place in the world, not in isolation but as a leader among a community of nations.

What have changed are the means of achieving these objectives. Those should and will cross the old boundaries between Left and Right, progressive and conservative. They did in 1945. What marks us out are the objectives and the sense of unity and national purpose by which we are driven.

On the economy, we move beyond the old battles between public and private sector. Instead we promote a modern industrial partnership between government and industry and at the workplace to achieve sustainable growth and high employment.

On welfare, the Labour objective is not to keep people on benefit, but to grant the financial independence that comes from employment. The world has changed since Beveridge – unemployment is often long-term; the family is changing as women go out to work; and many pensioners live long enough to need care and not just income. We need a new settlement on welfare for a new age, where opportunity and responsibility go together.

On education, we seek excellence for all and not just a few, because Britain's problem has never been the education of an élite. Schools should be free to run their own affairs. Local education authorities should be judged by whether they raise standards. And parents should have more say in the education of their children.

On crime, hardly mentioned in the 1945 campaign – though who can doubt that the securities and solidarities of the postwar settlement contributed to the tranquillity of the postwar decades? – we must recognise that it is traditional Labour voters who are most vulnerable to the terror of gangs and burglars and muggers. We all know some of the sources of antisocial behaviour: social decay, unemployment, lack of opportunity. But we know too that alienation is no excuse for crime, which is why Labour in government will be committed to attack crime itself and its causes.

On health, Labour's objective is a public health system that promotes good health and an NHS rebuilt as a people's service, free of market dogma, but also free of the old and new bureaucratic constraints, serving all the people, with doctors, nurses and administrators working as part of a unified system. That means GPs and health authorities teaming up to plan care, hospitals with operational freedom, and resources directed to meet need.

On the constitution, we face a massive task that the 1945 government did not address: to modernise our institutions of government to make them fit for the twenty-first century. There is no place for hereditary voting peers in the House of Lords. There should be no assumption of government secrecy, which is why a Freedom of Information Act is essential. And there should be no scope for the abuse of people's rights, which is why we are committed to a Bill of Rights.

And on Europe, our objective must surely be international cooperation for mutual benefit. That benefit should come in the form of better economic performance, environmental improvement, and secure defence. Labour will work for these goals, driven by the knowledge that the peoples of Europe prosper when they work together.

The Long Haul

I hope I have said enough to make it clear that I am in this for the long haul. We were set up as a majority party in Britain, and the time has come to fulfil that destiny in government.

It is not enough to win an election, or even to push through important changes after winning, or even to force other parties to adapt to the political parameters that you establish. The 1945 government did all these things: its great glory was that, unlike other progressive or left of-centre governments this century, it did establish an enduring social and economic settlement. But the 1945 government did not presage a further period of Labour rule.

Our task now is nothing less than national renewal, rebuilding our country as a strong and active civil society backing up the efforts of the individuals within it. That requires economic renewal, social renewal, and political renewal. But, in setting out on our project, we should gain confidence from the government of 1945. Confidence in our values. Confidence in our insights. Confidence in our ability not just to promise change but to deliver it. For that and many other reasons, I am delighted to honour the generation of 1945. They have set an example which it is a privilege to follow.

T. Blair in New Britain, My Vision of a Young Country,
Fourth Estate, London, 1996.

22 - *La Grande-Bretagne en Europe*

Puissance globale au début du siècle, la Grande-Bretagne est devenue, comme la France, une puissance moyenne. La perte de l'empire, depuis l'indépendance emblématique de l'Inde en 1947, a bouleversé les mentalités jusqu'au retour de Hong Kong à la Chine à la fin du siècle. Il semble que les Britanniques aient enfin assumé cette transition sans pour autant embrasser l'idéal européen qui leur est proposé. Le continent européen est cependant naturellement le leur, espace géograhique et culturel que les adeptes du Grand Tour sillonnent depuis des générations. C'est l'Europe institutionnelle, politique, économique et surtout bureaucratique qui rend la classe politique et l'opinion publique mal à l'aise. Cet embarras existe depuis l'entrée difficile dans le Marché commun, entrée par obligation plutôt que par choix, comme le montre cette succession d'événements et de décisions qui a illustré la réticence britannique : renégociation du traité d'adhésion, du budget, débat sur la souveraineté, méfiance vis-à-vis de la monnaie européenne, une position illustrée par Margaret Thatcher lors de son discours à Bruges. La souplesse des institutions britanniques face à la rigidité manifeste de la tradition continentale, la croyance, par dessus tout, en l'idée de liberté, expliquent cette attitude. Le parti travailliste sait se montrer finalement pragmatique dans ce domaine : d'abord opposé à l'adhésion, il en a accepté le principe pour s'empresser d'en renégocier les termes. Au gouvernement, Tony Blair fait amende honorable pour la Grande-Bretagne et essaye de modifier cette méfiance en faisant de son pays un acteur essentiel au coeur de l'Europe. Il y a eu quelques gestes: l'acceptation de la charte sociale européenne, un discours plus ouvert... Dans ce texte tiré d'un discours prononcé au *Royal Institute of International Affairs*, il défend la thèse que l'Europe est la seule voie pour que la Grande-Bretagne conserve son influence. Les doutes qu'émettent les partenaires du Royaume-Uni demeurent même s'ils n'ont pas le monople de l'idéal européen.

My Vision of a Young Country

Part of the national renewal Labour offers Britain is a more assertive, moreconfident role in the world. My belief is that the drift towards isolation in Europe must stop and be replaced by a policy of constructive engagement.

In my view, we will not participate fully in Europe until we see how such participation is not a breach with our history but a fulfilment of it. I want to make two points in particular. First, that Britain has always had a powerful historical relationship with Europe – though different from that which we now need. Secondly, and more importantly, I will argue that the true historical role of Britain has lain in its unique capacity, whatever its circumstances, to be a major global player; that, though an island, it has always rejected an insular approach; and that the only way to maintain a global role today is through Europe. Forfeit a central role in Europe and we forfeit our opportunity to play a substantial role in the world. In crude but none the less accurate terms, that is the patriotic case for Britain in Europe.

Europe is not, as the sceptics would have us believe, something that happened to us in 1973. We are Europeans. We are made up of wave after wave of settlers who came to these islands from Europe: Celts, Romans, Anglo-Saxons, Vikings and Normans.

In the seventeenth and eighteenth centuries we began to take on an additional role that distinguished us from most other Europeans. We became a maritime and imperial power. This new role did not replace our European role but was added on to it. The duality was reflected in the existence of separate Foreign and Colonial and Commonwealth offices right through until 1967. Palmerston as Foreign Secretary did not concern himself with the administration of India, but was preoccupied with Europe.

In the nineteenth century we developed down a different track from the Continent. Rather than formalizing a system of centralized government based on the Napoleonic code, we were proud of our common law and parliamentary systems.

The empire took more and more of our time and efforts, but "splendid isolation" was never a serious basis for British policy. A quick look at Palmerston's or Grey's papers shows that most of their time was spent worrying about the European balance. Disraeli, with his role in the Congress of Berlin, and Gladstone, with his preoccupation with the Concert of Europe, were acting first and foremost as European statesmen.

When the balance was not maintained at the end of the nineteenth century, disaster descended on Europe. Prussia came to dominate France, and Europe was Balkanised. Having tried to turn our back on the Continent, we were dragged back in and had to pay a heavy price in the First World War.

In the inter-war period, under the influence of appeasers like Neville Chamberlain and Stanley Baldwin, we failed to intervene early enough. In 1937 Baldwin considered Hitler no danger to the West, and even said, "It would not break my heart if there is any fighting in Europe."

The Labour Party at the time was more internationalist. It was committed to the notion of collective security (despite the debate over rearmament and the familiar tension between moral sentiment and a pragmatic view of national interest) and was in favour of intervention in the civil war in Spain. But it did not have power. Again, in the Second World War, millions had to pay with their lives.

So we have always been a European power. But we were the only European state to take on truly global responsibilities.

The decade after the Second World War was a special period. The other European powers were flattened. Only we retained our confidence as unconquered victors, and this gave us a peculiar view of ourselves.

Under the leadership of Ernie Bevin, we played an important part in creating with the US the framework of the Western world as we moved into the Cold War: the Bretton Woods institutions, the North Atlantic Alliance and the OEEC to organise Marshall Aid. But we sat on our hands at the Messina Conference, and lost our opportunity to influence the creation of the European Community. We staggered on with our global role, increasingly ragged, on the basis of the special relationship with the United States, which lasted throughout the Cold War.

Churchill believed he could maintain Britain's role with a foreign policy resting on empire, transatlantic relations and Europe. But each pillar can no longer be regarded as of the same strength or significance.

First, the empire dissolved. And to argue that we can sustain a global role solely on the basis of our relations with the Commonwealth – important as the Commonwealth is to us – is simply not serious. We will always have close ties of sentiment with the Commonwealth, but it is not a substitute for our relationship with Europe today.

Secondly, the relationship with the US is, of course, essential. Whatever disagreements there may be from time to time – and under this government there have been quite a few – what binds us together is infinitely more powerful than anything that divides us.

Furthermore, it is possible, at least in theory, to have a relationship with the US that is special even if we were to withdraw from Europe. But that is to miss the point, which is that our transatlantic relationship is multiplied in strength if we are also at the centre of Europe. Indeed, Britain, as a key player in Europe, can use its relationship to huge effect both in our own interests and in the interest of Europe. As Dr Kissinger has made clear, the Americans prefer to work through Europe. That is simply a fact of realpolitik.

We carry greater weight in Beijing or Buenos Aires – never mind Washington or Tokyo – if we speak with one voice together with our European partners. That is why we attach so much important to the Common Foreign and Security Policy.

And if we want to increase our leverage in trade negotiations and attract foreign investment we have to do so through our participation in Europe. The Euro-sceptics sometimes suggest that the high level of inward investment in the UK demonstrates that we could go it alone. But they miss the point. The Japanese, the Americans and the Koreans invest here because we are part of the European Union. If they see us slipping to a second tier, they will put their investment elsewhere.

Isolationism ignores the strength of the EU, and Britain's role in it, in bolstering free trade and in particular in bringing the Uruguay Round of GATT negotiations to a successful conclusion. Britain outside the EU would simply not have this bargaining clout. Free trade depends on widespread adherence to a set of common rules that are enforceable. In today's world, that adherence is achieved through multilateral institutions, like the new World Trade Organisation, which in turn depend on the support of the world's major economic blocs, the United States and European Union included. It is they who now play the role which once the British navy played in enforcing free trace in Britain's heyday as the "workshop of the world".

As for the sceptics' dream of turning back the clock, and reverting to EFTA, what kind of world are they living in? Why did Sweden, Finland and Austria all quit EFTA to join the Union? Because full access to the Single Market requires a full say in setting its rules. They wanted to be in – full members of the club. So does Labour.

The fact is that Europe is today the only route through which Britain can exercise power and influence. If it is to maintain its historic role as a global player, Britain has to be a central part of the politics of Europe.

T. Blair in New Britain, My Vision of a Young Country,
Fourth Estate, London, 1996.

CONCLUSION

Au moment où le siècle, et le millénaire, s'achèvent, la direction que doit prendre le destin du Royaume-Uni n'apparaît pas toujours clairement. La splendeur et l'éclat de la période victorienne sont à jamais passées ; leurs derniers feux se sont éteints peu à peu après 1901, année de la disparition de la majestueuse souveraine. La nation, comme un fleuve assagi après un vaste débordement, est rentrée, dirait-on, dans son lit. Les relations tissées avec les pays de l'ancien Empire, réunis dans le Commonwealth, garantissent bien aux Britanniques un rôle international particulier, mais personne ne pense sérieusement que l'avenir national dépend de la vigueur de la coopération entre ces États, tout liés qu'ils sont par l'histoire et la langue.

L'image du pays, en outre, s'est écornée en même temps que s'opérait le repli à l'intérieur des frontières naturelles. Non que le peuple ait en quoi que ce soit démérité. Au contraire : quand l'Europe a été menacée, par deux fois au cours du dernier siècle, les hommes sont allés mourir sur son sol par centaines de milliers pour la sauver. Pendant les longs mois, même, au début de la Seconde guerre mondiale, la Grande-Bretagne, cruellement blessée par les raids aériens incessants, est restée la seule debout à résister à l'agresseur nazi, qui dut renoncer à ses projets d'invasion. La nation, sortie victorieuse mais exsangue du conflit, n'en entreprit pas moins ensuite de construire un solide État-providence, permettant ainsi à la démocratie et à la justice sociale d'accomplir un grand pas de plus. Si l'image a souffert, ce n'est donc point qu'une faute ait été commise. C'est plutôt que, puissance de premier plan hier, la Grande-Bretagne s'est vue petit à petit dépassée par plus forts qu'elle : les États-Unis et l'Union soviétique, dans un premier temps, puis le Japon et des voisins européens. Ainsi la France se montre-t-elle plus dynamique dès le début des années soixante. On dit qu'elle aurait conservé cette supériorité jusqu'à l'an 2000, où une économie plus vigoureuse et surtout une livre sterling très forte auraient permis aux Anglais de reprendre l'avantage.

Sans aller jusqu'aux excès rhétoriques de Tony Blair qui, aux fêtes du nouveau millénaire, imagina de nouveau les regards du monde braqués sur son pays, redevenu l'espace d'une nuit le centre de l'univers, il faut bien rendre compte de cette mutation toute récente qui a vu le Royaume-Uni reprendre vigueur et santé - alors qu'on l'avait décrit pendant plusieurs décennies comme « l'homme malade de l'Europe » (si l'on excepte une très courte période où l'on parla, à tort, d'un « miracle » thatchérien). En 1981, Monica Charlot concluait son histoire de la période d'après-guerre en soulignant les performances économiques médiocres ; elle estimait que l'Angleterre, qui avait perdu un empire sans retrouver un rôle, ne s'était pas non plus remise de sa coûteuse victoire de 1945. Une dizaine d'années plus tard, Roland Marx montrait un pessimisme de même nature, et évoquait le déclin relatif d'une nation où la société, dite rurale, maintenait, quand elle ne les aggravait pas, des inégalités criantes entre riches et pauvres. La reprise économique et la décrue rapide du chômage, vers la fin des années 1990, autorisent désormais une évaluation moins morose. L'Angleterre n'apparaît plus malade. Un mélange particulier de médecine néo-libérale et de potions néo-travaillistes semble l'avoir ragaillardie. Pour la plupart des observateurs, cependant, le rétablissement général ne saurait s'opérer sans que deux incertitudes au moins soient levées : elles portent d'une part sur la capacité du Royaume-Uni à rester uni, et de l'autre sur sa volonté de s'intégrer pleinement à l'Europe.

La désunion possible du Royaume est un thème que vient de relancer le processus de « dévolution » accordée au pays de Galles ainsi qu'à l'Écosse, qui retrouve un parlement auquel elle avait dû renoncer depuis trois siècles. En favorisant ces évolutions constitutionnelles, Tony Blair apporte-t-il les conditions d'un nouvel équilibre, ou risque-t-il de réveiller des nationalismes à peine assoupis ? Quels effets attendre de cette décentralisation plus poussée ? Un fonctionnememnt plus harmonieux de la démocratie, plus proche des peuples qu'elle a pour vocation de servir, ou bien la formation de nouvelles frontières et de nouvelles fractures ? Les plus pessimistes font valoir que les fossés qui vont se creuser entre les nations du royaume abîmeront un paysage déjà parcouru de mille failles : politiques, avec les tensions entre pouvoir central et gouvernement local ; sociales, à cause de l'étendue de la pauvreté qui touche aujourd'hui un enfant sur trois, raciales, malgré l'engagement officiel à promouvoir le multiculturalisme. "*Divided Britain*» : le thème, déjà fécond sous Margaret Thatcher qui sembla s'accommoder d'une société à deux vitesses et renoncer à rassembler les citoyens en une nation unie, "*One Nation*", comme la rêvait Disraeli, n'avait rien perdu de sa pertinence à la fin du siècle, si l'on juge du moins par l'abondance d'ouvrages parus sur ce sujet. Il est facile, certes, d'exagérer le manque de cohésion sociale ou raciale dont souffrirait la nation, et le spectacle de vie somme toute apaisée qu'elle offre au quotidien invite à la prudence : les rassemblements populaires, les puissants mouvements de grèves, les émeutes raciales enflammant certains quartiers de Londres ou des cités industrielles, s'ils ont bien marqué par moment l'histoire du siècle et de périodes proches de nous, n'en conservent pas moins un caractère sporadique et irrégulier. Il est impossible de les désigner comme des symptômes évidents et récurrents d'une société consciente jusqu'à la douleur de ses fautes et de ses travers. Cela dit, il ne s'agit pas non plus de nier la persistance d'un malaise ressenti confusément, et confirmé par mille études savantes. Le Prince Charles lui-même, dès 1985, s'en était fait l'expression en évoquant avec regret l'existence d'un "*divided realm*". L'Europe et la place des Britanniques ont envie d'y occuper sont deux préoccupations qui ne viennent verser aucun baume sur de telles plaies, bien au contraire. Le parti conservateur se déchire à ce propos, et ses Eurosceptiques auront eu raison de John Major, battu en 1997. De son côté, Tony Blair est ralenti dans sa volonté d'intégration plus poussée par une opinion publique que l'on sait réticente : entre les élites politiques et économiques, et le peuple, il existe une faille que l'on ne verra pas se combler rapidement.

Comment, pourtant, ne pas lui donner raison lorsqu'il assure que c'est dans cette vaste communauté que s'inscrit naturellement l'avenir de son pays ? Depuis l'échec de Suez au moins, la Grande-Bretagne sait qu'elle ne peut plus seule, assumer un rôle mondial, fût-ce par le biais de relations dites « spéciales » avec les États-Unis. En prenant sa place franchement au cœur de l'Europe, elle ne renoncerait pas à son histoire. Il est permis de penser que, au contraire, elle affirmerait alors sa véritable identité.

INDEX DES PRINCIPALES NOTIONS

Les chiffres romains correspondent aux chapitres, les chiffres arabes aux textes.

Imprimerie. I.F.C. 18390 Saint-Germain-du-Puy
Dépôt légal janvier 2001 - N° d'imprimeur : 00/1292